Scherz Krimis
Die mit den Streifen

Morde in hellen Nächten

Die besten Kriminalgeschichten aus Skandinavien

Maj Sjöwall · Kim Småge
Åke Edwardson · Håkan Nesser
Ingvar Ambjørnsen · Leena Lander u.a.

Scherz

Herausgegeben von
Gabriele Haefs und Christel Hildebrandt

Inhalt

Vorwort

Skandinavische Kriminalgeschichten – eine Anthologie unter diesem Thema sollte einen Überblick geben über die Breite des Krimischaffens in den skandinavischen Ländern und alt-vertraute Namen ebenso wie Neulinge enthalten. Das denken zumindest wir als Krimileserinnen. Doch noch ehe der erste Autor um einen Beitrag gebeten worden ist, zeigen sich Probleme.

Unter der Bezeichnung »Skandinavien« versteht man gewöhnlich nur die Länder Dänemark, Schweden und Norwegen – wie verhält es sich aber mit Finnland, Island und den Färöern? Die Färöer haben bisher zwar nur einen Krimiautor in die Welt geschickt, doch bei dem handelt es sich gleich um ein Schwergewicht von internationalem Ruf, um Jógvan Isaksen. Auf Island blüht die Krimiflora lange nicht so richtig. Eine dortige Tageszeitung stellte vor einiger Zeit die Frage, warum der internationale Krimiboom an Island vorübergegangen sei – und lieferte die Antwort gleich mit: Die Strukturen der isländischen Gesellschaft ließen das eben nicht zu. Dazu ein hämischer Seitenhieb auf die Färö-er, wo ähnliche gesellschaftliche Bedingungen herrschen, wo sich manche Leute aber in den Kopf gesetzt haben, trotzdem Krimis zu schreiben. Andere Zeitungsartikel berichteten vom größten isländischen Heroinfund aller Zeiten (zwei Gramm) und von der Vernichtung von illegal gebrautem Bier im Werte von vielen Millionen Kronen, alles in derselben Woche – was zeigt, dass auf Island kriminelle Energie genug vorhanden ist, auch wenn vielleicht andere Verbrechen bevorzugt werden. Unmittelbar ehe dieses Buch in Druck ging, schlossen sich isländische Krimiauto-ren und -autorinnen zusammen, um ihrer Literatur auf Island endlich die Aufmerksamkeit und die Publikations-möglichkeiten zu verschaffen, die sie verdienen. In künftigen Anthologien wird Island also sicher besser vertreten sein.

Die übrigen Länder zeigen eine Krimilandschaft, wie sie uns aus anderen europäischen Ländern vertraut ist. Aber natürlich gibt es auch dort von Land zu Land Unterschiede: Ein Jahr, nachdem in Norwegen eine Krimiautorin (Anne Holt) zur Justizministerin ernannt worden war (ohne deshalb mit Schreiben aufzuhören), beklagte die schwedische Presse, dass nun schon im dritten Jahr kein neuer Roman einer Schwedin erschienen sei. Das hat sich inzwischen geändert, doch die Schwedinnen – und auch ihre männlichen Kollegen – verfassen am liebsten Romane, während Norwegen vergleichsweise wie ein Paradies für Kurzgeschichten wirken kann, was eine gewisse norwegische Dominanz in diesem Buch erklärt. Aus Dänemark wurde der dortige Altmeister des Krimis aufgenommen, Dan Turèll, der Kopenhagen schon vor vielen Jahren in Verruf brachte – trotzdem muss ein heutiger Kollege von ihm für seine kriminelle Geschichte erst einmal die Weltpolitik mit einbeziehen. Wie kriminell ist Jütland?

Das Feld der Kriminalliteratur in Skandinavien wird immer breiter und vielschichtiger, viele Autoren und Autorinnen haben mit ihren ProtagonistInnen (aus der Presse oder der Kriminalpolizei) unter dem deutschen Lesepublikum bereits einen festen Fanclub gefunden. Und jedes Jahr gibt es natürlich Neues zu entdecken, mit dem Alten zu vergleichen. Inzwischen finden wir hier eine bunte Palette von Krimis, von haargenauer realistischer Abbildung, sozialkritischer Gesellschaftsdarstellung und individualpsychologischer Analyse bis zur fiktiven Realität von Håkan Nesser, die mit jedem neuen Werk des Autors eine neue Facette erhält und sich so zu einem genauen Spiegelbild der heutigen westlichen Gesellschaft entwickelt, wenn auch mit einem Augenzwinkern.

Manche Namen fehlen – aus unterschiedlichen Gründen.

Die einen schreiben keine Kurzgeschichten, andere versprachen, eine zu schicken, und ließen dann nie mehr von sich hören; manche Geschichten waren so lang, dass in dieser Auswahl höchstens fünf Platz gefunden hätten, und schließlich verlangen in seltenen Fällen die Originalverlage einfach kriminelle Summen für die Übersetzungsrechte.

So ist die vorliegende Auswahl entstanden, die trotz der erwähnten Probleme doch zeigt, wie die nordische Verbrechensfauna literarisch verarbeitet wird, und in der bekannte Namen und Neulinge gleichermaßen vertreten sind.

Gabriele Haefs
Christel Hildebrandt

Lang, lang ist's her . . .

Maj Sjöwall

Obwohl das Schneegestöber ihr Gesicht peitschte und der Schneematsch in ihren linken aufgerissenen Schuh drang, war Blondie in bester Laune. Schon beim Aufwachen hatte sie das bestimmte Gefühl, dieser nasskalte Januartag würde ihr Glück bringen, und dieses Gefühl nahm zu, als sie am späten Vormittag die Papierkörbe am Ringvägen abklapperte und eine so reichliche Ernte an Blechdosen und leeren Flaschen einfuhr, dass ihre beiden großen Plastiktüten bis zum Rand gefüllt waren. Bei *Metro* in Ringens Einkaufszentrum konnte sie für die Quittung aus dem Dosenautomaten achtzehn Kronen kassieren, und in *Systembolaget* auf Götgatan rasselten zwei blitzende Zehner und vier Kronenstücke in die Münzausgabe des Leergutautomaten.

Blondie glättete die Tüten auf dem Tresen und faltete sie zu kleinen Paketen, die sie in die großen Taschen ihres weiten Herrenmantels stopfte, dabei blickte sie sich in dem hellen Laden aufmerksam um. Gemütlich war es hier, fand sie, besonders wenn viele Leute da waren, so wie jetzt in der hektischen Mittagspause an einem Freitag. Na, und all die glänzenden Reihen der Flaschen in den Glasschränken an einer der Längswände. Sie blieb eine ganze Weile stehen und besah sich die feinen, teuren Weine und die Champagnerflaschen, die auf ihren Drehständern im Vitrinenschrank würdevoll an ihr vorbeizogen.

Zusammen mit den zwölf Kronen, die sie bereits in der Tasche gehabt hatte, besaß sie nun genügend Geld, um sich eine halbe Flasche Dessertwein leisten zu können und trotzdem noch siebzehn Kronen übrig zu behalten, aber nach sechs trockenen Tagen hatte ihr Verlangen nach Alkohol eher abgenommen, als dass es größer geworden wäre, wie sie eigentlich erwartet hatte. Sie stellte sich vor, dass das wohl mit dem Alter zusammenhing. Als man jünger gewesen war, hatte das Saufen mehr Spaß gemacht, jetzt ging es einem beinahe besser, wenn man nüchtern blieb. Manchmal trank man Alkohol, nur weil eben welcher da war, oder um sich bei der Kälte warm zu halten. Außerdem konnte sie es sich ja immer noch anders überlegen, bis *Systembolaget* schloss.

Sie rückte den Riemen ihrer Schultertasche zurecht und trat hinaus in das Schneetreiben. Der Strumpf an ihrem linken Fuß war durchnässt, und ihre Zehen froren. Blondie entschloss sich, etwas dagegen zu tun, und weil sie sich wohl und selbstbewusst fühlte, würde es sicher auch elegant funktionieren.

Zielstrebig patschte sie mit schnellen Schritten durch den Matsch über die Straße und trat in das Warenhaus *Ahlens*. Die Strumpfabteilung befand sich im Erdgeschoss, und sie ging eine Weile zwischen den Regalen hin und her, bis sie überzeugt war, nicht beobachtet zu werden. Schnell raffte sie ein Paar dicke Socken und ließ sie in ihre Tasche gleiten. Für jemanden, der so abgerissen und arm aussah wie sie, war das Klauen gefährlich. Sie brauchte nur in einen Laden zu treten, schon zuckten die Verkäuferinnen zusammen und schienen selbstverständlich davon auszugehen, sie käme nur, um zu stehlen. So was wusste sie aus Erfahrung. Deshalb klaute sie selten und nur wenn sie ganz sicher sein konnte, von niemandem beobachtet zu werden.

Auf dem Weg zum Ausgang blieb sie da und dort stehen, fasste die eine oder andere Ware prüfend an, während sie herauszufinden versuchte, ob sie nicht doch observiert worden war. Dann ging sie ruhigen Schrittes durch die Türen ins Freie und überquerte die Straße, ohne dass jemand sie aufzuhalten versuchte.

Die Zehen waren nun fast gefühllos, aber Blondie war in guter Stimmung, denn sie hatte sich überlegt, wie sie es anstellen konnte, ihr Füße schnell wieder warm und trocken zu kriegen.

Die Leute schienen in einem unübersichtlichen Gewimmel in entgegengesetzter Richtung unterwegs zu sein, als sie Götgatan in nördlicher Richtung hinaufging. Mehrmals wurde sie von entgegenkommenden Jugendlichen in die Seite geboxt, und als ein junger Mann, der so aussah, als sei er doppelt so groß wie sie, ihr in die Seite stieß, so dass sie beinahe in den Matsch fiel, schrie sie ihm nach:

»Bin ich vielleicht durchsichtig? Siehst du mich nicht? Verdammter Bengel!«

Auf Åsögatan war kein Gedränge mehr, nur wenige Menschen begegneten ihr, bevor sie am Ziel war.

Blondie stieß die Tür zur Ambulanz auf und ging die Treppe hinauf. Viele Male schon war sie hier auf die Toilette gegangen, und nur einmal war sie hinausgeworfen worden, ehe sie das Klo erreicht hatte, und hatte sich in einem Hauseingang in der Nähe hinhocken müssen, um ihr Geschäft zu machen.

Vor dem Empfang hatte sich eine kleine Schlange gebildet, und die weiß gekleidete Frau hinter der Scheibe schien vollauf beschäftigt zu sein. An einem Ende der Theke, die vor dem Schalter entlanglief, standen ein Stuhl und zwei Körbe, einer für neue Schuhüberzüge und einer für die gebrauchten. Blondie setzte sich und zog die blauen Plastiktüten über ihre Schuhe. Dann stopfte sie sich ein weiteres Paar in ihre Tasche, stand auf und ging mit schlurfenden Schritten auf die Toilette. Niemand in der Schlange würdigte sie eines Blickes, und die Frau am Empfang blätterte in ihren Papieren.

Blondie setzte sich auf den Klodeckel und zog sich die Schuhe und die Strümpfe aus. Sie nahm ein dickes Bündel Papierhandtücher aus dem Behälter und knetete ihren Fuß, bis er trocken und warm war. Dann zog sie sich die soeben gestohlenen Strümpfe an, streifte einen Schuhüberzug über jeden Fuß und band sich die Schuhe wieder zu. So wie jetzt mit warmen und trockenene Füßen fühlte sie sich pudelwohl, und dass sich die hellblauen Plasikkanten mit dem Gummizug in bauschigen Falten um ihre Knöchel legten, sah sogar richtig witzig aus, fand sie.

Als sie auf die Straße kam, hatte es aufgehört zu schneien, und sie blieb einen Augenblick unschlüssig stehen, bevor sie sich nach rechts in Richtung Renstiernas gata auf den Weg machte. Vor der Apotheke stand eine Flasche, in der Kirschwein gewesen war, und die rollte sie in eine ihrer Plastiktüten und stopfte sie in die Umhängetasche. Sie ging weiter hinunter Richtung Nytorget, wo die Säufer sich gewöhnlich herumdrückten. Nicht eigentlich, weil sie sich in ihrem nüchternen Zustand nach der grölenden und lallenden Gesellschaft dieser Leute sehnte, und außerdem würden sie bei so einem Wetter auch kaum dort herumhängen.

Blondie kam sich plötzlich untätig und auch ein wenig unschlüssig vor nach dem, was sie an diesem Tag schon alles erfolgreich hinter sich gebracht hatte. Vor ein paar Wochen noch hätte sie jetzt anfangen müssen, sich um ein Nachtquartier zu kümmern, aber sie hatte ja die Kajüte auf dem Schlepper am Söder Mälarstrand für einige weitere Wochen zur Verfügung gestellt bekommen, und solchen Luxus hatte sie lange nicht mehr genossen.

Bei den großen Kunststoffbehältern an der Ecke Skånegatan entdeckte sie Öland. Er stand auf Zehenspitzen auf einem umgedrehten Milchkasten und hatte den Arm tief in das Loch gesteckt. So versuchte er, an die oberste Schicht der Flaschen heranzukommen. Wenn die Oberkante der dort hineingeworfenen Flaschen das Loch erreichte, konnte man manchmal eine ganze Reihe von Pfandflaschen aussortieren, aber wie es jetzt aussah, war der runde Behälter kaum mehr als bis zur Hälfte gefüllt. Öland schien beinahe zwischen den Flaschen zu verschwinden, so wie er da auf Zehenspitzen stand und ächzte.

»Tag, Öland, wie geht's denn so?«

Öland zog den Arm heraus und sprang von dem Kasten herunter.

»So la la. Die liegen zu tief drin. Man muss ein paar Tage warten. Wie geht's dir denn so, meine Lilie, meine kleine Rose?«

»Also, bei mir ist alles bestens«, antwortete Blondie. »Spitze, wirklich.«

Beinahe wäre ihr die Sache mit dem Schlepper rausgerutscht, aber sie riss sich noch rechtzeitig zusammen. Im letzten Winter hatte Öland sich Zutritt zu einem Haus auf Kocksgatan verschafft und Blondie zwei Monate in sein Schlafgemach in der Waschküche des Hauses mitgenommen, ehe sie beide dort entdeckt wurden. Wenn Öland etwas von der Kajüte erfuhr, würde er vielleicht darauf bestehen, dort mit unterzuschlüpfen, sozusagen als Gegendienst, und das kam gar nicht in Frage. Wenn sie nun schon ein einziges Mal ein eigenes Heim hatte, auch wenn es nur vorübergehend war, wollte sie das unter gar keinen Umständen mit jemandem teilen.

»Na, denn isses ja gut, Schätzchen«, sagte Öland. »Fliegende Fahnen und klingendes Spiel, Laune bestens. Haste was zu rauchen?«

»Nee. Und nichts zu trinken und keine Kohle. Da biste bei mir an der falschen Adresse, Örjan Lage Andersson. Bist du eigentlich jemals auf Öland gewesen?«

»Nee, den Namen haben se mir beim Barras verpasst. Da gab es auch einen, den se Gotland genannt haben. Aber der war von da, glaub ich. Was hastn da für komische Dinger anne Füße?«

»Na ja, die Schuhe sin undicht, da hab ich mir Isolierungsmaterial organisiert.«

»Sieht nicht schlecht aus«, lobte Öland und blickte hinunter in den Park. »Heute keiner von den Kameraden draußen.«

»Hast recht, die sitzen wohl zu Hause in ihren Schlössern und trinken Champagner.«

Blondie sehnte sich ebenfalls nach einer Zigarette, und so

beschlossen sie, hinunter zu *Systembolaget* in Folkungagatan zu gehen. Da bildete sich freitags immer eine Schlange, und es bestand die Chance, jemanden zu finden, den man um eine Zigarette anhauen konnte. Tatsächlich gelang es beiden auch sofort, von einer Gruppe von Bauarbeitern, die dort vor der Tür darauf warteten, an die Reihe zu kommen, eine Zigarette zu erbetteln.

Danach wanderten Blondie und Öland den Rest des Nachmittags ziellos auf Söder umher. Blondie gab Öland eine ihrer Plastiktüten, und sie teilten geschwisterlich, was sie so in Papierkörben und Containern fanden.

Blondie war eigentlich gern mit Öland zusammen, aber als es nach der kurzen Dämmerung richtig dunkel geworden war, überlegte sie doch, was sie zum Vorwand nehmen konnte, um sich von ihm zu trennen, ohne zugeben zu müssen, dass sie ein Ziel hatte. Sie war hungrig, sehnte sich nach ihrem Zuhause und hatte überhaupt keine Lust, die ganze Nacht mit ihm herumzutrotten.

Das Problem löste sich von selbst, als sie bei Björns Trädgård ankamen. Dort trafen sie nämlich einige von Ölands Kumpanen, die genügend zu trinken bei sich hatten, und daher konnte Blondie ihren Weg ohne irgendeine Erklärung fortsetzen.

Es war kälter geworden und die Sterne funkelten am Himmel. Der Schneematsch war zu Eis gefroren und sie schlurfte vorsichtig mit kurzen Schritten auf ihren glatten, abgenutzten Sohlen.

Unten an Maria Trappgränd fand sie einen Einkaufswagen, den jemand dort stehen gelassen hatte. So einen kann man immer brauchen, überlegte Blondie, und außerdem kann ich mich auf dem Weg nach Hause daran festhalten.

Sie legte ihre Tasche mit dem zusammengesammelten Inhalt in den Wagen und begann das klappernde Gefährt vor sich her zu schieben.

Nach einem glücklichen Tag würde sie bald zu Hause sein.

Netta wachte davon auf, dass ihr Arm wehtat. Sie lag in Olofs Bett, und im Schlaf hatte er sich halb auf sie draufgewälzt, so dass seine harte Schulter sich in ihren Oberarm bohrte.

»Au!«, sagte Netta und knuffte ihn, während sie versuchte, den Arm freizubekommen. »Rück mal 'n Stück, du Brummbär.«

»Was is 'n los, was is 'n los«, nuschelte Olof, dreht sich um und schlief wieder ein.

Netta blickte auf die Uhr. Bald halb acht, viele Minuten hatte er also nicht mehr zu schlafen. Obwohl heute Freitag war, und freitags nahm er sich meistens frei, musste er um neun zu einer wichtigen Besprechung, und bevor sie gegen vier eingeschlafen waren, hatte sie ihm versprochen, ihn so rechtzeitig zu wecken, dass er pünktlich sein konnte.

Sie saß eine Weile auf der Bettkante und spürte, wie es in ihrem Kopf pochte, dann stand sie auf, zog den Morgenmantel an und ging die Treppe hinunter in die Küche. So schlimm sah es da gar nicht aus. Das Geschirr vom Abendessen stand über dem Geschirrspüler gestapelt, und sie hatte immerhin noch die Tassen, Cognacschwenker und Aschenbecher aus dem Wohnzimmer hinausgetragen und sie auf den Küchentisch zwischen Erdnussschälchen und Trinkgläser gestellt.

Sie spülte eines der Gläser, füllte es mit kaltem Wasser und legte zwei Treo-Tabletten hinein. Während die Flüssigkeit klarer wurde, räumte sie den Küchentisch leer, wischte ihn ab und legte das Geschirr in die Spülmaschine.

Sie leerte das Glas, in dem die Tabletten sich aufgelöst hatten, ließ es wieder voll Wasser laufen, tat Treo hinein, setzte sich hin, stützte den Kopf auf die Hände und wartete auf das Nachlassen des Hämmerns in ihrem Kopf.

Angefangen hatte es damit, dass die Nachbarn, Sivan und Klutte, mit einer ganzen Reihe eigenartiger Flaschen herübergekommen waren, um sie zu einem Drink einzuladen, den zu mixen sie auf Jamaica gelernt hatten. Zu Anfang war der auch verdammt gut gewesen, mit Rum und Fruchtsäften und Eis und Beeren und Gott weiß noch, aber nach dem dritten Glas schmeckte er nur noch süßlich klebrig, und sie beschlossen, dass Sivan und Klutte zum Essen dableiben sollten. Danach tranken sie Schnaps zu Anschovis-Schnittchen und warteten, bis der Auflauf zum Lammfilet fertig war. Na, und dann tranken sie diesen neuen Médoc-Wein, von dem Olof einen ganzen Karton mit nach Hause gebracht hatte, jeder mindestens eine Flasche, wenn sie es richtig überlegte. Und danach Kaffee und Cognac, und als Sivan und Klutte nach Hause gewankt waren, hatten Netta und Olof weiter Kognak getrunken, und dann hatten sie angefangen, sich über irgendetwas zu streiten, an das sie sich nicht mehr erinnern konnte, schließlich hatten sie sich wieder ausgesöhnt, aber zum Bumsen waren sie dann doch nicht mehr in der Lage gewesen. Kein Wunder, dass sie sich jetzt so fühlte.

Die Kopfschmerzen schienen ein wenig abzunehmen und Netta setzte Kaffee auf, presste vier Apfelsinen in zwei Gläser aus, trank das eine hastig aus, nahm das andere in die rechte und das Treo-Glas in die linke Hand und ging hinauf, um Olof zu wecken.

Das war nicht leicht, aber schließlich richtete er sich auf, trank die beiden Gläser aus und ging ins Bad. Währenddessen setzte Netta sich an den Frisiertisch und begann, die Reste des Make-ups von gestern zu entfernen, die sie bei Tageslicht nicht gerade hübscher aussehen ließen.

»Fünfundfünfzig Jahre, wie grässlich, und man sieht es«, sagte sie zu ihrem Spiegelbild. »Altes Weib!«

Olof kam zurück und begann sich anzuziehen. »Verflucht noch mal, wie kann man nur so verrückt sein und sich am Abend vor einer so wichtigen Besprechung voll laufen lassen.«

»Müssen dich diese Japaner denn heute wirklich noch mal sprechen?«, fragte Netta. »Ihr habt doch die ganze Woche über zusammengesessen. Nehmen die sich in Japan denn niemals frei?

»Nee, die arbeiten immer.«

»Ist deine eigene Schuld. Na, und ich, ich habe versprochen, zu Mama nach Äppelviken zu fahren und mich dort mit Tante Sara zu treffen, die aus Italien wiedergekommen ist. Das ist mindestens ebenso anstrengend wie ein Haufen Japaner.«

»Diese gesellschaftlichen Verpflichtungen den Nachbarn gegenüber gehen mir auf die Nerven«, brumme Olof und suchte einen passenden Schlips aus.

Jetzt fiel Netta ein, worüber sie sich gestritten hatten. Olof wollte das Haus verkaufen und in die Stadt ziehen, jetzt, nachdem die Kinder ausgeflogen waren. Aber das wollte Netta nicht. Denk an die Enkelkinder, hatte sie gesagt. Die müssen doch mal raus aufs Land kommen. Welche Enkelkinder, hatte Olof gefragt. Na, wir werden doch irgendwann mal Enkelkinder haben, hatte Netta zu bedenken gegeben, und Olof hatte auf die ihm eigene trockene Art nur geantwortet: Das glaube ich nicht, sowohl Madeleine als auch Christer sind viel zu egoistisch, um sich Kinder anzuschaffen. Und damit war der Streit in vollem Gange.

Aber im Augenblick hatte Netta weder Lust noch die Kraft, sich zu streiten, sie hielt sich also zurück, während sie neue Mascara auf ihre Augenlieder pinselte.

»Ich muss mich jetzt beeilen«, stellte Olof fest.« Wir essen mittags mit den Japsen, und dann müssen wir raus und den ganzen Nachmittag lang die neuen Lagerhallen in Stuvsta ansehen.«

»Wann kommst du nach Hause?«

»Um sechs bin ich sicher wieder hier. Spätestens. Wir essen dann was Leichtes, nicht? Und dann ziehen wir alle Vorhänge zu und schließen die Tür ab und lassen keine Menschenseele über unsere Schwelle.«

»Richtig, und wir ziehen den Telefonstecker raus«, ergänzte Netta. Hummer. Der ist jetzt billig. Der frische amerikanische, den sie bei *Hammarströms* selbst kochen. Ich kaufe ihn ein.«

»Prima«, stimmte Olof zu. »Und Champagner. Nur Champagner. Keine süßlichen klebrigen Drinks. Leg ein paar Flaschen in den Kühlschrank, bitte.«

Netta bekam einen Klaps auf die Wange, wodurch der Augenbrauenstift verrutschte, und die Folge war ein Strich bis an den Haaransatz.

»Guck mal, was du gemacht hast«, maulte sie, aber da war Olof bereits auf dem Weg die Treppe hinunter.

»Tschühüs!« rief er, und dann fiel die Haustür ins Schloss.

»Tschüs, tschüs, tschüs«, zischte Netta durch die Zähne und bearbeitete die Stirn mit einem Wattebausch. »Männer!»

Da sie mit dem Auto fahren und sich hauptsächlich im Hause aufhalten würde, nahm Netta den kurzen Pelz, und obwohl es draußen matschig zu sein schien, zog sie sich die neuen mahagonibraunen Stiefel mit langem Schaft und hohen Absätzen an. Die waren etwas eng, aber sie sahen sehr elegant aus.

Auf dem Weg nach Äppelviken bog sie bei dem Fischgeschäft ein und kaufte zwei große frisch gekochte Hummer, die sie sorgfältig einpacken ließ und in den Kofferraum legte, den sie gewissenhaft abschloss.

Der Nachmittag bei ihrer Mutter wurde nicht so langweilig, wie sie befürchtet hatte. Tante Sara, die zweiundsiebzig Jahre alt war, hatte in Bologna einen Herrn kennen gelernt und erzählte fröhlich und selbstironisch von ihrer zwei Wochen dauernden Romanze. Und Mama war ausnahmsweise guter Laune und beklagte sich kein einziges Mal über irgendetwas. Sie bot Sherry und kleine Pasteten an und erzählte sogar ganz locker von einigen Liebesgeschichten aus ihrer Jugendzeit.

Als Tante Sara gehen musste, um rechtzeitig um halb fünf bei einer Freundin auf Kungsholmen zu sein, bot Netta sich an, sie dort hinzubringen.

Bei Fridhemsplan ließ Netta ihre Tante aussteigen und schob sich in die Fahrzeugschlange in Richtung Västerbron. Es schien eine Ewigkeit zu dauern, bis sie die Brücke überquert hatte, aber als sie schließlich auf der anderen Seite angekommen war und auf die Uhr sah, war es gerade mal zwanzig vor fünf. Trotz der Staus würde Sie es schaffen, lange vor sechs zu Hause anzukommen. Und heute brauchte sie kein Essen zu kochen, denn sie hatte ja Hummer.

Die Autoschlange löste sich auf, und die Fahrbahn sah trocken aus, daher gab sie Gas, als sie hinunter auf Söder Mälarstrand gekommen war.

Plötzlich, wie aus dem Nichts, tauchte etwas vor ihrem Kühler auf. Etwas, das glitzerte, und Netta trat kräftig auf die Bremse, als sie einen Stoß gegen den Wagen spürte und ein kratzendes Geräusch hörte. Die Ampel hinter ihr hatte auf Rot umgeschaltet, Gott sei Dank hatte sie also die Fahrbahn hinter sich frei. Sie bremste vorsichtig und ließ den Wagen mit den rechten Reifen auf den Radweg rollen, bevor sie heraussprang und mit schnellen Schritten zurücklief.

Als sie näher kam, erkannte sie, was da gegen das Auto geknallt war. Ein Einkaufswagen lag umgekippt auf der Fahrbahn, und eine Gestalt hatte sich darüber gebeugt und versuchte, ihn wieder aufzurichten. Zwischen dem Wagen und dem Rinnstein lagen verstreut Flaschen und Blechdosen. Netta stellte fest, dass die Ampel immer noch auf Rot war, und sie rannte, so schnell das mit ihren hohen Absätzen ging, auf den Einkaufswagen zu, stellte ihn aufrecht hin und erreichte mit ihm den Bürgersteig genau in dem Augenblick, als die Autos anfuhren. Es gelang ihr auch noch, ein paar Flaschen, die mitten auf der Fahrbahn lagen, mit dem Fuß auf die Seite zu schieben.

»Wie ist denn das passiert?«, fragte sie die Frau, die immer noch Flaschen und Dosen aufsammelte und sie in den Wagen warf. »Sie sind doch nicht verletzt? Ich habe weder Sie noch Ihren Wagen gesehen. Der war plötzlich einfach da.«

Die Frau legte die letzte Flasche in den Wagen und richtete sich auf. Sie trug einen großen, weiten Herrenmantel, und auf dem Kopf hatte sie eine graue Pudelmütze, die sie tief in die

Stirn gezogen hatte. An den Füßen Joggingschuhe, die vor langer Zeit vermutlich einmal weiß gewesen waren, und ein Paar eigenartige blaue Plastiktüten um die Knöchel gewickelt.

»Aber nein, mir fehlt nichts. Hab mir nur ein bisschen das Knie gestoßen, als ich vor Schreck hingefallen bin, aber das macht überhaupt nichts. Und der Wagen ist ja heil geblieben.«

»Ich verstehe einfach nicht, warum ich ihn nicht gesehen habe«, wunderte sich Netta.

»Ich stand da und wartete darauf, über die Straße gehen zu können, als er plötzlich einfach so von mir wegglitt und von selbst zu rollen anfing. Einen richtigen Schreck habe ich gekriegt, ich dachte, das Auto würde ins Schleudern kommen. Aber du kannst gut fahren, das sieht man.«

»Na und ob, das hätte böse ausgehen können. Tja, ist wohl kein größerer Schaden, hab richtig Glück gehabt«, meinte Netta und blickte zu ihrem Wagen hin. Sie hoffte, keine Kratzer im Lack abbekommen zu haben, denn die Stoßstange hatte den Aufprall wohl aufgefangen.

Da bemerkte sie, wie die Frau, die einen Kopf – oder genauer gesagt, einen Absatz – kleiner als sie selbst war, sie so eigentümlich anblickte. Sie stand mit offenem Mund da, so dass Netta ihre lückenhaften Zahnreihen sehen konnte. Die Frau zeigte auf sie und rief plötzlich:

»Bist du nicht Netta? Agneta Ljung?«

Netta starrte sie ebenfalls an. Wie konnte diese Person wissen, wer sie war?

»Doch«, gab sie zögernd zu, »das bin ich. Aber wie . . .«

»Tja, lang ist's her«, erklärte die Frau. »Mädchenschule. Wir sind in die gleiche Klasse gegangen. Kannst du dich nicht mehr an mich erinnern? Blondie, Rut Blomberg.«

Vor Nettas innerem Auge tauchte ein rundliches, fröhliches Mädchen mit rosiger Haut, lockigem Haar und häßlichen, schlecht sitzenden Kleidern auf.

»Blondie«, hauchte sie überrascht. »Stimmt das? Bist du das wirklich?«

Den Zweifel in ihrer Stimme konnte sie nicht verbergen.

»Ja, hab ich doch gesagt«, bekräftigte Blondie. »Aber es ist lange her. Wie alt sind wir jetzt? Fünfundfünzig, nicht? Ist ja beinahe vierzig Jahre her, seit wir aus der Schule sind. Man verändert sich in einer so langen Zeit. Na, du natürlich nicht. Jedenfalls nicht sehr. Du siehst noch immer so aus wie früher. Und schick angezogen, das warst du ja damals schon.«

Sie sah Netta an, lächelte ein wenig, und mit einem Mal glich sie entfernt dem Mädchen, das sie damals gewesen war. »Komm ein Weilchen zu mir nach Hause«, lud Blondie ein. »Ich wohne hier. Auf dem Boot da hinten.«

»Nein, ich muss nach Hause«, entschuldigte sich Netta.

»Nur mal kurz. Ich muss mir das Knie ansehen. Vielleicht blutet es. Komm einen Moment mit.«

Netta zögerte. Was verband sie mit diesem Bettelweib, außer dass sie vor hundert Jahren zusammen zur Schule gegangen waren? Aber gleichzeitig war sie neugierig auf Blondie. Und sie hatte nie jemanden gekannt, der auf einem Boot wohnte. »Abgemacht«, gab sie nach. »Aber nur fünf Minuten. Mein Mann wird unruhig, wenn ich zu spät nach Hause komme. Aber, wie gesagt: Nur einen kurzen Augenblick.«

Netta wusste nicht, was sie erwartet hatte, wunderte sich aber, wie gemütlich die Kajüte des Schleppers wirkte. Und beinahe nett, obwohl die Bettwäsche unerhört zerlumpt aussah. Eine schmutzige Steppdecke mit mehreren Brandlöchern von Zigaretten darin und ein schmieriges Kopfkissen ohne Bezug. Netta dachte an ihren eigenen duftenden Wäscheschrank.

»Ich kann dir nicht viel anbieten«, entschuldigte sich Blondie. »Vielleicht eine Tasse Tee.«

»Nein, ich will ganz bestimmt nichts haben. Darf ich mir dein Knie mal ansehen?«

Blondie knöpfte den Mantel auf und rollte das Hosenbein hoch. Sie hatte zwei Jogginghosen an, und mindestens die äußere war blank gescheuert und fleckig. Das Knie war ein wenig geschwollen, und ein großer blaubrauner Fleck breitete sich darunter aus, aber die Haut war nicht aufgerissen. Blondie schob das Hosenbein wieder hinunter und fragte: »Hast du eine Zigarette?«

»Na klar. Wir rauchen eine Zigarette, aber dann muss ich wirklich gehen.«

Sie gab Blondie eine Zigarette und steckte sie ihr an.

»Wie kommt es, dass du hier so wohnst. Ich meine . . .«

»Ich weiß, was du meinst. Erinnerst du dich, wie sie mich von der Schule gewiesen haben, weil ich schwanger war?«

Das wusste Netta nicht mehr. Damals hatte sie selbst die Mädchenschule verlassen, um in die Oberstufe einer anderen Schule zu gehen. Aber sie sagte nichts.

»Tja, ich will dich nicht mit einer endlosen Geschichte langweilen. Ich habe das Kind also bekommen. Svenne haute ab, und das Baby wurde zur Adoption freigegeben. Dann hatte ich einige schwierige Jahre, arbeitete mal hier, mal da, wurde wieder schwanger. Der Kerl verdrückte sich natürlich, und das Kind starb bei der Geburt. Na ja, das können wir alles überspringen. Ich heiratete einen Mann, der hieß Sture und soff. Da habe ich auch zu saufen angefangen, damit ich es überhaupt aushalten konnte. Geschlagen hat er mich auch, und es dauerte mehrere Jahre, bis ich ihn loswurde. Dann war eine Zeit lang Ruhe, ich habe im Krankenhaus gearbeitet und hatte eine Wohnung, aber ich hatte mich an Alkohol gewöhnt, wie man so sagt, und da verlor ich meine Arbeitsstelle. Hab mich mit Alkoholikern zusammengetan, miesen Typen natürlich, und da wurde ich schließlich auf die Straße gesetzt. Und so ist das gegangen. Diese Kajüte habe ich nur leihweise. In einem Monat oder so muss ich hier auch raus. Das ist in kurzen Zügen meine Lebensgeschichte. Aber jetzt geht es mir besser. Ich trinke nicht so viel. Klar, dass man sich nach einem geordneten Leben sehnt. Wohnung und so. Arbeit zu bekommen ist in meinem

Alter ja wohl hoffnungslos. Arbeitest du denn, oder bist du nur verheiratet?«

Netta fühlte sich in eine andere Welt versetzt, wie sie sich da die deprimierende Lebensgeschichte von Blondie anhörte. »Doch, ich arbeite. In einem Anzeigenbüro. Schreibe Texte und so. Aber kannst du nicht Hilfe bekommen? Das Sozialamt . . .« Netta zögerte. Ihr war bewusst, dass ihre Kenntnisse in dieser Hinsicht sehr begrenzt waren.

»Nein, mit Behörden will ich nichts mehr zu tun haben. Davon habe ich inzwischen genug. Von denen kann man nicht viel Hilfe erwarten, und ist man einmal rausgeflogen, dann bekommt man keine Wohnung mehr. Nein, ich muss selbst zurechtkommen.«

Netta wusste nicht, was sie dazu sagen sollte. Das waren Bereiche und Lebensumstände, über die nachzudenken sie sich weigerte. Sie wollte nur noch weg aus diesem Elend. Dies hier ging sie nichts an.

»Nein, nun muss ich aber wirklich, damit Olof nicht unruhig wird«, sagte sie und hoffte im Stillen, dass Blondie sie nicht nach ihrer Adresse fragte oder um die Telefonnummer bat.

»Ja, ich verstehe«, stimmte Blondie zu. »Ich begleite dich hinaus.«

Netta ließ die Zigaretten auf dem Tisch liegen.

»Nimm nur, wenn du vergessen hast, welche zu kaufen«, bemerkte sie beiläufig und kam sich dümmlich dabei vor.

Sie traten aus der Kajüte, und ein eisiger Windstoß von Riddarfjärden fuhr ihnen ins Gesicht. Es war sternenklar, der Mond war aber nicht zu sehen, und hier draußen am Kai war es dunkel, denn der Schein der Straßenlaternen reichte nicht bis hierher.

Blondie ging vor, stieg die kurze Leiter zum Achterdeck hinunter, und Netta folgte dicht hinter ihr.

»Geh vorsichtig, hier ist es glatt!«, warnte Blondie.

Im gleichen Moment blieb Netta mit dem Absatz hängen und stolperte vorwärts, streckte die Hände aus, um sich an einer Reling oder einem Handlauf festzuhalten, aber sie fuchtelte durch die Luft und fiel gegen Blondie, und Netta hörte ein Platschen, bevor sie vornüber auf das vereiste Stahldeck hinschlug, und es dauerte eine Weile, bis sie begriff, dass Blondie über Bord gefallen war.

Netta richtete sich auf die Knie auf und sah jetzt, dass die Reling, die an der Seite des Bootes entlanglief, dort aufhörte, wo die Rundung des Achterdecks begann. Und da gab es keine Schutzvorrichtung, aber sie hielt sich an einem Poller fest und beugte sich vornüber, sah jedoch nur schwarzes Wasser, das gegen die Außenwand klatschte und schäumte und eisige Kaskaden über ihr Gesicht sprühte.

Schließlich stand sie auf und begab sich hinüber auf den Kai, wo der Einkaufswagen mit seinen Flaschen und Dosen stand, und sie ging weiter zu ihrem Auto und setzte sich hinters Lenkrad.

Sie zitterte am ganzen Körper, sie wusste nicht, ob vor Kälte oder wegen des Schocks oder aus beiden Gründen, aber sie trocknete sich mit dem Taschentuch das Gesicht ab und fuhr sich über die Haare und blieb da sitzen, bis das Zittern aufgehört hatte.

Sie wusste, dass es nichts mehr zu tun gab. Oder zu sagen – nicht mal zu Olof.

Niemand sollte es erfahren.

Vierzig Jahre lang hatte es Blondie nicht gegeben – dann war sie plötzlich für zwanzig Minuten da gewesen – und jetzt war sie wieder weg.

So war es nun einmal.

Und für Netta gab es nur eins, zu Olof nach Hause zu fahren, Hummer zu essen und Champagner zu trinken und sich zum Schlafen zwischen die glatten, sauberen Laken zu legen, und was geschehen war, war nicht wirklich und nicht einmal ein böser Traum.

Übergewicht

Åsa Nilsonne

»Das Problem ist, dass ich Alleinunternehmerin bin.«

Agneta versucht, nicht so verzweifelt zu klingen wie sie ist. Verzweiflung fördert nicht die Bereitschaft zur Zusammenarbeit, das weiß sie.

»Der Auftrag ist an mich gegangen, obwohl ich nicht ausreichend qualifiziert bin. Für uns junge Frauen wäre es eine Katastrophe, wenn ich scheitern würde.«

Agneta hat Frauenfragen noch nie mit Birgitta diskutiert, sie weiß nicht, ob das Argument zieht. Sie hofft, dass Birgitta, um die fünfzig Jahre alt, sich geschmeichelt fühlt, zu den Jungen gerechnet zu werden. Birgittas breites Gesicht ist ausdruckslos.

Agneta hat sich für die Pressekonferenz aufgestylt; das verleiht Birgitta ein seltsames, moralisches Übergewicht. Agneta kommt sich verwöhnt, ein bisschen anmaßend vor. Birgitta hat wie üblich ihre alten Jeans und einen verwaschenen Pullover an. Ihr Haar kräuselt sich leicht in einer längst erschlafften Dauerwelle. Agnetas Haar ist glatt und glänzend.

»Es dauert nicht so lange. Höchstens eine halbe Stunde beim Minister, anschließend ein kurzes Treffen mit der Presse. In zwei Stunden kann ich wieder hier sein.«

Nur jetzt nicht hysterisch werden, nicht anfangen zu heulen, wie es ihr früh am Morgen passiert ist, als sich herausgestellt hat, dass sie keine Tagesmutter finden würde. Birgitta sieht Matilde, fast zwei Jahre alt, an: »Sie ist doch krank.«

»Ja.«

»Nur keine Aufregung, werden Sie mal nicht sauer.«

»Sie hat zwar Fieber, aber ihr tut nichts wehr, nur eine normale Infektion. Der Kinderarzt hat gesagt, dass die anderen Kinder in der Gruppe bestimmt schon ihre Bakterien haben, deshalb kann sie niemanden mehr anstecken. Sie will vor allem schlafen. Sie könnte doch auf einer Ihrer Matratzen liegen, Sie werden doch bei diesem Wetter sowieso am Vormittag nicht rausgehen.«

Nun sah Birgitta schon etwas weniger ausdruckslos aus. Das konturlose Gesicht erwacht. »Aber trotzdem werden Sie wohl einsehen, dass Sie nicht kommen können und ein krankes Kind abliefern. Sie gehört nach Hause.«

»Ich weiß, aber wie ich schon zu erklären versucht habe, geht das im Moment gerade nicht, nicht zwischen neun und elf. Ich kriege keine Tagesmutter, und ich kann niemand anders fragen. Worum ich Sie bitte, zum ersten und hoffentlich letzten Mal, ist, dass Sie eine Ausnahme machen.«

Birgitta schüttelt den Kopf. Ihre kalten Äuglein liegen tief und sie funkeln, wie es Agneta vorher nie bemerkt hat. Sie leuchten fast.

»Eine Ausnahme! Wir haben für das Beste der Kinder zu sorgen. Wie, glauben Sie, soll sie mit dem Aktivitätsniveau hier drinnen klarkommen. Wenn man Kleinkinder hat, muss man einfach damit rechnen, dass die mal krank werden. Deshalb haben Sie schließlich Anspruch darauf, sechzig Tage mit einem kranken Kind zu Hause zu bleiben. Wenn wir solche Ausnahmen machen wollten, dann geht's hier bald zu wie im Krankenhaus.«

Agneta braucht gar keine weiteren Signale auszusenden, die nicht angenommen werden, aber sie kann nicht anders. »Birgitta, das ist ein Vorfall, der sich nicht noch mal wiederholen wird. Helfen Sie mir in diesem Fall.«

Birgittas massiver Körper scheint sich an der Oberfläche zu verhärten, Agneta bekommt es fast mit der Angst zu tun. Birgitta ist ein Hauch von Farbe auf die Wangen getreten.

»Wenn man Kleinkinder hat, darf man sich seine Arbeit

nicht so einteilen, dass man unersetzlich ist. Die Eltern müssen wirklich manchmal zur Verfügung stehen. Matilde ist wieder willkommen, wenn sie gesund ist.«

Hinter Birgittas Rücken sieht Agneta, wie Erika eine stumme Gebärde macht: Sie schüttelt den Kopf, zuckt die Achseln und macht eine erschöpfte Geste. Das bedeutet, dass sie, wie immer, gern nach Kräften geholfen hätte, aber dass sie nichts zu sagen hat, wenn die Leiterin »Nein!« sagt. Birgitta dreht sich um und knallt Agneta und Matilde die Tür vor der Nase zu. Agneta fällt zum ersten Mal auf, dass Birgitta auch am Hals Pickel hat, am Haaransatz. Sie wundert sich, dass sie weder gegen die geschlossene Tür tritt noch in Tränen ausbricht. Nie in ihrem ganzen Leben hat sie sich so verletzlich gefühlt.

Noch vierunddreißig Minuten, bis sie den Termin beim Minister hat. Sie setzt Matilde wieder ins Auto. Die Fahrt zum Ministerium dauert zwanzig Minuten, fünf braucht sie, um in ihr Zimmer zu gehen, ihre Unterlagen zu holen, Frisur und Lippenstift in Ordnung zu bringen. Da bleiben ihr neun Minuten, um einen Babysitter aufzutreiben. In Gedanken geht sie die Möglichkeiten im Ministerium durch. Dort gibt es einen blassen Kollegen, der seinen alten Hund immer an der Garderobe bei der ungefähr genauso alten Garderobiere abgibt, ein offenes Geheimnis in dem Haus mit Hundeverbot; aber zum Babysitter ist die Alte ungeeignet. Agneta hat keine Sekretärin. Sie muss eine andere Lösung finden. Sie fährt langsam, während sie nachdenkt und entdeckt plötzlich eine Frau mittleren Alters mit ruhigem und entspanntem Gang. Die Frau hat ein Gesicht, das nicht durch Verbitterung, Resignation oder Gram verzogen ist. Sie sieht aus, als hätte sie viel gelacht und nun lächelt sie ihren kleinen Welpen an, der hochspringt und an der Leine kaut. Agneta hat die plötzliche Eingebung anzuhalten, sie anzusprechen wie die Oma, die Matilde nie gehabt hat, um Hilfe zu bitten, aber sie weiß, dass sie keine Zeit für einen weiteren Misserfolg hat.

Noch dreizehn Minuten, bis sie konzentriert und präsentabel vor der Tür des Ministers zu stehen hat. Sie ist in einer gesetzestreuen Familie aufgewachsen, in einer Familie, die ohne Wenn und Aber ihren Kindern beibringen konnte, dass in jeder Lage die Polizei unser Freund und Helfer ist. Das Polizeirevier war ein sicherer Hafen in einem ansonsten unsicheren Stadtteil, und vielleicht ist das der Grund, warum Agneta die Geschwindigkeit drosselt, als sie an einem vorbeifährt. Sie kurvt um den Häuserblock, stellt den Wagen ab und hebt Matilde heraus. Sie nimmt ihre Hand, geht um die Ecke und sucht nach einem offenen, ansprechenden Gesicht. Das Erste, das ihnen entgegenkommt, sitzt auf einem zwanzigjährigen jungen Mann, aber vor ihm würde Matilde bestimmt bange werden, sie lernt nur wenig junge Männer kennen. Das nächste muss es sein. Eine Frau von ungefähr fünfzig kommt ihnen entgegen, eine Frau, die aussieht, als sei sie mit dem Leben zufrieden. Sie muss die Richtige sein. Agneta geht auf sie zu, Matilde schlurft hintendrein.

»Entschuldigung«, sagt Agneta, »kennen Sie dieses kleine Mädchen?«

Die Wahl war ausgezeichnet. Die Frau lächelt Agneta an und schaut dann besorgt zu Matilde. »Nein. Hat sie ihre Eltern verloren?«

»Scheint so, ich bin gerade vorbeigekommen. Ich habe es unglaublich eilig, aber ich fand, sie sollte nicht hier rumlaufen. Sie könnten mir nicht vielleicht behilflich sein und sie zum Polizeirevier bringen, womöglich sitzt die Mutter schon da.«

Die Freundlichkeit in Person hat sich neben Matilde gekniet. »Arme Kleine! Und geweint hat sie, sie ist ja ganz rot und warm. Natürlich bringe ich sie hin.«

Ihre Hand schließt sich freundlich, aber bestimmt um Matildes. Sie scheint Erfahrung zu haben, erhebt sich und lächelte Agneta von neuem an. »Was für ein Glück, dass Sie reagiert haben.«

Agneta erwidert das Lächeln, bedankt sich und geht davon. Sie zwingt sich, Matilde nicht anzusehen, wirft aber trotzdem einen flüchtigen Blick zurück, kurz bevor sie um die Ecke biegt und sieht die freundliche Frau mit Matilde auf dem Arm zur Polizeidienststelle gehen. Matilde hat noch nicht angefangen zu protestieren.

Es dauert nicht länger als vier Minuten. Sie wird es schaffen. Sie fragt sich, was wohl passieren wird, wenn die Polizei die verschiedenen Familien abtelefoniert, die Kleider an das Second-Hand-Geschäft verkauft haben, in dem sie Stammkundin ist. In allen Sachen von Matilde sind unterschiedliche Namen eingenäht. In dem niedlichen, pinkfarbenen Overall steht Mercedes Hernandez, im Pullover Daniel Flinck, im Hemd ein neutrales Carlquist, in den Stiefeln Ingemarsson. Nirgendwo steht Matilde Andréen, Gott sei Dank.

Bei der Pressekonferenz posiert der Minister mit dem Arm um ihre Schulter. Er hat genauso viel davon wie sie, zu so generösen Gesten lädt sie gern ein.

»Nur keine Angst: Frauen vor« wird die Schlagzeile lauten, und er wird als ein Mann dastehen, der beruhigt auf die weiblichen 50% der stimmberechtigten Bevölkerung setzen kann. Wichtiger ist, dass er ihren Worten zugehört hat und ihre Schlussfolgerung vor der Regierung wiederholen wird. Sie lächelt und lässt keinen anderen Gedanken in ihrem Kopf zu. »Das Mädel wird es noch weit bringen«, sagt der Minister in einem weiteren Kommentar, der zitiert werden wird. Sie lächelt abermals.

Endlich ist es überstanden, und sie düst hinunter in ihr Zimmer, zu ihrem Telefon. Sie wählt die Notrufnummer und fragt mit bebender Stimme, ob jemand ein kleines Mädchen gefunden hat. Sie wird weiter an die Polizei verbunden, beschreibt Matilde und erfährt, dass sie immer noch in der Polizeistation in der Nähe des Ministeriums sitzt, der Sozialdienst ist noch nicht eingetroffen. Agneta verspricht, in zehn Minuten dort zu sein, und das ist sie dann auch, in Tränen aufgelöst. Unterwegs hat sie ihr Haar aufgemacht, so dass es ihr um die Schultern baumelt, hat die Kontaktlinsen gegen die Brille vertauscht und ihre großen Goldohrringe abgenommen.

Matilde sitzt bei einem weiblichen Polizeianwärter und isst ein Eis. Sie freut sich, als Agneta angestürmt kommt, aber windet sich rasch aus der allzu festen Umarmung und kehrt wieder zu ihrem Teller zurück. Agneta steht den Fragen Rede und Antwort: Sie wollte im Block ein Paket abgeben, Matilde schlief im Auto, ja, im Kindersitz, nein, sie war wohl nicht angeschnallt. Als Agneta zurückkam, stand die Wagentür offen und Matilde war weg. Sie hatte geglaubt, Matilde hätte versucht, ihr nachzugehen, sie war suchend herumgelaufen, zuerst zu Fuß und dann mit dem Auto. Sie wusste nicht, wie lange. Zweijährige gehen schließlich schneller und weiter, als man ihnen zutraut. Anschließend kam ihr mit einem Mal die Idee, Matilde sei womöglich gekidnappt worden und war nach Hause gefahren, um ihren Anrufbeantworter abzuhören. Sie wusste nicht, warum ihr nicht in den Sinn gekommen war, gleich die Polizei anzurufen, sie ist einfach froh, dass Matilde in Sicherheit war. Sie hätte wohl einen Schock bekommen, glaubte sie. Das wäre so schrecklich gewesen. Ja, Matilde ist ihr eigenes Kind, sie ist allein erziehend, es gibt nur sie zwei.

Anhand ihres Ausweises wird die Routinekontrolle durchgeführt, die eindeutig positiv ausfällt; sie ist vorher nie auffällig gewesen, nach ihr wurde nicht gefahndet, sie ist offensichtlich nüchtern, offensichtlich in der Lage, sich um ihr Kind zu kümmern. Sie hat Matilde auf dem Schoß und Tränen in den Augen, aber sie bemüht sich, ruhig und gesammelt zu wirken. Die Polizisten lächeln, sie entspannen sich. Agneta weiß, dass ihre Geschichte wie eine Seifenblase zerplatzen kann. Bei wem hatte sie das Paket abgegeben? Was war in dem Paket? Ihr ist auf die Schnelle nichts Besseres eingefallen, so dass sie darauf setzen muss, dass ihr bisher so geordneter Lebenswandel sich bezahlt macht. Das tut er, die

Polizisten legen den Fall erleichtert zu den Akten, sie haben ohnehin mehr als genug zu tun, und sie haben sie vergessen, sobald sie aus der Tür ist. Sie hofft, dass die Polizisten den Wirtschaftsteil der Zeitungen nicht so genau lesen. Mit dem Taxi nach Hause, sie zittert am ganzen Körper und fühlt sich nicht in der Lage, Auto zu fahren.

Zwei Tage lang liegen sie und Matilde im Bett. Sie schlafen, dösen, stehen auf, um das zu essen, was die Vorratskammer noch hergibt und legen sich dann wieder hin. Agneta fällt es schwer, Arme und Beine unter Kontrolle zu kriegen. Sie fragt sich, ob sie todkrank sei, ist aber nicht imstande, dieser Möglichkeit weiter auf den Grund zu gehen. Matilde, die es gewohnt ist, jeden Tag den Essenswechsel mitzumachen, lässt sich dankbar jeden Tag Makkaroni mit Ei vorsetzen.

Agneta träumt von Birgitta. Birgitta, die ihr den Rücken zukehrt, Birgitta, die sich vor ihr auftürmt, stark, aber für Agnetas Not unempfänglich. Birgitta, die hört, aber nicht reagiert. Zum ersten Mal hat sie Albträume, in denen sie die Hauptrolle spielt. Im wachen Zustand wundert sie sich über die Macht, die Birgitta unmerklich über ihr Leben gewonnen hat, über sie, die sie immer geglaubt hat, ein vollkommen unabhängiges Leben zu führen. Sie fragt sich, ob es diese Überzeugung ist, die es ihr schwer macht, das Maß ihrer Unterwerfung zu erkennen. Dass sie die Einkaufstüten mit Nahrungsmitteln im Gebüsch versteckt, wenn sie Matilde abholt, die Panik, wegen der sie bei Rot über die Ampel fährt, um pünktlich auf die Sekunde dort zu sein, ihre sinnlose Freundlichkeit, wenn sie interessiert den uninteressanten Details aus Birgittas uninteressantem Leben lauscht, ihre Nachgiebigkeit bei den vierteljährlichen Elternabenden – nie stellt sie die Fragen, die sie stellen will.

Am dritten Tag ist Matilde gesund, und Agneta hat sich erholt. Sie verfrachtet die Möbel von ihrem Arbeitszimmer ins Schlafzimmer. Es wird eng, aber schlimmer kann es mit dem Arbeiten und Schlafen nicht mehr werden. Arbeiten, um zu essen und die Miete zu bezahlen, schlafen, um zu arbeiten. Die Perspektive ist erschreckend, dass die beiden Aktivitäten ihr Leben genauso total ausfüllen, wie sie ihr Schlafzimmer ausfüllen. In das jetzt leergeräumte, ehemalige Arbeitszimmer stellt sie Bett, Kommode, Schreibtisch und Stuhl.

Dann ruft sie die philippinische Putzfrau aus dem Ministerium an, die ihr ein Kindermädchen empfohlen hat – bestimmt ohne Arbeits- und Aufenthaltsgenehmigung, aber sehr lieb und zuverlässig. Agneta bereut, dass sie so abweisend reagiert hat, als sie ihr zuerst den Vorschlag gemacht hat. »Rosita, Sie hatten recht. Ich komme allein nicht klar. Ich habe mir das Angebot durch den Kopf gehen lassen. Ist das Mädchen noch hier?«

Nicht das Mädchen, aber ihre Cousine. Genauso nett, genauso lieb. Am selben Nachmittag zieht Carmen ein. Drei Monate lang hat sie in Rositas Küche auf einem Klappbett gehaust und nimmt das Angebot sofort dankbar an. Kost und Logis im eigenen Zimmer inklusive dreitausend Kronen im Monat schwarz, um sich um Matilde zu kümmern und wo es sonst noch nötig ist.

Agneta hat nie zuvor mutwillig gegen das Gesetz verstoßen. Das vermittelt ihr ein neues und nicht völlig unangenehmes Gefühl, zur Majorität zu gehören, etwas gemein mit den Pfuschern, Aufschneidern und Gaunern zu haben. Sie kommt sich plötzlich nicht mehr ausgenutzt vor.

Als Agneta am fünften Tag mit Matilde zum Kindergarten kommt, werden sie von Birgitta misstrauisch beäugt. »Sie ist doch einen Tag ohne Fieber gewesen, oder?«

»Zwei.« Agneta lächelt freundlich, aber gestattet es sich zum ersten Mal, auf ihre innere Stimme zu hören: Du knickerige, pampige Hexe, wie kannst du es wagen, mich zu kränken, mir zu misstrauen? Du glaubst wohl, du hast das absolute Übergewicht, du kannst dich benehmen, wie es dir passt, aber da bist du schief gewickelt, du wirst noch sehen wie schief.

Mit Carmen in der Nähe wird Birgitta zu einer marginalen und unbedeutenden Person. Sobald Matilde einen Schnupfen hat, kann sie zu Hause bleiben. Sobald Agneta sich verspätet oder eingeladen ist, ruft sie Carmen an, die Matilde abholt, Essen kocht und je nach Bedarf Nachtwache schiebt. Matilde liebt Carmen. Agneta ist erschreckt über das Ausmaß der Erleichterung, der Befreiung, die sie empfindet. Sie kann sich nun erlauben, Birgittas frühere Macht zu messen, ihr eigenes Ausgeliefertsein. Die Wut packt sie.

Agneta glaubt nicht, dass diese Wut zulässig ist. Sie erwartet, dass sie ihr ins Gesicht geschrieben steht, dass jemand sie gleich zur Seite nimmt, als hätte sie vergessen den Reißverschluss hochzuziehen, um ihr zu erklären, dass ihre Ausstrahlung nicht akzeptabel sei, dass das, was in ihr vor sich geht, verschwinden muss. Aber niemand sagt ein Wort, niemandem scheint überhaupt die finstere, warme Kraftquelle aufzufallen, die sie plötzlich antreibt.

Beim vierteljährlichen Elternabend erfährt sie, dass Matilde Knöpfe zumachen kann. Überrascht schaut sie Birgitta an. »Ich verstehe nicht – haben Sie etwa geglaubt, dass mir das nicht auch schon aufgefallen ist?«

Birgitta zuckt die Schultern: »Eltern haben sonst nie Zeit.«

»Glauben Sie? Haben Sie sich jemals Gedanken gemacht, worauf es dabei eigentlich ankommt? Haben Sie sich Gedanken gemacht, was ich heute wissen will oder was Sie erzählen wollen?« Agneta spricht weiter, bevor Birgitta antworten kann: »Wissen Sie, Sie sollten vielleicht darüber nachdenken, was Sie mit dem Rest ihres Lebens anfangen wollen. Die Frage ist, ob Sie sich nicht wohler fühlen würden mit einer Arbeit, bei der es weniger auf Dienstleistung ankommt, wo es Ihnen erspart bleibt, so viele Leute um sich zu haben und wo andere von Ihnen abhängig sind.«

Birgitta ist klar, dass sie unter Beschuss steht, aber reagiert nicht nennenswert. Sie steht langsam auf. »Ich verstehe überhaupt nicht, was Sie mit diesem lächerlichen Angriff auf meine Person bezwecken. Sie sollten wissen, dass es Grenzen gibt für unsere Kapazität, wenn es um negative Einstellungen vonseiten der Eltern geht. Da lässt man schon mal seinen Frust an den Kindern aus.«

»Ich weiß«, fährt Agneta fort, auch wenn Birgitta gerade das Zimmer verlassen will. »Gerade deshalb lächeln die Mütter Sie ständig an, gerade deshalb verstecken sie ihre Plastiktüten im Gebüsch, bevor sie die Kinder abholen, gerade deshalb stellt niemand Ihre freien Nachmittage in Frage. Deshalb lassen sie Sie machen. Da lässt man dann schon mal seinen Frust an den Kindern aus.«

Aber Birgitta ist schon verschwunden.

Agneta wünschte manchmal, Birgitta möge sich beurlauben, sich umschulen lassen, die Zelte abbrechen. Jetzt denkt sie gründlich und detailliert über ihre Hoffnungen nach und kommt zu dem Schluss, dass Birgitta niemals freiwillig das Feld räumen wird, dass die Macht ein Instrumentarium ist, das sie mehr auf ihrem Posten hält als noch so viele offizielle Vorteile. Agneta gefällt das Gefühl, wie die Kraft, die Wut, der Zorn in ihr schnurren wie der Motor in einem sündhaft teuren Auto. Sie denkt darüber nach, wie man es sich zu Nutze machen kann, damit alles so wird, wie sie will, wie sie es sich wünscht, wie sie es bestimmt. Zuerst will sie herausfinden, ob man Birgitta auf bürokratischem Wege loswerden kann.

Schon der nächste Tag liefert ihr die Antwort. An der Tür wird sie von Marcus' gepflegt gekleideter Mutter fast über den Haufen gerannt. Ann ist groß und elegant, und sie weint. Im Türrahmen taucht Birgitta auf – Agneta sieht ihr lüsternes, leicht aufgequollenes Gesicht, das vor Triumph strahlt.

Agneta hält Ann am Arm fest. »Wir können uns das nicht weiter gefallen lassen. Birgitta muss weg. Wie stellt man das an, du kennst dich doch im Arbeitsrecht aus, oder?«

»Es geht nicht.«

»Es muss gehen. Irgendetwas müssen wir doch tun können?«

»Wenn sie eins der Kinder misshandelt hätte oder mit dem Jahresbudget getürmt wäre, dann würde sie fliegen, aber das tut sie ja nicht. Ich habe nur noch ein Jahr nach, deshalb will ich durchhalten. Du musst mich entschuldigen, aber ich kann nicht anders. Tut mir Leid.« Sie wischt sich das Gesicht ab, sieht schuldbewusst zu Agneta, lächelt unsicher und geht zum Auto; unter der Last eines dösenden Fünfjährigen, einer Plastiktüte und ihres schlechten Gewissens bricht sie fast zusammen.

Agneta ist nicht besonders überrascht, dass es keinen legalen Weg gibt, Birgitta loszuwerden. Sie denkt über die illegalen nach. Mord ist eine schnelle, effektive und eine dauerhafte Lösung, aber Agneta war nie der Meinung, dass man dem Leben eines anderen Menschen um seiner eigenen Bequemlichkeit willen den Garaus machen dürfe. Zudem ist die Ausführung extrem problematisch. Und riskant. Sie versucht, andere gangbare Wege zu ergründen. Sie findet keine. Stattdessen macht sie bei ihren verfügbaren Ressourcen Kassensturz, wobei ihr Andrew einfällt. Er hat einen Pornoladen und wird damit steinreich, während der Rest seiner Freunde in den Konkurs schlittert. Noch am selben Tag schaut Agneta in seinem Geschäft vorbei. Das schreckt zwar die Kunden ab, aber Andrew freut sich trotzdem, sie zu sehen. Sie erklärt ihm das Problem und er lächelt, das Lächeln, das hinter seinen zahlreichen Erfolgen steckt. Er hilft gern, sagt er, teils ihretwegen, teils aus ideologischen Gründen. Er sieht wie ein Zwölfjähriger aus, der ein ungewöhnlich ausgeklügeltes Attentat gegen einen Erwachsenen ausheckt. Er stellt Fragen, skizziert ein mögliches Szenario. Wieder lächelt er. Endlich macht sich Agnetas Interesse für Birgittas Samstagabende bezahlt, das sie sich zu zeigen bemüßigt gefühlt hatte: Sie kennt Birgittas Stammkneipen und verspricht Andrew, ein Foto zu schicken. Andrew versichert ihr, dass er etwas Passendes arrangieren wird, in erster Linie denkt er dabei an Luigi – teuer, aber zuverlässig. Agneta lässt ihm freie Hand.

Es dauert ein paar Wochen, bis Andrew wieder von sich hören lässt. Die Neuigkeiten sind gut: Luigi hat den Auftrag angenommen, die Kontaktaufnahme ist eingeleitet. Er will pro Woche einen Vorschuss und ihm liegen eindeutige Anweisungen vor. Er fängt an, sobald er sein erstes Honorar bekommt. Andrew hatte recht. Luigi ist teuer, aber Agneta hat im Lauf der letzten Jahre regelmäßig Geld zurückgelegt. Bei genauerer Überlegung fällt ihr kein besserer Zweck ein, für den man es ausgeben könnte. Die erste Rate zahlt sie fast in Trance. Nie hätte sie sich träumen lassen, dass es ihr durch kanalisierte Wut so gut gehen könnte. Sie fragt sich, ob sie der Rausch einer Kriegerin befallen hat. Sie hat das Gefühl, als rinne das Blut schneller durch ihre Adern und dunkler und stärker.

Einige Wochen später bekommt sie die andere Hälfte ihres illegalen Teams zu Gesicht. Andrew hat fast des Guten zu viel getan – der Mann, der Birgitta abholen kommt, sieht aus wie die Karikatur eines Gigolo. Ein Schauspieler, der übertreibt. Doch sie stellt ihn vor, als sei er ihr preisgekrönter Rassehund. Er überrascht mit seinem perfekten Schwedisch. Er ist so schön, dass Agneta nicht weiß, wohin sie gucken soll. Er sieht Birgitta liebevoll an, die sich vor ihrem Publikum brüstet. Agneta lächelt freundlich. Manchmal hat sie sich gefragt, ob Liebe Birgitta womöglich milder stimmen würde, sie großzügiger, freundlicher werden ließe. Fehlanzeige. Sie trägt ihren Knutschfleck am Hals wie ein Juwel, um andere zu übertrumpfen, zu den allein erziehenden Müttern sagt Birgitta, sie sollen dafür sorgen, dass sie rechtzeitig da sind, weil ihr Freund sie abholen kommt und er wartet nicht gern.

Agneta ist in dem Glauben erzogen worden, dass Hass und andere negative Gefühle einen Menschen zerbrechen. Ihre verblüffende Entdeckung, dass sie stattdessen immer mehr Kräfte entwickelt und immer mehr Durchsetzungsvermögen, führt dazu, dass sie zu verstehen glaubt, warum die meisten Kulturen versuchen, die Wut der Frauen so früh und so gründlich wie möglich im Keim zu ersticken. Das macht sie noch wütender. Sie lächelt in sich hinein, als sie die Porsche-rowdys abdrängt, die sich im Straßenverkehr an ihr vorbei-zwängen wollen, und bei der Arbeit steht sie ihre Frau. Sie fragt sich, bei wie vielen anderen Dingen, die sie zu wissen glaubt, ob sie vielleicht einem Irrtum aufgesessen ist.

Nach einem Monat erkundigt sich Agneta bei Andrew nach dem Stand der Dinge. Er meint, dass er volles Vertrauen zu Luigi hat. Er beklagt sich nicht. Er ist Profi. Agnetas Bank-konto schmilzt weiter zusammen. Sie fragt sich zum ersten Mal, ob sie das Projekt wirklich durchziehen soll.

Eines Morgens macht nicht Birgitta die Tür auf. Die Mütter wechseln Blicke. Niemand wagt ein Wort zu sagen, nicht ein-mal untereinander, man kann ja nie wissen. Agneta gibt eben-falls keinen Ton von sich. Kurze Zeit später erfahren sie, dass es Birgitta nicht gut geht. Sie ist unkonzentriert, kaut Nägel, weint. Unter den Müttern halten sich die Reaktionen unge-fähr zwischen Schadenfreude, Mitgefühl und Sorge über die Zukunft die Waage. Schadenfreude überrumpelt und scho-ckiert diejenigen, die so empfinden. Mitgefühl wirft kaum Probleme auf. Birgitta weckt Erinnerungen in allen, denn wer hat noch nie so getrauert? Kummer ist, was ein gewaltiges Donnerwetter vor sich her treibt: Die Mütter warten still, re-signiert, sind auf das Schlimmste gefasst, ohne die Möglich-keit, an der Sache etwas ändern zu können. Agneta hofft, dass ihre Ruhe, ihre Aufgeräumtheit nicht auffällt. Sie fragt sich, ob Birgitta genauso ihr Übergewicht erlebt hat.

Eines Tages erhält Agneta eine Postanweisung in Höhe von 35 000 Kronen. Als Absender eine Firma, von der sie noch nie etwas gehört hat. Sie steht auch nicht im Telefonbuch. Sie überlegt, dreht und wendet das Problem; aber erst, als An-drew anruft und fragt, ob sie ihr Geld bekommen habe, kommt Licht ins Dunkel. Er verkündet ihr, dass noch mehr unterwegs sei. Agneta ist davon ausgegangen, dass Luigi die Summe behalten würde, die er zu viel bekommen hat. Doch

Andrew hat dafür nur ein Lachen übrig: Luigi weiß, wie er seine Geschäfte zu managen hat, zu kurz gekommen ist er bestimmt nicht. Sie fragt Andrew nicht, ob auch er seine Finger mit im Spiel hat, sie hebt das Geld ab, legt noch einmal die gleiche Summe von ihrem Sparkonto obendrauf und spendet alles anonym einer Kinderhilfsorganisation. Die nächste Auszahlung beläuft sich auf 30000. 29000 spendet sie einem Frauenhaus und für den Rest lädt sie Marcus' Mutter zum Abendessen ein. Sie behauptet, sie habe einen Spesenzuschuss bekommen, den sie ausnutzen muss, damit er nicht eingefroren wird. Carmen kümmert sich um beide Kinder, und die zwei Frauen gehen aus und genießen ein erlesenes japanisches Abendessen.

Luigi lässt über Andrew ausrichten, dass der Auftrag ausgeführt sei, es ihm ein Vergnügen war, mit Agneta Geschäfte zu machen und bei Bedarf gern wieder zu Diensten steht.

Birgitta, die früher den Frust über ihr Leben an den Müttern ausgelassen hat, richtet nun ihre destruktive Energie gegen die wenigen Väter, die die Kinder abholen und gegen die sechs Jahre alten Jungen.

Agneta ruft einen alten Schulfreund an, der gerade eine Betriebsprüfung von bestimmten Kindertagesheimen einleitet und fragt ihn, ob sie sich nicht zum Essen verabreden wollen. Als er seinen Bericht über das Vorhaben beendet hat, schlägt sie vor, dass er besonders gründlich Birgittas Verwaltung der Finanzen unter die Lupe nehmen solle, sie erzählt ihm im Vertrauen, sie habe den leisen Verdacht, dass mehr Gelder ein- als ausgehen. Sie glaubt, Birgitta habe hohe Betriebskosten. Er bedankt sich für den Tipp und notiert sich gewissenhaft die Adresse. Als die Betriebsprüfung ins Haus steht, lässt Birgitta sich krankschreiben, und Erika übernimmt das Kommando. Es ist, als ginge die Sonne nach einer langen, trüben Zeit wieder auf. Die Eltern werden weder über die Prüfung noch über den Grund für Birgittas Ausbleiben aufgeklärt. Erika murmelt etwas davon, dass Birgitta andere Arbeitsaufgaben übernommen hätte. Die Eltern sind zu erleichtert, um allzu viele Fragen zu stellen.

Wochen und Monate vergehen. Matilde und die anderen Kinder blühen auf, Erika strafft den Rücken, singt und lacht.

Agnetas neuer Chef wendet sich oft Rat suchend an sie. Gerade ist ein Fall aufgetaucht, der die Frage nach der Natur des Verliebtseins aufs Tapet bringt: Eine Frau fordert Gnade, weil sie unter Eindruck eines dramatischen Verliebtseins gestanden hätte, als sie Geld veruntreute, um dem Mann zu helfen, seine Geschäfte anzukurbeln. Vorher hat sie noch nie etwas gestohlen, hatte es zurückzahlen wollen, sie erkennt jetzt, dass der Mann sie reingelegt hat. Sie bittet, man möge eine Ausnahme machen. Die Frau ist Birgitta.

»Ausnahme.« Agneta spürt, wie ihr das Blut wieder warm und dunkel durch die Adern rinnt. Es ist fraglich – wir müssen die Konsequenzen berücksichtigen: Wenn wir hier eine Ausnahme machen, werden wir bald in Fällen dieser Art ersticken, und bei hysterischen Frauen – ja, sie hört sich wirklich ziemlich hysterisch an, finde ich – ist schließlich die Glaubwürdigkeit immer ein Problem.

Agneta ist überrascht, trotz allem, dass sie nicht von einem Blitz aus dem feministischen, solidarischen Himmel erschlagen wird.

Agnetas Chef schaut erstaunt auf und erinnert sich dann, dass man sich nicht im Glauben wiegen darf, man könne anderer Leute Reaktion voraussehen. Im übrigen gibt er Agneta Recht. Er lehnt Birgittas Begehren ab.

Lange Zeit wartet Agneta auf ihre Strafe. Sie glaubt, Matilde müsse krank werden, jemand würde Carmen anzeigen, es gäbe ein kosmisches Gesetz, das jene richtet, die ihrer Strafe nicht unmittelbar zugeführt werden. Sie hat zwar noch nicht erlebt, dass jemanden eine solche Vergeltung ereilt hätte, im Gegenteil, aber trotzdem glaubt sie, sie würde überfahren, niedergeschlagen, ihr würde gekündigt werden. Doch langsam vergisst sie Birgitta, baut das Geschehene in ihrer Erinnerung so um, dass es zu einer natürlichen Folge von Birgittas Handeln wird, und ihre eigene Rolle schrumpft zu einem Nichts zusammen. Die ständig wiederkehrende Sorge um die Vergeltung der kosmischen Gerechtigkeit verblasst, erlebt ein Comeback in ein oder zwei Albträumen, um sich dann für immer zu verabschieden.

Sie wird wieder befördert.

Anatomie eines Mörders

Pentti Kirstilä

1

Zwei Männer sitzen in einer dunklen Kneipe. Sie haben nichts Auffälliges oder Merkwürdiges an sich. Es sind nur zwei Männer, die ihre Ellbogen auf die Tischplatte stützen und ins Gespräch vertieft zu sein scheinen.

Auch ihr Gesprächsthema würde nicht allzu viele Menschen interessieren. Es ist nur pseudophilosophisches Geschwätz über das Verhältnis des Menschen zum Mord.

»Glaub mir, man kann aus jedem einen Mörder machen«, sagt der eine.

Und der andere widerspricht: »Mord ist ein Tabu, gegen das die meisten Menschen derart resistent sein, dass sie in keiner Situation dazu in der Lage wären. Sie wären nicht einmal im Stande, aus Notwehr zu töten, geschweige denn vorsätzlich zu morden. Denk doch nur an die Beispiele aus dem Krieg . . .«

Aber der Erste bleibt dabei: »Die Verlockung muss nicht einmal besonders groß sein.«

»Also gut, du triffst die Wahl«, sagt der andere.

2

Hans hatte nie jemanden töten wollen.

Hans war auch in manch anderer Hinsicht ein ungewöhnliches Individuum, aber seine anderen Abweichungen wurden nicht auf die Probe gestellt. Er durfte sie in aller Ruhe für sich behalten.

Die Tatsache, dass Hans nicht den gesunden Wunsch entwickelt hatte, andere Leute umzubringen, hatte eine lange Geschichte. Aber diese Geschichte aufzuklären, war nicht Sache eines Psychiaters, Hans war ein Fall für die Genealogie. Er hatte sich sein Schicksal nicht ausgesucht und er bedauerte seinen Mangel nicht.

Was tat Hans normalerweise? Er stand morgens um sieben auf und war um acht an seinem Arbeitsplatz. Gegen halb fünf am Nachmittag saß er in einem etwas heruntergekommenen Lokal und trank ein Bier. Dann ging er nach Hause, machte eine Dose Sardinen auf und trank Milch direkt aus der Tüte. Später am Abend schaltete er den Fernseher ein. Noch später am Abend schaltete er ihn wieder aus und ging schlafen.

Dann eines Tages setzte sich ein Mann, den Hans nie zuvor gesehen hatte und der sich nicht vorstellte, an seinen Tisch im Lokal. Genau in dem Lokal, in dem er jeden Tag nach der Arbeit einen halben Liter Bier trank.

Lange saß ihm der Mann Zigaretten rauchend und Bier schlürfend gegenüber. Es gab genug leere Tische, und die Wahl des Mannes ärgerte Hans. Obwohl der Mann nichts sagte, war seine Anwesenheit besonders stark zu spüren.

Als Hans sein Glas leer hatte, ging er. Der Mann blieb.

Am nächsten Tag setzte sich der Mann wieder zu Hans, rauchte Zigaretten und schlürfte sein Bier. Hans hätte ihn gerne gefragt, warum er nicht an einen freien Tisch ging. Aber er fragte nicht, denn er dachte, das sei nicht seine Sache. Vielleicht waren dem Mann leere Tische einfach ein Gräuel.

Als Hans am folgenden Tag wieder sein Bier trinken ging, erschien der Mann bereits an seinem Tisch, bevor die Bedienung seine Bestellung aufnehmen konnte.

So ging es eine Woche lang weiter, und Hans dachte, dass er sich beim Personal erkundigen könnte, was das eigentlich für ein Typ war. Aber andererseits hatte Hans noch nie mit dem Personal über irgendetwas gesprochen. Seit langem brauchte er nicht mal mehr seine Bestellung zu spezifizieren, denn Bedienungen sind gelehrige Menschen. Selbst wenn die Bedienung zufällig etwas gewusst hätte und auch noch bereit gewesen wäre zu tratschen, war dieser Weg ein für alle Mal blockiert.

Eines Tages dann, vielleicht zehn Tage nach der ersten Begegnung, saß der Mann wieder Hans gegenüber auf seinem Platz und machte den Mund auf.

»Wo sind deine Freunde?«, fragte er mit gleichmäßiger, klangloser Stimme.

»Welche Freunde?«, fragte Hans, überrascht von der Gesprächigkeit des anderen.

In die Stimme des Mannes mischte sich eine Spur Aggressivität, als er sagte: »Jeder hat doch Freunde.«

»Ach ja?«, fragte Hans. Er hatte darüber noch nicht nachgedacht.

»Ja.«

Die Sicherheit, mit der der Mann seine Sache vortrug, ließ Hans erschauern. Zum ersten Mal sah er sein Gegenüber wirklich an. Bislang hatte er sich zumeist damit begnügt, sein Glas zu betrachten oder auf die Wände zu blicken, denn die Anwesenheit des Mannes war ihm lästig gewesen und er hatte das Gefühl gehabt, dass der andere ihn irgendwie herausfordernd anstarrte.

Jetzt fiel Hans auf, dass an dem Mann nichts sonderlich Auffälliges war, höchstens der Anzug, den er trug, das hellblaue Hemd und die Krawatte. Gerade in dieser Kneipe war das nicht üblich. Hier verkehrten gewöhnliche Menschen. Solche wie Hans. Das Gesicht des Mannes war tief gebräunt und er trug eine getönte Brille. Er mochte um die Fünfzig sein.

»Und?«, insistierte er.

»Was?«, fragte Hans.

»Du hast also keine Freunde?«

»Nein. Ich habe keine Freunde.«

»Warum nicht? Bist du irgendwie anormal?«

Hans betastete sein Glas. Er hatte das Gefühl, den Mann nicht zu mögen.

»Ich mach mir nichts aus Freunden«, sagte er, jetzt, da er darüber nachdachte.

»Familie?«, fragte der Mann fast drohend.

»Ich habe weder Frau noch Kinder.«

»Eltern? Selbst du wirst doch wohl Eltern haben?«

»Meine Eltern sind gestorben«, erwiderte Hans.

»Gut«, sagte der Mann. »Du bist der Richtige.«

»Wofür?«, fragte Hans, nun nicht mehr bloß verdutzt, sondern nervös.

Der Mann reckte zwei Finger in die Höhe, und ehe Hans ablehnen konnte, hatte er ein neues Bier vor sich stehen. Er war es nicht gewohnt, mehr als eins zu trinken, aber jetzt griff er zum Glas und führte es an die Lippen, als gehöre das zu seiner täglichen Routine. Als wäre es der stabile Bestandteil eines früheren Lebens.

Der Mann sagte: »Ich habe einen Job für dich.«

»Ich habe Arbeit«, sagte Hans.

»Nicht sowas. Was für zwischendurch. Gutes Geld. Keine Freunde.«

Hans nippte an seinem Bier und wartete. Er wusste nicht, worauf und warum. Irgendwie war es dem Mann gelungen, ihn auf dem Stuhl zu fesseln. Hans wusste, dass er hätte gehen sollen, aber er konnte nicht.

Schließlich stieß er hervor: »Was für ein Job?«

»Ich dachte mir doch, dass du zustimmst. Du sollst einen Typen umlegen. Eine echte Landplage. Hat es nicht besser verdient.«

»Ich kann niemanden umbringen«, sagte Hans.

»Jeder kann das, wenn er nur die Gelegenheit bekommt. Die Waffe kriegst du von mir. Fünfzigtausend.«

»Warum tust du's nicht selbst, wenn es jeder kann und es so leicht ist?«, hörte sich Hans fragen.

»Mich würden sie erwischen. Dich nicht. Ich kenne ihn, du nicht. Ich will es schlicht und einfach nicht riskieren.«

»Was hat er getan? Warum soll er umgebracht werden?«

»Er droht, mich zu töten.«

»Warum?«

»Einfach so. Er ist verrückt.«

»Ich hab das Gefühl . . .«

»Nein, nein, ich bin nicht verrückt. Ich meine es ernst. Ich halte das nicht mehr aus.«

Hans dachte, dass an der ganzen Sache etwas faul war. Niemand würde auf diese Art, aus solchen Gründen . . .

»Das ist ein Scherz«, erkannte er schließlich. Nicht umsonst hatte er so viel ferngesehen. »Das ist Versteckte Kamera oder sowas.«

Der Gesichtausdruck des Mannes veränderte sich. Hans konnte nicht entscheiden, ob es eine beleidigte oder eine zornige Miene war. Jedenfalls stand der Mann abrupt auf, warf dabei fast den Stuhl um und sagte: »Denk darüber nach! Ich komme öfter hierher.«

»Ich weiß«, sagte Hans.

3

Hans dachte darüber nach.

Es gab viele Gesichtspunkte, die es wert waren, bedacht zu werden. Er konnte sich an die Polizei wenden. Und die Polizei würde sagen, er sei verrückt, denn der Mann würde behaupten, ihn gar nicht zu kennen, sondern nur zufällig irgendwann einmal mit ihm am selben Tisch gesessen zu haben. Er konnte den Mann verfolgen und herausfinden, wer er war. Hans dachte auch an die 50000 Finnmark. Er war nicht reich, er hätte Verwendung für 50000 Mark. Er könnte sich einen neuen Fernseher kaufen. Er dachte auch über das Recht zu töten nach, und als er zu dem Ergebnis kam, dass man für einen toten Mann fünfzehn Jahre bekam, aber für dreihundert einen Orden, glaubte er beinahe, das selbst entdeckt zu haben. Er überlegte, wie man sich danach fühlen würde und vermutete – wobei er seine Vermutung auf bestimmte Fernsehsendungen gründete – dass man nichts Besonderes fühlte.

Über so viele Dinge hintereinander hatte Hans noch nie nachgedacht.

Er traf seine Entscheidung wie es jeder getan hätte: Er beschloss herauszufinden, wer der Mann eigentlich war.

Das war nicht ganz leicht. Als Hans vor der Kneipe auf der Lauer stand und auf den Mann wartete, kam dieser nicht. Aber jedes Mal wenn Hans aufgab und zu seinem Nachmittagsbier hineinging, tauchte der Mann im Nu vor ihm auf.

»Hast du darüber nachgedacht?«, fragte er jedes Mal. »Es ist einfach. Fünfzigtausend.«

Die Zudringlichkeit begann Hans zu quälen. Fünf Jahre lang hatte er in derselben Kneipe sein Bier getrunken, und immer hatte er dabei seine Ruhe gehabt. Er wollte nicht die Kneipe wechseln. Das hier war die nächste, sie war billig, sie war die stille Stunde am Ende eines Arbeitstages. Er wollte, dass der Mann verschwand. Das sagte er sogar zweimal, aber der andere fixierte ihn nur und wiederholte sein Angebot.

Er erschien Hans auch im Traum, mit seinen wiederholten Forderungen, mit seinem ewigen Gemurmel und mit seinen stechenden Schlangenaugen, die Hans schließlich in ihrem Versteck hinter den getönten Brillengläsern entdeckt hatte. Der Mann war immer da, jeden Tag, jede Nacht.

Hans musste herausfinden, wer der Mann war. Er brauchte nur besonnen vorzugehen. Im Prinzip war es einfach, denn der Mann verließ das Lokal stets nach ihm. Hans musste ihm nur folgen. Aber die Pein ging weiter: Offenbar ahnte der Mann, was Hans vorhatte, vielleicht entdeckte er ihn auch, denn Hans war kein Profi. An irgendeiner Straßenecke verlor er den Mann jedes Mal aus den Augen.

Plötzlich überkam Hans eine Wut, wie er sie bislang noch nie erlebt hatte. Er beschloss, nicht aufzugeben, bevor er die Identität des Mannes herausgefunden hatte. Er fand sich damit ab, ihn jeden Tag zu treffen, um ihm anschließend folgen zu können. Immer wieder und immer wieder hörte er sich das Angebot an.

Schließlich sagte er: »Also gut, ich bin einverstanden. Wer ist es?«

»Großartig. Ich muss ein bisschen was regeln. Ich sag bald Bescheid.«

Diesmal hatte Hans Erfolg. Er folgte dem Mann bis zu dessen Haustür. Vielleicht war er im Begriff, ein Profi zu werden, vielleicht hatte er Glück. Glück hatte er jedenfalls insofern, als das Haus kein Mietshaus, sondern ein ansehnliches Einfamilienhaus war und der Name am Türpfosten stand.

Hans hatte Name und Adresse. Nun fehlte nur noch die Methode. Er musste den Mann loswerden. Er musste seine Ruhe wieder bekommen, seine Einsamkeit. Aber ihm würde schon etwas einfallen: Falls er tatsächlich einen Mord beginge, würde ihn der Mann garantiert nicht mehr stören.

Er musste vorsichtig sein. Er musste überzeugend sein. Und er war es.

Er bekam von dem Mann einen Namen, eine Adresse und ein Foto. Er erhielt eine Beschreibung der Lebensgewohnheiten des Objekts und einen Vorschlag bezüglich eines günstigen Zeitpunktes für den Mord. Er bekam eine alte Pistole, deren Seriennummer weggefeilt war, wie es sich gehörte. Er bekam von dem Mann auch Hinweise, wie er vorgehen sollte, um nicht erwischt zu werden. Und er bekam 25 000 Mark. Er hielt das für ein übliches Verfahren. So geschah es auch im Fernsehen immer: Die andere Hälfte erst, wenn der Job erledigt ist.

4

Sechs Wochen waren seitdem vergangen, da tötete Hans zum ersten Mal einen Menschen. Sechs unerträgliche Wochen.

Aber bald würde es vorbei sein.

Der Abend war bereits dunkel geworden. Hans hatte einen sicheren Tarnanzug angelegt: Einen Jogginganzug. Er selbst ging nie joggen, aber zigtausend andere taten es.

Er sah den Lichtschein im Fenster. Er schlich näher heran und spähte hinein. Ein einsamer Mann saß am Schreibtisch und schrieb mit einem Stift in ein Heft.

Hans sah sich um, konnte aber nichts Außergewöhnliches entdecken, obwohl er nicht wusste, was an diesem Ort hätte außergewöhnlich sein können. Er ging zur Tür und klingelte. Die Tür öffnete sich.

Der einsame Schreiber erschien in der Türöffnung. Er sagte: »Was machst du denn hier?«

»Rein!« sagte Hans und zog die Pistole.

Der Mann wich erschrocken zurück.

Hans schloss die Tür hinter sich.

»Hör zur . . .«, brachte der Mann gerade noch heraus, bevor die Kugel aus Hans' Pistole in seiner Brust einschlug und er in der Diele zu Boden fiel.

Hans betrachtete den Toten. Offenbar trug der Mann auch zu Hause die Brille mit den getönten Gläsern.

Er machte sich nicht sofort auf den Weg. Er ging zum Schreibtisch und sah sich das Heft an. Es war eine Art Tagebuch. Hans blätterte darin. Über den Inhalt wunderte er sich nicht mehr.

Am Ende stand folgende Eintragung: »Sehr bald werde ich

wissen, dass ich Recht habe. Schade, dass ich Happonen meinen Triumph nicht mitteilen kann. Aber die Wahl hatte nur auf ihn fallen können.«

5

Hans erschien zu seinem üblichen Nachmittagsbier. Er durfte jetzt nicht von seinen normalen Gewohnheiten abweichen.

Als er den ersten Schluck nahm, setzte sich ihm ein Mann im grauen Anzug gegenüber. Hans fuhr zusammen. Er kannte den Mann von dem Foto, das er bekommen hatte. Er erkannte das Objekt des Mordplans.

Der Mann lächelte und sagte: »Kerttula hatte also recht. Man kann jeden zu einem Mord überreden. Aber ich hätte nicht geglaubt, dass er seine Behauptung auf diese Art beweisen will. Das hat etwas Perverses. Den eigenen Mord zu organisieren.«

Hans starrte den Fremden fasziniert an.

Der Fremde sagte: »Was ist?«

Hans starrte ihn immer noch an. Er lachte kurz auf und sagte: »Sie heißen Happonen.«

»Woher weißt du das?«

Der Mann war im Treffen von Schlussfolgerungen geübter als Hans, beinahe sofort war ihm alles klar. »Dieser verdammte Halunke! Er wollte mich umbringen lassen. Stimmt's? Das meinst du doch?« Dann fing er an zu lachen: »Er hätte auch dann nicht wegen seines Sieges triumphiert. Es wäre ihm nicht gelungen, seine Wette einzulösen. Er war wirklich verrückt.«

Hans hörte nicht auf zu starren.

Happonens Lachen brach ab und er sagte nervös: »Fang bloß nicht an, dir irgendwas einzubilden. Ich kann dich jederzeit anzeigen.«

»Weshalb?« fragte Hans. »Ich verstehe ganz und gar nicht, wovon Sie sprechen. Und ich lege auch keinen besonderen Wert auf Ihre Gesellschaft, fast wünsche ich, Sie würden verschwinden.«

Happonen stand auf und sagte noch einmal: »Fang bloß nicht an, dir was einzubilden!«

Aber das tat Hans bereits. Er hatte einen guten Anfang gemacht.

Selbstgemachter Wein

Unni Lindell

Ragnhild Mogens stieg am Beginn des Eplevei aus dem Bus. Die kleinen Holzhäuser lagen in den kleinen gepflegten Gärten in Reih und Glied. Nr. 15 war moosgrün. Das Gärtchen war übersät von rosa Blüten. In einer Woche würden sie verschwunden sein.

Ragnhild Mogens seufzte leise. Alles ging so schnell. Die rosa Blüten an der Hecke, die Margeriten im Beet, das grüne Gras. In wenigen Wochen würde alles verwelkt und gelb sein. Genau wie ich, dachte sie verbittert und wischte sich auf der Matte vor der Haustür sorgfältig die braunen Schuhe ab.

Und hängte ihren grauen Mantel ordentlich auf. Musterte sich im kleinen Spiegel über dem Telefon und fuhr sich mit den Fingern durch die Haare. Auch die waren grau.

Bald darauf kochten die Kartoffeln. Der Fisch lag in der Pfanne. Gleich würde Arthur die Tür öffnen. Nach dreißig Jahren kannte sie seine Gewohnheiten. Die änderten sich nie. Von der Arbeit nach Hause kommen, kochen. Mit Arthur zusammen essen. Die Zeitung lesen. Fernsehen.

Ein unfreiwilliges Geräusch löste sich aus ihrem Mund. Eine Art Schluchzen. Sie griff sich an die Stirn und wendete mit der anderen Hand den Fisch. Die Türklinke bewegte sich. Arthur stand in der Diele.

»Hallo.« Seine Stimme klang wie immer. Nicht froh, nicht traurig. Sie klang nach nichts, war einfach nur leise und grau. Sie brachte es fast nicht über sich, seinen Gruß zu erwidern.

Sie aßen schweigend. Arthur sagte nichts über den Fisch. Nicht, dass er gut schmecke, nicht, dass er scheußlich sei.

Zu Anfang, kurz nach ihrer Hochzeit, hatte Ragnhild ihm immer wieder zugesetzt, um ihn zum Reden zu bringen. Wie findest du dies, Arthur? Wie siehst du jenes? Aber Arthur hatte nie irgendeine Meinung gehabt. Er stimmte allem zu und verzieh alles. Ein lieber Mann, sagten alle. Ihre Freundinnen beklagten sich immer wieder über ihre streitsüchtigen Ehemänner, die kommandieren und ihre Frauen tyrannisieren wollten. Solche Probleme hatte Ragnhild nicht. Im Gegenteil. Sie traf alle Entscheidungen und wurde ziemlich selbständig.

Verliebt war sie vor dreißig Jahren gewesen. Er war damals ein fescher Mann, ihr Arthur. Und sie selber brauchte sich auch nicht zu beklagen. Aber das war jetzt lange her, fast ein ganzes Leben. Sie hatten niemals Kinder bekommen, wer immer daran schuld sein mochte. Damals hatte man nicht über solche Themen gesprochen. Niemand setzte ihnen zu oder quälte sie mit Fragen. Arthur nahm die Kinderlosigkeit hin, als sei sie ganz normal.

Ragnhilds Gefühle für Arthur verwandelten sich zuerst in Gleichgültigkeit, dann in Wut und Aggression und schließlich in Hass. Arthurs törichtes Lächeln jagte ihr kalte Schauer über den Rücken. Sie wurde gemein, weil er so lieb war. Gemein und hungrig auf das Leben.

Zu ihrem fünfzigsten Geburtstag lud sie drei Damen zum Tee, drei alte Freundinnen. Vera, die geschieden und neu verheiratet war. Johanne, die Junggesellin geblieben war und in ihrem Urlaub allein ans Mittelmeer fuhr. Und die immer mit einem geheimnisvollen Lächeln auf den Lippen zurückkehrte. Und Ågot, die mit einem Bankdirektor verheiratet war und sich immer nach der neuesten Mode kleidete.

An ihrem fünfzigsten Geburtstag hatte Ragnhild eine nach der anderen betrachtet. Sie spürte, wie ihr Hass auf Arthur immer stärker wurde. Was erlebte Johanne wohl jedes Jahr am Mittelmeer? Wie hatte Vera es geschaffft, eine zweite Ehe zu schließen, noch dazu mit einem recht wohlhabenden und gut aussehenden Mann? Und wie konnte Ågot es wagen, lila und knallgrüne Hosenanzüge und Kleider zu tragen?

Ragnhild fühlte sich ausgeschlossen. In allen Punkten fühlte sie sich ausgeschlossen. Und daran war der langweilige, graue Arthur schuld. Da war sie sich ganz sicher. Er war ein Klotz am Bein, ein Hindernis. In der folgenden Nacht träumte sie lauter Gemeinheiten über Arthur. Am nächsten Morgen erwachte sie in Schweiß gebadet.

Ein Korn war gesät worden. Die Vorstellung, dass das Leben trotz allem noch nicht zu Ende war. Der Gedanke hatte sich erstmals im Frühling zu Wort gemeldet, damals, als sie im Blumenbeet Margeriten ausgesät hatte. Die Margeriten verwelkten jetzt, Arthur dagegen befand sich bei bestem Wohlergehen.

Einmal im Monat trafen die vier Freundinnen sich in der Stadt, in der Konditorei Nora. Und zwar an Ragnhilds freiem Tag. Einmal im Monat konnte sie sich von ihrem Posten im lokalen Postamt freinehmen. Sie arbeitete dort seit fünfzehn Jahren. Nach fünfzehn langen Jahren als Hausfrau, die Arthur und die Katze versorgt hatte.

Es war September. Sie saßen an ihrem Stammtisch am Fenster, jede hatte sich ein Butterbrot und eine Tasse Kaffee geholt. Ragnhild sagte nicht viel, sie hatte nicht viel zu sagen. Die anderen sprachen über Reisen, Kleider und Kurse. Plötzlich hörte Ragnhild, dass das Thema Wein zur Sprache gekommen war. Es war jetzt so modern, selber Wein herzustellen. In großen Glasballons. »Ach, und wie gut der schmeckt«, schwärmte Johanne den anderen vor. Auch Vera produzierte seit zwei Jahren ihren eigenen Wein. Ågot und Ragnhild wurden sofort ausgiebig über das Verfahren belehrt und erhielten die Adresse eines Ladens, in dem die Rohwaren zu haben waren. Am folgenden Samstag gingen sie zusammen dorthin.

Arthur rauchte Pfeife, als sie aufbrach. Er fragte nicht nach ihrem Vorhaben. Der Laden lag in einer Seitenstraße. Ragnhild wusste nicht, was sie erwartete, aber sie hatte nicht damit gerechnet, dass alle Zutaten in einem kleinen Karton liegen würden. Sie bezahlte zweihundert Kronen dafür. Dann verabredete sie mit Ågot, dass sie abends miteinander telefonieren und erzählen wollten, wie alles gelaufen war.

Der Keller war kalt und ungemütlich, deshalb stellte Ragnhild eine kleine Heizsonne auf. Der Wein sollte schließlich nicht frieren. Im Laden hatte sie erfahren, sie könne auch eine Plastikwanne oder eine große Kanne anstelle eines Weinballons verwenden. Das Traubenkonzentrat musste in kochendem Wasser verrührt und mit zwei Kilo Zucker angereichert werden. Sie trug den dampfenden Kessel mit dem Zuckerwasser die steile Treppe hinunter. Als sie alles in die Wanne gegossen hatte, waren noch zwei kleine Tüten übrig, die irgendein Pulver enthielten. Auf der größeren stand: »Stabilisierungssäure«, auf der kleineren . . . sie traute ihren Augen nicht . . . Schwefel!

Schwefel? Enthielt Wein denn Schwefel? Sie wiegte die Tüten eine Weile in ihrer Hand, ehe sie das Stabilisierungspulver in die Wanne gab. Die Schwefeltüte schob sie in ihre Schürzentasche. Sie wusste eigentlich gar nicht so recht, warum.

Erst später an diesem Abend schlug sie im Lexikon unter S nach. Dort stand allerlei über Schwefel. Das meiste war nicht weiter interessant, doch ganz unten hieß es, Schwefel sei giftig für Mensch und Tier, und wenn Schwefel in Fischteiche gerate, könnte der gesamte Fischbestand umkommen.

Sie klappte das Buch zu und stand auf. Arthur blickte sie über den Brillenrand hinweg an. An diesem Abend hatte es Haferbrei zum Abendessen gegeben. Arthur liebte Haferbrei über alles. Danach gingen sie früh schlafen.

Im folgenden Monat traf Ragnhild ihre Freundinnen wieder in der Konditorei Nora. Sie saßen an ihrem Stammtisch und redeten über Gott und die Welt. Ragnhild trug ein neues Kleid, ein hellblaues mit weißen Blümchen. Vielleicht ein wenig sommerlich, aber egal. Ihr neues Brillengestell war nämlich in Blautönen gehalten, und das Kleid sollte doch dazu passen . . .

Auf dem Heimweg ging sie beim Weinladen vorbei und kaufte zwei neue Weinpackungen. Sie brauchte außerdem neue Wannen. Der Mann hinter dem Tresen lächelte sie freundlich an.

»Wer erst einmal auf den Geschmack gekommen ist«, sagte er lächelnd.

Ragnhild lächelte strahlend zurück. Es war gar nicht leicht, alles nach Hause zu schaffen, aber sie konnte ihre Last dann doch aus dem Bus bugsieren. Das herbsttrockene Laub auf dem Gartenweg raschelte unter ihren Schritten.

Sie ging in den Keller und machte sich sofort an die Weinproduktion. Danach schüttelte sie die beiden Plastikwannen, die schon seit einem Monat dort standen. Sie drehte den Verschluss heraus und schnupperte. Das Aroma strömte ihr entgegen.

»Köstlich«, sagte sie halblaut.

Während das Essen auf dem Herd vor sich hinblubberte, ging sie in das kleine Schlafzimmer und öffnete Arthurs Nachttischschublade. Sein grünes Sparbuch leuchtete ihr entgegen. Vorsichtig schlug sie es auf. Er hatte schon wieder viertausend Kronen eingezahlt. Dieser Schelm. Was mochte er da wohl vorhaben? Jetzt hatte er schon achtzigtausend Kronen auf der hohen Kante. Dachte er an ihren gemeinsamen Lebensabend? In drei Jahren würde er in Rente gehen. Sie könnte sich ja eigentlich scheiden lassen, sie hatte ihn doch so satt. Aber was würde dann mit seinem fetten Sparbuch passieren?

Zum Abendessen gab es erst Spargelsuppe und dann

Fischfrikadellen. Arthur langte wie immer mit gutem Appetit zu, erzählte ihr allerdings, er habe an diesem Tag den Betriebsarzt aufgesucht. Er habe sich seit einiger Zeit nicht ganz wohl gefühlt. Ihm wäre schwindlig, er wäre schlapp. Und ab und zu hätte er auch Magenschmerzen. Ragnhild räumte den Tisch ab. Beim Abwasch versuchte sie, ihn zu beruhigen. »Das kommt schon wieder in Ordnung, warte nur.«

In der folgenden Woche bat Ågot zum Damentee. Es gab Brote und Kuchen und als Dessert ein Glas von Ågots selbst gemachtem Wein. Den hatte sie zwar erst vor drei Monaten angesetzt, aber er schmeckte trotzdem gut. Aromatisch und anregend.

Ragnhild kam sich leicht beschwipst vor, als sie die breite Treppe vor der Villa des Bankdirektors hinunterstieg. Sie trug neue Stiefel, elegante Lederstiefel. Die hatte sie sich bei einem Ausflug in die Stadt gegönnt. Sie hatte gedacht, etwas müsse sie sich gönnen können, jetzt . . . ehe . . . damit die Umstellung nicht gar so groß sein würde, wenn sie demnächst mehr Geld hätte.

Zu Hause probierte sie dann ihren eigenen Wein. Sie konnte keinen Unterschied feststellen. Und sie hätte gern gewusst, wozu der Schwefel gut sein sollte.

Es war ein langer, harter Winter. Der Schnee fiel nur so vom Himmel, und die Kälte wollte einfach nicht nachlassen. Arthur Mogens wurde immer schwächer, und kein Arzt konnte begreifen, was ihm fehlte.

»Frühjahrsmüdigkeit«, erklärte Ragnhild mit Überzeugungskraft. »Einfach nur Frühjahrsmüdigkeit.« Krokus und Tulpen gingen vor dem Eplevei 15 auf. Ragnhild hockte im Garten. Dann trank sie in der Tür einen Kaffee im Stehen, ehe sie weiter das alte Laub vom Rasen entfernte.

Arthur lag vor seinem Tod drei Wochen im Krankenhaus.

Die Ärzte konnten den Grund seiner Krankheit nicht feststellen. Virus, schlug schließlich einer vor.

Nach der Beerdigung blühte Ragnhild auf. Sie kaufte sich neue Kleider und fuhr mit Johanne ans Mittelmeer. Sie genossen die langen Sandstrände. Die Sonnenbräune stand Ragnhild gut, sie sah damit wirklich jünger aus.

Das Haus hatte sie verkauft. Eine kleine Wohnung, die nicht viel Arbeit machte, sollte ihr künftiges Zuhause sein. Sie lud ihre Freundinnen zu einem Abschiedsfest in den Eplevei 15.

Ågot, Johanne und Vera trafen um sieben Uhr gleichzeitig dort ein. Sie saßen am kleinen Esstisch und tranken Cachet Rouge, leckeren, fertiggekauften Wein. Der Selbstgemachte stand in Flaschen im Keller. Ragnhild konnte inzwischen weder seinen Anblick noch seinen Geschmack ertragen.

Vera verbreitete sich wütend über ihren Mann. Sie war davon überzeugt, dass er fremd ging. Danach setzten sie sich auf das graue Sofa und nippten zum Kaffee an einem guten Cognac.

Plötzlich ging die Türklingel. Zwei Männer in hellen Sommeranzügen baten, hereinkommen zu dürfen.

»O Himmel«, sagte Ragnhild laut. »Was wollen Sie? Wir lassen doch keine fremden Männer ins Haus.«

Der eine Mann steckte die Hand in die Tasche und zog eine kleine Karte hervor. »Polizei«, sagte er ein wenig schroff.

»Was wollen Sie?«, Ragnhild merkte, dass ihre Stimme unsicher wurde.

»Nur ein wenig plaudern«, sagte der Ältere. Er bat die Damen sitzen zu bleiben. Er selber nahm auf einem Esszimmerstuhl Platz. Der andere Mann blieb stehen.

»Wir würden gern ein paar Fragen stellen«, sagte der Ältere und nickte Ragnhild zu, sie sollte sich aufs Sofa setzen.

Zögernd nahm sie ganz an der Kante Platz.

»Die Gerichtsmedizin ist zu dem Ergebnis gelangt, dass Ihr Mann, Arthur Mogens, vergiftet worden ist«, sagte er langsam und ließ sie dabei nicht aus den Augen. »Mit Schwefel«, fügte er leise hinzu.

Ragnhild merkte, dass sie erbleichte. »Wie entsetzlich«, konnte sie mit Mühe stammeln. Ihr Entsetzen war wirklich echt.

»Wie grauenhaft«, hörte sie die anderen wild durcheinander rufen. »Furchtbar!«

Der jüngere Polizist fragte, ob er sich ein wenig umsehen dürfe. Er ging in die Küche und wühlte in den Schubladden. Ragnhild hörte, dass er alle Schränke öffnete, sogar den Kühlschrank. Danach ging er in den ersten Stock.

Ragnhild trank einige Schluck Cognac und fragte den anderen Polizisten, ob er eine Vorstellung habe, woher der Schwefel gestammt haben könne. Er starrte sie an. »Nein, noch nicht«, antwortete er ruhig.

Dann gingen sie in den Keller. Ragnhild vorweg, gefolgt von den beiden Polizisten. Die Flaschen funkelten in der Dunkelheit, mindestens hundertfünfzig Flaschen. Die Glühbirne unter der Decke war durchgebrannt. Einer der Männer bot an, eine neue zu holen. Sie sagte ihm, wo sie die Glühbirnen aufbewahrte.

Endlich war die neue Birne eingedreht und der jüngere Mann drückte auf den Lichtschalter. Die Flaschen standen in Reih und Glied im Regal. »Ach«, riefen die beiden Männer wie aus einem Munde.

Und dann hörte Ragnhild plötzlich Veras Stimme: »Aber liebe Ragnhild! Was hast du denn gemacht?« Bestürzt zeigte sie auf die Flaschen.

»Gemacht?«, Ragnhilds Stimme zitterte. »Wie meinst du das?«

»Siehst du nicht den ganzen Schimmel?«

Ragnhild betrachtete den grünen, zottigen Schimmel, der unter den Korken die Weinoberfläche bedeckte.

»Aber um Himmels willen«, rief sie verdutzt. »Wie kann das denn passiert sein?«

»Mein Herzchen«, sagte Vera entsetzt und starrte sie an. »Du hast keinen Schwefel hineingegeben!«

Der teuerste Schmetterling der Welt

Unni Nielsen

»Am Anfang hieß sie Gangan, diese Stadt. Gangan bedeutet ›Der Ort, wo es reichlich Wild gibt‹. Damals gab es wohl Wild für alle, mehr als genug. Die alte Art zu jagen geschah des Nachts, mit Paraffinleuchten. Der Jäger befestigte die Leuchte am Kopf, und in allen Richtungen sah er den Widerschein des Lichtes. Augen, verstehst du, Augen, die in der Nacht blinkten und blinzelten: Gan, gan, gan. Verstehst du es jetzt? Das war, bevor ihr kamt und die Bäume tötetet und eure Straße wie eine tote Schlangenhaut über das Land legtet. Jetzt ist alles verändert. Als die Engländer mit ihrer Holzkompanie kamen, stahlen sie den Namen unserer Stadt und gaben ihr einen anderen. Was sind das für Menschen, die Namen stehlen? Port Victoria nannten sie sie, nach einer Königin in einer Stadt in Europa. Nachher, nach der Befreiung, als wir das Land wieder erhielten – als wenn sie es jemals besessen hätten – gaben wir der Stadt einen neuen Namen. Port Victory heisst sie jetzt. Gangan bekommen wir ja eh nie wieder zurück. Niemand kann die toten Bäume wecken.«

Er lehnt sich über den Tisch, einer der zornigen jungen Männer, die mich persönlich verantwortlich machen für das, was Leute aus Europa mit dem Leben seiner Ururgroßeltern angestellt haben. Ich wünsche mir nur Ruhe und Frieden mit einem kalten Gin Tonic. Ich kann auch nicht zur nächsten Bar gehen, denn es gibt weiter keine Bars in Port Victory.

Port Victory ist tote Hose in jeder Hinsicht, eine Bar, ein Betrieb, eine Straße. Der Betrieb ist die Holzkompanie, das besondere Steckenpferd des zornigen jungen Mannes. Port Victory ist nicht einmal ein Hafen, es ist nichts als ein toter Punkt, wie gesagt, an einem Fluss in Western Region in Nigeria, zutiefst im Abseits des Regenwaldes. Die Schifffahrt von der Küste hierher dauerte den ganzen Tag, tiefer und tiefer in den Busch hinein, und jeden Tag herrscht eine Hitze von dreißig bis vierzig heißen, schweißigen Wärmegraden. Gerade an diesem Abend in der Bar in Port Victory spüre ich stärker denn je die Frage, die ich mir ausnahmslos jeden Tag, seit ich hier bin, gestellt habe: Was tue ich eigentlich hier?

Es begann damit, dass ein Brief in den Briefkasten meines friedlichen alten Schipperhauses an der norwegischen Vestfoldküste plumpste. Der Brief war von einem schwedischen Schriftstellerkollegen, einem richtig exzentrischen, für die hatte ich schon immer eine besondere Schwäche. Er sandte mir einen Scheck über zehntausend amerikanische Dollars. Ich solle das Geld brauchen, um ihn in Port Victory zu besuchen. Er wolle mir den teuersten Schmetterling der Welt zeigen. Schrieb er. Zur Sicherheit fuhr ich in die Schweiz, um den Scheck einzulösen. Es war überhaupt kein Problem. Der alte Göran musste sich verändert haben. Seine Schecks waren nun gedeckt. Hingegen dauerte es einige Tage, herauszufinden, wo Port Victory liegt. Was ich erfuhr, ermunterte mich nicht gerade, meine Reisepläne weiterzuverfolgen. Niemand kann sagen, ich sei nicht gewarnt worden. Ich reiste trotzdem. So bin ich eben. Seit ich über fünfzig bin, ist es noch schlimmer. Ich wünschte, es wäre Bingo. Normale alte Damen haben es mit dem Bingo. Ich nicht.

Als ich ankam, war Göran nicht da. Niemand wusste, wo er war oder wann er zurückkommen sollte. Was sollte ich tun? In Port Victory gibt es nur etwas zu tun. Warten. Das tun dort alle Menschen. Worauf? Ich hatte wenigstens etwas, worauf ich warten konnte. Göran.

Der zornige junge Mann hat wohl schnell angehalten, um Atem zu schöpfen.

»Kennst du den Schweden im blauen Haus?«

»Alle kennen den Schweden«, sagte er desinteressiert.

»Erzähl mir, was er tut.«

»Trinkt Whisky, fängt Schmetterlinge.«

Ich glaube nicht daran. Es muss noch etwas mehr sein, etwas anderes. Ich kann nur nicht herausfinden, was es ist.

Es ist drei Jahre her, seit ich Göran zum letzten Mal traf, auf der Buchmesse in Göteborg. Wir gingen zusammen auf Tournee, und ich kam wieder zu mir selbst acht Tage später, auf dem Intercityzug nach Vestfold. Das war das Jahr, in dem er Erfolg hatte und Millionär wurde. Im Jahr zuvor hatte er vierzigtausend verdient. Sein Buch verkaufte und verkaufte sich in jenem Jahr, und bis Weihnachten wurde er in ganz Skandinavien zum Genie erklärt. Im Januar verblasste sein Bild und ein neues Genie tauchte auf. So ist das eben.

»Nein, es sind noch keine drei Jahre her, seit er kam«, räumt der zornige junge Mann widerstrebend ein, »eines vielleicht, ich erinnere mich nicht so genau.«

Er verwirft die Hände und hat offensichtlich das Interesse an mir verloren. Ich sehe mich um. Hinten in der Ecke erblicke ich Harrison. Harrison ist der Buchhalter der Holzkompanie und nimmt seinen ersten Drink genau um acht Uhr, im schönen Teil des Clubs.

In der Kolonialzeit war das der Club der Holzkompanie, das heißt, ein Club für Europäer, keine zornigen jungen Afrikaner damals. Etwas von dieser Atmosphäre hängt immer noch in der Luft. Harrison in seinen Khakishorts und den weißen Kniestrümpfen könnte direkt aus der Vergangenheit herausgenommen und hier und jetzt aus Versehen platziert worden sein.

»Gemein«, sagt er freundlich und spendiert einen Drink. »Eine seltsame Art von Spaß, eine Dame auf Besuch einzuladen und dann zu verschwinden. Sind Sie sicher, er wusste, dass Sie kommen würden?«

»Absolut.«

»Jaja, Mr. Göran war ja, na etwas unstrukturiert, wenn ich es so sagen darf.«

»Absolut.«

Er weiß nichts. Niemand weiß etwas.

Vor Görans Haus beginnt die Hauptstraße von Port Victory zu erwachen. Ich habe mich draußen auf der Veranda unter das Halbdach gesetzt. Es kommt eine schwache Morgenbrise vom Fluss herauf. Das leere Haus steht wie eine Wand hinter mir. Eine Wand des Schweigens, um Geheimnisse geschlossen, die ich nicht kenne. Jetzt höre ich Schritte hinter mir. Görans Houseboy kommt mit Tee. Die schwarzen Hände arrangieren das Brett mit Toast und Marmelade, den Korb mit Avocado, schenken Tee und Milch in die Tasse.

»Nice mornig, Ma'am.«

Ich habe nichts mehr mit dem Houseboy zu besprechen. Wir wurden schon am ersten Tag fertig:

»Wo ist Göran?«

»Auf Reisen.«

»Sagte er, wohin?«

»Nein, Ma'am.«

»Sagte er, wie lange?«

»Ein paar Tage, Ma'am.«

»Was sagte er über mich?«

»Dass Sie kommen würden. Ich solle Ihnen jeden Tag zu essen und frische Laken geben.«

Dann verschwindet er wieder, hinein in den verschlossenen Raum. Alle Räume sind hier für mich verschlossen. Die Gesichter, plötzlich bilde ich mir ein, dass es etwas hinter den verschlossenen Gesichtern gibt, etwas, das sie wissen, alle zusammen, das ich nicht weiß. Es saust schwach in meinem Kopf.

Ich habe die Rahmen aus dem Zimmer drinnen geholt, sie auf dem Tisch vor mir aufgestellt, vier Rahmen mit sechs Schmetterlingen in jedem Jahr, jeder unter seiner eigenen Glasscheibe, auf grünem Hintergrund, Filz ist es wohl. Jeder Schmetterling ist mit einer Stecknadel durch den Körper aufgespießt, 24 Schmetterlinge. Sie stehen in seinen Büchern, alle miteinander. Keiner davon ist speziell teuer oder selten.

Das Glasschloss kann geöffnet werden. Ich spüre immer eine intensive Unlust, tote Insekten zu berühren, und diese besonders. Sie erinnern mich an längst vergangene Schultage, als wir darum wetteiferten, in den Religionsstunden Fliegen auf Stopfnadeln aufzuspiessen.

In meinem Toilettentäschchen habe ich eine Pinzette. Als ich den Schmetterling mit der Pinzette hochhebe, merke ich, dass er einen Leimklumpen an der Hinterseite festgemacht hat, unter dem Körper des Schmetterlings. Ich halte ihn gegen das Licht, ganz in den Sonnenstrahl.

Plötzlich beginne ich zu schwitzen. Ich muss den Schmetterling wieder auf seinen Platz setzen, habe aber Probleme, die Hände ruhig zu halten. Es flimmert mir vor den Augen. Als ich die Schachteln zusammenraffe und aufstehe, um sie zu seinem Arbeitszimmer zurückzutragen, merke ich, dass ich nicht ganz sicher auf den Beinen stehe. Das Toilettentäschchen, das zuoberst balanciert, fällt herunter. Die Nagelschere fällt heraus und gleitet über die Glasscheibe.

Für ein paar Stunden war ich in einer anderen Welt. Manchmal geht es mir so.

Der Laut trifft mich, als wenn ich keine Haut hätte, schneidend, direkt auf nackte Nervenfasern. Ich bin nicht einmal ganz sicher, wo ich bin, tappe blind zum Laut hin, dem Ausgang zu, warum versucht jemand, die Türe niederzureißen?

Draußen steht der zornige junge Mann in grüner Felduniform. Hinter ihm zwei Männer von der Militärpolizei. In den

Händen haben sie Gewehre mit Bajonetten drauf. Es sind die festen Militärstiefel des zornigen jungen Mannes, die versuchen, die Tür zu Görans Haus einzutreten.

»Wir sind gekommen, um mit Ihnen über Ihren Freund zu sprechen.«

»Göran? Ist ihm etwas passiert?«

»Es sieht so aus, als hätte er sich ins Ausland abgesetzt. Wie ich immer gesagt habe: Wir hätten ihn früher packen sollen.«

»Packen? Warum? Ich verstehe nicht, wovon Sie sprechen.«

»Nein«, sagt der junge Mann leichthin. »Das haben wir auch herausgefunden. Wir haben Sie nicht aus den Augen gelassen, aber Sie haben ja die ganze Zeit völlig verwirrt gewirkt. Als er verschwand und Sie auftauchten, dachten wir, dass Sie uns vielleicht wieder auf die Fährte setzen könnten. So viel Glück hatten wir aber nicht. Er ist uns wohl entkommen, die Götter mögen wissen, wie er es herausfand, gerade zur rechten Zeit. Er hat dieses Geschäft ja lange betrieben.«

»Welches Geschäft? Die Schmetterlinge?«

Der junge Mann lacht höhnisch. »Daran haben Sie nicht geglaubt«, sagt er, »wir übrigens auch nicht. Schließlich fanden wir heraus, was es war. Diamanten.«

»Diamanten?«

»Er kaufte sie auf und schickte sie außer Landes oder vielleicht betrieb er nur einen Kurierdienst für irgendjemanden. Das erfahren wir wohl nie.«

»Wie haben Sie das herausgefunden?«

»Ein schwaches Glied in der Kette, es gibt immer schwache Glieder, jemanden der willig ist, auszuplaudern – gegen einen angemessenen Preis.«

Er geht zum Büchergestell hinüber, nimmt ein Brett, hält es vor mich hin.

»Hier montierte er die Diamanten«, sagt er, »unter jedem Schmetterling. Diese sind offensichtlich bereit zur Montage. Er schenkte die Bretter seinen Freunden, damit diese sie nach

Europa mitnehmen konnten. Dort wurden sie jeweils nach einer Weile gestohlen. Er redete den Leuten ein, dass es die teuersten Schmetterlinge der Welt seien, und damit hatte er gewissermaßen ja recht. Die Diamanten gehören der nigerianischen Regierung. Wir werden das Haus durchsuchen. Auf dem Zufahrtsweg warten zwei Mann, die Sie nach Lagos mitnehmen und dort ins erste Flugzeug nach Stockholm setzen werden.«

»Ich wohne nicht in Stockholm, ich wohne in Norwegen.«

»Das ist mir, ehrlich gesagt, scheißegal.«

Es wurde nicht gerade eine angenehme Reise. Die Assistenten waren nicht ebenso gut erzogen wie der zornige junge Mann. Während zweier Tage war ich überzeugt, dass ich sterben würde. Ich kam mit ein paar blauen Flecken davon, aber das konnte ich ja nicht wissen, bevor ich sicher im Flugzeug nach Stockholm saß.

Ich kam übrigens nicht weiter als bis Amsterdam. Gemütliche Stadt, Amsterdam, ganz anders als Port Victory.

Was ich in Amsterdam tat? Ja, zuerst musste ich den Job zu Ende führen, den ich mit der Nagelschere im blauen Haus in Port Victory begonnen hatte. Nachher musste ich jemanden finden, der die Diamanten, die ich von Görans Schmetterlingen gepflückt hatte, schleifen und einfassen konnte. Wie ich es schaffte, sie nach Amsterdam zu bringen? Einfach. Ich benützte das Versteck von Tante Laura.

»Wenn du etwas hast, das nicht für herumschnüffelnde neugierige Ehemänner bestimmt ist«, pflegte Tante Laura zu sagen, »dann verstecke es in den Tampons.«

Keiner von Tante Lauras Ehemännern fand das Versteck. Auch nicht die zornigen jungen Männer in Nigeria. Zornigen jungen Männern ist wohl nicht einmal klar, dass fünfzigjährige Damen für solche Dinger keine Verwendung mehr haben.

Für Diamanten hingegen haben alle Verwendung, besonders alte Damen. Ich selbst habe 24 Stück, wunderschön, montiert von einem Meister des Faches. Billig war er nicht. Die Reisekasse von Göran reichte gerade noch aus für das Billett von Amsterdam nach Hause. Und das Schlimmste von allem: Wenn ich sie trage, glauben die Leute, es sei billiger Kitsch! Alte Damen können sich so große echte Steine nicht leisten. Also legte ich sie in einen Banksafe in der Sparkasse Nor in Larvik, und dort liegen sie immer noch. Vielleicht können sich die Erben einmal darüber freuen.

Göran? Er ist immer noch spurlos verschwunden. Vielleicht taucht er wieder auf. Auf der Buchmesse in Göteborg vielleicht, mit einem neuen Bestseller. Wenn er von den teuersten Schmetterlingen der Welt handelt, werde ich ihm zuvorkommen. Dafür habe ich mich entschieden.

Das St. Olavsfest*

Jógvan Isaksen

1

Jens Pauli Joensen legte die Strümpfe zum Trocknen auf die Heizung. Seine Schuhe waren ebenfalls vollkommen durchnässt, sie standen jetzt auf einer Zeitung unter dem Heizkörper. Es hatte seit einer Woche jeden Tag geregnet und die Schuhe waren einfach nicht mehr in der Lage, dem Wasser Widerstand zu leisten. Er musste daran denken, Hansina zu erinnern, doch etwas zum Imprägnieren zu kaufen.

Es war St. Olavsabend und er war gerade in seinem Büro im Untergeschoss eines der Gebäude des Militärs draußen auf Tinganæs angekommen. Normalerweise arbeitete er wie die meisten anderen an diesen Tagen nicht, aber er hatte die Anweisung bekommen, zur Arbeit zu erscheinen, und dem musste er halt nachkommen. Üblicherweise floh er in diesen Tagen wie viele andere mit seiner Frau aus Tórshavn. Jetzt waren die Hotels auf dem Lande alle voll mit Männern und Frauen aus der Hauptstadt, während dafür zum Ausgleich die Stadt von Leuten vom Lande nur so wimmelte.

Aber stattdessen kamen seine Schwiegereltern und mehrere Geschwister seiner Frau von einer der nördlichen Inseln, um bei ihnen zu wohnen. Sie waren eifrige Mitglieder des äl-

---

* Das St. Olavsfest oder *Ólavsøka* ist seit langen Zeiten ein National-feiertag auf den Färöern. Er wird am 28. und 29. Juli in Tórshavn gefeiert. Ursprünglich diente er zur Erinnerung an den Tod des norwegischen Königs Olav des Heiligen in der Schlacht bei Stiklestad 1060.

testen Abstinenzlervereins der Färöer und wollten an einem Seminar über Alkoholmissbrauch in Tórshavn teilnehmen. Seine Frau, Hansina, war nicht gerade eine Abstinenzlerin. Als er sie vor vielen Jahren zum ersten Mal traf, geschah das im Bierclub Kaggin. Und da war sie garantiert nicht ganz nüchtern gewesen. Aber Kaggin in einer Samstagnacht war eine Sache und eine andere war es, dass die Abstinenzlerbewegung nun bei ihnen einmarschierte. Sie hatten einen paar Flaschen Wein in Reserve und für einen kurzen Moment hatte Jens Pauli schon befürchtet, dass Hansina sie in den Müll werfen würde, aber sie war doch so vernünftig, sie oben auf dem Dachboden zu verstecken.

Deshalb war es seit vielen Jahren das erste Mal, dass Jens Pauli Joensen am St. Olavsfest teilnehmen würde und dann auch noch im Dienst, während sein Heim zu einer Antialkoholikerfestung umgerüstet wurde. Das eigentliche Olavsfest fiel auf einen Sonntag, aber das Fest war eigentlich schon seit mehreren Tagen im Gange. Und die ganze Zeit war er gezwungen gewesen, nüchtern zu bleiben, während alle anderen sich die größte Mühe gaben, alles an sich zu raffen, was es so an hartem Stoff gab. Das heißt: alle – ausgenommen seine Gäste.

Er schaute seufzend aus dem Fenster, vor dem es Bindfäden regnete. Sobald die Tropfen auf den Boden trafen, sprangen sie wieder hoch und die Sichtweite war so gering, dass er nicht einmal das Meer sehen konnte, obwohl es nur wenige Meter entfernt war. Und schon gar nicht auf den Fjord, auf dem ein russisches Kreuzfahrtschiff an diesem Nachmittag vor Anker gehen würde. Jens Pauli sah auf seine Uhr: Zehn Minuten vor zwölf. Er hatte noch viel Zeit.

Es war ihm gesagt worden, dass »Oleg Popov« – so lautete der Name des Schiffs – vermutlich zwischen ein und zwei Uhr ankommen würde. Und er hoffte inständig, dass es kommen würde, bevor um drei Uhr die Ruderregatta anfing, denn sonst würde es ein paar Probleme geben. Nun ja, ihm konnte das eigentlich gleich sein. Er hatte genau genommen ja nichts mit den Passagieren zu tun. Andere mussten zusehen, ob sie sie an Land schaffen konnten oder nicht. Sein Arbeitsgebiet umfasste nur einen einzigen Gast. Offensichtlich den wichtigsten.

Der Ministerpräsident hatte vor ein paar Tagen Jens Pauli angerufen und ihm erzählt, dass er während des Olavsfests Leibwächter für einen deutschen Geschäftsmann sein sollte. Ein russisches Kreuzfahrtschiff mit deutschen Touristen würde für ein paar Tage hier auf Reede liegen. Wie lange genau, wusste der Ministerpräsident nicht, aber es sei von größter Wichtigkeit, dass dem deutschen Geschäftsmann nichts passierte. »Er heißt Dieter Müller und das ist alles, was Sie wissen müssen«, beendete der Abgeordnete seine Anweisung.

»Es ist schon merkwürdig«, dachte Jens Paul Joensen. »Einerseits soll ich Leiter des färöischen Nachrichtendienstes sein und trotzdem erzählt mir nie jemand was.« Er schaute sich in seinem Büro um, in dem an dreien der Wände grüne Aktenschränke standen. An der vierten Wand waren Fenster, Schreibtisch und Heizung. Die Räume des Nachrichtendiensts waren nicht gerade beeindruckend und das Personal bestand nur aus ihm.

Der färöische Nachrichtendienst war eingerichtet worden, kurz nachdem der Natostützpunkt in Mjørkadal gebaut worden und die Radarschirme auf dem Berg Sornfelli aufgestellt worden waren. Russische Schiffe kamen regelmäßig in den Hafen, um Frischwasser an Bord zu nehmen und es wurde behauptet, sie würden auch spionieren. Das oberste Ziel des Nachrichtendiensts war es, die russischen Seeleute zu observieren, damit sie sich nicht überall herumtrieben. Dass außerdem noch ein wachsames Auge auf den färöischen linken Flügel geworfen wurde, betrachtete man als Nebengewinn. Aber inzwischen war offenbar alles auf den Kopf gestellt. Überall liefen Russen herum und eine Leitfigur des linken Flügels war höchster Beamter der Exekutive. Aber den Nachrichtendienst und das Volk überhaupt interessierte das nicht. Die Welt hatte sich geändert. Wenn Jens Pauli Joensen versuchte ernsthaft nachzudenken, konnte er nicht sagen, warum er eigentlich hier draußen auf Tinganæs saß. Die Tage vergingen mit dem Lesen ausländischer Zeitungen und wenn in ihnen etwas über die Färöer stand, schnitt er es aus und legte es ab. Aber er konnte nicht klagen. Er hatte ein festes Einkommen und Pensionsberechtigung – wer konnte in diesen Zeiten mehr verlangen?

Freunde und Bekannte glaubten, er wäre als Büroangestellter bei der Exekutive beschäftigt und er ließ sie in dem Glauben. Es gab vermutlich auch nicht viele in der Exekutive, die wussten, was die Buchstaben an seiner Tür bedeuteten. Auf einem Messingschild stand FFT und in Klammern darunter IF. FFT stand für *Føroyska Fregnartœnastan – Den fœrøske Efterretningstjeneste*. Ursprünglich hatten sie es mit FF versucht, aber da wurden sie von Leuten überrannt, die glaubten, das wäre das Büro des färöischen Fischerverbands. Als das T angefügt wurde, war das Problem gelöst.

IF in Klammern bedeutete *Intelligentia Fœroensia*. Das war Lateinisch und bedeutete so ungefähr das Gleiche wie der färöische Name, war aber für Ausländer gedacht. Damit hatten sie die färöische Universität nachgeahmt, die auch in ausländischen Zusammenhängen Latein benutzte. Die Idee für die Abkürzung stammte jedoch nicht von dort, sondern von berühmten Nachrichtendiensten wie: CIA, KGB, M15. Wenn Abkürzungen benutzt wurden, wurde irgendwie das Geheime an der Arbeit noch geheimer.

Jens Pauli war nicht sehr begeistert davon, Leibwächter spielen zu müssen. Er hatte nie als Spion im Felde gearbeitet und er hatte keine große Lust, sich dort aufzuhalten. Man wusste ja nicht, was passieren konnte, wenn man nicht sicher in seinem Büro saß.

Aber dann fiel ihm ein, dass ein Leibwächter ja das Gleiche war wie ein *bodyguard*, und eine Zeit lang verlor er sich in einen Tagtraum, in dem er Kevin Kostner war, der Whitney Houston rettete. Aber die Schwierigkeit, den deutschen Geschäftsmann mit der amerikanischen Sängerin zu vergleichen, zerstörte den Traum.

Er ging barfuß zum Heizkörper und befühlte die Strümpfe. Sie waren fast trocken.

Vielleicht würde der Tag doch gar nicht so schlecht werden.

2

Jens Pauli Joensen war unterwegs nach Bursatangi, um den Mann in Empfang zu nehmen, dessen Leibwächter er werden sollte. Es hatte aufgehört zu regnen und die Leute tummelten sich auf der Mole, um einen guten Zuschauerplatz bei der Ruderregatta zu finden. Die Sonne hatte sich zwar noch nicht sehen lassen, aber draußen auf dem Fjord lag ein glänzend weißes Kreuzfahrtschiff, das anscheinend verkünden sollte, dass es an der Zeit war, die Sonne scheinen zu lassen. Aber das Wetter auf den Färöern will selten das Gleiche wie die Touristen.

Der einzige Mitarbeiter des färöischen Nachrichtendiensts knöpfte seinen Mantel zu und schüttelte sich. Der Ruderwettkampf interessierte ihn nicht besonders, da er nie selbst gerudert hatte. Wer gewinnen würde, war ihm auch ganz gleich. Aber trotzdem war es ab und zu einmal nett mit anderen zusammenzustehen, sich zu unterhalten, sich einen zu genehmigen und ein wenig die Ruderer anzufeuern, wenn die Boote sich der Ziellinie näherten.

Als er eine Weile auf dem Bursatangi hin und her gelaufen war und mehr als einen Schnaps dankend abgelehnt hatte, sah er ein Motorboot einlaufen. Es war voll mit Leuten – ob sein Mann wohl darunter war?

Als die Passagiere an Land gingen, bemerkte Jens Pauli,

dass sie alle ein kleines Namensschild trugen. Das war eine willkommene Hilfe, da ihm niemand erzählt hatte, wie der deutsche Geschäftsmann aussah.

Dieter Müller war kräftig und einen ganzen Kopf größer als Jens Pauli und er erinnerte in gewisser Weise an Helmut Kohl. Jens Pauli fand nicht, dass er aussah, als würde er irgendwelchen Schutz brauchen.

Als Jens Pauli Joensen in die Realschule ging, hatte er ein wenig Deutsch gelernt, aber er war nie in Deutschland gewesen und hatte die Sprache nie ausprobiert. Deshalb stellte er sich auf Englisch vor.

»Was? Ich verstehe nicht. Sprechen Sie kein Deutsch?«

Der Deutsche verstand offenbar kein Englisch und das war gar nicht gut. Jens Pauli versuchte sein Hirn auf Schwung zu bringen, aber das ging nur mühsam. Anfangs fielen ihm nur die verschiedenen Präpositionen ein: *durch, für, gegen, ohne, wider, um – kannst du nicht dein Akkusativ, dann bist du wirklich dumm.* Das war ja zu nichts zu gebrauchen. Er gab sich alle Mühe, einen Satz zu formulieren: »Ich bin . . .«, aber da war der Deutsche schon gegangen.

Jens Pauli schaute sich um. Ja, da war er, auf dem Weg in die Stadt. Er lief hinter ihm her und fasste ihn am Arm.

Dieter Müller riss sich los und drehte sich ihm zu: »Was wollen Sie?«

Mit viel Mühe und großen Gesten gelang es Jens Pauli, dem Deutschen verständlich zu machen, dass er ihm nichts verkaufen wollte, sondern dass die Regierung ihn geschickt hatte. Als es dem Fremden dann auch noch klar wurde, dass es ihn nichts kosten würde, wurde er ein wenig entgegenkommender. Offenbar war er der Meinung, man habe auf den Färöern einen hervorragenden Touristenservice.

Während der Deutsche redete und Jens Pauli nur wenig davon verstand, gingen sie zum Áarvegur hoch und weil zwischen beiden der Unterschied in Größe und Breite sehr groß war, lag ein Vergleich mit Dick und Doof nicht fern.

Die folgenden Stunden verbrachten sie im Haus des Nordens, im Kunstmuseum, in dem, was von der Plantage noch übrig war, unten in Vágsbotn, draußen auf Reyn und an vielen anderen Orten. Je mehr die Zeit verging und je müder er wurde, um so mehr fühlte sich der färöische Nachrichtendienstmann eher als ein Fremdenführer denn als ein Leibwächter. Der Deutsche war jedenfalls überzeugt davon, dass er ein *Fremdenführer* war und als Jens Pauli das Wort *bodyguard* erwähnte und auf sich selbst zeigte, lachte er schallend. Jens Pauli versuchte es dann mit *Intelligentia Faeroensia*, aber da konnte der Deutsche fast nicht mehr aufhören zu lachen.

Sie aßen im Hotel Hafnia zu Abend und Dieter Müller machte keinerlei Anzeichen, dass er für sich selbst bezahlen wollte, also musste Jens Pauli für sie beide bezahlen. Zu allem Überfluss hatte der Deutsche auch noch das teuerste Gericht auf der Karte ausgesucht, während Jens Pauli zuerst nur eine Tasse Kaffee bestellen wollte. Aber da hatte der Kellner spöttisch gemeint, wenn er nichts anderes als Kaffee haben wollte, könne er den auch zu Hause bei sich trinken. Das saß, also hatte er darum gebeten, das Gleiche wie Dieter Müller zu bekommen, nur um den Kellner zu zeigen, dass er es sich leisten konnte.

Er fluchte im Stillen. Was hatte der Ministerpräsident sich nur dabei gedacht, als er auf die Idee kam, ihn damit zu beauftragen, den Deutschen zu bewirten? Und wie lange sollte das noch gehen? Er konnte es sich nicht leisten, auf ewige Zeiten den Kellnern gegenüber den Großzügigen zu spielen.

Jens Pauli Joensen wurde immer wütender über diesen undankbaren Job. Er wollte am liebsten sofort zu dem Ministerpräsidenten gehen, um ihm seine Meinung zu sagen. Er beruhigte sich erst, nachdem er diesen in Gedanken zurechtgewiesen und seinen Job gekündigt hatte. Aber da fiel ihm seine Pension ein und er beschloss, dass er doch das Beste sei, sich mit der Situation abzufinden.

Dieter Müller redete ununterbrochen, während er den Rest

des Rotweins austrank. Hielt er eigentlich nie den Mund? Eine ganze Flasche guten französischen Weins hatte er in sich hineingeschüttet, während Jens Pauli nur Selters trank. Ein Teil seiner Wut war zweifellos in dieser traurigen Tatsache begründet. Aber es gab nicht viel, was er dabei hätte machen können. Er war im Dienst – und außerdem waren da noch die Schwiegereltern.

Das Restaurant war voll und sobald sie aufstanden, kamen andere und nahmen ihre Plätze ein, und draußen vor der Tür stand eine Schlange. Dieter Müller war gut gelaunt, und während sie die Treppen hinuntergingen, machte er dem Färinger klar, dass er in die Stadt wollte. Jens Pauli versuchte ihm zu erklären, dass sie in der Stadt waren und dass sich beim Olavsfest das meiste unter freiem Himmel abspielte. Aber der Deutsche kniff ein Auge zusammen und zeichnete mit den Händen die Umrisse einer Frau.

Es war eindeutig, dass Dieter Müller in einen Nachtclub wollte und der färöische Nachrichtendienstmann überlegte – und zwar nicht zum ersten Mal – was um alles in der Welt dieser Mann auf den Färöern zu suchen hatte?

3

Es waren zwei müde Männer, die weiterhin durch Tórshavns Straßen schlenderten, nachdem sie es im Kaggin, Mimir und Kavnar Klubbi versucht hatten. Weder Kaggin noch Mimir hatten geöffnet, und im Havnar Klubi, der offen hatte, wurde ihnen der Zutritt verweigert, weil sie keine Mitglieder waren. Die Innenstadt war gestopft voll mit Menschen und selbst die Steinmauern waren von lebenden Wesen bevölkert. Es war fast unmöglich, zwischen den angeheiterten Männern, nüchternen Frauen (die meisten) und Kindern mit Flaggen und Luftballons hindurch zu kommen. Auf dem alten Schulhof spielte das Havnar Blasorchester als gälte es das Leben, während eine der Sekten beim Gamli Bókhandil ein Treffen unter freiem Himmel abhielt. Eine junge Frau versuchte von ihrem sündigen Leben Beichte abzulegen, wurde aber die ganze Zeit von der Blechmusik und von Zurufen gut gelaunter Männer unterbrochen, die meinten, dass sie sich doch an einem Abend wie diesem eine bessere Bes⸍ ⸍ftigung suchen sollte. In der Fußgängerzone standen Zelte mit Glücksrad, Tombola und anderem, auch das gehörte zum Staatsfeiertag dazu. Die Würstchenbuden hatten viel zu tun und ebenso die für diesen Anlass gescheuerten Stände, an denen Brote, Trokkenfisch und Walspeck auf Papptellern verkauft wurde.

Mitten in dem ganzen Trubel befanden sich Jens Pauli Joensen und Dieter Müller. Letzterer war langsam etwas ungeduldig geworden. Es war ihm mittlerweile klar, dass es nicht so einfach war, in Tórshavn einen Nachtclub zu finden, aber jetzt verlangte er zumindest ein Bier. Sie hatten versucht, ins Café Natur zu kommen, aber dort war es so brechend voll, dass man unmöglich zum Tresen vordringen konnte.

Die gute Laune des Deutschen war verdampft, und jetzt beklagte er sich in einem fort über dieses alberne kleine Land, in dem man weder Frauen noch Bier kriegen konnte. Jens Pauli war das Ganze von Herzen leid und wünschte sich nur nach Hause, auch wenn sein Zuhause jetzt dem Hauptsitz der Abstinenzlerbewegung ähnelte.

Musik und Gerede umgab die beiden unzufriedenen Männer, während sich die Dämmerung langsam über die Festteilnehmer legte. Lichter wurden angezündet und eine geheimnisvolle, ausgelassene Freude schien alle zu erfassen. Nur die beiden nicht. Der Deutsche wurde immer lauter und Jens Pauli begriff, dass er sich angeschmiert und betrogen fühlte. Wieso er das konnte, wenn er doch für nichts bezahlte, war eine andere Frage. Zwei junge Männer in Jacketts und mit weißen Plastik-Cowboyhüten drängelten sich grölend durch:

Am Olavsfest gönn ich mir einen
sonst trinke ich nur Milch und Tee
und ich kenn einen Mann, der heißt Henning,
und er macht es genau wie ich, juchhe . . .

Jens Pauli fiel auf, dass der Deutsche zum ersten Mal seit
mehreren Stunden schwieg, aber das hatte nichts mit den beiden singenden Jünglingen zu tun. Direkt neben ihnen begrüßten sich vier Männer in färöischer Nationaltracht. Jens
Pauli wusste, dass es auch nicht die Kleidung war, die Dieter
Müller verwunderte. Dieser hatte ihm erzählt, dass sie auch
so herumliefen, wenn sie ihre Bierfeste in Bayern feierten.
Nein, es waren ihr Haar und ihre Bärte, die so lang waren,
dass sie aussahen wie Wollhaufen auf zwei Beinen.

Der Deutsche beugte sich vor und flüsterte Jens Pauli ins
Ohr, ob es denn ein griechisch-katholisches Kloster auf den
Färöern gäbe? Jens Pauli antwortete, dass bis vor kurzem ein
Nonnenkloster in Tórshavn existiert habe, aber das habe zu
den Franziskanern gehört.

Dieter Müller machte mit dem Kopf ein Zeichen zu den
vier Männern mit dem Bart bis zum Nabel und fragte flüsternd, welchem Orden sie denn angehörten.

Jens Pauli erklärte ihm, dass sie gar keinem Orden angehörten, aber dass man dabei sei, eine Verfilmung des Romans
»Barbara« zu drehen und dass diese Herren Statisten seien.
Der Film spielte Mitte des 18. Jahrhunderts, deshalb die Bärte.

Die Haltung des Deutschen veränderte sich vollkommen,
er wurde fast überfreundlich. An Bord des Kreuzfahrtschiffes
hatte er Jørgen-Frantz Jacobsens Roman auf Deutsch gelesen
und es wäre eine Erinnerung für sein ganzes Leben, wenn er
in dem Film mitspielen könnte. Doch das konnte der färöische Nachrichtendienstmann nicht versprechen. Aber er
versprach den Ministerpräsidenten zu fragen, wenn er ihn
wieder traf. Für sich selbst fügte er noch hinzu, dass das ge-

wiss nicht das Einzige war, was er den Ersten Mann des Landes fragen würde.

»Ich fress' einen Besen, wenn das nicht Jens Pauli ist!« Ein kräftiger Mann mit dichtem rotem Haar und Bart umschlang mit einem Arm seinen Hals und drückte so kräftig zu, dass Jens Pauli hinterher schwor, er hätte Sterne und den Mond gesehen. Er war kurz davor erwürgt zu werden, hatte aber keine Chance, sich freizumachen.

Da ließ der rote Bär los und während Jens Pauli seinen Kopf von einer Seite auf die andere rollte, um zu untersuchen, ob einer der Halswirbel herausgesprungen war, dröhnte es mit Donnerstimme aus dem mächtigen Mann:

»Nun, *long time no see*. Es muss mindestens ein Jahr her sein, seit wir zwei uns gesehen haben. Und mindestens doppelt so lange, seit wir uns einen genehmigt haben.« Er zog eine Flasche Glenfiddich aus der Jackentasche und reichte sie Jens Pauli. Die sommersprossige Hand war so groß, dass die Flasche fast darin verschwand.

Jens Pauli wollte wie gewohnt ablehnen, aber plötzlich fühlte er sich so erschöpft und war alles so leid, dass er das Angebot annahm. Er nahm einen großen Schluck und wollte auch dem anstrengenden Deutschen etwas anbieten. Vielleicht würde ein bisschen Whisky ihn besänftigen.

Aber Dieter Müller war verschwunden.

4

Jens Pauli Joensen schaute sich in alle Richtungen um, konnte Dieter Müller aber nirgends entdecken. Inzwischen war es dunkel geworden und schon ein paar Meter entfernt waren die Menschen nur noch Silhouetten und dunkle Schatten.

»Oh Scheiße«, dachte er bei sich selbst und trank noch einmal aus der Flasche des Freunds.

»Nun, immer langsam«, sagte dieser lächelnd. »Ich habe nicht gesagt, dass du sie leeren sollst.«

Mortan, so der Name des Rothaarigen, war ein Sandkistenfreund. Haare und Bart hatten schon immer so ausgesehen, seit er mit dreizehn Jahren zum Fischfang fuhr, das war also alles echt und keine Statistenware.

»Das sind die ersten Tropfen, die ich seit langer, langer Zeit zu trinken kriege«, erklärte Jens Pauli vorwurfsvoll.

»Na, dann sei es dir gegönnt«, grinste Mortan. »Nimm noch einen!«

Jens Pauli Joensen legte zum dritten Mal den Kopf in den Nacken und ließ das herrliche Getränk die Kehle hinunter laufen, aber diesmal war das Glück ihm nicht hold.

»Stehst du hier mitten auf der Straße und kippst Schnaps in dich hinein? Solltest du nicht bei deiner Arbeit sein?« Eine durchdringende Stimme bohrte sich ihren Weg in Jens Paulis Gehirn.

Der Besitzer der Stimme versuchte sich groß und breit vor ihm aufzubauen. Aber das wollte ihm nicht recht gelingen, da er ein sehr kleiner, spindeldürrer Mann war, und eigentlich war es nur die Nase, die an ihm bemerkenswert war. Die war dafür groß und gekrümmt und gut geeignet, sich zum Getränk der Sünde durchzuschnüffeln.

Jens Pauli erschrak so sehr, dass er fast den Whisky ins falsche Halsloch bekam und er dachte nur, dass ihm das jetzt gerade noch fehlte. Zuerst musste er während des St. Olavsfests arbeiten, dann verschwand der Mann, auf den er aufpassen sollte, und dann hatte sein Schwiegervater ihn noch dabei erwischt, als er sich einen Tropfen gönnte.

Mortan schnappte sich schnell seine Flasche und verschwand mit einer spöttischen Bemerkung, dass Jens Pauli offenbar Gäste hatte.

Der Schwiegervater packte seinen Schwiegersohn mit festem Griff beim Arm, und im nächsten Moment war der Nachrichtendienstmann von Abstinenzlern umringt, die alles dafür einsetzen wollten, damit er nicht noch tiefer ins Verderben stürzte. Während das Olavsfest um ihn tobte und Männer und Frauen in allen Himmelrichtungen standen und sich einen Schluck gönnten, stand Jens Pauli Joensen selbst auf einer trockengelegten Insel im Menschenmeer und bekam den Kopf gewaschen:

»Denke an die Worte von König Salomon: Schau nicht auf den Wein, wie rot er ist, wie er perlt im Becher; er rinnt so glatt, aber beißt zum Schluss wie eine Schlange und spuckt sein Gift wie eine Echse.«

Der Schwiegervater war erregt, seine Augen rollten in den Höhlen. Er fing an zu singen und alle seine Anhänger stimmten ein: *Es steht ein Haus auf einer grünen Au . . .* Als der Gesang begann, ließ der Schwiegervater Jens Paulis Arm los und dieser nutzte die Gelegenheit und machte sich schleunigst von dannen. Vornübergebeugt hastete er die Straße hinunter und als er sich schließlich vor der Gamla Apotekið aufrichtete, hörte er, dass sie immer noch sangen: *Doch eines Tags dann kam die Trauer und legte sich über die Stadt . . .*

»Not lehrt das Weib das Spinnen«, dachte Jens Pauli, war sich aber nicht so recht klar darüber, warum ihm gerade dieses Sprichwort einfiel. Zweifellos, weil er nicht wusste, was er jetzt machen sollte. Er war nicht erpicht darauf, dem Abgeordneten zu erzählen, dass er Dieter Müller aus den Augen verloren hatte – und nach Hause zu gehen war nicht viel reizvoller.

»Na, hast du es auch geschafft, diesen trockengelegten Leuten zu entkommen?« Mortan grinste über sein ganzes sommersprossiges Gesicht.

»Hier, nimm noch einen Schluck, ein bisschen ist noch da.« Er reichte Jens Pauli die Glenfiddich-Flasche, die dieser gern entgegennahm.

Eine Weile blieben die beiden alten Freunde an der Hauswand stehen und unterhielten sich über vergangene Tage. Mit der Zeit breitete sich in Jens Paulis Innerem eine angenehme Wärme aus, und als die Flasche leer war, fühlte er sich wieder gut gelaunt. »Das ist doch nicht normal, während des Olavsfests nüchtern zu bleiben«, behauptete Mortan. »Mir ist es scheißegal, ob du arbeitest oder ob deine Schwiegereltern bei dir wohnen. Beim Olavsfest sollen alle einen in der Krone haben.«

Jens Pauli konnte ihm da nicht widersprechen, trotzdem hatte er seinen verschwundenen Deutschen noch nicht ganz vergessen. Vielleicht sollte er einfach in der Innenstadt herumlaufen und, wer weiß, dort womöglich auf Dieter Müller stoßen?

Mortan hatte auch Lust, sich ein wenig zu bewegen, also gingen sie zum Tinghúsvegur und von dort zwischen Tinghuset und Telefonstationen hinunter, um bei der Konditorei auf der Niels Finsnegøta herauszukommen. Dieser kleine Umweg war notwendig, da die Abstinenzlerschar immer noch am Kiosk auf dem Vaglið stand.

Als die Uhr nach elf zeigte, stand Jens Pauli wieder auf dem Vaglið. Er hatte zweimal eine Runde gemacht zum Theater Sjónleikarshúsið und den Kongabrúgvin hinunter. Mortan hatte er schon vor langer Zeit aus den Augen verloren, dafür aber viele andere Bekannte und spendable Menschen getroffen. Er war leicht berauscht, aber weit entfernt davon, betrunken zu sein.

Er fühlte den Drang, Wasser zu lassen und legte die paar Meter bis zur Toilette in der Mylnugøta zurück. Dort waren viele Menschen draußen und drinnen, aber Jens Pauli drängelte sich durch und konnte sein Geschäft verrichten. Auf dem Rückweg erblickte er den Toilettenmann und ihm kam die Idee, diesen zu fragen, ob er einen großen, kräftigen Deutschen gesehen hätte. Das hatte er, aber das war schon zwei Stunden her. Hierher kamen so viele Menschen, dass er sich normalerweise an keinen Ausländer erinnern würde. Aber dieser hatte so geschimpft und das noch auf Deutsch, weil er nicht sofort in die Toilette hineinkam, dass man ihn nicht so schnell vergaß. Der Toilettenmann meinte aber, dass er ihn nicht wieder hatte rausgehen sehen.

Jens Pauli wollte wissen, in welche Kabine der Deutsche gegangen war. Die Toilettenaufsicht zeigte es ihm. Die Tür war verschlossen. Jens Pauli klopfte an die Tür und fragte, ob da jemand drinnen sei.

Keine Antwort.

Er kniete sich auf den Boden und guckte unter der Tür hindurch. Er sah ein Paar große schwarze Schuhe.

Er donnerte gegen die Tür. War der Mann vielleicht eingeschlafen?

Immer noch rührte sich nichts.

Jens Pauli ließ die Tür von dem Toilettenmann öffnen. Dieter Müller saß auf der Toilette und hielt mit beiden Händen den Schaft eines Messers umklammert, das aus seinem Bauch herausragte. Seine Augen waren weit aufgesperrt und himmelwärts gerichtet, als hätte ihn etwas ungemein verwundert.

5

Schon als er den Schlüssel ins Schlüsselloch steckte, wusste Jens Pauli, dass er eine Gardinenpredigt zu erwarten hatte. Er kam sonst nie so spät nach Hause und Hansina ging nie ins Bett, bevor er gekommen war.

Und ganz richtig. Hansina saß in ihrem rosa Nachthemd an dem kleinen Küchentisch. Auf dem Tisch lag eine Zeitschrift, ein leerer Kaffeebecher war zur Seite geschoben. Sie war ihm nicht gerade freundlich gesonnen.

»Was soll das bedeuten? Du kommst um sechs Uhr morgens besoffen nach Hause und behauptest, du hättest gearbeitet. Vater hat mir alles erzählt; wie du dich in der Stadt aufgeführt hast. Du und dieser unmögliche Mortan, ihr habt herumgestanden und euch mitten auf Vagliδ eine Flasche Schnaps hinter die Binde gekippt. Und wo bist du die ganze Nacht gewesen?

Wahrscheinlich hast du in irgendeinem Graben deinen Rausch ausgeschlafen. Und was ist mit diesem Deutschen, für den du den Leibwächter spielen solltest? Vater hat gesagt, er hat nur dich und diesen rothaarigen Trunkenbold gesehen.«

Jens Pauli kannte Hansina so gut, dass er wartete, bis das Schlimmste überstanden war, bevor er alle Fragen beantwortete. Er erzählte ihr von Dieter Müller, dass er ihn aus den Augen verloren und später ermordet in der Toilette in der Mylnugøta gefunden hatte. Da machte seine Frau große Augen.

Er machte ihr außerdem klar, dass er nicht betrunken war, sondern sich nur ein paar kleine Schlucke gegönnt hatte. Ihrem Vater könne sie in der Hinsicht nicht vertrauen, denn *der Dieb glaubt, dass alle Menschen stehlen*. Wie viele andere der eifrigsten Abstinenzler war er viele Jahre lang ein eifriger Trunkenbold gewesen.

Anschließend erzählte er ihr, dass er den größten Teil der Nacht beim Verhör auf dem Polizeirevier verbracht hatte und das war nicht besonders witzig gewesen. Das heißt, die Beamten hätten sich köstlich amüsiert, während Jens Pauli ihnen als Zielscheibe diente.

Es gab nicht viele Menschen, die von dem färöischen Nachrichtendienst gehört hatten, aber das Personal der Polizeistation gehörte zu ihnen. Er war kaum durch die Tür gekommen, als schon die ersten ironischen Sprüche auf ihn abgefeuert wurden. »Na ist die *Intelligentia* heute in der Stadt?« – »Fühlt ihr euch nicht gleich viel klüger, jetzt, nachdem Jens Pauli gekommen ist?« – »Was für Nachrichten hast du denn da auf der Toilette gesucht?« und so weiter und so fort.

Die beiden Kriminalbeamten, die ihn verhörten, amüsierten sich nicht mehr so wie ihre Kollegen, als Jens Pauli ihnen erzählte, dass er Dieter Müller gar nicht kannte. Das Einzige, was er wusste, war, dass der Ministerpräsident ihn darum gebeten hatte, Leibwächter des Deutschen zu sein, aber ihm nicht erzählt hatte, warum. Wenn sie mehr wissen wollten, müssten sie den Ministerpräsidenten fragen. Es konnte ja sein, dass er zu Hause war. Schließlich sollte er am nächsten Tag die Parlamentsrede halten.

»Heute«, korrigierte der eine Kriminalbeamte ihn. »Es ist fast eins.«

Anschließend riefen sie bei dem Ministerpräsidenten an und auch in seinem Büro in Tinganes, aber beide Versuche blieben ohne Ergebnis. Es nahm niemand ab. Also baten sie die Beamten, die in der Stadt Patrouille gehen sollten, die Augen nach dem Ministerpräsidenten offen zu halten, und wenn sie ihn zufällig fanden, ihn zu bitten, doch aufs Polizeirevier zu kommen.

Aber das Verhör war damit noch nicht beendet. Immer wieder fragten sie Jens Pauli, ob ihm denn wirklich niemand aufgefallen sei, der Dieter Müller folgte. Und immer wieder erklärte Jens Pauli, dass er gar nicht gesehen habe, wohin der Deutsche ging. Ob Mortan vielleicht etwas gesehen haben könnte? Das nahm er nicht an, aber fragen konnte man ihn ja.

Als sie dieser Spur zu folgen müde geworden waren, gingen sie zu der Frage über, wie Dieter Müller gestorben war. Ob Jens Pauli meinte, er hätte Selbstmord begehen können? Jens Pauli fragte, ob sie noch ganz dicht seien? Waren sie wirklich der Ansicht, dass ein Deutscher, der die Färöer gar nicht kannte, abgesehen von dem, was er im Roman »Barbara« an Bord eines Kreuzfahrtschiffes gelesen hatte, dass er sich die Mühe machen und so weit reisen würde, nur um auf einer öffentlichen Toilette Harakiri zu begehen?

Die Kriminalbeamten wandten ein, es geschehe nun einmal soviel Sonderbares auf dieser Welt, warum dann nicht auch das? Außerdem war die Kabinentür von innen verschlossen, da sei der Gedanke doch gar nicht so abwegig.

»Himmel und Hölle«, sagte Jens Pauli, »diese Türen kann man mit 'nem Zwei-Kronen-Stück öffnen. Ihr könnt doch nicht ernsthaft glauben, eine verschlossene Klotür ist ein Beweis dafür, dass der Mann Selbstmord begangen hat?«

Die Kriminalbeamten murmelten etwas vor sich hin. Es war offensichtlich, dass es ihnen ausgezeichnet gefallen hätte, wenn sie den Fall damit hätten abschließen können, dass ein Ausländer auf einer öffentlichen Toilette Selbstmord begangen hat.

»Ich hab's«, sagte Jens Pauli Joensen ironisch, »jetzt weiß ich, warum Dieter Müller Selbstmord begangen hat.« Er sah Schulz und Schultz lächelnd an und die beiden erwiderten erwartungsvoll sein Lächeln:

»Ja?«

»Als wir an dem Kiosk auf Vaglið standen, hat er mich gefragt, ob es nicht möglich wäre, in dem Film über Barbara mitzuwirken. Ich habe ihm gesagt, dass er sich da keine großen Hoffnungen machen sollte. Das hat ihn so enttäuscht, dass er direkt aufs Klo gegangen ist, sich ein großes Messer geschnappt und sich selbst durchbohrt hat. Ich meine, wir hätten doch genau das Gleiche getan, wenn wir bei dem größten Ereignis in der Geschichte der Färöer seit der Landnahme nicht hätten mitmachen dürfen?«

Diese Erklärung stimmte die beiden Männer nicht gerade friedlicher, und sie machten mit Jens Pauli noch stundenlang weiter. Schließlich hatte er die beiden so weit, dass sie zugaben, der Deutsche hätte wohl eine besondere Mission auf den Färöern gehabt, da der Ministerpräsident meinte, er bräuchte einen Leibwächter. Und diese Mission war ja wohl kaum, auf einem öffentlichen Klo Selbstmord zu begehen.

Die Uhr zeigte schon fünf, als sie Jens Pauli endlich nach Hause gehen ließen.

»Oh Jesus, du Ärmster«, sagte Hansina, die mit offenem

Mund dagesessen und zugehört hatte. »Und ich habe mir sonst was vorgestellt. Aber das ist Vaters Schuld!« Jetzt hatte sich ihre Wut in diese Richtung gedreht. »Immer läuft er wie eine Furie herum und beschuldigt unschuldige Menschen für alles Mögliche zwischen Himmel und Erde . . .«

Das Telefon klingelte und Hansinas Wortschwall wechselte die Richtung.

»Das ist bestimmt der Ministerpräsident. Er ruft seit gestern Nachmittag an, um dich zu fassen zu kriegen. Auch nachts schon ein paar Mal.«

»Warum?«, fragte Jens Pauli, bereits auf dem Weg zum Telefon.

»Das will er nicht sagen, aber er hat mindestens zehnmal angerufen.«

Jens Pauli nahm den Hörer und sagte »Hallo.«

»Wo um alles in der Welt treiben Sie sich rum?«, kam ohne Vorrede. Jens Pauli erkannte die Stimme des Ministerpräsidenten. »Wir haben überall nach Ihnen gesucht. Warum haben Sie nicht Dieter Müller abgeholt, wie Sie zugesagt haben?«

»Ich habe ihn doch abgeholt«, antwortete Jens Pauli verblüfft.

»Aber er ist tot. Ermordet.«

»Ach nee, Sie haben ihn abgeholt, aber jetzt ist er tot«, äffte der Ministerpräsident ihn ironisch nach. »Und können Sie mir dann erzählen, wer der Dieter Müller ist, der hier neben mir sitzt und seine Zigarre pafft?«

6

Es war noch nicht sieben an diesem Olavsmorgen, als Jens Pauli Joensen durch die Tür draußen auf Tinganes ging. Im gleichen Moment kam der Ministerpräsident die Treppe vom ersten Stock herunter.

»Er sitzt da oben, und hoffentlich läuft es mit ihm besser als mit dem anderen, auf den Sie aufpassen sollten. Diesen Mann dürfen wir nicht verlieren.« Der Ministerpräsident schaute auf seine Uhr. »Ich gehe jetzt nach Hause, um mich zwei, drei Stunden noch aufs Ohr zu legen, bevor die Prozession anfängt.« Und damit war er fort.

Jens Pauli biss die Zähne zusammen. Es gefiel ihm nicht, wenn ihm vorgeworfen wurde, er würde seine Arbeit vernachlässigen. Aber die Wahrheit war nun einmal, dass der Mann, dessen Leibwächter sein zu sollen er glaubte, tot war. Und zweifellos nur deshalb, weil er in Gesellschaft von Jens Pauli gewesen war. Der Mörder hatte geglaubt, dieser Dieter Müller wäre der richtige Dieter Müller und ihn deshalb umgebracht. Aber Dieter und Müller waren im Deutschen Allerweltsnamen und Jens Pauli war einfach mit dem falschen Dieter Müller in die Stadt gegangen.

In einem Sessel im Büro des Ministerpräsidenten saß ein grauhaariger, magerer Mann. Er hatte nicht viel Ähnlichkeit mit dem Mann, mit dem Jens Pauli in der Stadt gewesen war. Er war auch etwas älter. Vermutlich über sechzig. Und er sprach Englisch.

Er erzählte Jens Pauli, dass er den größten Teil der Nacht eine Konferenz mit der Landesregierung gehabt hatte und dass er jetzt gern ein paar Stunden schlafen würde. Er hatte aber keine Lust, an Bord des Kreuzschiffes zu gehen – ob Jens Pauli ihm nicht ein Hotelzimmer besorgen könne?

Jens Pauli erzählte ihm, dass sich das nicht machen ließe, da St. Olavsfest war, aber er könne ihn mit zu sich nach Hause nehmen und dort könne er schlafen. Um bei der Wahrheit zu bleiben, so brauchte er selbst etwas Schlaf und da er ja nun Müllers Leibwächter war, konnte er gut zwei Fliegen mit einer Klappe schlagen. Wo der Deutsche dann schlafen sollte, da sein Haus ja schon voll belegt war mit Abstinenzlern, das wusste er nicht, aber Hansina fand für derartige Probleme immer eine Lösung.

Am Nachmittag des Olavstags saßen zwei zufriedene Männer am Küchentisch und aßen Eier mit Speck. Jens Pauli hatte Dieter Müller getrocknetes Lammfleisch angeboten, aber nein, dieser wollte ein ganz normales Frühstück. Und Jens Pauli selbst meinte auch, dass ihm Eier vermutlich heute besser bekommen würden als getrocknetes Schafsfleisch.

Es ging ihm nicht mehr so schlecht, der Schlaf hatte geholfen, und als Hansina noch mit einer Flasche Kognak kam – mochten die Götter wissen, wo sie die versteckt gehabt hatte – fühlte er sich fast wie neu geboren. Die Schwiegereltern und Hansina waren zu einem ihrer Treffen gegangen, sodass die beiden Männer sich in Ruhe einen genehmigen konnten.

Jens Pauli meinte, es sei jetzt an der Zeit, dass er erfahre, was hier eigentlich vor sich ging. Dieter Müller sagte, es sei kein Geheimnis, dass er auf den Färöern war und als Dank für die Gastfreundschaft wolle er gern seinen Teil der Geschichte erzählen.

Er war Reeder in Hamburg und besaß ein paar große Schiffe, die vor Grönland und der Bäreninsel und weiter im Osten in russischen Gewässern fischten. Ihm gehörten auch Fischfabriken in Deutschland, aber oft fand er, die Fahrt bis nach Hamburg sei zu weit und deshalb wäre es nicht schlecht, eine Fischfabrik näher an den Fanggründen zu haben. Er war auf die Färöer aufmerksam geworden und hatte erfahren, dass es hier eine Reihe geschlossener Fischfabriken gab und diverse, die sich gerade so über Wasser hielten.

Dieter Müller hatte sich daraufhin mit der Landesregierung in Verbindung gesetzt und angeboten, mehrere der Fischfabriken zu übernehmen und wieder zu öffnen. Die Rohware für die Produktion würde dabei nicht aus der färöischen Fangquote stammen, die schon für die Betriebe, die noch arbeiteten, zu gering war. Nein, der gesamte Fisch würde aus der deutschen Quote stammen, sodass es sozusagen ein Gratisangebot für die Färinger war.

Alle Beteiligten hatten ihre Vorteile dabei. Dieter Müller

bekam seine Fischfabriken, die näher an den Fanggründen seiner Schiffe lagen, die Färinger bekamen Arbeit und die Behörden Steuereinnahmen.

»Das klingt doch wunderbar«, sagte Jens Pauli und schenkte nach. »Aber einen Haken muss es irgendwo geben, sonst hätte ich doch nicht als Leibwächter auftreten müssen.«

»Den gibt es auch«, antwortete Dieter Müller. »Kurz bevor ich die Fahrt mit dem Kreuzschiff antrat und geplant hatte, hier mit der Landesregierung zu verhandeln, bekam ich die Warnung, mich fern zu halten. Ich habe sie nicht ernst genommen. In meiner Welt sind Drohungen nicht so ungewöhnlich. Aber an dem Tag, als ich von Hamburg abfuhr, erhielt ich ein Fax, in dem stand, dass ich sterben würde, wenn ich mich auch nur auf den Färöern zeigen würde.«

»Das ist ja starker Tobak«, sagte Jens Pauli, und da fiel ihm etwas ein. »Und von wo ist das Fax abgeschickt worden?«

»Vom Büro der Landesregierung!«

Jens Pauli versuchte einzuschätzen, was das bedeutete, kam aber zu keinem Schluss.

»Ich habe euren Ministerpräsidenten angerufen und ihm von dem Brief und dem Fax erzählt, und dass das Fax aus seinem Büro abgeschickt worden ist. Er wurde wütend und sagte, da steckten zweifellos irgendwelche Republikaner dahinter, die Probleme machen wollten und er würde schon herausfinden, wer es war.«

»Und, hat er es herausgefunden?«

»Nein. Die Angestellten in seinem Büro sagten, sie hätten nichts gesehen, und als er weiter nachdachte, konnte er sich auch nicht denken, wer das wohl sein könnte. Die Republikaner hatte er auch nicht mehr in Verdacht, weil sie einem Volksentscheid über die Autonomie auch nicht näher kommen würden, ob ich nun mit den Färöern verhandle oder nicht. Er meinte, ich könne mich sicher fühlen, aber er würde trotzdem dafür sorgen, dass ich einen *bodyguard* bekäme.«

Dieter Müller und Jens Pauli Joensen prosteten einander

zu. Draußen schien die Sonne wunderschön und ein Menschenstrom war auf dem Weg in die Stadt, um das Olavsfest zu feiern. Die Schatten der Nacht waren fast verschwunden, aber man kam nicht an der Tatsache vorbei, dass ein Dieter Müller ermordet worden war und dass derjenige, der jetzt auf der anderen Seite des Tisches saß, bedroht worden war.

Während Jens Pauli noch überlegte, ob sie sich in die Stadt wagen sollten oder nicht, klingelte das Telefon. Er nahm ab und erwartete, den Ministerpräsidenten zu hören, aber die verzerrte Stimme gehörte jemand anderem.

»Wenn Dieter Müller nicht sofort abreist, und ich meine sofort, dann ist er ein toter Mann.«

»Aber . . .«, wollte Jens Pauli ansetzen.

»Wenn du dich da einmischst, erwartet dich das gleiche Schicksal wie den Deutschen auf der Toilette.«

Dann wurde der Hörer aufgelegt und mit einem Kälteschauder, der ihm über den Rücken lief, horchte Jens Pauli Joensen dem monotonen Tuten aus dem Telefon.

7

Die telefonische Drohung schien Dieter Müller nicht weiter zu bekümmern. Er wusste natürlich, dass sein Namensvetter auf einer Toilette erstochen worden war, aber dann musste er eben an sich halten, bis er einen sichereren Ort fand, wo er Wasser lassen konnte. Der deutsche Geschäftsmann zündete sich lachend eine Zigarre an.

»Können Sie eine solche Drohung denn so ohne weiteres abschütteln?« Jens Paulis Respekt gegenüber dem Deutschen wuchs.

Dieser blies den Rauch in die Küche, zupfte sich ein Stück Tabak von der Unterlippe und antwortete dann ernst: »Nein, das kann ich natürlich nicht, aber ich lasse mich davon nicht einschüchtern. Wenn du einen großen Betrieb in Deutschland leitest und das auch noch in Hamburg, darfst du keine Angst vor deinem eigenen Schatten haben. Ich wäre kein reicher Mann geworden, wenn ich mich um all die Drohungen gekümmert hätte, die mich im Laufe der Jahre verfolgt haben. Ich nehme sie zur Kenntnis und bin bereit, falls es zu einem Angriff kommt. Aber dazu kommt es fast nie, weil man Mut braucht, um einen Mann anzugreifen. Hier ist zwar der Mut vorhanden, das haben wir gesehen, aber deshalb bleibe ich doch nicht in den vier Wänden.«

»Wollen Sie etwa in die Stadt gehen?«, fragte Jens Pauli ungläubig.

»Das Schiff legt erst morgen ab und ich würde gern etwas von eurem Fest mitkriegen. Gestern Abend und die ganze Nacht über hatte ich Besprechungen, deshalb möchte ich heute gern ein bisschen feiern.«

»Ja, aber . . .«, versuchte Jens Pauli einzuwenden.

»Wenn mir jemand zu nah auf die Pelle rücken will, dann habe ich immer noch das hier.« Dieter Müller platzierte seine Zigarre im Mundwinkel und schob die rechte Hand auf den Rücken. Als sie wieder zum Vorschein kam, hielt sie einen mittelgroßen Revolver. »Na, was meinen Sie, wir vier schaffen es doch wohl, oder? Sie, ich und Smith & Wesson.«

Das Menschengewühl in der Stadtmitte war unüberschaubar.

Selbst die Olavsfeste der Kindertage, bei denen doch alles immer viel größer und prächtiger gewesen zu sein schien als jetzt, waren in Jens Paulis Erinnerungen nicht so voll gestopft gewesen mit fröhlichen Menschen. Die Sonne trug viel dazu bei. Nachdem es eine ganze Woche geregnet hatte, fühlte man sich wie ein neuer Mensch, wenn man in dem warmen Sonnenschein herumlief. Die Fahnen flatterten, Männer und Frauen spazierten in färöischer Nationaltracht oder einfach nur herausgeputzt herum, und dazwischen oft alte Bekannte. Heute war Montag, weshalb viele, die schon seit Freitag dabei waren, einen schweren Kopf hatten. Aber insgesamt zeigte sich eine Mischung aus Feierlichkeit und Friedfertigkeit.

Es war noch Nachmittag und Jens Pauli, der die Sonne genoss, während Dieter Müller sich an einer Schießbude versuchte, kam der Gedanke, dass einer der normalsten Laute beim Olavsfest – zumindest tagsüber und frühabends – Kinderweinen war. Und zwar nicht, weil die Eltern am Olavstag besonders streng mit ihren Kindern waren, sondern eher im Gegenteil, weil sie ihnen viel zu viel gaben.

Schuld waren die Luftballons. Die Gasballons. Während Kinder sonst mit Luftballons spielten, die einfach nur aufgeblasen waren, kauften die Eltern ihren Kindern heute bunte, glänzende Gasballons, die den Kindern immer wieder aus den Händen glitten. Und jedes Mal das Gleiche: Der Ballon stieg in den Himmel und das Kind setzte zum Geheule an. Beim ersten Mal kaufte der Vater vielleicht einen zweiten Ballon, um Ruhe zu haben. Er band ihn dann um das kleine Handgelenk oder befestigte ihn an einem Knopfloch, aber damit war die Frist nur etwas hinausgeschoben, bis es wieder schief ging. Irgendwie schaffte das Kleine es, die Schlinge zu lösen und dann wiederholte sich die Geschichte, nur mit dem Unterschied, dass der Vater nicht noch mehr Geld für teure Ballons hinauswerfen wollte. Das Ergebnis: Das Kind weinte und der Vater schimpfte. »Du siehst so nachdenklich aus?«, bemerkte Dieter Müller, der inzwischen mit dem Schießen fertig war. Er hatte eine Papierblume in der Hand.

»Ich habe gerade überlegt, dass Luftballons beim Olavsfest verboten sein müssten.«

»Ach ja?«, meinte Dieter Müller, fragte aber nicht, warum. Er meinte vermutlich, dass die Färinger so ihre eigenen Sitten hätten, in die er sich lieber nicht einmischte.

Sie gingen den Kongabrúgvin entlang und weiter nach Tinganes, wo sie sich vor dem Hauptsitz des Nachrichtendienstes auf eine Bank setzten. Unten auf Áarvegur hatte Jens Pauli sich immer wieder umgesehen, ob ihnen auch niemand folgte. Aber das war an so einem Tag nicht festzustellen.

Die Menschenmenge konnte man in drei Gruppen einteilen. Eine Gruppe stand da und unterhielt sich, eine andere kam ihnen entgegen und eine dritte ging in die gleiche Richtung wie sie. Aber mit dem Rücken zur Häuserwand draußen auf Tinganes fühlte er sich einigermaßen sicher. Trotzdem hatte er nicht vergessen, dass Dieter Müller I in den Bauch gestochen worden war.

Dieter Müller II schien sich zu entspannen. Er holte die Kognakflasche, die sie mitgenommen hatten, aus der Tasche und reichte sie Jens Pauli. Dieser nahm einen Schluck und gab sie zurück. Die Flasche war noch halb voll, enthielt also noch genug für angenehmen Zeitvertreib.

Während die Sonne schien und die Möwen schrien, lief der Kognak die Kehle hinunter und verstärkte die Selbstsicherheit der beiden. Besonders was den einen betraf.

»Sollten wir nicht versuchen, den Mörder zu schnappen?«, fragte Jens Pauli, nachdem er sich zum dritten Mal bedient hatte. Dieter Müller kaute auf seinem Zigarrenstummel, schaute in den Himmel und schaute den Färinger an:

»Das ist eine Idee«, sagte er schließlich. »Aber dann müssen wir uns beeilen, denn ich habe nur noch ungefähr sechzehn Stunden Zeit, bevor ich weiterfahre.«

»Es ist ja nicht gesagt, dass wir es schaffen, aber warum sollen wir es nicht versuchen?«, fuhr Jens Pauli fort. Er war sich klar darüber, dass der Kognak seinen Teil an diesem Vorschlag hatte.

»Ja, warum nicht?«, bestätigte der grauhaarige Deutsche. »*Cui bono?* Heißt es nicht immer so in den Kriminalromanen? Das bedeutet: Wem nützt es?«

»Genau! Wem nützt es, wenn die Fischfabriken nicht wieder geöffnet werden?«

»Genau, und dann ist da noch diese Verbindung zur Landesregierung, denn sonst wäre es wohl sehr schwierig, von dort ein Fax abzuschicken. Und von irgendwoher muss er auch seine Informationen haben. Dass ich plane, mein Geld in färöische Fischfabriken zu investieren, stand nicht in den Zeitungen.«

Einen Moment lang waren beide in Gedanken versunken, aber irgendwie kamen keine brauchbaren Ideen dabei heraus. Jens Pauli konnte sich schwer vorstellen, wer in diesem Land etwas dagegen haben könnte, dass die Fischfabriken wieder geöffnet wurden, noch dazu, wenn die Rohwaren dafür nicht aus den färöischen Ressourcen stammten. Nicht einmal die Vorsitzende der Gewerkschaften konnte so unmöglich sein, wenn sie auch sonst der streitsüchtigste Mensch war, den man sich denken konnte.

Die Kognakflasche stand zu Dieter Müllers Füßen und jetzt beugte er sich nach ihr hinunter. Genau in der Sekunde klirrte es hinter ihnen und eines der Fenster des färöischen Nachrichtendiensts ging in Scherben. Im gleichen Moment hörten sie den Schuss.

8

Als er den Schuss hörte, warf Jens Pauli sich flach auf den Boden. Dieter Müller hatte auch sofort reagiert und hockte in einer kleinen Kuhle. Er hielt den Revolver in beiden Händen und zielte auf die andere Seite des Hafens. Der nächste Schuss traf den Fels dicht neben dem Deutschen und jetzt sah Jens Pauli, von wo aus geschossen wurde.

Ein grünes Fischerboot lag an der Mole gegenüber und hinter dem Steuerhaus lag ein Mann in einem Rettungsboot und zielte mit einem Gewehr. Der dritte Schuss strich über Jens Paulis Kopf und traf die Bank, auf der sie gerade noch gesessen hatten. Jetzt mischte Dieter Müller sich ein. Er schoss in kurzem Abstand alle sechs Kugeln auf das Fischerboot ab.

Der Revolver reichte zwar nicht über das Wasser, aber auf diese Art machte er zumindest darauf aufmerksam, dass sie gar nicht daran dachten, sich ohne Widerstand zu ergeben. Die Schüsse hallten im ganzen Hafengelände wider und auch wenn der Olavstag nicht gerade eine stille Feier war, so war doch davon auszugehen, dass die Leute etwas merken würden.

Zu dem gleichen Schluss war auch der Schütze an Bord des Fischerboots gekommen. Er ließ einen letzten Schuss auf sie los – er traf irgendwo Richtung Skinnarasker – dann warf er das Gewehr über Bord. Er verschwand hinter dem Rettungsboot und obwohl Jens Pauli versuchte, die Mole im Auge zu behalten, konnte er niemanden entdecken, der ihr Mann sein konnte. Das war auch nicht gerade einfach. Die Schiffe lagen dicht beieinander und auf dem kleinen Stück Mole, das er einsehen konnte, liefen viele Menschen.

Dieter Müller lud seinen Revolver und schob ihn wieder ins Halfter. Dann lächelte er:

»Richtig spannend, was?«

Jens Pauli war nicht so sicher, dass er dem zustimmen konnte. Mochte ja sein, dass es spannend war, aber dann doch auf eine sehr unangenehme Art.

»Hast du gesehen, wer der Schlingel war?«

Der Deutsche glaubte wohl, dass so wenige Menschen auf den Färöern lebten, dass sich alle kannten.

»Nein, und auch nicht, wie er aussah. Ich glaube, er hatte einen Anzug an, aber das haben heute ja viele.«

Während sie weitergingen, zuerst zur Kongabrúgvin und dann weiter zum Fischerboot, überlegten sie, wie man wohl herausfinden könnte, wer der Attentäter war. Dieter Müller fragte, ob denn nicht alle Schusswaffen auf den Färöern registriert seien?

Doch, das konnte Jens Pauli nur bestätigen, aber es war üblich, sein Gewehr im Ausland zu kaufen – vor allem in Grönland – sodass eine ganze Menge »schwarze« Gewehre in

Umlauf waren. Andererseits waren Rifles selten, weil man sie auf den Färöern nicht für viel gebrauchen konnte, aber es würde schwer sein, sie zu finden. Der Schlamm auf dem Meeresgrund war oft mehr als einen Meter dick, sodass ein Taucher fast im Dunkeln tappen würde.

Draußen auf der Mole fragten sie Vorübergehende, ob sie den Mann gesehen hätten, der vom Fischerboot aus geschossen hätte. Einige hatten zwar Schüsse gehört, aber nicht weiter darüber nachgedacht: »Olavsfest, ihr wisst ja . . .«

Es war keiner von der Besatzung an Bord, den sie hätten fragen können und obwohl sie suchten, konnten sie keine Patronenhülsen finden.

»Wir brauchen einen Taucher oder einen Froschmann«, sagte Dieter Müller. »Kennst du einen?«

Ja, natürlich kannte Jens Pauli einen. Er hatte in seinen jungen Tagen selbst manchmal getaucht, aber einen nüchternen Taucher am Olavstag zu finden . . .

»Scheiß drauf, ob er nüchtern ist. Hauptsache er taucht. Und er soll das auch nicht umsonst machen. Weißt du was?« Dieter Müller hatte eine Idee. »Wenn du zwei Taucher besorgst, dann werde ich dafür sorgen, dass jeder einen Karton Kognak kriegt. Und sie können die Flaschen behalten, ob sie nun die Rifle finden oder nicht.«

Um sieben Uhr befanden sie sich immer noch an Bord des Fischerbootes und warteten darauf, dass die Taucher die Rifle finden würden. Dieter Müller war kurz an Bord des Kreuzfahrtschiffs »Oleg Popov« gewesen und war mit drei Kartons Renault Noir Cognac zurückgekommen. Den Froschmännern lief das Wasser schon aus den Mundwinkeln, als sie die Kartons sahen, aber der Deutsche sagte, sie würden sie erst kriegen, wenn sie mindestens eine Stunde gesucht hatten. Die Stunde war schon fast zu Ende, als ein schwarzer Kopf mit etwas in den Händen zum Vorschein kam. Und kurz danach standen Dieter Müller und Jens Pauli mit der Rifle da, während die beiden Taucher jeder mit einem Karton Kognak an

Land gingen. Den dritten Karton hatte Dieter Jens Pauli versprochen, der seitdem krampfhaft überlegte, wie er ihn nach Hause befördern konnte, ohne dass die Schwiegereltern ihn entdeckten. In seinem Büro konnte er ihn nicht aufbewahren, da brauchte nur ein Abgeordneter des Landesparlaments vorbeizuschauen, schon wäre er weg. Nein, er musste sich etwas ausdenken. Aber jetzt im Augenblick ging es erst einmal um die Rifle.

»Das ist eine Lee-Enfield No. 4«, sagte Dieter. Er wischte den Schlamm mit einem Taschentuch von dem Gewehr. »Ich habe mich schon immer für Waffen interessiert, und diese hier ist die berühmteste Rifle überhaupt. Sie stammt aus dem Zweiten Weltkrieg und war das übliche Gewehr der Engländer.«

»Naja, die Färöer waren im Krieg ja von den Engländern besetzt«, warf Jens Pauli ein.

»Ich weiß«, nickte der Deutsche lächelnd. »Aber woher stammt dieses Exemplar?«

»Ich denke, wir sollten zum Polizeirevier gehen und dort nachfragen. Wir müssen denen ja auch noch von dem Mordversuch berichten.«

Auf dem Polizeirevier erfuhren sie, dass in der gleichen Nacht eine Lee-Enfield Rifle aus dem Gebäude des Färöischen Landesmuseum in Hoyvík bei Tórshavn gestohlen worden war. Sie hatte gestern noch an der Wand gehangen, und als man heute öffnete, war sie weg. Das Mysteriöse dabei war, dass nicht eingebrochen worden war. Kein Alarm war ausgelöst worden, also musste es jemand gewesen sein, der die Schlüssel hatte und sich dort auskannte.

Die Seriennummer auf der Rifle, die sie im Wasser gefunden hatten, stimmte mit der auf der Rifle überein, die in Hoyvík verschwunden war.

Jens Pauli fragte, wer denn einen Schlüssel zum Museum habe. Der Beamte erzählte ihm, dass es nur wenige Schlüssel gäbe. Das Färöische Landesmuseum war erst vor Kurzem in dieses Gebäude umgezogen, deshalb hatten sie noch keine Zeit gehabt, allen möglichen Leuten Schlüssel zu geben. Es existierten nur acht Schlüssel, aber drei der Besitzer befanden sich im Ausland. Blieben noch vier Männer und eine Frau.

Das waren der Oberste Denkmalschützer, der Ministerpräsident, der Parlamentsvorsitzende, der Direktor der Royal Faroe Islands Export und der färöische Direktor der einzigen Bank des Landes. Sie alle waren Mitglieder im Vorstand des Museums.

»Sehr interessant«, murmelte Dieter Müller. »Also muss es einer von den Fünfen sein, der versucht hat mich umzubringen.«

9

Der Leiter des färöischen Nachrichtendienstes, Jens Pauli Joensen und der deutsche Geschäftsmann Dieter Müller saßen in einem Restaurant und blickten auf den Eystrara Vág und das Hafengelände. In weiter Ferne leuchtete der Leuchtturm auf Skansin in der Abendsonne.

Zum Glück war keiner der Kriminalbeamten auf dem Polizeirevier gewesen, so waren sie mit heiler Haut davongekommen, als sie ihre Nachrichten abgeliefert hatten. Jetzt saßen sie jeder vor einem Steak und in den Gläsern leuchtete der Rotwein.

Jens Pauli hatte eine Liste mit den Namen der fünf Verdächtigen aufgestellt. Es war fast sicher, dass einer von ihnen der Mörder war. Sie waren die einzigen, die einen Schlüssel zum Museum hatten und damit die Möglichkeit, die Rifle zu stehlen.

Ganz oben auf der Liste stand der Landesdenkmalschützer, der *landsfornminnisfrøðingurin*. Dieter Müller hatte über den Titel gelacht und gesagt, dass er sich in seiner Länge mit den meisten deutschen Titeln messen könnte. Schnell hatten sie den Landesdenkmalschützer eingeklammert. Er hatte nichts mit der Fischerei zu tun und hatte auch nicht so recht Gelegenheit gehabt, etwas von dem Angebot des deutschen Geschäftsmannes zu erfahren.

Der nächste war der Ministerpräsident. Aber er war ja der erste Mann des Landes, der die Verhandlungen mit Dieter Müller geführt hatte, und für ihn wäre es ein Leichtes gewesen, dafür zu sorgen, dass diese ergebnislos geblieben wären. Der Ministerpräsident hatte also keinen Grund, Gewalt anzuwenden und wurde deshalb auch in Klammern gesetzt.

Der Dritte, der Schlüssel zum Museum hatte, war der Vorsitzende des Parlaments. Dieser Posten war neu und die Frau, die ihn bekommen hatte, hatte vorher mit Fisch zu tun gehabt. In erster Linie jedoch auf der gesundheitspolitischen Ebene. Sie konnten sich nicht vorstellen, dass sie etwas dagegen haben könnte, dass die Fischfabriken wieder geöffnet wurden. Dieter fragte, ob es denn nicht ein Mann gewesen sei, der vom Fischerboot aus geschossen hatte. Dem stimmte Jens Pauli zu, aber was ihn ganz sicher die Vorsitzende des Parlaments in Klammern setzen ließ, war der Mord an dem ersten Dieter Müller. Er war ja auf einer Herrentoilette ermordet worden, und wenn eine Frau dort hineingegangen und ihm ein Messer in den Bauch gestoßen hätte, dann wäre das schon aufgefallen.

Jetzt waren nur noch zwei auf der Liste übrig, der Fischexporteur und der Bankdirektor. Beide waren in den Fischhandel auf allen Ebenen verwickelt und ihre Interessen waren alles andere als durchschaubar. Es konnte kein Zweifel darüber herrschen, dass beide gute Möglichkeiten gehabt hatten, etwas von den bevorstehenden Verhandlungen mit dem deutschen Geschäftsmann zu erfahren und beide waren so oft im Parlamentsgebäude, dass sie problemlos ein Fax aus dem Büro des Ministerpräsidenten schicken konnten.

»Warum fragen wir ihn nicht einfach selbst?«, fragte Dieter Müller.

»Ja, warum eigentlich nicht?« Jens Pauli stand auf und ging ins Foyer, wo ein Münztelefon hing. Als er kurz darauf wieder bei seinem neuen Freund war, erzählte er ihm die Neuigkeiten. Die Bank war bei der Besprechung der Sache dabei gewesen, aber nicht ihr färöischer Direktor. Es war der dänische Direktor, der sich darum kümmerte.

»Und der hat keinen Schlüssel zum Färöischen Museum«, kam es von Dieter Müller.

»Genau. Der dänische Direktor hat vermutlich dem färöischen Direktor von den Verhandlungen erzählt, aber laut Ministerpräsidenten hatten sie die färöische Hälfte des Direktorenpaares seit mehreren Monaten nicht mehr auf Tinganes gesehen.«

»Dann müssen wir uns also den Direktor der Royal Faroe Islands Export schnappen«, sagte Dieter Müller und nahm noch einen Schluck Rotwein.

»Daran kann kein Zweifel mehr herrschen«, sagte Jens Pauli. »Der Ministerpräsident hat gesagt, dass er die letzten Monate schon fast zum festen Inventar im Parlamentsgebäude gehörte. Er hat außerdem seinen Posten gekündigt mit der Begründung, er würde nicht genügend Unterstützung durch die Regierung bekommen. Am ersten September geht er nach Senegal, wo er eine Eisfabrik leiten soll.«

»Du meinst, die Patience geht auf?« Der deutsche Geschäftsmann sah äußerst zufrieden aus.

»Das tut sie.« Jens Pauli trank ein wenig Rotwein und fühlte sich wie ein richtiger Geheimdienstagent. »Der Direktor von Royal Faroe Islands Export hat seine Arbeit hinsichtlich der Fischfabriken nicht hingekriegt. Und dann kommst du einfach hereinspaziert und bietest an, alle Probleme zu lösen. Da macht sich die Eifersucht breit. Er will sich nicht damit abfinden, dass ein deutscher Geschäftsmann Erfolg hat, wo er selbst gescheitert ist. Zuerst versucht er es mit einem

Brief, dann mit dem Fax aus dem Amtsbüro und schließlich bringt er den falschen Deutschen um und versucht uns zu erschießen.«

Jens Pauli schwieg und sah zufrieden seinen Freund an.

»Und was machen wir jetzt?«, fragte dieser.

»Ich rufe im Polizeirevier an und bitte sie, den Direktor festzunehmen.«

»Ich habe einen anderen Vorschlag«, sagte Dieter Müller und gab dem Kellner ein Zeichen, mit der Rechnung zu kommen.

Die Unterkiefer der Kriminalbeamten fielen synchron herunter, als Jens Pauli Joensen und Dieter Müller mit dem Direktor der Royal Faroe Islands Export zwischen sich ins Polizeirevier traten. Sie mussten ihn fast tragen, da er nicht richtig wieder zu sich gekommen war, nachdem ihm der Deutsche mit dem Revolver an die Schläfe geschlagen hatte. Er hatte an der Wange eingetrocknetes Blut und sein Jackett war voll mit Blutflecken.

»Was um alles in der Welt macht ihr zwei da?«, fragte einer der beiden Beamten, als er seine Sprache wieder gefunden hatte.

»Seid ihr euch klar darüber, wen ihr da überfallen habt?«

»Wir bringen den Mörder«, sagte Jens Pauli. »Und das ist der gleiche Mann, der heute Nachmittag auf uns geschossen hat. Wir haben ihn im Büro *Yviri við Strond* gefunden, wo er dabei war, Papiere zu verbrennen. Der Herd glühte von den Mengen an Papieren, die er hineinstopfte. Es war ganz offensichtlich, dass er alles vernichten wollte, was zu vernichten war.«

»Warum habt ihr ihn niedergeschlagen?« Die Kriminalbeamten waren offensichtlich immer noch nicht überzeugt.

»Er hat Widerstand geleistet und wollte nicht mit zur Polizei«, sagte Dieter Müller. »Deshalb habe ich ihm hiermit eins verpasst.« Er zog seinen Revolver aus dem Halfter und zeigte ihn. »Ich mag es nicht, wenn die Leute auf mich schießen.«

»Habt ihr Beweise dafür, dass der Exportdirektor den anderen Dieter Müller auf der Toilette in der Mylnugøta umgebracht hat?«

»Sie können ja die Fingerabdrücke auf dem Messer mit denen des Herrn Direktor vergleichen«, sagte Jens Pauli. »Und das gleiche mit der Rifle machen. Ich kann mir nicht vorstellen, dass er Handschuhe benutzt hat. Er war fast verrückt vor Eifersucht und gekränktem Stolz, für ihn ging es nur darum, die Person auszumerzen, die seiner Meinung nach Schuld an seinem Unglück war. Dass es Dieter Müller war, ist eher als Zufall anzusehen. Hätte sich ein anderer Akteur gemeldet, wäre er auf den losgegangen.«

Jens Pauli und Dieter Müller überließen den Direktor von Royal Faroe Islands Export den Kriminalbeamten und sagten, sie wollten jetzt das Olavsfest feiern.

Es war ein Monat vergangen, seit Dieter Müller seine Reise fortgesetzt hatte und der Exportdirektor saß hinter Schloss und Riegel. Seine Fingerabdrücke waren auf dem Messer gewesen, und auch auf der Rifle hatten sie einen Daumenabdruck gefunden. Außerdem konnte die Aufsicht auf der Toilette sich daran erinnern, ihn ungefähr zu dem Zeitpunkt gesehen zu haben, als der erste Dieter Müller ermordet worden war. Und es war sogar noch ein Zeuge gefunden worden, der ihn vom Fischerboot an Land hatte springen sehen. Das Pech des ehemaligen Fischexporteurs war es, dass jeder sein Gesicht aus den Zeitungen und dem Fernsehen kannte.

Jens Pauli saß im Büro draußen auf Tinganes und ließ es sich gut gehen. Der Ministerpräsident hatte ihm als Dank für gut verrichtete Arbeit einen alten Tresor besorgt. In dem standen die restlichen zehn Flaschen Kognak. Und in Zukunft würde Dieter Müller gewiss ein häufiger Gast auf den Färöern sein. Er hatte dem Ministerpräsidenten ausrichten lassen, dass er jedes Mal Jens Pauli als Leibwächter haben wollte.

Außerdem hatte er Jens Pauli und Hansina zu einem Besuch nach Hamburg im Herbst eingeladen.

Jens Pauli Joensen war mit sich selbst zufrieden. Es war doch gar nicht so schlecht, der Leiter der *Intelligentia Færoensia* zu sein.

Kraftsport

Leena Lehtolainen

»Hilfe, ein Mann! Hier können Sie nicht rein!«

Der Umkleideraum im Fitness-Club von Finoo war voll halb nackter Frauen, die sich gegenseitig im Weg standen und über die Babywippen und Tragetaschen stolperten, mit denen der Fußboden übersät war. Der hereinstürmende dunkelhaarige Mann im korrekten schwarzen Mantel wurde mit kollektivem Kreischen empfangen, das ihn veranlasste, kehrtzumachen und im Gang zu verschwinden.

»Der hat sich wohl in der Tür geirrt«, sagte ich zu der Frau neben mir, die sich gerade ihr Trikot überzog.

»Sah ziemlich lecker aus, der hätte ruhig reinkommen können«, grinste sie. Die Frauen, die sich hier zur Rückbildungsgymnastik trafen, waren nicht von der schamhaften Sorte. »Er kam mir übrigens irgendwie bekannt vor . . .« Die Frau erstarrte in ihrer Bewegung, als ihr aufging, wen sie da gerade gesehen hatte. »Das war doch Kalle Vaarala! Was macht der denn hier?«

Vor ein paar Jahren war Kalle Vaarala im finnischen Fußball fast so groß wie Jari Litmanen. Es waren gerade Verhandlungen mit Inter Mailand im Gange, als er mit dem Auto verunglückte. Dabei wurde seine linke Achillessehne derart in Mitleidenschaft gezogen, dass er den Profifußball an den Nagel hängen musste. Noch im Krankenhaus hatte Vaarala beschlossen, Schlagersänger zu werden. Er brachte die besten Voraussetzungen mit: Eine tiefe dunkle Stimme, mindestens ebenso tiefe dunkle Augen und ein verwegenes, schönes Gesicht. Zu Weihnachten war sein erstes Album auf den Markt gekommen und hatte sich so gut verkauft, dass es ihm gleich eine goldene Schallplatte einbrachte. Man prophezeite ihm eine noch größere Karriere als Hallikainen und Sillanpää, denn als ehemaliger Fußballstar sprach er auch männliche Schlagerfans an. Liveauftritte hatte Vaarala sich bisher noch nicht zugetraut, man konnte ihn nur im Fernsehen bewundern.

»Sogar ein Kalle Vaarala muss wohl was dafür tun, dass sein Body knackig bleibt«, feixte ich. Dann nahm ich meine sechsmonatige Tochter Iida mitsamt ihrer Decke auf den Arm und ging in die Turnhalle. Die Gymnastik war für mich der Höhepunkt der Woche. Ich heiße Maria Kallio und bin von Beruf Polizistin. Bis zu Iidas Geburt war ich bei der Abteilung Gewaltverbrechen der Kripo Espoo. Zuerst empfand ich es als Erleichterung, dass ich eine Weile nichts mehr mit Mord und Körperverletzung zu tun hatte, aber nach gut einem halben Jahr Mutterschaftsurlaub sehnte ich mich schon wieder nach den Frotzeleien der Kollegen und nach dem Arbeitsplatz, wo keiner mich als Ehefrau oder Mutter beanspruchte.

In der Rückbildungsgymnastik konnte ich meinen Bewegungsdrang mit der Mutterrolle verbinden. Die Babys, im Alter zwischen ein paar Wochen und neun Monaten, krabbelten auf dem Boden herum, und niemand regte sich darüber auf, wenn mal eins quengelte oder gestillt werden musste. Mit ihren sechs Monaten hatte Iida das passende Gewicht fürs Stemmen und für mein Bauchmuskeltraining. Die Männer, die im Fitnessraum neben der Turnhalle trainierten, waren eine kleine Augenweide nebenbei.

Ich legte Iida auf den Hallenboden und holte ihre Rassel und ein Stück Zwieback aus dem Rucksack. Beim Aufwärmen am Anfang fühlten sich die Kinder wohl, die vielen Frauen, die in bunten Trikots herumhüpften, waren Abwechslung genug. Unruhig wurden sie erst, wenn die langsamere Musik anfing und die Mütter sich hinlegten, um die Beckenmuskulatur zu trainieren.

Allmählich füllte sich der Saal. Ilse erzählte mir kichernd, sie hätte einen Blick in den Fitnessraum geworfen, wo Kalle Vaarala gerade in die Pedale trat, leider in einer lockeren Collegehose. »Der Kerl ist ganz schön von sich eingenommen, der hört sich seine eigene Platte an«, lachte Ilse. »Der andere Typ, der da trainiert, würde sich wahrscheinlich am liebsten die Ohren zustopfen.«

Ilse war die Einzige in der Gruppe, deren Namen ich kannte; bei der Gymnastik herrschte eine erfreuliche Anonymität. Meinen Beruf wollte ich sowieso nicht verraten, weil ich damit meistens auf Ablehnung stieß. Statt weiter zu erzählen, wie sie ihre Fernseher in Geheimschränken versteckten, um die Gebührenjäger auszutricksen, und wie sie mit hundertsechzig über die Autobahn brausten, starrten mich alle nur noch verlegen an. Auch Ilse wusste von mir nur, wie ich heiße und dass ich in Henttaa wohne; mehr hatte sie auch gar nicht gefragt, obwohl wir nach der Gymnastik ein paar Mal zusammen Kaffee getrunken hatten. Ihr Sohn Taisto war drei Monate alt und hatte verblüffend dichtes schwarzes Haar. Ilse selbst war honigblond und kurvenreich, außerdem mit Sinn für schrägen Humor und einer scharfen Beobachtungsgabe gesegnet. Sie war Alleinerziehende, aus freiem Willen. Sie erzählte mir, sie hätte sich als Vater für Taisto einen Mann ausgesucht, der möglichst gute Gene besaß, aber nicht an der Verantwortung für seinen Sprössling interessiert war. Der Mann hatte zwar seine Vaterschaft anerkannt, aber Ilse und er hatten vertraglich vereinbart, dass er sich von ihr und Taisto fern halten würde und sie auf alle Ansprüche ihm gegenüber verzichtete. Ich hatte erstaunt zugehört, ohne sagen zu können, was ich von dieser Lösung hielt. Für mich war das Kinderkriegen eine so große Herausforderung, dass ich mir nicht vorstellen konnte, ohne Antti, meinen Mann, damit klarzukommen.

Nina, unsere Trainerin, schaltete den Recorder ein. Wir hüpften zur Musik von Don Huonot, die mich sofort in Stimmung brachte. Ohne Ninas zugleich spielerische und anfeuernde Haltung hätte mir die Gymnastik nicht halb so viel Spaß gemacht. Mit boshaftem Witz sprach sie von »Übungen gegen den Hängebauch« und gab uns gute Tipps zum Dehnen unserer vom Stillen und Herumtragen des Babys verspannten Schultern. Endlich kam der Teil der Aufwärmgymnastik, den ich am liebsten mochte: Boxen zur Musik von Alannis Morissette. Es war zwar nur Schattenboxen ohne Handschuhe, aber das Eindreschen auf einen imaginären Gegner hatte eine befreiende Wirkung. Vor ein paar Wochen hatte Iida ausgerechnet an dieser Stelle angefangen zu weinen. Während ich sie beruhigte, hatte ich die verzerrten Gesicht der boxenden Mütter beobachtet und gesehen, dass sie einen Hass ausströmten, den sie sich wahrscheinlich nicht einmal selbst einzugestehen wagten. Wenn sie merkten, dass das, was da tief in ihnen verborgen war, sichtbar wurde, erschraken sie.

Für mich war Gewalt ein Teil meiner Arbeit, daher hatte ich keine Angst vor meiner eigenen Aggressivität. Der Sport half mir, Dampf abzulassen. Bodybuilding war für mich das beste Mittel gewesen, abends Abstand vor allem zu gewinnen, was im Job passiert war, und im Mutterschaftsurlaub hätte ich Iidas Schreianfälle sicher nicht so gelassen ertragen, wenn ich nicht gelegentlich zum Joggen abgehauen wäre. Ich hatte sogar schon mit dem Gedanken gespielt, mir einen Punchingball anzuschaffen. Vielleicht könnte ich ihn mir von Antti zum Geburtstag wünschen.

Bis zum Gesäßmuskeltraining verlief die Stunde ganz normal. Ab und zu legte eine von uns eine Pause ein, um ihr Kind zu beruhigen oder zu stillen, oder rannte aufs Klo, um ihm die Windel zu wechseln. Iida war ganz zufrieden mit sich selbst beschäftigt. Als ich nachschaute, was sie trieb, sah ich, dass sie ein Handgelenkgewicht entdeckt hatte, dessen Klettverschluss sie eingehend studierte.

Als wir gerade auf allen Vieren auf dem Boden hockten

und das angewinkelte Bein abwechselnd nach hinten und zur Seite bewegten, wurde Abbas *The Winner Takes It All* plötzlich von einer tiefen, aber verängstigten Männerstimme unterbrochen: »Im Fitnessraum ist ein Unfall passiert! Wir brauchen 'nen Arzt!« Der Mann, der in der Tür stand, wog bestimmt nur halb soviel wie die meisten Männer seiner Größe, die im Fitness-Club trainierten. Sein langes, glattes Haar war im Nacken zusammengebunden, am Oberkörper flatterte ein zerrissenes T-Shirt.

»Ich hab ein Handy.« Nina stand auf und wollte schon ins Trainerzimmer laufen, da fiel ihr noch etwas ein: »Ist eine von euch vielleicht Ärztin?«

Wir hatten keine Ärztin in der Gruppe, aber ich stand auf, schnappte mir Iida und lief hinüber in den Fitnessraum. Schließlich werden Polizisten gründlich in erster Hilfe ausgebildet.

Auf den ersten Blick schien der Fitnessraum still und verlassen zu sein. Es war halb elf am Vormittag, nicht unbedingt Hochbetriebszeit, aber dass überhaupt niemand da war, überraschte mich doch. Als ich mich genauer umschaute, fielen mir die Männerbeine auf, die von der Hantelbank herabhingen. Ich machte einen Satz vorwärts und entdeckte Kalle Vaarala, der von einer Scheibenstange quer über dem Hals auf die Bank gequetscht wurde. Das Gesicht des Ex-Fußballers war dunkelrot angelaufen, die Zunge hing ihm aus dem Mund.

»Hol sofort Verstärkung, wir müssen die Stange wegkriegen!«, schrie ich, legte Iida auf den Boden und tastete nach Vaaralas Puls. Warum hatte der verdammte Schmalhans nicht gesagt, dass jemand unter der Hantelstange eingeklemmt war? Ich spürte einen schwachen Puls, aber da die Stange auf die Luftröhre geknallt war, konnte es gut sein, dass Vaaralas Luftwege lebensgefährliche Verletzungen abbekommen hatten. Vergebens versuchte ich, die Hantelstange zu heben. Ich bin zwar ziemlich stark für meine Größe, aber an der Stange hingen mindestens 100 Kilo. Ich hatte gerade angefangen, die Platten abzunehmen, als Nina und der dünne Mann zurückkamen, dicht gefolgt von Ilse.

»Der Krankenwagen ist unterwegs«, sagte Nina und stolperte fast über Iida, die auf das Hantelgestell zukrabbelte. Ein Fitnessraum ist nicht gerade ideal für ein sechsmonatiges, neugieriges Baby. Ilse hob die Kleine hoch und nahm sie zu ihrem Taisto auf den Arm.

»Halt die anderen draußen, das ist kein schöner Anblick«, ächzte ich, während ich mit Nina und dem Dünnen die Stange anhob. Dabei warf ich einen Blick auf die Hantelablage. Hatte Vaarala seine Kräfte überschätzt? Sein Hals war auf der Höhe des Adamsapfels nichts als blutige Masse, aber ich wagte keinen Versuch, die Blutung zu stoppen, aus Angst, dabei den Kehlkopf und die Schilddrüse noch mehr zu beschädigen. Auf der Nebenbank lag ein achtlos hingeworfenes hellblaues Handtuch, das ich vorsichtig über die Wunde legte.

»Wie ist das denn passiert?«, fragte ich den Schmalhans. Seine Hände zitterten vom Anheben der Stange und vielleicht auch vom Schock. »Er hatte ziemlich viel aufgelegt, hat er Sie gebeten, ihm Hilfestellung zu leisten?«

»Nein, er hat sich wohl gedacht, so eine Bohnenstange wäre dafür sowieso nicht zu brauchen. Ich hab erst gar nicht gemerkt, was passiert war, bis mir auffiel, dass es merkwürdig still geworden war. Komisch, an der Ablage ist ein Bügel abgebrochen. Sieht aus wie Metallermüdung.«

»Das kann nicht sein!«, rief Nina. Sie war Mitbesitzerin des Fitness-Clubs und achtete sehr auf die Sicherheit der Geräte.

»So war's auch nicht«, sagte ich knapp und nahm ihr das Handy ab. Man brauchte nicht bei der Kripo zu sein, um zu erkennen, dass an dem Bügel manipuliert worden war, vermutlich mit einer Eisensäge. Das abgetrennte Metallstück lag auf dem Boden, ich schob es mit der Schuhspitze an die Wand. Die glatte Bruchstelle war unverkennbar. Am besten rief ich gleich bei der Polizei an. Der Diensthabende, der mich natürlich kannte, wollte wissen, wie es mir denn so ginge, aber ich bat ihn, mich zu Kriminalhauptmeister Pekka Koivu durchzustellen, der nicht nur mein Kollege, sondern auch ein guter Kumpel war. Ich hatte Glück: Koivu saß in seinem Zimmer, war mit Papierkram beschäftigt und sofort bereit, vorbeizukommen.

Während ich telefonierte, tauchten immer mehr Frauen an der Tür auf, obwohl Ilse versuchte, sie zurückzuhalten. Eine schluchzte verstört, was ein halbes Dutzend Babys dazu brachte, unisonso loszuschreien. Ich ertappte mich bei dem Gedanken, ob Iida sich wohl später an Vaaralas aufgedunsenes Gesicht und den blutigen Hals erinnern würde, nahm sie auf den Arm und barg ihr Gesichtchen an meiner Brust. Ihr Flaumhaar duftete nach Apfelshampoo und Milch, es war beruhigend, daran zu schnuppern.

»Ich bin Kriminalhauptwachtmeister«, sagte ich zu Nina, »oder eigentlich Kommissarin, aber erst nach der Babypause. Ich nehme an, die Polizei wird mindestens die Adresse von allen notieren wollen. Am besten brichst du die Gymnastik für heute ab.«

Der langsam trocknende Schweiß ließ mich zittern. Am liebsten hätte ich mich sofort unter die warme Dusche gestellt, aber ich wollte den Raum nicht verlassen, bevor die Sanitäter da waren.

Nina scheuchte die Frauen mit ihren Babys in die Umkleidekabinen, aber Ilse blieb, setzte sich, Taisto im Arm, auf die Beinpresse und starrte den blutenden Vaarala an. Ihre normalerweise rosigen Wangen waren weiß wie Dickmilch, und ihre Stimme klang merkwürdig dünn, als sie fragte: »Ist Kalles Verletzung lebensgefährlich?«

»Weiß ich nicht.« Ich beugte mich gerade über Vaarala, um noch mal seinen Puls zu fühlen, als die Sanitäter angerannt kamen. Wie schnell und sicher sie hantierten, hatte ich schon oft genug gesehen; ich half mit, indem ich Hantelbänke und

Ablagen beiseite schob, um Platz für Trage und Transfusionsgerät zu schaffen. Da von Koivu und Puupponen noch nichts zu sehen war, fragte ich Nina: »War Kalle Vaarala Stammkunde bei euch?«

Nina nickte. Sie erzählte, dass Vaarala in Friisilä wohnte, nur ein paar Kilometer weg, und meistens an den Vormittagen unter der Woche kam, weil dann weniger Betrieb war. Heute früh war es ungewöhnlich ruhig gewesen, gerade jetzt allerdings schienen die Gänge vor dem Fitnessraum vor trainingswilligen Männern fast zu platzen.

»Haben Sie Kalle Vaarala gekannt . . . Wie heißen Sie übrigens?«, wandte ich mich an den Dünnen, der seine von Gänsehaut überzogenen Arme um sich geschlungen hatte.

»Timo Koistinen. Klar wusste ich, wer er ist. Der alte Fußballer. Aber ich hab nie mir ihm geredet.« Selbstironisch verzog Koistinen das Gesicht. Die Tätowierung auf seiner knochigen Schulter – Kreuz, Anker und Herz – schrumpfte zusammen, als der kaum ausgebildete Schultermuskel zuckte.

»Was ist übrigens aus seiner Kassette geworden?«, fragte ich. Ilse hatte ja erzählt, dass Vaarala beim Training seine eigenen Schlager abspielte, aber als ich kam, hatte ich keine Musik gehört.

»Die war abgelaufen«, sagte Koistinen zögernd. »Ich kann jetzt wohl gehen . . .«

»Sie sollten besser auf die Polizei warten, immerhin sind Sie der einzige Augenzeuge«, meinte ich mit aller Autorität, die ich aufbringen konnte.

»Ich hab nichts gesehen, ich war am Zugturm, mit dem Rücken zu ihm. Ich weiß nicht, wie lange er unter der Stange gelegen hat.

»Wird er sterben?«, fragte Koistinen den Notarzt, der Kalle Vaarala eine Sauerstoffmaske über den schön geschwungenen Mund legte.

»Er wird's wohl überleben. Allerdings ist die Schädigung der Stimmorgane wahrscheinlich irreparabel«, antwortete der Arzt, während die Sanitäter Vaarala vorsichtig auf die Trage hoben.

Ilse hockte immer noch auf der Beinpresse und hielt Taisto im Arm, dem langsam die Augen zufielen. Als Vaarala hinausgetragen wurde, sagte sie vorwurfsvoll: »Du hast mir nie erzählt, dass du Polizistin bist!«

»Du hast mich ja nie gefragt! Kannst du Iida mal nehmen, ich geh eben duschen.« Kaum hatte ich es ausgesprochen, als Koivu und Puupponen anmarschierten.

»He Maria, du bist im Mutterschaftsurlaub! Da solltest du keine Leichen untersuchen«, rief Puupponen schon von weitem. Er war berüchtigt für seine schlechten Witze.

»Eigentlich wollte ich bloß ein bisschen Gymnastik treiben«, seufzte ich. Koivu klopfte mir zur Begrüßung auf die Schulter, während Puupponen sich damit begnügte, Iida unter dem Kinn zu kitzeln.

»Was ist hier überhaupt passiert? Wir haben gerade gesehen, wie das Opfer in den Krankenwagen verfrachtet wurde, mit zertrümmertem Hals, hieß es«, sagte Koivu.

Ich führte die beiden zu der defekten Hantelablage. »Hundertzwanzig Kilo Eisen direkt auf ihn drauf. Offensichtlich hat der Bügel nachgegeben, als Vaarala die Stange ablegen wollte.«

»Verrückt! Wer hebt denn so ein Gewicht ohne Hilfestellung!«, ächzte Puupponen und bückte sich, um die blutbeschmierte Scheibenstange zu begutachten. Koivu konzentrierte sich auf die Halterung. Er streifte Latexhandschuhe über und hob das abgebrochene Stück des Bügels auf.

»Wann wurden die Geräte zuletzt überprüft?«, wollte ich von Nina wissen.

»Heute früh vor dem Öffnen, das ist bei uns feste Routine.«

»Und du hast an dieser Ablage nichts Auffälliges bemerkt?« Ich wusste, dass ich es eigentlich meinen Kollegen überlassen musste, Fragen zu stellen, aber wie üblich konnte ich mich nicht bremsen.

»Nein, aber so genau hab ich mir sie nun auch nicht angesehen.« Nina fuhr sich durch das kurz geschnittene braune
Haar. Als ich sie fragte, ob es im Fitness-Club eine Eisensäge
gäbe, starrte sie mich wütend an, erklärte dann aber, im Auf-
enthaltsraum der Angestellten wäre eine.

»Dann zeigen Sie mir die mal«, kommandierte Puupponen.
Koivu versuchte inzwischen, mit meiner Hilfe den normalen
Tagesablauf im Fitness-Club zu rekonstruieren.

»Die öffnen also um zehn . . . Und euer Mütterturnen fängt
auch um die Zeit an?«

Nina schloß immer um viertel vor zehn auf, damit wir
Punkt zehn anfangen konnten. Die Tür zum Fitnessraum war
offen gewesen, als ich kam. Ich hatte schon öfter überlegt, wie
Nina es vormittags, wenn sie allein hier arbeitete, mit dem
Kassieren hielt. Ein paar Mal war sie während der Gymnas-
tikstunde kurz an die Kasse gelaufen, aber offenbar waren die
meisten Vormittagsbesucher Stammkunden mit Jahreskarte
oder Serienticket. In der Turnhalle stand ein kleiner Monitor,
auf den die Aufnahmen der Überwachungskamera an der
Kasse übertragen wurden und auf den Nina ab und zu einen
Blick warf. Besonders überzeugend wirkten die Sicherheits-
vorkehrungen nicht. Es schien mir durchaus möglich, dass
sich jemand in den Fitnessraum einschleichen und den Bügel
ansägen konnte, erst recht, wenn er sich dort auskannte. Außerdem hatte jede Frau aus unserer Gruppe Gelegenheit gehabt, den Raum zu betreten, bevor die Gymnastik anfing.
Auch während der Stunde lief immer wieder mal eine nach
draußen, niemand achtete darauf. Koistinen sagte, er sei einmal auf der Toilette gewesen und einmal im Umkleideraum,
um etwas zu trinken, also konnte auch er nicht mit Sicherheit
sagen, ob jemand in den Fitnessraum gekommen war.

Puupponen kam mit Nina zurück. Er trug einen Plastik-
beutel mit der Eisensäge, die von der Technik untersucht
werden sollte. Falls sich dabei herausstellte, dass die Hantelablage vermutlich gerade mit dieser Säge beschädigt worden

war, würde sich der Kreis der Verdächtigen auf diejenigen verkleinern, die Zutritt zu den Personalräumen hatten.

Die Frauen hatten sich umgezogen und kamen in die Turnhalle zurück. Koivu und Puupponen nahmen die Personalien auf und führten eine erste Befragung durch. Ilse nahm mir Iida solange ab, dass ich duschen konnte – Koivu, Iidas Patenonkel, war ja anderweitig beschäftigt. Ilse war merkwürdig still, rieb sich den Nacken und sah Taisto an, als hätte sie Angst, man wolle ihr das Kind wegnehmen. Unter der heißen Dusche versuchte ich, meine Oberschenkel zu dehnen. Ninas Oberschenkeltraining war diesmal so hart gewesen, dass ich ohne Stretching bestimmt Muskelkater bekommen würde.

»So, Kallio, dann mal ab mit dir ins Präsidium«, sagte Koivu, als ich zurückkam, und packte mich am Arm. Puupponen hielt Iida und versuchte, sein Entzücken nicht zu zeigen. Ich dagegen war alles andere als entzückt über die Verhaftungsfrotzelei. Natürlich hatte ich nicht vergessen, wie der Polizistenalltag aussieht, ich wusste, dass man selbst über die brutalsten Verbrechen verzweifelt Witze reißt, um bei all der Gewalt ringsum nicht das seelische Gleichgewicht zu verlieren. Und diesmal handelte es sich ja nur um versuchten Mord, offensichtlich würde Kalle Vaarala den Anschlag überleben. Trotzdem fand ich den Humor der beiden nicht lustig, sondern eher peinlich.

»Ich hab doch Mutterschaftsurlaub«, wandte ich ein.

»Ja, aber du bist Zeugin«, sagte Puupponen und schnitt eine lustige Grimasse für Iida, die ihn dafür auf die sommersprossige Nase patschte. »Du hast gesehen, wie Vaarala unter der Stange lag.«

»Okay, aber Iida muss mit. Mit etwas Glück schläft sie im Auto ein und gibt ein paar Stunden Ruhe«, sagte ich und bemühte mich, meinen knurrenden Magen zu ignorieren. Natürlich wollte ich ihnen helfen herauszufinden, wer Kalle Vaarala nach dem Leben trachtete.

Koivu holte Vaaralas Sachen aus dem Umkleideraum. Da fiel mir die Kassette wieder ein. Von Puupponen, der sich mittlerweile aufs Prusten verlegt hatte, lieh ich mir Latexhandschuhe und nahm die Kassette aus dem Recorder. Auf dem Etikett stand nur »Mit dir«, der Titel von Vaaralas erstem Album. Eine Hülle fand ich nicht.

Auf dem Weg ins Präsidium schlief Iida auf meinem Schoß ein und wurde auch nicht wach, als ich sie im Zimmer von Koivu und Puupponen in ihre Tragetasche legte. Im Prinzip hätten die beiden mich vernehmen müssen wie jede andere Zeugin, doch sie holten sich als erstes das Zivilstands- und das Vorstrafenregister auf den Bildschirm, um Vaarala und alle anderen zu überprüfen, die sich im Fitness-Club aufgehalten hatten.

»Vielleicht solltet ihr euch auch Vaaralas Unfall noch mal vornehmen. Er ist bei Glatteis frontal gegen das Betongeländer einer Brücke geprallt, sein Beifahrer kam dabei ums Leben. Das wäre immerhin ein klares Motiv, Rache«, sagte ich leicht gelangweilt. Zu gern hätte ich mir die Register selbst angesehen und nach den Geheimnissen meiner Gymnastikschwestern gesucht.

»Erno Lummelampi. Vaaralas Mannschaftskamerad. Im Zusammenhang mit dem Unfall gab es keine Verurteilungen. Schneeregen bei Temperaturen um den Gefrierpunkt, Vaarala musste einem Schulbus ausweichen, der ins Schleudern gekommen war. Die Bremsen blockierten, der Wagen war nicht mehr zu steuern. Vaarala hat getan, was er konnte, und vermutlich sogar ein größeres Unglück verhindert. Der Busfahrer hatte null Komma acht Promille, Vaarala war völlig nüchtern. Er hat nichts getan, was ihm irgendwer vorwerfen könnte«, meinte Koivu.

»Die Logik von Trauernden ist für Außenstehende meistens unbegreiflich. Hat Vaarala Angehörige?«

»Die Eltern wohnen bei Turku, in Tarvasjoki, die Schwester ist in Kuhmoinen verheiratet. Vaarala lebt allein, aber seine

Eltern wissen vielleicht, ob er eine Freundin hat. Kennt ihr jemanden bei der Polizei in Tarvasjoki?«

Wir kamen nicht dazu, ihm zu antworten, denn gerade in dem Moment rief Puupponen, der an seinem Computer herumhantierte: »Bingo! Da haben wir eine eindeutige Verbindung zu Vaarala. Kommt her, seht es euch an!«

Bei dem Lärm schreckte Iida, die in der Zimmerecke geschlafen hatte, auf und fing an zu weinen, beruhigte sich aber, als ich ihr die Bäckchen streichelte. Als ich endlich vor Puupponens Monitor stand, sprangen mir die Buchstaben geradezu ins Gesicht.

Hakanen, Ilse Elina, 280569–122F. Ledig, Kind: Hakanen, Taisto Kalle Henrik, 110797–129A.

»Ich hab bei Taisto Kalle Henrik nachgesehen, und da war's. Seht mal!«

Hakanen, Taisto Kalle Henrik, 110797–129A, Vater: Vaarala, Kalle Johannes, 121070–1993.

»Verdammt«, fuhr es mir heraus. »Ilse!«

»Holen wir das Fräulein Hakanen aufs Präsidium?«, fragte Puupponen mit breitem Grinsen. Als ob es eine besondere Genieleistung wäre, per Computer belastende Fakten zu entdecken.

»Wir statten ihr einen kleinen Besuch ab. Komm doch mit, Maria«, schlug Koivu vor.

»Das möchte ich eigentlich nicht, ich hab mich ein bisschen mit ihr angefreundet.«

»Was soll das denn für eine Freundschaft sein, du hast ihr ja nicht mal deinen Beruf verraten«, gab Koivu zurück. Ich seufzte, nahm Iida und meine Tasche und schloss mich den beiden an. Im Auto erzählte ich ihnen, was ich über Ilses Arrangement mit Kalle Vaarala wusste. Insgeheim hoffte ich, dass Ilse nicht zu Hause wäre. Aber die Tür des kleinen Reihenhauses an der Finnoostraße wurde beim ersten Klingeln geöffnet und vor uns stand Ilse in schwarzem T-Shirt und Leggings mit Leopardenmuster. Ihrem Gesichtsausdruck nach wusste sie, warum wir gekommen waren. Sie bat uns herein. Taisto schlief im Kinderwagen auf dem Hof, Ilse hatte gerade gebügelt. Sauber gefaltet lagen Strampelhosen und kleine Hemdchen auf dem Sofa. Ilse räumte sie beiseite, sodass Koivu und Puupponen sich setzen konnten. Iida war aufgewacht und quäkte hungrig. Ich ließ mich in einen Sessel fallen und gab ihr die Brust. Meine Kollegen guckten geflissentlich weg.

»Kalle Vaarala ist der Vater Ihres Sohnes Taisto«, sagte Koivu ohne Umschweife. »Das hätten Sie uns besser sofort gesagt, damit kein unnötiger Verdacht aufkommt.«

»Fräulein Hakanen, besitzen Sie eine Eisensäge?«, fragte Puupponen.

»Ich weiß nicht mal, wie so was aussieht. Ich hab dir doch gesagt, dass ich mit Taistos Vater nichts zu tun haben will!«, zischte Ilse, die blauen Augen in meine gebohrt.

»Du hattest also keine Ahnung, dass Kalle heute früh im Fitness-Club sein würde?« Iida nuckelte gleichmäßig an meiner Brust, ihr zufriedenes Schnaufen wirkte beruhigend. Obwohl ich Ilse nicht besonders gut kannte, hatte ich sie von Anfang an gemocht.

»Ich hab schon damit gerechnet, dass er auftauchen würde, er hat uns ja dauernd nachgestellt. Alles ging wunderbar, bis ich vor zwei Monaten mit Taisto in der Stadt spazieren ging und Kalle über den Weg lief. Er machte ein ganz merkwürdiges Gesicht und fragte, ob das sein Kind wäre. Dann nahm er Taisto aus dem Wagen und wollte ihn gar nicht mehr loslassen. Seitdem werde ich Kalle einfach nicht mehr los.« Wieder schüttelte Ilse ihre blonde Lockenmähne und versuchte zu lächeln.

»Kalle sagte, er hätte sich die Sache mit dem Sorgerecht anders überlegt, nachdem er Taisto gesehen hatte. Ich weiß nicht, was mit ihm los ist, aber glücklich ist er jedenfalls nicht. Auch mit dem Singen scheint es nicht so recht zu klappen. Als ich ihn kennen gelernt hab, in einer Kneipe, tat er mir irgendwie Leid. Er redete wild drauflos und trauerte seiner Profikarriere nach. Er hatte sein ganzes Leben auf seinen Körper aufgebaut, und als der nicht mehr voll funktionierte, schien von Kalle nichts mehr übrig zu bleiben.«

»Hattet ihr eine längere Beziehung?«

»Wir waren eine Weile zusammen, aber es ging nicht. Kalle war so mit sich selbst und seinen Problemen beschäftigt, und ich hatte keine Lust mehr, ihn immer nur zu bemuttern. Bei einem Kind ist das was anderes, aber wer will schon dauernd einen erwachsenen Mann behüten? Das Singen war allerdings meine Idee, obwohl ich gar nicht musikalisch bin. Ich fand, Kalle hat eine schöne Stimme.«

Koivus Handy klingelte, er las die Nummer ab und beeilte sich, zu antworten. »Alles klar. Gut. Morgen früh? Hervorragend.« Koivu gelang es immer nur kurz, die Wortflut zu unterbrechen.

Ich legte Iida auf der anderen Seite an und dachte über Ilses Bericht nach. Sie war gleich nach Nina angekommen, und es konnte nicht viel mehr als eine Minute gedauert haben, den Bügel anzusägen. Aber warum hätte sie Kalle Vaarala umbringen sollen? Einen Streit ums Sorgerecht konnte man ja wohl mit anderen Mitteln beilegen.

»Vaarala wird durchkommen, aber ob seine Stimmbänder zu heilen sind, kann niemand garantieren«, sagte Koivu, als er das Gespräch beendet hatte. »Wir schauen morgen bei ihm vorbei, schreiben kann er ja. Was sagen Sie dazu, Ilse? Vaarala wird uns die Wahrheit sagen können.«

»Schert euch zum Teufel! Den Vater meines eigenen Kindes würde ich ja wohl nicht umbringen! Ihr solltet lieber Nina verhören. Erno Lummelampi war ihr Freund!«

»Der bei dem Unfall gestorben ist, als Vaarala verletzt wurde?«, rief ich, und Iida ließ meine Brust los, als wäre sie beleidigt.

»Genau der.« Zum ersten Mal während unseres Gesprächs setzte sich Ilse hin, und ich war sicher, dass sie am liebsten vor Erleichterung geweint hätte. »Vielleicht wollte sich Nina rächen und an den Busfahrer kam sie nicht ran.«

Puupponen blickte enttäuscht von einem zum andern und setzte gerade zum Sprechen an, als Ilse weiterredete:

»Sagt Kalle, dass ich mit Taisto ins Krankenhaus komme, sobald er Besuch bekommen darf. Und gebt ihm das hier.« Sie hielt mir eine Kassette hin, »Kalles Demo« stand darauf.

Ich stand auf, ließ Iida ihr Bäuerchen machen und drängte meine Kollegen zum Aufbruch. Während Koivu Ninas Adresse heraussuchte, schob ich Vaaralas Demokassette in den Recorder. Das erste Stück auf dem Band war der alte Beatles-Hit *Yesterday*, den ich auch schon mal gespielt hatte. Vaarala hatte eine schöne, tiefe Stimme, aber er sang etwas unsauber. Sobald die Melodie nach oben ging, kam er nicht mehr ganz mit.

»Gegenüber dem Demo hat er aber ziemliche Fortschritte gemacht«, meinte Koivu. »Fahren wir noch mal zum Fitness-Club?«

»Habt ihr die Kassette dabei, die wir von da mitgenommen haben? *Yesterday* ist auch auf dem Album, ich hab's mal im Radio gehört. Wollen wir doch mal vergleichen!«

Auf der Plattenaufnahme klang der Bass makellos und noch tiefer. Im Studio konnte man Vieles verbessern und sicher hatte Vaarala auch einen guten Gesangslehrer gehabt. Aber trotzdem . . . Meine Kollegen sahen verwundert zu, wie ich mich auf der Rückbank zu den Lautsprechern hindrehte und mal die Plattenaufnahme, mal das Demoband anhörte.

»Wie hieß der magere Typ im Fitnessraum noch mal?«, fragte ich plötzlich, als mir die weiche, tiefe Stimme des zierlichen Mannes in den Sinn kam.

»Timo Koistinen«, antwortete Koivu. »Der wohnt auch ganz in der Nähe, in Eestinkallio.«

»Vielleicht sollten wir mal bei ihm vorbeifahren. Ich habe nämlich das Gefühl, dass Herr Koistinen ein sehr talentierter Sänger ist. Wollen wir mal sehen, was er uns vorsingt.«

Auch diesmal hatten wir Glück, die Tür zu Koistinens Wohnung im dritten Stock wurde genauso prompt geöffnet wie Ilses Haustür. Nur herrschte drinnen kein solches Idyll wie bei ihr, sondern ein ziemliches Chaos. Der Fußboden des Einzimmerappartements war mit Papierschnipseln, einem Haufen demolierter Kassetten und ein paar zerbrochenen CDs bedeckt. Koistinen stand mit kläglichem Gesicht mitten in dem Durcheinander. Auch er ahnte, weshalb wir so bald bei ihm auftauchten. Es war vollkommen klar, dass wir es nicht mit einem abgebrühten Berufsverbrecher zu tun hatten.

»Ja, das ist meine Stimme auf Kalles Album«, gab er praktisch sofort zu und versuchte ungelenk, den Kassettenstapel mit dem Fuß beiseite zu schieben. »Ich hab Kalle schon als Kind gekannt, später haben wir in der gleichen Band gespielt. Ich hab gesungen, er war der Schlagzeuger. Schon damals wollte man ihn in den Vordergrund stellen, weil er am besten aussah, aber er traf die Noten nicht ganz, obwohl er eine gute Stimme hatte.«

Timo Koistinen ließ sich auf einen Stuhl fallen. Iida, die nicht mehr auf meinem Arm bleiben wollte, saß auf dem Boden zwischen den Kassetten und setzte Koistinens Zerstörungswerk fort. Puupponen holte irgendwas aus der Tasche, ich kümmerte mich nicht darum, ob es der Notizblock oder die Handschellen waren, sondern hörte mir weiter an, was Koistinen erzählte.

»Ich hatte ein Demo an Annika Mattila geschickt, die Tussi, die auch Kalle managt. Annika wusste, dass sich Kalles Platten gut verkaufen würden, weil er bekannt ist und gut aussieht, aber beim Singen hatte er noch viel zu lernen. Wir haben ganz ähnliche Stimmen, und so kam Annika auf die Idee, dass ich auf Kalles erstem Album singen sollte. Die Fernsehauftritte würden mit Playback erledigt und bis zum Sommer hätte Kalle dann gelernt, halbwegs ordentlich zu singen. Meine Baufirma hatte gerade Konkurs gemacht, dabei hatte ich mein Haus und meine Frau verloren. Das Einzige, was mir übrig geblieben ist, sind ein paar Millionen Schulden. Natürlich hab ich mitgemacht, sie wollten mich ja dafür bezahlen.«

Der Rest war leicht zu raten. Das Geld kam und kam nicht, und Vaarala erklärte rundheraus, Koistinen könne ja gar nicht beweisen, dass er ihm seine Stimme geliehen hätte.

»Aber Angst hatte er doch vor mir. Heute Morgen wurde er ganz grün im Gesicht, als er mich im Fitnessraum sah, er war so durcheinander, dass er in den Umkleideraum der Weiber rannte. Ich hab erst gar nicht begriffen, warum er eine Eisensäge in der Sporttasche hatte.«

»Sie haben Schwein gehabt«, sagte Puupponen trocken.

»Stimmt. Ich hab gemerkt, dass Kalle den Bügel an der Hantelablage angesägt hatte, und als er zu seinem Recorder ging, um ihn abzustellen, hab ich ihm einen kleinen Streich gespielt und die Ablagen ausgetauscht. Der hat vielleicht ein Gesicht gemacht, als er begriff, dass er in seine eigene Falle gelaufen war. Aber ich hab's dann doch nicht fertig gebracht, ihn ersticken zu lassen. Das kommt sicher daher, dass ich noch nie was von Kraftsport verstanden hab.«

Die Kellerwohnung

Kjartan Grasland

Was denn, schon wieder neue Vorhänge in der Kellerwohnung gegenüber? fragte der Mann halblaut und strich sich Butter auf eine ausgetrocknete Scheibe Brot.

Seine Frau war vor mehr als einem Jahr gestorben, und seit er allein an dem Zweipersonentisch in der kleinen Küche saß und aus dem Fenster auf den Block gegenüber starrte, hatte er genügend Zeit, die Veränderungen hinter den Fenstern zu registrieren.

Zuerst hatte sich das Ehepaar in der zweiten Etage rechts getrennt. Von seinem Sitzplatz an der linken Tischseite, den er gewohnheitshalber beibehalten hatte, konnte er überhaupt nur den rechten Flügel des Hauses einsehen, doch es war ihm ganz recht so. In den Wohnungen links vom Eingang hausten sowieso überwiegend Studenten und Ausländerfamilien. Die Zustände in diesen Elendsunterkünften wollte er nicht schon beim Frühstück mitansehen müssen.

Er trank einen Schluck Kaffee. Immer noch kochte er ihn zu stark und zu bitter. Er legte ein Stück Zucker auf die Zunge und schlürfte einen zweiten Schluck durch die Zähne.

Die Frau rechts war mit den Kindern ausgezogen, der Mann hatte mit Saufen angefangen. Vielleicht hatte er auch schon vorher getrunken und das war der Grund für die Trennung gewesen? Der Mann zuckte die Schultern. Er hatte keine Ahnung. Solange seine letzte Frau noch lebte, hatte er sich nicht für die Vorgänge im nächsten Block interessiert. Sie hatte ihm mit genügend Klatsch in den Ohren gelegen. Jedenfalls war der Kerl da drüben mittlerweile ziemlich auf den Hund gekommen. Nachts brannte bei ihm oft bis in die Morgenstunden das Licht, und vor Mittag sah man ihn kaum jemals aus der Haustür wanken.

Jeder konnte mal einen Durchhänger haben, wer kannte das nicht, dachte der Mann. Aber man musste sich auch wieder an den eigenen Haaren aus dem Sumpf ziehen können. Der Kerl da drüben taugte eben nichts. Die Musiksendung im Radio wurde von Werbung unterbrochen. Der Mann schaltete das Gerät ab.

Schon bald nach seiner eigenen war dann die alte Frau im Erdgeschoss gestorben. Die Erben hatten die Wohnung aufgelöst und allen Hausrat an Ort und Stelle verscherbelt. Er erinnerte sich an den kalten Freitag im Spätherbst, als sich schon frühmorgens, als er das erste Mal auf dem Weg zur Toilette am Fenster vorbeischlurfte, ein Haufen Leute vor der Haustür versammelt hatte. Dichte Atemwolken waren in den frostigen Frühhimmel gestiegen. Wenig später, als er gerade die Kaffeemaschine füllte, hatten sich plötzlich alle auf einmal in den Hauseingang gedrängt, und er hatte von seinem Platz in der Küche gesehen, wie sie durch die Zimmer der alten Frau wogten. Am Ende hatte sogar noch jemand Verwendung für ihre hässlich geblümten Vorhänge gefunden, und durch die nackten Scheiben hatte der Mann in die kahl geräumte Wohnung sehen können. Noch immer glotzte sie aus leeren Fensterhöhlen zu ihm herüber.

Er strich Marmelade aufs Brot. Eigentlich schmeckte sie zu süß. Aber seine Frau hatte diese Sorte am liebsten gegessen, und nach ihrem Tod hatte er mehrere Gläser davon im Vorratsschrank gefunden, die er nicht einfach wegwerfen mochte. Also strich er die Marmelade dünn auf, um die klebrige Süße durch den Geschmack des Brotteigs aufzuwiegen, und sah nach, ob der Schichtarbeiter im dritten Stock gegenüber schon aufgestanden war. Nein, das schwarze Rollo, mit dem er nach den Nachtschichten das Tageslicht fern hielt, war noch herabgezogen. Aber seine beiden Kinder waren schon munter und schrieben nebenan mit Fingerfarbe, Leberwurst und Ketchup auf die Scheibe ihres Zimmerfensters.

Der Mann hob den Finger und winkte drohend hinüber. Die Kinder sahen es zuerst nicht; dann entdeckten sie ihn und fingen an, ihm lange Nasen zu drehen und die Zunge herauszustrecken.

Rotzgören! Er schaute weg und goss sich Kaffee nach. Zwischen ihm und den Kindern hate sich eine regelrechte Privatfehde aufgebaut. Sie ärgerten ihn, wann immer sie konnten. Sollte er sich wieder bei den Eltern beschweren? Nein, dem Vater war die Ruhe nach der langen Schicht zu gönnen. Er erinnerte sich jetzt daran, wie er noch selbst jeden Tag ins Werk gefahren und erst spät abends erschlagen zurückgekommen war. Heute hatten sie einen Tunnel unter dem Fjord hindurchgegraben und die Anfahrt um drei Viertel der Strecke verkürzt. Seinen eigenen Kindern hatte ihn die ewige Abwesenheit damals ziemlich entfremdet. Eigentlich waren sie nie wieder richtig warm miteinander geworden. Nicht einmal als er nach der Scheidung von seiner ersten Frau mit ihnen allein blieb. Er hatte sich bemüht, so bald wie möglich eine neue Mutter für sie zu finden, aber Elín hatte sich ja dann im letzten Augenblick aus der Affäre ziehen wollen . . . Er schnitt die Erinnerung an sie ab. Erst Jahre später hatte er seine zweite Frau kennen gelernt.

Er stand auf und ging ins Bad.

Als er frisch rasiert, wie jeden Morgen, zurückkam, um den Frühstückstisch abzuräumen, waren die Vorhänge der Kellerwohnung gegenüber noch immer zugezogen.

Da wird wieder so ein allein stehendes Frauenzimmer mit Kind eingezogen sein, das bis in die Puppen schläft, brummelte er vor sich hin, während er die Kaffeetasse abwusch.

Genau wie die letzten auch. Das Frühstücksmesser rumpelte ins Spülbecken.

Abends juckte es sie so, dass sie nicht allein ins Bett gehen konnten, und bei der ersten sich bietenden Gelegenheit zogen sie wieder aus. Die Alteingesessenen in diesem Viertel verbrachten dagegen meist ihr ganzes Leben in ihren Wohnungen. So wie die alte Frau aus dem Erdgeschoss gegenüber. Hier lebte früher noch kein unruhiges Volk. Auch deshalb waren sie hierher gezogen, als er sich mit seiner zweiten Frau zusammentat. Mehr als zwanzig Jahre war das her.

Er trocknete den Teller ab und stellte ihn in den Schrank.

Aber dann hatte es irgendwann mit diesen jungen Dingern begonnen, die ihren Männern den Laufpass gaben, sobald einmal etwas nicht nach ihren Vorstellungen ging. Er kannte das. Sie zogen in die billige Kellerwohnung neben der Waschküche und hielten es dort mit ihren Bälgern natürlich nicht lange allein aus. Nach zwei, drei Monaten begannen sie, spätabends, wenn die Kinder schliefen, neue Kerle einzuschleppen. Innerhalb eines Jahres zogen die meisten wieder aus; hatten den nächsten Dummen gefunden. Jetzt regte sich etwas hinter den Gardinen drüben.

Schon bald neun. Wird ja auch Zeit, sagte der Mann nach einem raschen Blick auf die Küchenuhr über der Tür.

Ach, sieh mal an. Die Neue hatte gleich beim Einzug einen Mann an der Hand. Das war mal etwas anderes. Oder war es nur der alte, und sie hatten die Trennung noch nicht richtig hingekriegt?

Schlappschwanz, nicht die Finger von der Frau lassen zu können, die einen verlassen hatte!

Hm, zwei Kinder hatten sie. Na ja, sich von den Kindern zu trennen, war oft das Schwerste.

Der Blick des Mannes wanderte unwillkürlich zur Wand über seinem Sitzplatz, wo seine Frau alte Familienfotos aufgehängt hatte. Als sie ihm noch gegenübersaß, hatte er manchmal den Eindruck gehabt, sie habe genau gewusst, dass er ihr meist nur mit einem Ohr zuhörte, und daher mehr zu den Gesichtern auf den Fotos gesprochen als zu ihm. Er schaute wieder zu den neuen Nachbarn hinüber.

Wenn er so an den Kindern hängt, frage ich mich, warum das Weibsstück sich von ihm trennt. Sie soll doch froh sein, dass sie einen guten Vater für die Kinder gefunden hat. Aber heutzutage stellen die Frauen andere Ansprüche. Selbstverwirklichung und wie sie es sonst noch nennen, wenn sie sich aus den Pflichten und der Verantwortung für eine dauerhafte Bindung davonstehlen wollen. Ich wüsste nur gerne, wie die Schlampe diesmal aussieht, dachte der Mann und setzte sich wieder auf seinen Platz am Esstisch, wo ihn die Küchengardine verdeckte.

Er wachte davon auf, dass ihm der Kopf mit einem Ruck nach vorn auf die Brust fiel. Die Zeitung war ihm auf den Schoß gesunken und raschelte, als seine Arme beim Erwachen unwillkürlich zuckten. Er spürte, dass sich auf seiner Brust Schweißperlen gebildet hatten, die nun unter dem karierten Hemd die behaarte Rinne über seinem Brustbein hinabrannen.

Diese Hitze ist ja nicht auszuhalten, ächzte er, faltete die Zeitung zusammen und stemmte sich aus dem Liegestuhl. In der Sonne war es entschieden zu heiß geworden. Das Hemd klebte ihm schweißnass am Rücken, als er durch die Balkontür in das Halbdunkel der Wohnung trat. Sein Altmännerschweiß stieg ihm beißend in die Nase.

Er ging steifbeinig in die angenehm kühle Küche auf der Nordseite und füllte sich ein Glas mit Wasser aus dem Hahn. Während er in tiefen Zügen trank, schweifte sein Blick gewohnheitsmäßig über das Nachbarhaus. Die Schichtarbeiterfamilie war in den Ferien zu Verwandten aufs Land gefahren. Das hatte ihm die Frau an der Kasse des Lebensmittelladens erzählt. Einen richtigen Urlaub in Benidorm oder Mallorca könnten sie sich wohl nicht leisten. Dass Frauen immer tratschen mussten! Bei dem Säufer waren die Vorhänge zugezogen. Sicher ertrug er in seinem verkaterten Zustand die Helligkeit nicht. Das ältere Paar in der ersten Etage tat dasselbe wie immer. Er saß bei geöffneter Balkontür vor dem Fernseher und sah eine Sportübertragung, sie stand in der Küche und backte Kuchen für den erwachsenen Sohn, der vor Jahren ausgezogen war und mit den Enkelkindern doch so gut wie nie zu Besuch kam. Die Tochter sollte irgendwo im Ausland leben. In der leerstehenden Wohnung im Erdgeschoss bleichte die Sonne den fleckigen Teppichboden, und bei den Kellerbewohnern? Auf dem Rasenstück vor dem Haus hatte jemand einen Gartentisch und zwei Klappstühle aufgestellt.

Mittlerweile war er zu der Überzeugung gekommen, dass es in dem neuen Haushalt gegenüber gar keine Frau gab. Der Mann dort drüben stand mit seinen beiden Kindern genauso allein, wie er selbst es eine Zeit lang getan hatte. Seitdem er das herausgefunden hatte, fand er, der andere gliche ihm sogar in seinem Äußeren ein wenig; jedenfalls hatte er das gleiche sandblonde Haar und die etwas untersetzte, kräftige Gestalt wie er sie in seinen jüngeren Jahren einmal besessen hatte.

Wenn er morgens aufstand, saß der andere Vater gewöhnlich mit den Kindern bei einem hastigen Frühstück und stürmte dann aus dem Haus. Die vielleicht elf- oder zwölfjährige Tochter schmierte die Schulbrote für sich und ihren jüngeren Bruder und sorgte dafür, dass sich der Junge vernünftig anzog, ehe auch die Kinder die Wohnung verließen. Wenn sie nachmittags aus der Schule nach Hause kamen, stellte sich das Mädchen häufig in die Küche und bereitete das Essen, so dass der Vater sich an den gedeckten Tisch setzen konnte, sobald er von der Arbeit kam. Sonst hielt um die Zeit des Abendessens öfter ein Wagen vom Pizza-Service vor der Haustür. Spätabends, nachdem die Kinder im rückwärtigen Zimmer schlafen gegangen waren, saß der Mann oft allein am Küchentisch, rauchte und starrte Löcher in die Luft.

Jetzt öffnete sich die Kellertür und der allein erziehende Vater trat mit einem vollgepackten Tablett in den Händen heraus. Er trug eine buntbedruckte Wachstuchschürze über einem hellblauen Polohemd und khakifarbenen Shorts. Er stellte das Tablett ab und hastete wieder die Treppe hinab ins Haus. Gleich darauf tauchte er hinter seinem Küchenfenster auf und stellte sich an den Herd. An seinen raschen Handbewegungen unterhalb der halbhohen Küchengardine war zu erkennen, dass er Pfannkuchen backte. Endlich tat er einmal etwas für seine Kinder, knurrte der Mann befriedigt und wusch das leere Glas aus.

Über den Rasen schlenderte gerade eine hoch gewachsene, junge Frau heran, die der Mann noch nie gesehen hatte. Sie trug ein luftiges, tiefrotes Sommerkleid und hielt einen kleinen Geschenkkarton mit einer bunten Schleife und einigen Luftlöchern in der Hand.

In der Kellerwohnung wurde ein Seitenfenster aufgerissen, der kleine Junge zwängte sich daraus hervor und rannte auf die Frau zu, die ihm zur Begrüßung über den Igelkopf strich. In der Küche warf der Vater einen Blick aus dem Fenster und band sich hastig die Schürze ab.

Er begrüßte die Frau in der offen stehenden Kellertür mit Handschlag und einem angedeuteten Kopfnicken und forderte sie mit einer einladenden Armbewegung auf, an dem kleinen Gartentisch Platz zu nehmen. Er deckte Kaffeetassen, Teller und Gabeln vom Tablett auf den Tisch, faltete ein paar bunter Servietten zurecht und hob dann plötzlich schnuppernd den Kopf und schaute entsetzt zum Küchenfenster. Mit einer hilflosen, entschuldigenden Geste stürzte er durch den Kellereingang ins Haus, während die Frau lachend ihre wilden blonden Korkenzieherlocken zurückwarf.

Stattliches Weib, murmelte der Mann hinter der Küchengardine. Ein Jammer für den Kerl, dass sie sich von ihm getrennt hatte.

Mit einer großen Servierplatte erschien er wieder am Fuß

der Kellertreppe, marschierte vor dem Gartentisch auf und bot der Frau mit einer Hand auf dem Rücken und einer Verbeugung von den zusammengerollten Pfannkuchen an.

Jetzt schmier ihr noch Sahne ums Maul und zuckere sie ein, knurrte der Mann hinter der Gardine verdrießlich.

Der Mann unten rief etwas zum Küchenfenster hin, und kurz darauf erschien seine Tochter mit einer Kaffeekanne im Kelleraufgang. Sie stampfte mit gesenktem Kopf zum Tisch und stellte die Kanne unsanft darauf ab. Auf eine Frage ihres Vaters schüttelte sie stumm den Kopf, wandte sich um und ging über die Wiese davon.

Seltsame Wiedersehensfreude. Oder . . .?

Die Frau winkte den Jungen heran, der mit einem Ball auf dem Rasen herumbolzte. Sie überreichte ihm die Schachtel mit der bunten Schleife, und der Junge hob sie an und spähte durch die Luftlöcher ins Innere. Dann ließ er sie vorsichtig sinken und trug sie behutsam mit beiden Händen ins Haus.

Die weiß auch, womit man Mäuse fängt, kommentierte der Mann. Aber mit dem Mädchen wird sie's schwerer haben. Das hat die Rivalin gleich gewittert.

Unten auf dem Rasen entspann sich offenbar eine Plauderei. Der Junge kletterte durch das Seitenfenster ein und aus und versorgte sich mit Pfannkuchen, und schließlich rollte der Vater einen Standfuß herbei und spannte einen Sonnenschirm auf, um den Besuch vor einem Sonnenbrand zu bewahren.

Mist!

Der Mann öffnete sein Fenster einen Spalt weit und hörte von unten ein helles, ausgelassenes Lachen heraufklingen, wie Glasplättchen an einem Windspiel. Von der Frau, die ihre Sandalen ausgezogen hatte, waren nur noch die ausgestreckten, langen Beine unter dem Kleiderstoff zu sehen. Sie hob sie an und stellte angewinkelt beide Füße auf ihre Stuhlkante. Einen Moment lang sah der Mann von seinem Fenster aus ihre hellen Schenkel und das Weiß ihres Slips. Dann schob sie das rote Kleid darüber, umfasste die Beine mit beiden Armen und stützte das Kinn auf die Knie. Nun sah er wieder ihren blonden Lockenschopf und die leichte Röte auf ihrem gebräunten Gesicht.

Allmählich rückte der Hausschatten über die Wiese vor.

Der Mann unten stand auf, klappte den Sonnenschirm zu und ging ins Haus. Die Frau stellte die nackten Füßen ins Gras, verschränkte die Hände hinter dem Kopf und lehnte sich in ihrem Stuhl zurück. Der Mann oben am Küchenfenster bog den Kopf vorsichtshalber ganz hinter die Gardine; doch ihr Blick wanderte gedankenverloren über die Fassade, an seinem Fenster vorüber hinauf in den klaren Himmel, dessen leuchtendes Blau aus ihren Augen zwei blanke Seespiegel machte.

Gefolgt von seinem Vater kam der Junge aus dem Hauseingang. Unter dem Arm trug er ein zusammengerolltes Badetuch. Er winkte der Frau zum Abschied und hüpfte dann über die Wiese davon.

Der Mann stellte sich vor die Frau und streckte ihr eine Hand hin. Nach kurzem Zögern griff sie zu. Er zog sie zu sich empor. Sie war mindestens ebenso groß wie er. Sie schauten sich in die Augen, dann verschwanden sie Hand in Hand durch den Kellereingang ins Haus.

. . . Und nun die Wettervorhersage für Sonnabend, den 8. August. Achtung Sturmwarnung! Nach dem ruhigen Sommerwetter der vergangenen Wochen sieht sich das Wetteramt veranlasst, ausdrücklich auf das erste herannahende Sturmtief des Herbstes hinzuweisen, das sich im Lauf der kommenden Nacht von Südwesten her dem Land nähern wird. Der Wind wird schon im Lauf der Nacht kräftig auffrischen und in den Vormittagsstunden des morgigen Tages Sturmstärke erreichen. Mit einzelnen Orkanböen muss gerechnet werden. Wir empfehlen dringend, alle losen Geräte aus den Gärten in die Häuser zu holen und die für den vielerorts begonnenen Hausanstrich aufgestellten Gerüste zu sichern.

Der Mann schob die Gardine beiseite und musterte den bedeckten Himmel. Die Berge jenseits des Fjords verwuschen hinter einem Regenschauer in wässrigem Grau. Unter der Wolkendecke im Westen aber hingen zwei kleine UFO-ähnliche Gebilde in dunklerem Grau, deren linsenförmige Umrisse vom Wind dort oben bereits zu messerscharfen Kanten geschliffen worden waren. In den unteren Luftschichten war es hingegen noch ruhig. Na, das geht ja früh los in diesem Jahr, dachte der Mann und schaltete die Morgengymnastik im Radio ab.

Eine kleine Bewegung ließ ihn noch einmal zum Fenster hinaussehen. Auf dem Dach gegenüber war eine Fensterluke geöffnet worden. Der kleine Junge aus der Kellerwohnung hob gerade eine Taube hinaus und setzte sie behutsam aufs Dach. Die Taube war fast ganz weiß, nur ihre Flügeldecken waren schiefergrau. Sie plusterte sich auf und blieb unschlüssig sitzen, als wäre sie noch nie im Freien gewesen. Die kleine Hand des Jungen kam aus dem Lukenspalt und streichelte ihr den Rücken. Die Taube duckte sich. Schließlich stand sie auf und lief mit ruckendem Kopf unschlüssig auf dem ochsenblutrot gestrichenen Wellblechdach hin und her. Sie entfernte sich von der Dachluke, trippelte dann wieder zu ihr hin und kauerte sich in ihren Windschatten. Der Junge sprach zu ihr. Die Taube trippelte zum First hinauf. Einen Moment zeichnete sich ihre Silhouette gegen den bedeckten Himmel ab, dann lief sie wieder hinab, als ob sie sich vor der weiten Aussicht fürchtete. Sie tippelte aber nicht zur geöffneten Dachluke zurück, sondern verlief sich und ließ sich neben dem verschlossenen Dachfenster der Nachbarwohnung nieder. Das Gesicht des Jungen erschien wieder im Spalt der geöffneten Luke. Er lockte die Taube. Seine ausgestreckte Hand trommelte mit den Fingern aufs Blech. Das Tier machte keine Anstalten.

Blödes Vieh, knurrte der Mann, schob den Stuhl zurück und stand auf. Dummer Junge auch, das Biest einfach so laufen zu lassen. Es kannte doch bisher nur seine Pappschachtel und vielleicht einen Verschlag auf dem Dachboden. Das hatte er jetzt davon. Der Mann ging zur Spüle, nahm eine kleine Gießkanne und ließ sie voll Wasser laufen.

Als er mit der Kanne ans Küchenfenster trat, um die einzelne Yuccapalme auf der Fensterbank zu gießen, sah er, dass das kleine Kindergesicht in dem Fensterspalt gegenüber einen flehenden Ausdruck angenommen hatte.

Die kommt nicht zurück. Das brauchst du dir gar nicht einzubilden, Junge. Eher fällt das dumme Stück vom Dach, als dass sie den Weg zu dir zurück findet.

Tatsächlich begann die Taube erneut, in unsicheren Kreisen auf dem Dach umherzulaufen, und näherte sich dabei immer mehr der Traufe. Das Kind streckte beide Arme zur Dachluke heraus und vielleicht rief es etwas; aber durch die Doppelverglasung des geschlossenen Küchenfensters war nichts zu hören.

Die Taube erreichte den Dachrand. Sie stand da, wendete den Kopf hin und her und spähte vorsichtig über die Kante, als ob sie Angst vor der Tiefe hätte.

Und so etwas will ein Vogel sein, sagte der Mann und goss Wasser auf die ausgetrocknete Blumenerde.

Aus den Augenwinkeln sah er plötzlich etwas Dunkles über den First schweben. Er schaute auf und sah gerade noch, wie eine große Mantelmöwe mit ausgebreiteten Schwingen flach über das Dach herabstrich. Die Taube breitete gerade zaghaft ihre Flügel aus, als sie von hinten am Genick gepackt und über die Dachkante gestoßen wurde.

Aus der Luke sahen schreckgeweitete Kinderaugen der großen Möwe nach, wie sie mit ihrer Beute auf den Fjord hinausflog.

Hatte nichts Besseres verdient, das dumme Stück Geflügel. Das war noch zu dumm zum Körnerpicken, sagte der Mann, als wollte er dem Kind damit Trost zusprechen.

Er hörte, wie in der Küche ein Bilderrahmen klappernd gegen die Wand schlug. Er musste vergessen haben, das Kippfenster zu schließen. Unwillig stand er aus seinem Fernsehsessel auf und wollte in die Küche gehen. Im Hinausgehen wandte er sich noch einmal um, weil in seinem Rücken Torjubel aufbrandete. Er schaute sich die Zeitlupenwiederholung des Treffers an und tappte dann durch den dunklen Flur in die Küche. Dabei fiel ihm auf, dass die Nacht seit dem Frühjahr zum ersten Mal wieder richtig finster war; aber er unterließ es, Licht zu machen, weil der von draußen einfallende Schimmer der Straßenlaternen das Fenster deutlich genug abzeichnete.

Er schloss den offen stehenden Spalt und schaute noch einen Augenblick hinaus.

Die schwarzen Wolken über der Stadt wurden an ihrer Unterseite rötlich beleuchtet und schienen dadurch noch tiefer und bedrohlicher über den dunklen Nachthimmel zu ziehen. Die jungen Bäume am Rand der Wiese unterhalb des Fensters bogen sich im stürmisch aufgefrischten Wind und kehrten die helle Unterseite der Blätter nach oben. Die meisten Fenster im Block gegenüber lagen schon im Dunkeln, nur bei dem Säufer im zweiten Stock und in der Kellerwohnung brannte noch Licht.

Der Trinker lag reglos auf seinem Sofa, eine Schnapsflasche, umgeben von ein paar umgestürzten Bierdosen, neben sich auf dem Tisch. Im Wohnzimmer der Kellerwohnung saßen zwei Personen.

In letzter Zeit hast du dich zunehmend rar gemacht, Mädchen, sagte der alte Mann am Fenster oben. Magst du dich am Ende auch nicht in eine Familie mit zwei Kindern hineinziehen lassen? Mittlerweile kann ich's ja verstehen, aber damals hat es mich maßlos aufgebracht. Ich kann mir lebhaft vorstellen, was für ein Gespräch ihr beide da unten jetzt führt. Ich brauche mich eigentlich nur zu erinnern. Aber ich will mich nicht erinnern.

Er schlug mit der geballten Faust auf die Fensterbank. Wenn diese senile Schlaflosigkeit einem nur nicht immer soviel Gelegenheit zum Grübeln bieten würde, dachte er.

Der Mann auf dem Sofa in der Kellerwohnung beugte sich vor und redete anscheinend heftig auf die Frau mit den Korkenzieherlocken ein. Sie hatte sich in ihrem Sessel zurückgelehnt und die Arme unter der Brust verschränkt.

Der Mann wandte den Kopf ab, warf sich in die Rückenlehne des Sofas und starrte zur Decke.

Nach einer langen Pause schien es, als beginne die Frau zu reden. Der Mann verharrte zunächst in seiner Stellung. Dann beugte er sich wieder vor, indem er beide Arme ausbreitete und nach ihrer untergeschlagenen Hand griff. Die Frau ließ sie ihm.

Wieder begann der Mann, auf sie einzureden, führte ihre Hand an seine Lippen und bedeckte sie mit Küssen.

Die Frau schüttelte resigniert den Kopf und entzog ihm die Hand.

Der Mann sprang auf, wandte sich ruckartig ab und marschierte aus dem Sichtfeld. Gleich darauf erschien er wieder und nahm, heftig gestikulierend, eine ruhelose Wanderung im Zimmer auf. Vor und zurück, vor und zurück. Wie ein gereizter Tiger im Käfig, dachte der alte Mann am Fenster.

Vorsicht, Junge! Lass dich zu nichts hinreißen! murmelte er wie zu sich selbst.

Nun wurde auch die Frau in ihrem Sessel energischer. Sie schlug mit der flachen Hand auf die Lehne und schien dem Mann heftig ins Wort zu fallen.

Jetzt, jetzt kommt's drauf an, flüsterte der Alte und krampfte beide Hände um das Fensterbrett. Ruhe bewahren, Junge! Nur die Ruhe bewahren und lass sie in Gottes Namen gehen.

Der Mann unten in der Kellerwohnung stand mit beiden Händen an ein Regal gelehnt und wandte der Frau den Rücken zu. Langsam und wie mechanisch nahm er eine Hand auf, schob sie in das Regal und schloss sie dort um einen Whsikytumbler. Dann wirbelte er plötzlich herum, und das schwere Glas zerplatzte dicht neben dem Kopf der Frau an der Wand. Der alte Mann hinter dem Küchenfenster sah, wie sich ein Scherbenregen über sie ergoss und auf ihren Rock niederging. Das Glas glitzerte auf dem dunklen Stoff in ihrem Schoß wie Diamanten auf dem Samt einer Auslage. Die Frau saß einige Augenblicke wie gelähmt, dann hob sie langsam den Arm und wischte sich nachdenklich über die linke Halsseite, wo ein dünner Blutfaden in die Grube über ihrem Schlüsselbein rann.

Sie drehte die Handfläche nach oben und betrachtete ihre blutigen Fingerspitzen.

Der Mann verharrte nach der blitzartigen Drehbewegung noch vor dem Regal. Als die Frau den Blick von ihrer blutverschmierten Hand hob und ihn ausdruckslos ansah, stürzte er zu ihr hinüber und wollte sich vor ihr auf die Knie werfen. In einer reflexartigen Bewegung kam sie ihm zuvor und sprang auf. Glasscherben sprühten wie glitzernde Funken um sie her. Gleichzeitig hob sie abwehrend die Arme. Der Mann griff nach ihnen und umspannte ihre beiden Handgelenke. Die Frau versuchte, ihn wegzuschieben und sich loszureißen, doch der Mann hielt sie fest, schüttelte sie heftig und schrie auf sie ein. Dann stieß er sie zurück und schleuderte sie in den Sessel. Die Frau krümmte sich, zog die Beine an den Körper und barg den Kopf schützend in den zusammengelegten Armen, während der Mann rasend und wie von Sinnen auf sie einzuschlagen begann.

In diesem Moment fuhr ein Windstoß durch das schmale Seitenfenster ins Zimmer und bauschte die Vorhänge. Der Mann fuhr herum, stürzte zum Fenster, schloss es und zog die schweren, dunkelroten Übergardinen vor.

Zu spät. Jetzt ist wieder alles zu spät, flüsterte der alte Mann am Küchenfenster tonlos.

Er wusste genau, was in der Kellerwohnung geschehen

würde. Noch heute zuckte er zusammen, wenn es an seiner Wohnungstür klingelte, und er dachte jedes Mal, nun würden sie ihn endlich holen.

Bei der Grenze

Odd Klippenvåg

Nachts lausche ich. Ich hörte die Autos über die Hauptstraße sausen. Ich kann nicht schafen. Ich registriere alle Geräusche hier im Haus. Das Knacken der alten Holzwände. Die Mäuse. Solange ich die Wanduhr im Wohnzimmer aufgezogen habe, hat sie alle halbe Stunde geschlagen. Das gefiel mir nicht. Vor allem die großen LKW sind unverwechselbar. Der Straßenlärm ist jetzt im Herbst besonders deutlich, wenn die Blätter von den Bäumen gefallen sind und der Himmel hoch und sternenklar ist. Wenn der Schnee kommt, werden alle Geräusche gedämpft. Eigentlich bin ich ein Stadtmensch.

Tagsüber bemerke ich die Autos nicht so oft. Ich versuche zu arbeiten. Ich hole die Eier ins Haus. Ich säge Holz. Das letzte Schwein ist von selber krepiert. Runter damit in den Abfallkeller. Auf dem Feld gibt es noch Kohl. Aber das Kohlfressen habe ich satt. Und Eier will ich auch nicht mehr dazu. Ich furze wie bescheuert. Zum Glück hört das niemand.

Einmal wurde im Morgengrauen ein Elch überfahren. Der lange Wagenzug landete halbwegs im Straßengraben. Ich saß am Küchentisch und trank Kaffee, als ich die Bremsen hörte. Die Fenster standen auf Kipp. Andreas war nicht zu Hause. Das Radio brachte Klaviermusik. Jetzt verwechsele ich Mozart und Haydn so gut wie nie mehr. Noch immer kann ich auf dem Asphalt die Bremsspuren sehen. Bisher war das jedenfalls so.

Ich war schon eine Weile nicht mehr unten. Seit August nicht mehr. Ich wollte den grünen Briefkasten leeren, der seit ich hier wohne von dem verrotteten Pfosten zu fallen droht.

Ich bin schon seit fast vier Jahren hier. Ich muss immer wieder daran denken. Zuerst habe ich nichts getan. Sondern einfach nur hingesehen. Denn der Elch war nicht tot. Seine langen Beine zuckten. Ein Anhänger stand offen, und mehrere Kartons mit Tiefkühllachs waren herausgefallen. Es sah seltsam aus, der viele Fisch auf der Straße und im verwelkten Gras. Als ich zum Auto hinüberschaute, glaubte ich zu träumen. Aber ich träumte nicht. So ist es immer. Das Meiste ist Wirklichkeit. Der Fahrer hatte sich aus dem Führerhaus retten können. Er hielt seinen Kopf umklammert. Scheiße, Scheiße, klagte er immer wieder.

Als er mich entdeckte, verstummte er. Plötzlich fiel mir alles wieder ein. Ich wollte ihn nicht ansehen. Ich griff zu dem Messer, das Andreas mir zum ersten Weihnachtsfest geschenkt hatte. Ich zog es langsam aus der Scheide. Echte Männer müssen mit einem Messer umgehen können, sagte Andreas. Ohne nachzudenken ging ich zum Elch und rammte ihm das Messer in die Kehle. So etwas hatte ich noch nie getan. Ich hatte noch nie ein Tier getötet. Kein Huhn. Die Schweine wurden zum Schlachthof geschickt. Beim Zustechen schrie ich auf. Es war ein dumpfes Geheul, wie dann, wenn ich Albträume habe, wenn ich ein seltenes Mal schlafen kann. Das Blut spritzte mir glühend heiß ins Gesicht. Ich spüre es noch immer auf meiner Haut. Wie ein großes Muttermal. Dann musste ich mich vor den letzten Zuckungen retten.

»Verdammt«, hörte ich den Fahrer sagen, »verdammt, verdammt!« Ansonsten war alles still. Der Fahrer war aufgestanden. Er lächelte mich auf seltsame Weise an. Irgendwie ängstlich. Und dennoch beeindruckt. Natürlich hätte ich mich um ihn kümmern müssen. Nicht um den Elch. Das wusste ich, tat es aber nicht. Ich schob das Messer wieder in die Scheide und wischte mir mit dem Hemdsärmel das Blut aus dem Gesicht. Danach versuchte ich, den Elch von der Straße zu ziehen. Aber das gelang mir nicht. Er war zu schwer. Ein halbausgewachsener Bulle. Ich hätte es wissen müssen. Alles, was tot ist, ist auch schwer. Jetzt weiß ich es. Erst, als der Fahrer mir zu Hilfe kam, schafften wir es. Als der Elchskadaver jenseits des weißen Seitenstreifens lag, näherte sich endlich von Süden her ein Auto. Seine Scheinwerfer waren fast unsichtbar. So hell war es inzwischen. Da der Fahrer in die Knie sank, musste ich ihn packen. Er fiel gegen mich, sackte in sich zusammen, dann konnte ich ihn aufrichten und die Arme um ihn schlingen. Mir blieb nichts anderes übrig.

»Scheiße, Scheiße«, sagte er noch einmal. Dann kotzte er mich voll. Ich merkte, wie es über meinen Rücken strömte. Wie mein Hemd sich vollsaugte. Aber ich schob ihn nicht fort. Ich stand einfach da. Stand da im Gestank und hielt ihn in den Armen. Ich konnte mich nicht rühren. Sein Kopf ruhte an meiner linken Schulter. In seinen blonden Haaren war das Blut geronnen. Auch auf der Straße lag Blut. Es war fast schwarz. Eine riesige Lache und ein Streifen, der zeigte, wohin wir den Elch geschleift hatten.

Es war ein weißer Mercedes. Was passiert sei, fragte der Mann, der heraussprang. Ich kannte den Typ. Schlips und feiner Anzug. Seine Frage kam mir so dämlich vor. Er sah uns doch. Den Wagenzug, der die Straße versperrte. Den toten Elch, die vielen Fische. Er keuchte schon, noch ehe er einen Finger gerührt hatte.

»Gibt es Verletzte?«, fragte er. Ich gab keine Antwort.

Der Fahrer auch nicht. »Scheiße, Scheiße«, sagte er immer wieder.

Der Mann drehte sich auf dem Absatz um und lief zu dem weißen Mercedes zurück. In diesem Moment ging mir auf, dass er nach Rasierwasser gerochen hatte. Aber nur ganz leicht. Das reichte. Mir fiel ein, dass Andreas sich immer sorgfältig mit Rasierwasser eingerieben hatte, ehe er in die Stadt gefahren war. Und ich ließ den Fahrer los, als ich sah, dass der Mann ein Mobiltelefon in der Hand hielt. Ich ließ los und stürzte davon. Über den Straßengraben und zwischen die

Bäume. In den Wald. Ich lief, bis ich Blutgeschmack im Mund hatte. Ich fiel in das weiche, kühle Moos. Dort blieb ich liegen.

Als ich aufstand, war es fast schon Abend. Ich hatte Sirenen gehört. Ich hatte mich vollgepisst. Es regnete. Es war nicht nur die Feuchtigkeit des Mooses. Oder die Kotze, die in meinem Hemd saß. Ich zog mich nackt aus. Meine Schuhe behielt ich an. Dann machte ich mich auf den Heimweg. Was sage ich da? Ich ging in die Richtung, in der ich das Haus vermutete. Die Kleider ließ ich liegen. Ich hatte keine Angst, ich könne jemandem begegnen. Die einzigen Nachbarn sind die alte Hilde und ihr taubstummer Bruder. Sie wohnen mindestens zwei Kilometer entfernt. Sie geht nie in den Wald. Und er auch nicht mehr.

Schon beim ersten Mal wollte er mich angrabbeln. Er hieß Hilbert. Hilda und Hilbert. Andreas hat das nicht gepasst. Er gab Hilbert eins auf die Finger. Wir saßen in ihrer dunklen Küche. Hilda ignorierte das alles. Sie hatte Waffeln gebacken. In die Marmeladenschale waren Fliegen gefallen.

Als ich den Hof erreichte, wusste ich, dass Andreas nicht gekommen war. Sein verrosteter grauer Lieferwagen war nicht zu sehen. Miez saß auf der Treppe, aber ich rührte sie nicht an, auch nicht, als sie sich reckte und sich an meinem Bein reiben wollte. Sie miaute. Vielleicht hatte sie mich vermisst. Ich ging ins Haus und schloss die Tür, was ich beim Weglaufen vergessen hatte. Das Radio lief noch. Es gab keine Klaviermusik mehr, sondern Nachrichten. Ich schaltete es aus. Dann ging ich unter die Dusche. Als ich noch unter dem fließenden Wasser stand, hörte ich Andreas. Die Tür seines verrosteten, grauen Lieferwagens wurde ins Schloss geknallt. Etwas in mir schien zu sinken. In meiner Brust schien sich ein Vakuum zu bilden. Ich merkte, dass ich Hunger hatte. Ich wünschte, Andreas werde kommen und mich nackt im heißen Dampf sehen. Mich anlächeln, um dann meinen Nacken zu packen und meinen Kopf zu sich zu ziehen. Aber er kam nicht. Er rief mich. Wütender und wütender rief er. Denn ich gab keine Antwort. Ich drehte das Wasser ab und trocknete mich ab. Dann holte ich mir vom Haken auf dem Flur eine Hose. Als ich zum Vorschein kam, wollte er mich gerade suchen.

»Bist du taub?«, fragte er gereizt. »Was zum Teufel treibst du hier eigentlich?«

Aber ich gab keine Antwort. Ich dachte: Er ist Samstagmorgen gefahren und hat versprochen, abends wieder zu Hause zu sein. Jetzt ist Montag, dachte ich.

Er hat den verrosteten grauen Lieferwagen bis vor den Viehstall gefahren. Noch ehe er die Stalltür öffnete, hörten wie es beide. Das Geschrei der Schweine. Das entsetzliche Gegacker der Hühner. Andreas blickte mich fragend an. Aber wir schwiegen. Erst, als wir die fünfzehn Säcke Futter aus dem Lieferwagen geholt hatten, redete er.

»Was zum Teufel ist das denn«, sagte er und nickte zu den unruhigen Tieren hinüber.

Ich sah, wie stark er schwitzte. Sein blaues T-Shirt klebte so fest an seinem Leib, dass seine Brustwarzen sich deutlich abzeichneten. Dann ging er fluchend durch den dunklen Stallgang. Gleich darauf rief er nach mir. Brüllte. Es ließ sich nicht verhehlen, dass ich meine Arbeit nicht getan hatte. Die Schweine waren außer sich vor Hunger. Sie sprangen hin und her und stießen Geräusche aus, wie ich sie noch nie gehört hatte.

»Du bist mir eine Erklärung schuldig, verdammte Pest«, schrie er mich an.

Wortlos holte ich die Schubkarre und Schaufel und gab Futter in die leeren Tröge. Ich wollte den ärgsten Lärm zum Verstummen bringen. Aber weil ich nichts sagte, rannte er hinter mir her. Er packte meinen Arm und presste mich gegen den einen Koben.

»Antworte schon, zum Henker! Antworte, du Dreckshurenkind!«, brüllte er.

Ich wollte erklären, aber plötzlich hörten wir, wie ein Balken brach. Jetzt brechen sie aus, dachte ich. Alles war Chaos. Es ging nicht nur um die Schweine. Die Hühner flatterten verängstigt hinter ihrem Draht umher. Ich sah eine weiße Federwolke. Zum Glück erfasste Andreas den Ernst der Lage. Er ließ mich los. So schnell wir konnten, wurden die Schweine gefüttert. Danach kamen die Hühner an die Reihe. Während wir die Eier auflasen, erzählte ich von dem Unfall. Von dem Elch, dem ich das Messer in die Kehle gestoßen hatte. Er schien mir nicht zu glauben.

»Du lügst«, sagte er.

»Hast du nicht die Spuren auf dem Asphalt gesehen? War kein Lachs mehr übrig?«, fragte ich.

»Lachs«, wiederholte er und setzte sich auf eine leere Kohlkiste.

»Und du«, fragte ich, »warum kommst du erst jetzt?«

Er starrte mich an und grinste.

»Der Motor hat seinen Geist aufgegeben«, sagte er.

Ich wusste, dass er log. Ich dachte daran, wie er mich genannt hatte. Hurenkind, hatte er gesagt. Gleich darauf erhob er sich und ging hinaus. Ich hörte, wie er sich an irgendetwas zu schaffen machte, das unter dem Stallboden lag. Er kam mit einem Brett zurück, das er auf den zerbrochenen Balken nagelte. Die Schweine hatte sich beruhigt. Trotzdem half das nichts. Ich wandte mich ab, als ich mit zupacken und einen schweren Kasten mit Lebensmitteln, die er gekauft hatte, ins Haus bringen musste. Der Kasten stand auf der fleckigen Matratze, die immer in seinem verrosteten, grauen Lieferwagen lag. Er enthielt vor allem Konservendosen. Wurst und Ananasscheiben. Sowas. Und frisches Brot und Schokoaufstrich, von dem er wusste, dass ich ihn gern mochte. Aber ich konnte mich nicht richtig freuen.

Ich briet Spiegeleier mit Speck, während er duschte. Es sei nicht mehr viel heißes Wasser übrig, verdammt, beschwerte er sich. Er setzte sich in der Unterhose an den Tisch. Mir war der Appetit vergangen. Ich fand, er schmatze zu laut. Als er fertig war, saugte er sich Reste aus den Zähnen und stocherte mit einem Streichholz dazwischen herum. Er starrte aus dem Fenster, obwohl nicht viel zu sehen war. Abgesehen von dem mit Tannen bewachsenen Hügel hinten bei der Grenze. Er schwieg. Ich wollte keine weiteren Fragen stellen. Bald war es ganz dunkel. Ich fing an, den Tisch abzuräumen. Im Widerschein des Fensters sah ich mein Gesicht. Ich schnitt eine Grimasse. Ich weiß nicht, ob er das bemerkte.

»Ich bin verdammt müde«, sagte er und schob den Stuhl zurück. Er gähnte.

Ich stand am Spülstein.

»Ich gehe schlafen«, sagte er.

Ich hoffte für einen Moment, er werde kommen und sich hinter mich stellen. Mich berühren. Mich vielleicht in den Nacken küssen. Aber er kam nicht. Und ich drehte mich nicht um. Ich hörte, wie er die Treppe hochging. Wie die Bodenbretter über meinem Kopf knirschten. Heute Nacht muss er allein schlafen, dachte ich. Das war noch nie passiert. Ich legte mich aufs Sofa im Wohnzimmer. Ich dachte, bestimmt wird er mich holen kommen. Wenn er mitten in der Nacht aufwacht und merkt, dass ich nicht da bin, dann wird er mich holen kommen. Aber da irrte ich mich.

Am nächsten Morgen wurde ich davon geweckt, dass er mir die Haare zauste.

»Hier liegst du also«, fragte er. Er war besser gelaunt.

»Sei nicht sauer«, sagte er und streichelte mein Kinn mit seiner glatten Handfläche.

Ich wusste genau, was er wollte.

»Wir ziehen unter alles einen Strich«, sagte er.

Er zog seine Unterhose aus und stieg aufs Sofa. Dann setzte er sich rittlings auf meine Brust und schob seine Knie in meine Achselhöhlen. Ich lutschte seinen dicken Schwanz.

»Du geiler Arsch«, sagte er.

Danach dachte ich, er habe mich vielleicht doch lieb. Denn die Tage vergingen wie bisher. Wir ernteten den letzten Kohl.

Wir hackten im Wald Holz. Der Schlachtwagen kam und holte Schweine ab. An einem Sonntag suchten wir im Moor Torfbrombeeren. Er hatte in seinem Rucksack eine Flasche Schwarzgebrannten. Ich sollte für ihn strippen. Anfangs fror ich. Die bleiche Sonne hatte keine Wärme. Einige Krähen kämpften gegen den Wind an, der über die Moore wehte. Das sah ich, als ich den roten Wollpullover fallen ließ. Als ich nackt war, rieb er mich am ganzen Leib mit Beeren ein. Er nahm eine Hand voll nach der anderen aus dem gelben Plastikeimer, den wir vollgepflückt hatten. Er leckte mich und lachte. Es kitzelte. Ich wurde nicht richtig sauber. Meine Haut war klebrig. Ich roch süßlich und faulig. Als er mir die Beine wegriss, so dass ich auf den Bauch fiel, musste ich ebenfalls lachen. Er fickte mich. Ich dachte, wie wild er in der ersten Zeit nach mir gewesen war. Nach meinem jungen Körper. Mein wunderschöner Junge, hatte er mich genannt. Jetzt hatte ich mich verändert. Hatte Muskeln und kräftigeren Haarwuchs bekommen.

Ich hatte mich immer im Hauptbahnhof aufgehalten. In der Bahnhofshalle oder draußen, auf der zum Meer gelegenen Seite. An einem Samstag fuhr er dann in seinem verrosteten, grauen Lieferwagen vor. Es war mitten im Sommer. In der Stadt wimmelte es nur so von Leuten. Es war nicht schwierig, jemanden zu kapern. Es war schwül. Ich mochte ihn sofort. Anfangs wusste ich nicht so recht, warum. Ich weiß noch, dass das glatte Kunstleder des Beifahrersitzes unter meinen nackten Oberschenkeln knisterte, als ich zu ihm ins Auto stieg.

»Furzt du«, lachte er und legte mir eine Hand aufs Knie.

»Nein«, sagte ich, und dieses blöde Geräusch war mir peinlich. Bei einem anderen wäre es mir egal gewesen. Da wäre es mir nur wichtig gewesen, es hinter mich zu bringen. Die Kohle zu kassieren. Wir fuhren durch den Hafen, denn er hatte dort hinter einem Lagerhaus eine Stelle. Es goss, als wir auf der fleckigen Matratze lagen. Der Regen trommelte wie besessen auf das Dach des verrosteten grauen Lieferwagens. Ich schmiegte mich dichter an ihn. Es hatte mir gefallen. Es war nicht nur ein Job gewesen. Sein großer Körper erinnerte mich an etwas. Ich sog seinen Geruch in mich auf. Er roch nach süßem Schweiß und billigem Rasierwasser. Aber so konnten wir ja nicht in alle Ewigkeit liegen bleiben. Er sagte, er müsse viele Dutzend Kilometer fahren. Als ich aufstand, um mich anzuziehen, griff er wieder nach mir. Mein wunderbarer Junge, sagte er. Das hatte noch keiner zu mir gesagt. Nicht auf diese Weise. Wieder musste ich die Arme über den Kopf heben, damit er mich richtig sehen konnte. Meine glatte weiße Haut in dem trüben Regenwetterlicht in dem verrosteten, grauen Lieferwagen. Er küsste mich am ganzen Leib. Er streichelte mich mit weichen, warmen Händen.

»Wo wohnst du?«, fragte er.

Ich gab keine Antwort.

»Kann ich dich wieder sehen?«, fragte er.

Ich nickte. Und so kam es dann. Ich freute mich schließlich auf die Tage, an denen er kommen wollte. Er kam jedes Wochenende. Ich wartete in der Bahnhofshalle unter der großen Uhr auf ihn. An den anderen Tagen lief es wie immer. Ich ging mit allen geilen Arschlöchern. In die feinsten Villen. In enge Arbeiterbaracken. Ich überlebte. Meistens passierte es draußen. In einem abgelegenen Winkel in einem Park. Auf der Rückbank in einem Auto. Am Ende nahm ich von Andreas kein Geld mehr. Ich redete gern mit ihm. Er erzählte von seinem Hof. Er interessierte sich für mich.

»Was ist mit deinen Eltern«, fragte er.

Darüber wollte ich nicht sprechen. Ich erwähnte die beiden Pflegefamilien. Die Erziehungsanstalt, aus der ich weggelaufen war.

»Und jetzt«, sagte er.

Es schneite. November schon.

»Und wenn du mit mir kommst?«, fragte er.

»In den Busch?«, fragte ich. Es war ganz anders, als ich mir das vorgestellt hatte. Der Hof soviel kleiner. Der Wald soviel größer. Aber ich sagte nichts. Wichtig war nur, dass Andreas verrückt nach mir war. Drei Jahre lang fehlte mir nichts. Ich war in Sicherheit. Ich hoffte, es werde immer so bleiben. Aber alles wiederholte sich.

Vierzehn Tage nachdem der Elch angefahren worden war, musste Andreas wieder in die Stadt. Wir brauchten Futter für die Tiere. Wir brauchten Lebensmittel. Natürlich war ich gespannt. Den ganzen Samstagabend saß ich am Fenster und wartete vergeblich auf ihn. Ich hörte Radio. Mozart. Ich hielt Ausschau nach dem Licht von Scheinwerfern, die von der Hauptstraße abbogen. Die Abende waren jetzt so dunkel. Die Nächte. Wenn er wegfuhr, blieb er immer mehrere Tage lang aus.

Manchmal schaute Hilbert vorbei. Er fuhr auf einem uralten Damenfahrrad, bis der Schnee einsetzte. Immer wollte er mich angrabbeln. Aber ich wehrte ihn ab. Ehrenwort. Eine besonders gute Gesellschaft war er nicht. Taubstumm. Er lächelte dämlich, wenn er mich anstarrte. Wir tranken Schwarzgebrannten.

Schließlich bat ich Andreas nicht mehr um Erklärungen. Er tat so, als sei alles beim Alten, obwohl ich immer häufiger im Wohnzimmer schlief. Am Heiligen Abend stritten wir uns. Wir waren beide betrunken. Ich weigerte mich zu gehorchen, wenn er mich haben wollte. Er war immer stärker. Ich dachte: Eines Tages haue ich ab. Aber ich blieb. Im März kam er mit Ronny angefahren. Ich saß am Küchentisch und sah, dass er in dem verrosteten grauen Lieferwagen nicht allein war. Ich wusste nicht, wie ich mich verhalten sollte. Für eine Sekunde spielte ich mit dem Gedanken, mich irgendwo im Haus zu verstecken. Dann ging mir auf, wie dumm das gewesen wäre.

»Das ist Ronny!«, sagte Andreas, als sie ins Haus kamen.

Ich stellte mich taub. Ich blätterte in einer alten Illustrierten.

»Du musst Ronny guten Tag sagen«, forderte er und trat an

mich heran. Er packte mich am Arm und zog mich hoch. Ich wusste, dass ich keine Wahl hatte. Ich hatte noch nie so einen hübschen Jungen gesehen wie Ronny. Viel jünger als ich. Mit seinen blonden Haaren sah er aus wie ein Engel. Auch ihm war das alles peinlich. Er schaute mich aus seinen großen blauen Augen an.

»Hallo«, sagte ich. Mehr nicht.

»Gib Pfötchen, zum Teufel«, sagte Andreas.

Seine Hand war schlaff. Ein wenig mädchenhaft. Er trug eine kurze braune Lederjacke, die ihm knapp bis an die Taille reichte. Neue, enge Jeans. Ich hatte aufgehört, mich für Klamotten zu interessieren, als ich in den Wald gezogen war. Plötzlich fiel mir meine abgenutzte Cordhose auf. Mein altes Flanellhemd.

»Ist was zu Essen da?«, fragte Andreas.

Gut, dass er fragte. Ich brauche nicht mehr hilflos herum-zustehen. Trotzdem fand ich es nicht richtig, dass ich kochen sollte. So hatte ich mir das noch nie überlegt. Übrigens aß Ronny nicht sehr viel. Obwohl es geräucherten Schinken gab, und so viele Eier, wie er nur wollte.

»Du musst essen, Junge«, sagte Andreas. Das sagte er meh-rere Male. Jedes Mal fasste er ihn dabei an. Kniff ihm in die Wange oder schlug ihm in den Rücken. Ich ließ sie gewähren. Ich sah, wie die Abendsonne die Tannen oben bei der Grenze anleuchtete. Rot leuchtete auch das verschneite Feld. Ich dachte: Das geht nicht.

Als Andreas die Flasche mit dem Schwarzgebrannten hol-te, zwinkerte er mir zu. Ich erhob mich und ging. Wenn in der Wohnzimmertür ein Schlüssel gesteckt hätte, hätte ich ihn umgedreht. Aber niemand kam. Vielleicht war das ja auch kein Wunder. Ronny lachte die ganze Zeit albern. Andreas brummte, wie ich das von ihm kannte, stöhnte. Ich musste immer daran denken, was sie jetzt machten. Ich kroch auf dem Sofa in mich zusammen. Ich weinte die ganze Nacht hin-durch. Ich schlief nicht. Ich dachte an alles, was passiert war.

An mein Leben. Danach konnte ich nicht mehr weinen. Es gibt keine Tränen mehr. Ich bin leer.

Ronny konnte trotzdem meinen Platz nicht einnehmen. Nicht ganz. Er war ein Tollpatsch. Das einzige, was er schaffte, war, die Hühner zu füttern. Manchmal lag er den ganzen Tag im Bett. Er ließ seine Kassetten laufen. Von Mozart hatte er noch nie gehört. Ich merkte, dass er sich langweilte. Er hasste den Wald.

»Hier ist es unheimlich«, sagte er.

Sogar vor Hilbert hatte er Angst. Weil Hilbert kam und schwieg. Weil er mich nur anstarrte. Im Haus entwickelte sich eine seltsame Stimmung. Die Luft war geladen. Wir pokerten. Andreas ärgerte sich, wenn Ronny und ich zusammen lachten. Auf Hilbert achtete er nicht. Ich war wütend auf Andreas. Er versuchte, mich nicht mit Ronny alleinzulassen. Wenn er in die Stadt fuhr, kam er immer am selben Tag noch zurück. Im Grunde hatte Andreas nichts zu befürchten. Nicht von Ronny. Ronny hauste in seiner Schale. Ich kann mich nicht erinnern, ihn jemals berührt zu haben. Seine glatte, weiße Haut. Nicht, nachdem Andreas mich gezwungen hatte, ihm die Hand zu geben.

»Hauen wir ab?«, fragte er ein einziges Mal. Näher sind wir einander nie gekommen.

Ich schüttelte den Kopf. Eines Nachmittags legte ich mich nackt in den Wald. Der Frühling war gekommen. Überall standen Leberblümchen. Als Hilbert mich entdeckte, blieb er verwirrt stehen. Ich blieb liegen. Er jammerte wie die Ferkel, als er sich neben mich legte. Er hatte sich total verändert. Er nahm mich einfach nur in den Arm. Dann fing ich an zu erzählen, obwohl ich wusste, dass er weder hören noch antworten konnte. Vielleicht deshalb. Ich sagte, dass wir in einem der hohen Blocks im Norden der Stadt gewohnt hätten. Dort, wo die Autobahn vorüberführt. Es gibt einen großen Parkplatz, auf dem die LKW nachts Pause machen. Mein Vater war Seemann. An sein Gesicht kann ich mich nicht erinnern.

Über dem Bett in meinem Zimmer hatte ich mit Heftzwecken eine Postkarte befestigt. Sie zeigte den goldenen Buddha im Kloster Wat Trimitr in Bangkok. Ich versuchte wie Buddha zu sitzen. Ich sah sein geheimnisvolles Lächeln und wollte an nichts denken. Meine Mutter verschlief sich jeden Tag. Ich schämte mich. Ich wusste nicht, was ich in der Schule sagen sollte. Schließlich fiel mir keine Entschuldigung mehr ein. Ich dachte an meinen Vater. Ich dachte an die vielen Lastwagenfahrer, die Mutter besuchten. Eines nachts lief ich davon. Im Grunde hatte ich nur den Taubstummen gesehen. Nicht Hilbert.

Andreas fand das alles erst heraus, als Ronny schon längst wieder weg war. Unmittelbar vor dem Johannistag nahm Ronny seine Tasche mit Klamotten und Kassetten und fuhr per Anhalter in die Stadt. Da war es schon zu spät. Hilbert lungerte um das Haus herum.

»Zier dich doch nicht so«, sagte Andreas, nachdem er einige Tage lang geschmollt hatte. Er zwang mich, auf den Dachboden zu kommen.

Ich hasste ihn. Ich räumte nicht mehr auf. Ich putzte nicht.

Jetzt ist alles noch schlimmer. Ich weiß nicht, wohin. Überall liegen tote Fliegen herum. Es stinkt. Ich habe alles so satt. Ich frage mich, wie lange es noch so weitergehen kann. Eines Tages muss etwas geschehen. Ich mag nicht in den Stall gehen. Die Hühner kommen noch eine Weile zurecht. Ich habe sie laufen lassen. Sie fressen Gras.

Ich denke an Andreas, den wir im Abfallkeller begraben haben. Er war nicht tot. Nicht ganz. Ich habe den Schleifstein für ihn gedreht. Er sagte, ich sollte schneller drehen. Aber zufrieden war er nicht. Er stieß mich in die Brennnesseln. Ich lief in den Stallgang. Aber er kam hinterher und warf sich über mich. Plötzlich stand Hilbert da. Er nahm mein Messer. Er war es. Es war Hilbert. Seither habe ich ihn nicht mehr gesehen. Er ist weggelaufen. Und rufen konnte ich ihn ja nicht.

Mord im Mon Chérie

Dan Turèll

1

In Wirklichkeit war der Zeitungsstreik an allem schuld. Wissen Sie, ich wäre nie in diese Affäre um den Mord im Café Mon Chérie verwickelt gewesen, wenn die Journalisten den gleichen Anstand wie die meisten anderen Erwerbstätigen in diesem Land gehabt hätten, nämlich an ihrem Platz zu bleiben und ihren Job zu machen – wie die Busfahrer, die Putzfrauen und die Barkeeper.

Aber das hatten sie eben nicht. Sie streikten und höchstwahrscheinlich aus dem gleichen fantasielosen Grund wie alle anderen es seit der Zeit getan haben, als unser Herrgott Adam und Eva aussperrte: um das Geld für ein Bier pro Woche mehr zu verdienen.

Aber lassen Sie mich mit dem Anfang anfangen, und sei es nur, weil das eben eine Tradition ist, die sich mittlerweile eingebürgert hat. Immer mehr gehen auf diese Art und Weise vor.

Wissen Sie: Ich schlafe schlecht. Ich kann das einfach nicht gut. Böse Zungen – und nicht zuletzt drängen sich meine geschiedenen Ehefrauen in diesem Zusammenhang auf – würden behaupten, das läge daran, dass man nur mit einem reinen Gewissen gut schlafen kann und dass ich ein solches seit meiner Konfirmation nicht mehr gehabt hatte, ausgenommen die Momente, wo ich von absolutem Gedächtnisverlust befallen war.

Was übrigens mein Lieblingszustand ist, der aber mit ständig steigenden Alkoholsteuern immer teurer zu erreichen ist.

Um den Gott des Schlafes zu besänftigen (der garantiert eine Göttin ist, schließlich hat dieses Geschlecht eine verblüffend gut entwickelte Fähigkeit, sich aller zentraler Punkte im Leben zu bemächtigen), gehe ich deshalb immer gegen Mitternacht eine Runde in der Stadt spazieren. Ich schlendere die Istedgade hinunter und gehe einige Seitenstraßen auf und ab, bummle durch den Hauptbahnhof und komme über die Vesterbrogade zum Rathausplatz. Das ist meine feste Route. Und damit ich dabei trotzdem irgendetwas zu erledigen habe, beende ich sie damit, dass ich ein paar druckfrische Zeitungen am Rathausplatz kaufe, wo sie gerade aus der Druckmaschine kommen.

Sicher gibt es Leute, die das nicht verstehen werden – und wieder könnte ich meine geschiedenen Ehefrauen als typische Beispiele benennen – aber eine Zeitung, die man um Mitternacht in die Hand bekommt, ist nicht das Gleiche wie dieselbe Zeitung am nächsten Morgen, genau wie ein Brötchen, das man um 7 Uhr morgens beim Bäcker frisch duftend kauft, nicht das Gleiche ist wie dieses Brötchen am Nachmittag. Brötchen soll man direkt aus dem Backofen kaufen, noch warm und so neu wie das Kind, das gerade aus dem Schoß der Mutter kommt, ohne auch nur eine Personenkennziffer bekommen zu haben. Zeitungen soll man um Mitternacht kaufen, wenn die Druckerschwärze noch riecht und noch Licht in den Fenstern des Zeitungshauses leuchtet, weil eifrig bemühte Mitarbeiter noch an der zweiten Auflage basteln.

Deshalb dieser Rundgang. Er dient für mich wahrscheinlich dem gleichen Zweck, den Scientology oder die christliche Kirche für andere hat: Er gibt mir eine Aufgabe. Er hindert mich daran, geisteskrank zu werden.

Und obendrein gibt er mir etwas, das mir meine Eltern immer empfohlen haben: reichlich frische Luft. Jedenfalls so frisch, wie sie heutzutage in einer Großstadt nun einmal sein kann. Aber, wie gesagt: Die Journalisten streikten. Die Zei-

tungen erschienen nicht. Und damit war mein Mitternachts-
ritual zerstört.

Also umkreiste ich ohne eine einzige Zeitung den Rathausplatz ohne Sinn und Ziel. Ich grüßte ein paar Contergantau-
ben, die versuchten, ihr Gefieder so aufzuplustern, dass sie
aussahen, wie Vögel – ein Anblick, der zum Verwechseln
dem ähnelt, der sich einem bietet, wenn der Oberbürgermeis-
ter von Kopenhagen versucht wie ein Politiker auszusehen.
Ich sah ein paar Stricher aus der unterirdischen Toilettenan-
lage mit älteren Herren an ihrer Seite herauskommen, ältere
Herren mit Weihnachtsglanz in den Augen und Geldschei-
nen in den Innentaschen. Ich sah ein paar Nein-jetzt-müssen-
wir-aber-endlich-nach-Hause-Grüppchen sich am Taxistand
versammeln. Ich schielte verbissen zu der ausgeschalteten
elektronischen Zeitung hinauf. Und dann schlenderte ich an
diesem angenehmen Sommerabend wieder zurück, die Vesterbrogade hinauf.

Und dann geschah es: Regen kam auf. *Regen* ist eigentlich
ein viel zu nettes Wort. Das war nicht einfach Regen, das war
eine Sintflut von der Art, wie man sie selten in diesem Land
erlebt, das war die Wiederholung der biblischen Sintflut, in-
szeniert von einem Cecil B. de Mille, der die Geschichte der
Arche Noah verfilmen wollte. Das war ein Wolkenbruch, ein
herniederprasselnder Wutanfall von ganz oben.

Er kam plötzlich, ohne Vorwarnung. Da war nicht die Rede
von ein paar Tropfen, die höflich die Ankunft eines Wolken-
bruchs mit einer Visitenkarte ankündigen, da war nicht einmal die Rede von einem sich steigernden Übergang von
sanfter Mitternachtstrockenheit zum Regen. Er war einfach
da und er ließ sich nicht ignorieren.

Ich war nach einer Minute durchnässt. Glauben Sie nicht,
ich würde übertreiben, ich weiß es genau, denn ich stand direkt gegenüber dem Hauptbahnhof und starrte auf Favoritens Smørrebrød und überlegte, ob ich mich selbst dazu
überlisten könnte, etwas zu essen. Es sollte ja *so* gesund sein

zu essen, wie es heißt. Meine geschiedenen Frauen aßen mehrmals am Tag. Die Bahnhofsuhr zeigte 0.18 Uhr, während ich über ein Sandwich nachdachte. Und sie zeigte 0.19 Uhr, als ich das Projekt definitiv aufgab.

Und es war 0.20 Uhr, als ich vollkommen durchnässt war. Damit war ich gewiss nicht der Einzige. Der Verkehr auf der Vesterbrogade war immer noch hektisch. Die letzten erschöpften Besucher flatterten durch Tivolis Portale hinaus. Das Kinopublikum kam aus den verschiedenen kleinen Kinos I-II-III-A-B-C-Komm-und-sieh, die hier dicht an dicht liegen, rieben sich die Augen und versuchten – wie man es immer versucht – nach dem Filmtraum zurück in die Wirklichkeit und auf die Vesterbrogade zu finden. Und Leute, die die letzten Zugverbindungen zu Vororten erreichen wollten, die alle gegen 0.30 Uhr vom Hauptbahnhof abfahren, bahnten sich ihren Weg und spekulierten wahrscheinlich, ob sie noch für ein letztes schnelles Bier auf dem Bahnsteig Zeit haben würden, bevor das Spiel gelaufen war.

Um 0.20 Uhr waren *alle* durchnässt und ich hatte wieder einmal das sonderbare Vergnügen zu beobachten, dass der Mensch – zumindest der aus Kopenhagen – alles andere als ein rationales Wesen ist.

Ich meine: Man kann doch nach dem Gesetz der Natur nur ein einziges Mal durchnässt werden. Wenn man durchnässt ist, ist man durchnässt, und weiter gibt es dazu nichts zu sagen. Man kann nicht zweimal durchnässt werden, und darin wird mir jeder vernünftige Mensch uneingeschränkt Recht geben.

Aber so *handeln* die Menschen nicht. Auch wenn man nass bis auf die Haut ist und es keinen Sinn mehr hat, weil man nicht noch nasser werden kann, suchen sie Schutz.

Um 0.21 Uhr war das die bevorzugte Sportart auf der Vesterbrogade. Im Laufe dieser Minute war Favoritens Smørrebrød voll mit Menschen, sowohl im Laden als auch unter der Markise davor drängten sich die Menschen. Die Fahrgäste des Hauptbahnhofs, die noch vor einem Augenblick träumend entlanggeschlendert waren, zeigten plötzlich ihre wahrhaft olympischen Talente für den Sprint und das Publikum aus den Kinos, das gerade auf dem Weg nach draußen gewesen war, zog sich umgehend wieder nach drinnen zurück, als wollten sie doch noch einmal gern über den Film nachdenken, indem sie sich in die ausgestellten Bilder vertieften.

Wenn der Regen nicht gewesen wäre, wäre ich vielleicht trotzdem nach Hause gegangen. Vielleicht.

Bei genauerem Nachdenken muss ich doch sagen, dass der Zeitungsstreik sich die Schuld für das Folgende mit dem Regen teilen muss.

Ich verließ Favoriten, das heißt: Ich wurde geradezu hinausgedrängt. Ich ging über die Straße in den Bahnhof und betrachtete zum 10000sten Mal mit glasigen Augen die sonderbare Bühne, die der Bahnhof bietet, diese geisteskranke Mischung aus Familien auf dem Weg zu Tante Anna in Holstebro, alten, zahnlosen Säufern mit dem letzten Gold-Tuborg für diese Nacht und jungen Paaren mit Schlafsäcken und Rucksäcken und Kaffeekannen auf dem Rücken. Ich widerstand der Versuchung, meine Schuhe besohlen oder ein Passfoto machen zu lassen.

Als ich glücklich wieder aus dem Bahnhof heraus war, ohne auch nur von einem Rocker überfallen worden zu sein, ging ich die Istedgade in strömendem Regen hinunter. Und da sah ich das Schild in einer der Seitengassen. Gelb leuchtendes Neon mit verschnörkelten altmodischen Buchstaben, die verkündeten: Mon Chérie. Aber vielleicht kennen Sie das Mon Chérie gar nicht?

Mon Chérie ist ein Nachtclub. Man öffnet so gegen 22 Uhr, man schließt gegen 5 Uhr. Wenn die Geschäfte gut gehen, werden auch schon mal die Türen abgeschlossen und man serviert weiter bis tief in den Tag hinein. Das kommt ab und zu vor.

Mon Chérie hat schon bessere Tage gesehen, wissen Sie. Es ist vor knapp hundert Jahren gebaut und eingerichtet worden und damals war es ein Ort, an dem die bekannten Gesichter der Stadt verkehrten und Geistesblitze durch die Luft zuckten, während die Bourgogne-Gläser gehoben wurden. Es gibt viele Gemälde bekannter Leute von Stand im Mon Chérie, aus der Zeit, als Staatsmänner, Künstler und Mäzene hier verkehrten. Und ein Literaturforscher aus Århus hat ein ganzes Buch geschrieben über die enge Verbindung eines bekannten Dichters mit dem Mon Chérie, nicht zuletzt im Hinblick auf den schicksalsträchtigen Abend, als ein anderer Dichter unter lautem Applaus ihm, dem ersten Dichter, einen Whisky an den Kopf warf – was, wie gesagt wird, den ersten Dichter dazu veranlasste, am gleichen Tag seinen historischen Beschluss zu fassen, sein Vaterland zu verlassen und nach Rom zu reisen, was sich wiederum als schicksalträchtig für die dänische Literaturgeschichte erweisen sollte.

Heutzutage werden kaum noch derart bedeutende Beschlüsse im Mon Chérie getroffen. Und sie sind nicht schicksalsträchtiger als die Frage, ob man noch einen hebt und wo – und mit wem – man wohl die Nacht verbringt. Es sind immer noch Spuren der früheren Größe des Etablissements zu finden. Da sind die roten Samtvorhänge, da sind die dicken Teppiche auf dem Boden, da sind die vornehmen altmodischen Ledersessel mit Goldknöpfen im Polster. Aber die Vorhänge sind abgenutzt, der Bodenbelag ist noch fadenscheiniger als der bei mir zu Hause und die Goldknöpfe größtenteils von nachdenklichen Gästen herausgedreht worden, die über die zuvor genannten beiden Probleme meditierten, deren Relevanz an Orten wie dem Mon Chérie immer sehr offenbar wird.

Heute ist das Mon Chérie eher eine Heimstatt für die Ehemaligen, die Fertigen, die sich nicht entscheiden können, nach Rom zu fahren, weil sie wissen, dass sich niemand dafür interessiert, ob sie überhaupt verreisen. Das Mon Chérie ist der Treffpunkt der Verlierer geworden.

Im Mon Chérie können Sie nachts die Schauspielerin treffen, die 1962 ihren so Aufsehen erregenden und siegreichen Durchbruch hatte und von der Sie erst, wenn Sie ihren Namen hören, nicht verstehen können, wieso Sie ihn in letzter Zeit gar nicht gehört haben. Im Mon Chérie können Sie den bekannten Journalisten treffen, dessen Geschichten Sie täglich auf der Rückseite Ihrer Zeitung lasen, bis sie plötzlich eines Tages verschwanden. Im Mon Chérie können Sie einen repräsentativen Ausschnitt der ehemaligen viel versprechenden Talente in gewissen Branchen begrüßen.

Und die Gespräche sind entsprechend: Entweder erzählt man sich, was man zu seiner Zeit gemacht hat, oder man hetzt über denjenigen, der das gleiche heute tut. Aber nicht zu offen. Und im Hintergrund schwebt die leise Hoffnung, dass die Aktiven, über die man herzieht, auch bald fertig und abgehalftert sein werden und sich der Stammgäste-Gruppe des Mon Chérie anschließen werden.

Ich mochte diesen Ort nie besonders. Es war schon ein Jahr her, seit ich das letzte Mal dort gewesen bin.

Aber an diesem Abend lockte mich das Licht des Neonschilds. Weil es keine Zeitungen gab. Weil es regnete. Weil . . .

Ich ging hinein.

Die Räume hatten sich nicht verändert. Für einen Menschen ist ein Jahr eine lange Zeit. Ein Jahr kann dich zu Vater oder Mutter machen, elternlos, zu einem Zuhälter, zu einem Junkie, zu einem Bankdirektor. Für Orte ist ein Jahr gar nichts, Orte wie das Mon Chérie verändern sich nie. Das Mon Chérie hatte noch die gleichen Teppiche, die gleichen Vorhänge und die gleichen Sessel, die ich kannte. Und die gleiche Beleuchtung: Gelbes Licht, das alles in einem verschleierten, tabaksrauchdurchtränkten Halbdunkel schweben ließ.

Ich fand einen freien Tisch vor einem einzelnen Herrn und bestellte meinen Whisky, während ich mich umschaute und einen Teil der gleichen Stammgäste wie letztes Mal wieder erkannte plus ein paar neue.

Und die Tische standen immer noch so und die Stammtische waren auch noch da. »Die Stammtische«, das waren der Journalistentisch und der Schauspielertisch, an denen sich jeweils die Repräsentanten von zwei der eifrigsten Besuchergruppen des Mon Chérie versammelten.

Auf der kleinen Bühne, die auch schon bessere Zeiten erlebt hatte, stand Eva Erotica und sang, begleitet von nicht weniger als fünf hoch gewachsenen Männern mit verschiedenen Instrumenten. Aber vielleicht kennen Sie Eva Erotica, die super-sexy Sängerin nicht?

Doch, doch, Sie kennen sie. Es gibt niemanden in diesem Land, der noch nichts von Eva Erotica gehört hat – keiner, der jemals eine Wochenzeitschrift gelesen oder P3 gehört hat. Natürlich kennen Sie ihre ganze Geschichte vom Modeljob während der Schulzeit bis sie »unsere erotischste Sängerin« wurde.

Es sah komisch aus mit diesen fünf großen breitschultrigen Kerlen, die ein Haus hätten bauen oder Gruben ausheben können, jetzt aber nur um Eva Erotica herum saßen und klimperten.

Sie sang gerade ein Lied über einen Typen, der abgehauen war. Der Clou an dem Lied war, dass es sie nicht weiter berührte, weil sie sich schon einen anderen geangelt hatte. Und sie zog alle Register. Sie schürzte die Lippen und ließ die Zunge im Mund rollen, während sie sich mit wippenden Hüften um das Mikrofon wand.

Möchte nur wissen, was *sie* so für den Abend kriegt, dachte ich. Eva Erotica war nicht mehr jung und in dieser Branche bedeutete Jugend alles. Knackige Brüste! Eva Erotica musste so an die vierzig sein.

Ich bestellte mir noch einen Whisky. Den bekam ich, den bezahlte ich, aber ich konnte ihn nicht austrinken. Gerade als die Band sich mit ein wenig Geklimper auf die nächste Nummer einspielte, erklang ein lautes, scharfes Geräusch, das durch die leise einsetzenden Akkorde drang. Das war ein Pistolenschuss. Es klang, als käme er von hinten. Ich drehte mich um und versuchte zu sehen, woher er gekommen war. Aber in diesem nebligen Licht war nichts zu erkennen.

Dagegen war leicht zu sehen, wo die Kugel gelandet war und das kurze Leben einer Kugel beendet hatte: im Bauch von Eva Eroticas Bassist.

2

Es gab keinen Zweifel: Er war auf der Stelle tot. Er schaffte es nicht einmal mehr, etwas zu rufen oder schockiert auszusehen, er fiel einfach mitten auf der Bühne bei einem Akkord um und legte sich neben seinen Bass. Beide fielen fast mit dem gleichen dumpfen Ton zu Boden.

Die Musik brach ab. Eine Frau schrie irgendwo im Lokal. Der Barkeeper gab dem Türsteher ein Zeichen. Der Türsteher verschloss sofort die Tür. Der Barkeeper griff zum Telefon und drehte schnell eine Nummer.

Die beiden waren so eingespielt, dass man glauben konnte, es wäre eine gute alte Tradition, dass im Mon Chérie so ein oder zwei Bassisten am Abend erschossen wurden.

Eva Erotica und ihre Kapelle standen auf der Bühne wie Denkmäler in einer öffentlichen Parkanlage.

Der Barkeeper war offenbar ein Mann der Tat. Er ging auf die Bühne und lieh sich Evas Mikrophon. Erst als er dort im Scheinwerferlicht stand, erkannte ich ihn wieder: Kurt, der gleiche Kurt, der vor ein paar Jahren in meinem Stammcafé, Stjernecaféen, gearbeitet hatte.

Er sagte kurz und knapp, dass ein Mord begangen worden war und dass die Polizei gleich kommen würde. In der Zwischenzeit sollten sich alle ruhig verhalten. Nicht mehr und nicht weniger.

Einige Gäste bahnten sich daraufhin sofort ihren Weg zur

Tür, als würden sie nur ungern hier sein, wenn die Polizei eintraf. Aber das mussten sie nun einmal. Der Türsteher war groß und stark. Und als er der Meinung war, dass sie ihm zu nahe auf den Leib rückten, zeigte er ihnen, dass er auch eine Pistole hatte. Da setzten sie sich wieder hin.

Es wurde weiter bedient, doch niemand schien sich zu amüsieren. Die Musiker setzten sich an einen freien Tisch rechts von mir, Eva Erotica schluchzte. Der Gitarrist murmelte irgendwelche beruhigenden Laute.

Der Pianist sah vollkommen verloren aus. Der Drummer zündete sich eine Pfeife an und zuckte mit den Schultern als wollte er damit sagen, so sind Bassisten nun einmal, vollkommen unzuverlässig.

So gut es ging, schaute ich mich um und betrachtete die anderen Gäste, die im Lokal verstreut saßen. Das war nicht eine der großen Nächte und fürs Mon Chérie war es außerdem noch früh, sodass die Versammlung einigermaßen überschaubar war. Am Journalisten-Tisch saßen vier; drei Männer und eine Frau. Am Schauspieler-Tisch sechs, drei von jeder Sorte. Am Fenstertisch eine kleine Gruppe mit zwei gut gekleideten Herren, begleitet von genauso vielen blonden Damen, die ich schon oft auf der Straße gesehen hatte und über deren ehrenhaftes Gewerbe es keinerlei Zweifel gab. Weiter hinten saßen zwei Mädchen allein und zweimal gab es einen einzelnen Herrn, den einen direkt hinter meinem Rücken. Insgesamt achtzehn Menschen, neunzehn mit mir selbst. Und dann war da noch die Musik, oder vielmehr der Rest von ihr: fünf Menschen. Plus Barkeeper, Kellner und Türsteher – insgesamt siebenundzwanzig Menschen. Siebenundzwanzig lebendige Menschen. Und eine Leiche, ein toter Bassist, der alle Aufmerksamkeit auf sich zog.

Wenn doch nur diese verfluchten Zeitungen erschienen wären. Ich schaute zur Bühne hoch, auf der der Bassist immer noch so lag, wie er gefallen war, neben seinem Bass. Ich sah, wie alle unverwandt auf die Leiche starrten, als warteten sie darauf oder hofften, dass es nur ein Scherz war, haha, nur Teil der Show, dass er sich im nächsten Moment wieder erheben würde. Aber das war kein Scherz und auch nicht Teil der Show. Er würde nie wieder aufstehen, so einfach war das.

Ich ging zu Kurt und bekam an der Bar einen Whisky. »Das wird wohl die ganze Nacht dauern«, sagte ich. »Wir werden verhört und durchsucht werden. Was für eine Scheißart, die Nacht zu verbringen!«

»Tja«, sagte er. »Jedenfalls ist es nur gut, dass die Zeitungen nicht erscheinen. Wenn diese Geschichte gedruckt wird, könnten wir die Bude gleich dicht machen . . .«

»Ganz im Gegenteil«, sagte ich. »Die Leute würden dann nur so hereinströmen um zu sehen, wo Eva Eroticas Bassist während der Arbeitszeit niedergemäht worden ist. Das wäre die beste Reklame aller Zeiten.«

»Der Meinung ist der Besitzer bestimmt nicht.«

»Wer ist der Besitzer?«

»Manuel Thomsen.«

Nicht, dass ich über diese Information überrascht war. Es war eher so wie in einer Gesellschaft, in der man herausfindet, dass die eigene Tischdame mit der eigenen Frau in eine Klasse gegangen ist – wieder einmal eine Bestätigung dafür, wie klein die Welt doch ist. Nicht zuletzt von der Istedgade aus gesehen.

Manuel Thomsen war zur Zeit der bedeutendste Hintermann von Vesterbro. Hintermänner leben, denken und sterben in gleicher Weise wie sonst eigentlich nur noch die Mitglieder eines Königshauses: Sie bestimmen, so lange sie atmen. Wenn sie das nicht mehr können, haben sie im Vorwege einen Kronprinzen auserwählt, der den Job übernimmt.

Manuel – bekannt als ›Schwarzer Manuel‹ – war die rechte Hand des früheren Bosses, des Dünnen, gewesen. Der Dünne hatte im Laufe eines langen Lebens ein Imperium aufgebaut, bestehend aus Cafés, Hotels, Bordellen und Drogen-Zentralen. Als der Dünne tot war – erschossen von einem Antiquitätenhändler aus der Absalonsgade, der Mann beging gleich darauf Selbstmord – hatte Manuel mit königlicher Selbstverständlichkeit dessen Geschäfte übernommen. Ich wusste, das waren nicht wenige. Ich wusste nicht, dass das Mon Chérie eines davon war.

»Ich rufe ihn lieber an«, sagte Kurt.

Er wählte die Nummer und stand lange am Telefon, ohne eine Verbindung zu kriegen. Dann zuckte er mit den Schultern und legte auf.

»Wer war der Typ?«, fragte ich, auf die Leiche deutend.

»Ich kennen ihn nicht so gut«, sagte Kurt. »Ich weiß nur, dass er Hugo heißt, Hugo Schantz. Er kriegt zweihundert am Abend und ich begreife nicht, wie er davon leben kann. Leben konnte, meine ich. Vielleicht hatte er noch einen Job daneben.«

»Wer zum Teufel erschießt einen Bassisten?«

»Keine Ahnung«, antwortete Kurt. »Ich persönlich habe noch nie einen Bassisten erschossen. Aber vielleicht macht ein Gitarrist so was, wenn der Bassist falsch spielt.«

Er schien wegen des Mordes nicht besonders niedergeschlagen zu sein, aber warum sollte er auch? Es war ja nicht sein Bruder, Vater oder Freund. Es war nicht einmal *sein* Bassist. Und meiner auch nicht.

Ich ging nach draußen um zu pinkeln. Den Toten kann so etwas gleich sein, aber die Lebenden müssen pinkeln, bis sie sterben. Ich stellte mich vors Pissoir und beglückte die Kloaken der Stadt mit den Resten meiner Whiskys. Ich wollte ein Stück Toilettenpapier holen, um das Tier damit abzutrocknen. Ich musste mich nach der Rolle neben der Toilettenschüssel bücken. Als ich mich bückte, konnte ich etwas *hinter* der Toilette blinken sehen, in dem engen Zwischenraum zwischen Sitz und Wand, wo die Leute sonst ihre eingeschmuggelten Flachmänner deponieren. Das war eine Pistole. Ich wollte sie gerade hochheben, als mir die Vorliebe der Polizei für Fingerabdrücke einfiel. Ich ließ sie liegen.

Als ich zur Bar zurückkam, war die Polizei eingetroffen – fünf Mann stark, angeführt von dem allerorts anzutreffenden Inspektor Ehlers vom Revier am Halmtorvet. Er begrüßte mich vielleicht nicht gerade herzlich, aber er begrüßte mich jedenfalls. Wir kannten uns. Ein Glück, dass er es war. Kurt war gerade dabei, die kurze Geschichte der Begebenheiten des Abends zu erzählen und Ehlers hörte aufmerksam zu.

»Und keine Gäste sind raus?«, fragte er, als Kurt fertig war.

»Nein.«

Ehlers schaute sich um, betrachtete die abgenutzten Möbel, die vielen Flaschen und Gläser und den Tabakrauch, der in dem gelblichen Licht wogte. Er sah sich forschend jeden Einzelnen an, als wäre er überzeugt davon, dass der Mörder sich entlarven würde, sobald er ihn nur konzentriert genug anstarrte.

»Ich glaube, die Pistole liegt draußen in der Herrentoilette«, sagte ich höflich informativ.

Ehlers ging zu seinen Leuten. Einen von ihnen schickte er zum Türsteher, einen anderen hinaus zur Toilette. Den dritten nahm er mit sich zur Leiche, die der vierte bereits fotografierte. Der eine Bulle kam von der Herrentoilette zurück mit der Pistole, eingewickelt in ein Taschentuch. Wahrscheinlich sind die Bullen die letzten Männer, die noch mit Stofftaschentüchern herumlaufen.

»Ich wette, da ist kein einziger Fingerabdruck drauf«, sagte der Beamte bedauernd.

»Wir versuchen es trotzdem«, sagte Ehlers. »Sieh zu, dass der Arzt herkommt.«

Der Mann gehorchte. Es wird gesagt, dass viele Bullen *sehr, sehr gut* gehorchen können.

»Und was können *Sie* mir erzählen?«, fragte Ehlers.

»Nicht mehr als Kurt«, antwortete ich. »Ich war erst höchstens zehn Minuten hier, als es passierte. Ich habe zur Bühne geguckt. Alle haben wohl dagesessen und zur Bühne geguckt. Der Mörder hatte gute Nerven. Es war ein verdammtes Risiko, das er eingegangen ist, denn wenn nun jemand *nicht* zur Bühne geguckt hätte . . .«

»Ja, aber das tut man doch, nicht wahr?«, fragte Ehlers trocken.

»Wenn da eine Bühne ist, dann guckt man dort hin. Ja, ja, also bleibt uns nichts anderes übrig als Verhör und Durchsuchung. Ach, Bendtsen . . .«

Bulle Nummer vier drehte sich um.

»Bendtsen, bestell ein paar weibliche Beamte für die Leibesvisitation. Und fang dann an, Namen und Adressen der Gäste zu notieren.«

Dann wandte er sich Kurt zu: »Haben Sie ein Hinterzimmer, in dem ich mit den Leuten reden kann?«

Kurt sah aus, als würde er am liebsten nein sagen. »Es gibt einen Musikerraum, den können Sie nehmen«, sagte er dann. »Aber der ist bestimmt ziemlich dreckig.«

»Dreckiger als hier?«, fragte Ehlers sarkastisch. »Okay, ich nehme ihn. Sind Sie so gut und schicken das Orchester zu mir rein. Ja, gleich alle zusammen – die Sängerin auch. Die übrigen müssen warten. Ja, sie *müssen* warten, es ist mir scheißegal, wenn sie keine Zeit haben . . . ja, ich werde ihnen schon selbst Bescheid geben.«

Diesmal war es Polizeiinspektor Ehlers, der auf die Bühne kletterte und Eva Eroticas Mikrofon ergriff.

Ein angespannt interessiertes Publikum betrachtete seinen kurzen breiten Körper und seinen zotteligen Bart. Wie die Dinge so lagen, zog er mehr Aufmerksamkeit auf sich als vorher Eva Erotica.

Er erklärte nüchtern und langsam, dass – wie die meisten ja wohl bemerkt hatten – ein Mord geschehen sei und dass es deshalb notwendig sei, alle Anwesenden zu befragen und zu untersuchen. Er hoffte im Interesse aller auf den Willen zur Zusammenarbeit, denn niemand würde hier herauskommen, bevor das nicht überstanden war und je besser sie zusammenarbeiteten, um so weniger Zeit würde es in Anspruch nehmen.

Ohne Applaus verließ er die Bühne und zog sich mit Eva Erotica und ihrem Quartett zurück ins Musikerzimmer.

Die Stimmung war gedrückt. Nur die Stammtische und die Betrunkensten bestellten noch Drinks.

Zwei der Bullen durchsuchten systematisch den Boden. Ich lief im Café hin und her. Ich war der Einzige, der seine Beine bewegte. Die anderen blieben sitzen wie Figuren in einem Wachskabinett.

Ich hörte, wie am Schauspieler-Tisch eines der Mädchen sagte, dass es doch verdammt gut sei, dass die Zeitungen nicht erschienen, jetzt, wo sie in so eine Sache verwickelt waren. Am Tisch der Journalisten hörte ich eine gedämpfte Männerstimme, die bemerkte, dass es doch zu bescheuert sei, dass es keine Zeitungen gebe, jetzt, wo sie in so eine Geschichte reingeschliddert waren. Jeder hat so seine Meinung.

Der Rauch wurde immer dichter. Ab und zu kamen neue Gäste und klopften an die Tür, wurden aber vom Türsteher mit den Worten abgewiesen, dass aufgrund eines Unglücksfalls geschlossen sei. Sie versuchten hineinzuschauen, konnten aber von der Tür her nichts sehen. Kopfschüttelnd gingen sie von dannen.

Der Polizeiarzt kam und zupfte und zerrte an der Leiche des Bassisten Hugo. Zwei weibliche Beamte trafen ein und gingen mit einer der Blonden vom Fenstertisch in Mon Chéries »Büro« hinter der Bar.

Die Zeit verging. Kurt stand an der Bar und polierte die Gläser überflüssigerweise noch einmal. Alle waren wieder ziemlich leise geworden. Alle hatten rote Augen. Bei den Frauen verlief die Schminke.

Einer nach dem anderen wurden die anwesenden Herren und Damen zur Leibesvisitation fortgeführt, um anschließend bei Ehlers zum Verhör zu landen. Einer nach dem anderen wurden sie von Bendtsen abgeholt und während ich herumlief und die Szenerie betrachtete, bemerkte ich, dass es nicht einen Menschen gab, der nicht schuldbewusst aussah, als er oder sie verschwanden – alle erwachsenen Menschen werden nervös bei einem Verhör. Wir alle führten uns auf wie Schulkinder, die darauf warten, an die Tafel gerufen zu werden und jetzt mit angehaltenem Atem dasitzen und nicht wissen, wer wohl der nächste sein wird. So mancher griff in die eine oder andere Tasche, bevor er oder sie hineinging. Entweder gab es nicht viele Menschen mit gutem Gewissen in der Stadt oder die treuen Anhänger des guten Gewissens kamen nicht so oft ins Café Mon Chérie. Ja, so hing es wohl zusammen.

Die Stunden vergingen in einem Dämmerzustand. Es gab keine Uhr über der Bar und ich hatte keine. Es konnte drei Uhr sein, vielleicht vier, vielleicht schon fünf? Von draußen drangen weder Licht noch Lärm durch die schweren, dichten Gardinen ins Mon Chérie. Einer verließ mit Bendtsen seinen Tisch, einer kam zurück, ein weiterer ging wieder. Es sah aus wie ein Kinderspiel, erfunden von einer fantasievollen Tante zum zehnten Geburtstag ihres Neffen. Und während der ganzen Zeit wirbelten zwei Beamte herum, betrachtete der dritte uns indessen mit hellwachem und aufmerksamem Blick, den er in der Polizeischule gelernt hatte. Ich hatte das Gefühl, ich hätte dieses Schauspiel schon seit Wochen gesehen. Ich hatte den Eindruck, ich würde es schon besser kennen als mein unrasiertes Gesicht morgens im Spiegel des Badezimmers.

Ich dachte, dass ich doch verflucht noch mal bald an der Reihe sein müsste. In dem Moment, als ich so dachte, sagte Bendtsen: »Und jetzt sind Sie dran.« Ich stand gehorsam auf und folgte ihm.

Gerade als ich – geführt von Bendtsen – durch die Tür ins Musikerzimmer trat, kam die zweite besondere Überraschung des Abends.

Ein weiterer Schuss donnerte in dem stillen Lokal.

Es ist merkwürdig, wie schnell man sich an einen Schuss hier und da gewöhnt, schon an einem einzigen Abend. Der erste Schuss war ein Schock, der zweite Schuss war ein Flash-back auf den Schock. Es war fast, als würde man einen Schluck vom Kaffee der Gastgeberin nehmen, feststellen, dass er bitter ist und kurz davor sein, sich zu übergeben, dann sehen, dass sie einen anstarrt und daraufhin verbindlich lächelnd noch einen nehmen. Dachte ich.

Aber dieser Schuss klang *anders*. Es war immer noch ein Schuss, okay, ein schwergewichtiger, staatskontrollierter Schuss, aber es war eine andere Art von Schuss als der vorige, der Hugo Schantz getötet hatte.

Das andere Geräusch kam daher, dass der Schuss von vorn kam. In einem halbdunklen, dreckigen Raum, voller Flaschenkisten, mit einem kleinen, quadratischen Fenster, das die Morgendämmerung draußen anzuzeigen schien, in dem im Mon Chérie also das Musikerzimmer genannten Raum, saß Polizeiinspektor Ehlers vom Halmtorvet hinter einem Tisch, der von Notizen, Aschenbechern und Gläsern überquoll. In der rechten Hand hatte er eine Pistole. Sie zitterte immer noch in seinen Fingern. Er schaute interessiert auf die Wand. An der Wand hatte er anscheinend eine Metallplatte aufgehängt, die er Gott weiß wo gefunden hatte. In der Metallplatte war ein Loch.

Ohne mich oder Bendtsen zu beachten – und was den Polizeibeamten Bendtsen betrifft, will ich ihm das nicht vorwerfen, niemand wird ihn ohne Beilage beachten – ging er langsam und ruhig zur Metallplatte, zog ein Taschenmesser aus seiner Jacke und machte sich daran, die Kugel herauszubohren. Er zeigte dabei einen äußerst merkwürdigen Gesichtsausdruck, wie ich ihn dort im Profil sah – halb, als ob er sich amüsierte, halb, als wäre er kurz davor, sich zu übergeben.

Er bekam die Kugel zu packen und sah sie zufrieden an. Nachdem er sie begutachtet hatte, benahm er sich wie ein eingebildeter Kritiker in einer Gemäldeausstellung: Er trat einen kleinen Schritt zurück, kniff die Augen zusammen und starrte erneut steif auf sie – als wolle er sie hypnotisieren, als wolle er ihr zeigen, dass *er* der einzige war, der wirklich sah, was in ihr steckte.

Dann warf er sie mit einer plötzlichen Bewegung in die Luft, wie ein Junge einen Ball wirft, fing sie wieder auf – und begann wiehernd zu lachen.

Ich sage wiehernd – ein Wort, dass ich noch nie bisher benutzt habe – weil ich nicht weiß, wie man es sonst nennen soll. Es war ein Lachen, aber es war ein fürchterliches Lachen, ein Lachen, das Schlimmes verhieß. Es klang wie die Tonspur eines Horrorfilms.

Selbst Bendtsen, der Ehlers' täglicher Mitarbeiter war und selbst ich, der schon früher bei Fällen mit ihm gearbeitet hatte, die viel schlimmer waren – sogar wir erstarrten für einen Moment, als wir es hörten, als hätten wir am helllichten Tag einen Vampir gesehen.

Ehlers fasste sich bereits nach einer Sekunde, aber er lächelte immer noch voller Triumph, als er uns ansah und mit Betonung auf jede einzelne Silbe sagte: »Habe ich's mir doch gedacht. Das ist nicht die Pistole.«

Vielleicht hatte ich zu viele Whiskys genossen, vielleicht war die Nacht einfach zu lang gewesen, vielleicht war das Beispiel einfach nur ansteckend: Auch ich fing an zu lachen. Bendtsen sah aus wie ein respektvoller Aufseher in einer psychiatrischen Anstalt, der die Anweisung bekommen hatte, sich die Patienten ›in angemessener Weise austoben zu lassen‹, aber ›zur rechten Zeit‹ einzugreifen.

»Das ist nicht zu verwundern«, sagte Ehlers. »Genau genommen ist es alles andere als verwunderlich. Alle hier haben etwas zu verbergen. Fast alle haben außerdem etwas in den Taschen, das sie gern verstecken möchten. Das ist das

Unterhaltsame daran, wenn man eine Reihe von Leuten durchsucht.«

»Was haben Sie denn gefunden?«

»Das Übliche.«

»Und was ist das Übliche?«

»Einer hatte zehn Gramm Hasch bei sich. Einer zwei Röhrchen Morphium und eine Einmalspritze. Einer hatte ein sehr großes Messer in der Jackentasche, aber in einer hübschen Hülle. Und eine Person, eine Dame, hatte sonderbarerweise das Scheckheft ihres Tischherrn in ihrer Handtasche, ein Missverständnis, wie sie meinte – und er dann auch.«

»Und dann«, fuhr er fort, »dann gab es offenbar jemanden, der eine Pistole hatte, es aber noch schaffte, sie rechtzeitig beiseite zu schaffen, im Gegensatz zu all den anderen mit ihren Spritzen und Schecks. Jedenfalls ist es nicht die Pistole, mit der der Mord begangen wurde.«

»Brauchen Sie nicht einen Experten, um so etwas festzustellen?«, fragte ich.

»Doch, juristisch gesehen ja«, antwortete Ehlers. »Aber ich war beim Militär und ich bin ein Amateur-Experte in Ballistik. Diese Kugel hat ein anderes Kaliber als die, die der Arzt aus Hugo Schantz geholt hat. Und das überrascht mich überhaupt nicht, ganz im Gegenteil. Deshalb musste ich lachen. Sie müssen schon entschuldigen, wenn ich Ihre edlen Gefühle damit verletzt habe.«

»Aber ganz und gar nicht.«

»Das habe ich mir auch gedacht. Aber jetzt will ich Ihnen etwas sagen: Und seien Sie so freundlich, mir eine klare Antwort auf eine Frage zu geben, die die meisten Zeugen ganz unterschiedlich beantwortet haben. Sagen Sie mir: Haben *Sie* heute Abend andere Pistolen gesehen als die auf der Toilette?«

Ich dachte einen Augenblick lang nach. Man möchte in so einer Situation ja fair sein.

»Nein. Doch . . . Warten Sie mal, doch, natürlich – die vom Türsteher . . .«

Ehlers sah aus wie eine wohlgenährte Hauskatze, die ihren Teil bekommen hat, aber trotzdem noch einen Teller Sahne verdrücken könnte.

»Vom Türsteher?«

»Ja, ich habe sie gesehen, als er diejenigen zurückhielt, die abhauen wollten, als sie den Mord mit angesehen hatten.«

»Das hat er gemacht?«

»Ja.«

»Das war aber äußerst freundlich der Polizei gegenüber.«

»Ja.«

»Wissen Sie auch, wie er heißt?«

»Nein.«

»Gruzowski.«

»Ein russischer Immigrant?«

»Kann nicht sehr frisch sein. Er spricht fließend Dänisch. Aber wissen Sie, was ich entdeckt habe?«

»Nein, sagen Sie's.«

»Dass heute Nacht hier im Café Mon Chérie siebenundzwanzig Menschen waren, als der Mord geschah. Acht davon arbeiteten hier, neunzehn waren Gäste. Man kann die beiden Gruppen in vielerlei Hinsicht betrachten. Man kann sie zum Beispiel in achtzehn Herren und neun Damen aufteilen. Man kann sie in Paare einteilen. Man kann sie den Berufen nach einteilen, die sie auszuüben behaupten.«

»Ja«, sagte ich, »und weiter?«

Ehlers faselte normalerweise nicht so herum.

»Weiter würde es mich nicht wundern«, antwortete er, »wenn es zum Beispiel zwei Hansen oder zwei Sørensen unter ihnen gäbe. Aber zwei Gruzowski auf einmal zu finden . . .«

»Zwei Gruzowski?«

»Der allein sitzende Herr hinter Ihnen heißt auch Gruzowski.«

Ich konnte mich schwach an ein Gesicht erinnern, das ich in dem gelblichen Licht gesehen hatte, bevor ich mich damals setzte – zu einem Zeitpunkt, der mir jetzt mindestens zwei Tage her zu sein schien. Bevor ich den ersten Drink bestellt hatte, nachdem ich aus dem schrecklichen Regen hereingeflohen war, den ich schon lange vergessen hatte.

Ich war müde. Ich verstand kein einziges Wort von allem. Es war ein klein wenig beruhigend zu sehen, dass auch Bendtsen nichts begriff.

»Hol den Türsteher«, sagte Ehlers zu ihm.

Bendtsen ging gehorsam.

Der Türsteher bot kein überraschendes Bild, als er hereinkam. Er sah aus wie das, was er war: ein Türsteher. Er war so anonym, wie nur Türsteher und Hotelrezeptionisten sein können.

»Darf ich Ihre Pistole mal ausleihen?«, fragte Ehlers.

Der Türsteher gab sie ihm. Ehlers gab Bendtsen ein Zeichen und schickte beide wieder hinaus.

Ehlers feuerte einen Schuss auf die Metallplatte ab. Wieder ging er hin und bohrte die Kugel heraus, aber diesmal lachte er nicht, als er sie inspizierte.

»Die auch nicht«, sagte er lakonisch.

Er setzte sich für einen Augenblick auf seinen Stuhl und sah aus, als würden alle Sorgen der Welt auf seinen Schultern ruhen und als sollte die übrige Welt doch bitte schön ein klein wenig dankbarer dafür sein, dass er sie auf sich genommen hatte. Er sah aus, als dächte er konzentrierter nach, als jemals jemand es seit dem Zweiten Weltkrieg getan hatte. Dann richtete er sich auf. »Natürlich«, sagte er. Er öffnete die Tür des Musikerzimmers. Es war unnatürlich still im Café. Draußen wurde das Licht heller.

»Kurt!«, rief er.

Kurt kam herein.

»Hast du nicht 'ne Pistole unter der Bar?«, fragte Ehlers.

Kurt sah aus, als wäre das ein Thema, das er nur ungern streifte. Ehlers starrte ihn nur wortlos an und machte eine ungeduldige Bewegung mit der Hand.

»Doch«, sagte Kurt. »Mit Waffenschein.«

»Lass mal sehen«, sagte Ehlers.

»Aber . . .«, sagte Kurt.

»Aber was?«, fragte Ehlers.

»Gar nichts«, sagte Kurt.

»Geh mit und hole sie«, sagte Ehlers zu Bendtsen.

Einen Moment später kamen Bendtsen und Kurt mit einer Pistole zurück, wieder einmal in eines dieser verführerischen Taschentücher der Polizei gewickelt.

Ehlers beugte sich auf seinem Stuhl vor, als er sie sah. Er schoss nicht einmal mit ihr auf die Metallplatte. Er roch nur an ihr, sah aus, als liebkoste er sie und legte sie hiernach auf den Tisch.

»Das ist nicht deine Pistole«, sagte er dann. »Du hast sie heute Abend vertauscht, nicht wahr?«

Kurt sagte nichts.

»Mit dem Türsteher, nicht wahr?«, fragte Ehlers weiter. »Mach den Schnabel auf! Entweder du oder er!«

Kurt sagte immer noch nichts.

»Ist auch egal«, sagte Ehlers ungeduldig und müde, als hätte der Champagner-Triumph ihn verlassen und als wäre ihm seither alles ziemlich gleichgültig. »Ist auch egal. Das hier ist die Mordwaffe und du hast sie von irgend jemandem gekriegt und deine eigene abgeliefert. Ist ja auch egal. Ich kann euch ja alle beide einlochen.«

»Er ist mein Schwager«, sagte Kurt. Das waren seine ersten Worte.

Dann erzählte er die ganze Geschichte in drei Sätzen. Er, Kurt, war verheiratet mit einer Schwester des Türstehers Gruzowski und dadurch hatte Gruzowski auch seinen Job bekommen. Gruzowskis älterer Bruder, der allein stehende Mann hinter meinem Tisch – der Ivan hieß und eine Baufirma hatte – war vor langer Zeit mit Eva Erotica zusammen gekommen, aber jetzt hatte sie ihn zugunsten Hugo Schantz' fallen lassen. Ganz einfach.

»Ivan kann so etwas nicht ertragen«, sagte Kurt. »Das *kann* er einfach nicht.«

»Und deshalb hat sein Bruder ihn beschützt?«, fragte Ehlers sarkastisch.

Kurt zuckte mit den Schultern. Das bedeutete: Ja. Das bedeutete: Das versteht sowieso niemand außer den beiden.

Gleich danach war Kurt draußen und der Türsteher Gruzowski drinnen. Er leugnete nichts. Er sagte gar nichts. Auf keine der vielen Fragen.

Ich dachte währenddessen an Eva Erotica, die vierzigjährige Sängerin, die immer noch so eine Macht über die Männer hatte, dass sie sich gegenseitig über den Haufen schossen, weil sie den einen dem anderen vorzog. Ich sah sie vor mir in dem gelblichen Scheinwerferlicht und überlegte, was es wohl war, das sie in ihr gesehen hatten.

Während ich darüber nachdachte und Ehlers einen unaufhörlichen Schwall an Fragen auf Gruzowski niederprasseln ließ, richtete dieser sich plötzlich aus seiner vornübergebeugten Haltung auf und sah Ehlers direkt in die Augen. Ehlers hatte, müde davon, die gleichen Fragen immer wieder stellen zu müssen, die Augen für eine Sekunde geschlossen. Gruzowski nutzte diese Sekunde, um nach der Pistole zu greifen, die vor Ehlers auf dem Tisch lag.

Ich gab einen idiotischen und vergeblichen Alarmschrei von mir. Bendtsen zog in verblüffender Geschwindigkeit seine Dienstpistole heraus und stand bereit. Ehlers sah aus, als wollte er Gruzowski hypnotisieren.

Das war alles zusammen sinnlos. Gruzowski richtete die Pistole auf seine eigene Stirn und drückte ab.

Dann kippte er nach hinten und fiel mit seinem Stuhl zu Boden. Durch die Wände hindurch konnte ich die Erregung in den Stimmen der Café-Gäste hören. Da brauste plötzlich ein Summen wie von einem Bienenschwarm durch das Lokal. Gruzowski blutete, als hätte sich eine Flutwelle durch seine Stirn gedrängt, als wäre die gesamte Wolga lange Zeit von einem provisorischen, jetzt gebrochenen Damm zurückgehalten worden.

Einen Moment lang sah Ehlers aus wie der Mann mit der Sense, wie man ihn von Gemälden aus dem Mittelalter kennt: Der Tod, der zur Ernte kommt, wenn die Zeit abgelaufen ist. Aber vielleicht war ich auch nur hysterisch geworden. Jedenfalls war es jetzt überstanden, aber trotzdem dauerte es noch ein paar Stunden. Der Polizeiarzt kam und untersuchte die Leiche des Türstehers, ein Super-Spezial-Experte in Pistolen kam und checkte die ganze Ernte des Abends und schließlich bekam Ehlers hinsichtlich all seiner Schlussfolgerungen Recht. Er unternahm trotzdem noch ein weiteres Verhör von Eva Erotica, aber sie wollte nichts sagen.

Erst später am Vormittag erzählte er mir, dass er einen Abschiedsbrief von ihr in Ivan Gruzowskis Tasche gefunden hätte. Und der hatte ihn auf die Idee gebracht.

»Aber stell dir nur vor«, fuhr er fort, vor lauter Übermüdung und Anspannung ins Du fallend, »stell dir nur vor, dass ein Bruder seinen Bruder so rächen kann!«

Es kann auch auf meiner Seite Übermüdung gewesen sein, jedenfalls fand ich diesen Gedanken zu diesem Zeitpunkt fast schön. Ich konnte nicht umhin, für eine Sekunde musste ich mir vorstellen, wie es wäre, wenn einer meiner Brüder ein Mädchen erschossen hätte, das mit mir Schluss gemacht hat. Nein, das hätten sie nie gemacht. Nein, das kam einfach nicht in Frage. Ich dachte mit neuer Hochachtung an Eva Erotica, die nicht allein die Macht besaß, die Männer dazu zu bringen, sich zu produzieren.

Ich dachte, dass Eva Erotica trotzdem die Verliererin des Abends war. Sie hatte ihren Geliebten und ihren Bassisten verloren.

Ich konnte schon die Anzeige in der Musiker-Tidende sehen. Andererseits war sie aber auch die Siegerin des Abends. Jedenfalls war sie am Leben und auf freiem Fuß.

Und dank der Solidarität des Türstehers ging es Ivan Gruzowski genauso.

Vielleicht würden die beiden ja wieder zueinander finden? Vielleicht war das aber auch für alle Zeiten undenkbar.

Es war heller Vormittag, als wir, nunmehr nur noch sechsundzwanzig Menschen, aus dem Mon Chérie gelassen wurden mit der Anweisung, dort und da an dem und dem Tag zu erscheinen.

Es regnete nicht mehr. Es war strahlender Sonnenschein. Er blendete unangenehm in den Augen.

Das war eine anstrengende Nacht gewesen, die sich aus der Idee, einfach auf einen Drink im Mon Chérie hineinzuschauen, ergeben hatte. Hugo Schantz, der Bassist, war tot. Peter Gruzowski, der Türsteher, war tot. Zwei große Verluste. Und das waren nicht die einzigen Verluste. Wir hatten alle so einiges verloren. Einer der Gäste hatte sein Hasch verloren, einer sein Morphium, eine ihr mit Mühe stibitztes Scheckheft, zwei Nutten ihre rechtmässig erkämpfte Beute, einige sicher für einige Zeit ihren Seelenfrieden – und ein ganzer Tisch von Journalisten eine gute Geschichte.

Ich selbst war unter den Glücklichen. Ich hatte nur meine Pistole verloren – die ich unerlaubt besitze und die ich deshalb so sorgfältig sowohl hinter der Schüssel in der Herrentoilette versteckte als auch dort fand.

Und Gott weiß allein, was eine neue schwarz kosten wird. Aber das ist es ja, was ich die ganze Zeit sage: Wenn nur diese verfluchten Zeitungen erschienen wären.

Zehn Minuten in unserer Zeit

Leif Davidsen

Der Heckenschütze lag auf einem Esstisch in einem Hochhaus in Sarajevo und war stolz auf seine Fähigkeiten. Er hatte den imitierten Mahagonitisch in ein kleines Zimmer gezogen, das einmal ein Kinderzimmer gewesen war. In einer Ecke lag eine Puppe ohne Kopf und jemand hatte den Kopfteil des kleinen Holzbetts weggenommen. Vielleicht um es zu verbrennen. Oder aus reiner Zerstörungslust, die alle befallen hatte. Das Bett lag auf dem Boden, Decke und Laken fehlten. Das grüne Blumenmuster der Matratze war verblichen. Es roch leicht nach Kinderurin. Das Hochhaus war leer und still. Von außen konnte man sehen, dass die meisten Scheiben zerbrochen waren. Der Wind, der von den Gebirgszügen oberhalb der Stadt kam, packte die Gardinen und wehte sie hinaus. Als versuchten sie, sich vom Haus zu lösen und aus der Stadt zu fliehen. Sie waren weiß und hauchdünn und erinnerten an andere Sommertage, an denen man die Fenster geöffnet hatte, um frische Luft hereinzulassen, und als der Klang von Kinderstimmen zusammen mit dem konstanten Geräuschpegel der Autos von der Straße hinaufgedrungen war.

Der Heckenschütze hörte die Krähen. Sie flogen jedes Mal krächzend auf, wenn eine weitere Mörsergranate in die roten Dächer einschlug. Sie hatten Mauser-Gewehre mit dem schwarzen Zielfernrohr neben sich liegen und beobachteten die leeren Straßen durch ihr Fernglas. Er hielt sich in sicherem Abstand vom Fensterrahmen. Er war gut ausgebildet und kannte den Unterschied zwischen der Licht- und der Schallgeschwindigkeit. Trotzdem verblüffte dieses Phänomen ihn jedes Mal wieder. Er sah den Treffer und den weißgrauen Rauch von Stein und Zement. Und erst einen Augenblick später hörte er das Zischen der Granate, den Krach und das knirschende Rasseln, wenn Mauerwerk, Ziegel und Holz zusammenbrachen. Er hatte ein paar Mal den Eindruck gehabt, Schreie und Kinderweinen zu hören, wusste aber ganz genau, dass das nur Einbildung war. Dann kam die nächste Rauchwolke, gefolgt von dem nächsten Krach, und so lag er eine Stunde lang da und lauschte Sarajevos Symphonie, während er dazwischen an die roten Mauersteine der Schule in Nørrebro in Kopenhagen dachte und wie doch jede beliebige Stadt vom normalen Zustand in ein Irrenhaus verwandelt werden konnte. Jede Stadt bestand aus Häusern, Straßen, Gassen, Bäumen, Denkmälern und Menschen. So sahen die meisten die Stadt an. Aber eines Tages schaute man nicht mehr auf das Sichtbare, das Offensichtliche. Eines Tages hatte eine Stadt sich verändert, verwandelt und war nicht mehr die Ansammlung sicherer Geschäfte und gepflegter Bürgersteige, schattiger Märkte und einladender Portale. Alles konnte in Aussichtspunkte und Schusswinkel verwandelt werden. Jeder Mensch trug das Böse in sich.

Er sah das Fahrzeug schon in der Ferne an der Ecke des kleinen Platzes, der vor den verlassenen Hochhäusern lag. Es war weiß und zuerst glaubte er, es wäre einer der Jeeps der UN, aber als er sein Fernglas scharf gestellt hatte, begann sein Herz schneller zu klopfen und sein Atem ging kräftiger. Es war ein weiß angemalter Landrover, hinten geschlossen. Als er wendete, um an den niedrigen zerschossenen Häusern entlang zu fahren, die einmal zu einem Einkaufszentrum gehört hatten, wuchsen die Buchstaben BBC NEWS CREW in seinem Fernglas.

Endlich hatte er Glück. Zwei Tage hatte er gewartet. Darauf, dass die Einwohner der Stadt sich hervortrauten. Aber die blieben in ihren Kellern. Die Mörsereinschläge machten ihn irgendwie froh, aber die Arbeit eines Heckenschützen war einfacher, wenn sich die trügerische Ruhe über die Stadt senkte. Er erinnerte sich noch ans erste Mal. Der moslemische Milizsoldat hatte sich an eine Ecke gekauert, die Kalaschnikow auf ein Haus weiter die Straße hinauf gerichtet. Seine Hände hatten gezittert, als er die Mauser anlegte und der Rücken des Moslems im Fadenkreuz auftauchte. Er hatte das Gewehr ablegen müssen, um erst einmal tief ein- und auszuatmen, bevor er es wieder in die Achselhöhle schob und den Rücken im Zielfernrohr fand. Dann war eine Ruhe über ihn gekommen, der Schaft hatte seine Wange wie in einer Liebkosung berührt und als er den Abzugshahn spannte, hatte er ein Bild von seiner ersten Jagd in den Bergen Bosniens vor Augen, mit seinem Onkel und dem Schneehasen, der hinfiel und den Schnee rot färbte. Der Moslem fiel vornüber, wie von einer Faust im Rücken getroffen und am Abend hatte er mit seinen Kameraden eine Flasche Wodka getrunken. Trotzdem war er später in der Nacht mit zitternden Händen und einem Weinen aufgewacht, das im Hals saß und nicht herauskommen wollte.

Immer wieder wachte er nachts auf, von einer unerklärlichen Angst gepackt, die er nicht begreifen konnte und nicht analysieren wollte. Denn wenn er sein Gewehr hob, waren seine Hände ruhig und sein Atem gleichmäßig und kaum hörbar, so wie sein Onkel es ihn gelehrt hatte, wie es sein musste, wenn der Jäger seine Beute treffen wollte. Vielleicht läge er gar nicht hier und hielte nach Beute Ausschau, wenn sein Vater nicht tot wäre? Seinem Vater hatte es in Dänemark gefallen. Er arbeitete gern auf der Schiffswerft in Kopenhagen. Er sprach sein gebrochenes Dänisch und trank voll Vergnügen mit seinen Kameraden Schnaps und Bier. Sie hatten eine schöne, bezahlbare Wohnung. Und er selbst? War es ihm nicht auch gut gegangen? Kopenhagen, das war seine Stadt. Er war hier geboren, aufgewachsen, in die Schule gegangen, hatte sich hier verliebt. Hatte in erster Linie Fussball, Mädchen und Bier im Sinn. Später auf dem Gymnasium kam der

Computer dazu. Bis zu Vaters Tod dachte er auf Dänisch. Das war sein Land geworden. Vater war Gastarbeiter gewesen. Er kam, als in den glücklichen Sechzigern Arbeitskräfte fehlten. Später holte er seine Frau nach. Das war ihr neues Zuhause. Jugoslawien war ein schönes, freundliches Land, in das sie jeden Sommer fuhren, um dort Ferien bei dem Onkel zu machen. Aber war es noch ihr Land? Genau genommen war er ja schon eher Däne als Serbe. Vater war zwar noch Serbe, fühlte sich aber dänisch. Er mochte die Dänen ganz einfach. Vor allem, nachdem sie einen Schrebergarten bekamen. Sie wollten nie zurück.

Bis zum Blutgerinnsel. Mutter sah Dänemark nicht in gleicher Weise. Sie konnte nicht so viel Dänisch. Fühlte sich immer als Fremde und vermisste die alten Viertel in Sarajevo. Also zogen sie zurück nach Hause. Oder zogen sie fort? Alles war ein Zufall. Wenn das Blutgerinnsel nicht gewesen wäre, hätte er all das hier im Fernsehen gesehen, statt Teil davon zu sein? Während er vergeblich seiner dänischen Frau zu erklären versuchte, warum sein altes Heimatland in ein Irrenhaus verwandelt worden war. Warum ein ganzes Volk von einem Blutrausch erfasst wurde. Was das neue Wort ethnische Säuberung eigentlich bedeutete. Warum hasste er selbst heute? Warum hatte er die ethnisch Unreinen gehasst, während ihm seine dänische Altklugheit doch sagte, dass nur Fliegen wirklich ethnisch rein waren. Weil sich kein anderes Tier mit ihnen paaren wollte – ausgenommen Fliegen. Aber so einfach war es nicht, dachte er. Die letzten zwei Jahre hatten ihm gezeigt, dass alle töten können, wenn sich die Gelegenheit bietet. Dass selbst die unschuldigsten Städte den Keim des Mords in sich bergen. Dass die Zivilisation nur ein Firnis ist.

Die Gedanken sausten ihm im Kopf herum. Das hatte in den letzten Monaten angefangen. Er hatte immer mehr Mühe, sich zu konzentrieren. Außerdem trank er zu viel. Rauchte die schwarzen Zigaretten, die mitgeholfen hatten, seinen Vater umzubringen. Er vermisste seinen Vater. Er war ihm eigentlich immer fern gewesen, aber er war so gut gewesen. Gut. Freundlich. Froh. Zufrieden.

Er begriff die Journalisten nicht. Für ihn war es eine Selbstverständlichkeit, sein Leben aufs Spiel zu setzen, um die Stadt von den Fremden zu säubern, aber warum die Journalisten hier waren, das ging über seinen Verstand. Wahrscheinlich war es wirklich so einfach, wie sein Kommandant gesagt hatte. Dass sie des Geldes wegen hier waren. Und des Abenteuers wegen. Um sich nicht zu langweilen. Um ihre bezahlten Lügen über den Freiheitskampf der Serben weiter zu verbreiten. Er sah sie als Zuhälter an. Reiche Zuhälter, die sich kaufen ließen und in schusssicheren Westen über ihren teuren Safariklamotten herumschlenderten, während andere für die Freiheit starben. Er hasste die Moslems und die Kroaten, aber gleichzeitig respektierte er seine Feinde. Er brachte sie um, verglich sich dabei aber mit Stierkämpfern, von denen er gelesen hatte und die er in Spanien vor zehn Jahren gesehen hatte, als er erst fünfzehn Jahre alt gewesen war. Der Stierkämpfer tötete seinen Feind, aber gleichzeitig respektierte er ihn. Sie waren ebenbürtig. Die Presse hingegen betrachtete er voller Verachtung. Seine Vorgesetzten erzählten ihm, dass die Journalisten Partei gegen Serbien ergriffen. Dass sie die Faschisten liebten und dass sie mit ihren Lügen die Welt gegen Serbien aufgehetzt hatten, sodass sogar alte Freunde wie die Russen diesen jetzt den Rücken zukehrten.

Er strich mit dem Fernglas über die Gebäude ihm gegenüber. Ein Kamerad war vor einem Monat im Fenster neben ihm getötet worden. Er hatte sich zu sicher gefühlt und als er das Feuer auf eine Gruppe Zivilisten an einer Wasserpumpe eröffnet hatte, hatte ein moslemischer Heckenschütze ihn direkt in den Mund getroffen. Vielleicht hatten die Moslems die Zivilbevölkerung sogar als Köder auf die Straße geschickt. Das war eine Falle, genau wie die, wenn ein weißer Jäger eine tote Antilope an einer Trinkstelle in Afrika in einen Baum hängt und im Versteck auf den Leoparden wartet, der seine eigentliche Beute ist.

Die Fenster glotzten wie leere Augenhöhlen in einem Schädel. Dennoch untersuchte er sorgfältig noch einmal die Fassaden, bevor er das Fernglas hinlegte und vorsichtig die schwere Rifle hochhob und anlegte. Er schätzte den Abstand auf 500 Meter. Das war an der Grenze des Machbaren, aber allein als Abschreckung würde es seine Wirkung tun. Der Landrover wuchs in seinem Zielfernrohr. Er kam auf den Platz und fuhr heran. Sie überlegten. Das heutige Bombardement fand nordwestlich vom Platz statt. Dieser Stadtteil war sicher, wie die Journalisten glaubten. Sie waren vor den Mörsergranaten geschützt, auch wenn die Schützen oben auf den Gebirgszügen ein anderes Ziel aussuchten. Er begriff, was das Fernsehteam wollte. Der Platz lag etwas erhöht, sodass man von hier auf die zerschossenen Dächer sehen konnte. Sie wollten hier eine dieser Aufnahmen machen, bei denen der Journalist mit dem Rücken zum Kriegsgeschehen steht. Auf dem Fernsehschirm würde es aussehen, als stünde er mitten im Krieg, obwohl er doch weit entfernt war. In diesem Stadtteil gab es nicht mehr viele Bewohner. Seit mehreren Wochen hatte es hier keine Heckenschützen mehr gegeben. Deshalb war er hergekommen, hatte geduldig gewartet und die wenigen einfachen Zivilisten, die sich trotzdem heraus gewagt hatten, in Ruhe gelassen.

Der Landrover stand jetzt still. Der Heckenschütze legte wieder das Gewehr ab und nahm das Fernglas. Jetzt war ein Mann mehr zu sehen. Er trug helle Safarikleidung und eine blaue schusssichere Weste über dem frisch gebügelten Hemd. Er war älter. Vielleicht vierzig und er hatte ein nervöses Zucken an dem einen Auge. Der dritte Mann hatte den Wagen gefahren. Auch er trug eine schusssichere Weste über seinem Khakihemd. Er reichte seinem Kollegen ein Mikrophon, dessen Kabel an der Kamera befestigt wurde. Der Kameramann gab das Mikrophon dem 40-jährigen, das musste also der Journalist sein. Jedenfalls zog er einen kleinen Taschenspiegel hervor und betrachtete sich sorgfältig darin. Er gab das Mikrophon wieder dem Fahrer, holte eine Dose aus der Tasche. Dann puderte er sich, wobei er in den Spiegel sah. Der Heckenschütze begriff das nicht. Warum puderte sich ein Mann mitten im Krieg? Der Fernsehjournalist schob die Dose zurück in die Tasche und bekam das Mikrophon wieder. Der Kameramann schulterte die Kamera und zeigte auf den Fernsehjournalisten, der sich streckte und dann mit ernster Miene in die Kamera guckte. Aber dann drehte er sich um. Ein weiterer Mensch stieg aus dem Landrover. Es war eine Frau. Der Heckenschütze stellte sein Fernglas scharf und konzentrierte sich auf sie. Sie war jung und hatte kurze blonde Haare. Sie war schlank in den hellen Jeans und irgendwie sah sie trotz der plumpen blauen Weste anmutig aus. Sie redeten da unten miteinander, aber er legte das Fernglas ab und versuchte seine Gefühle unter Kontrolle zu bekommen. Er hatte sie wieder erkannt. Es war Lise.

»Lise, Lise, Lise«, sagte er so laut, dass er selbst über das Echo in dem fast leeren Raum erschrak. »Was machst du hier? Warum bist du nicht zu Hause geblieben?«

Er betrachtete sie genauer. Das schwere Militärfernglas ließ ihre Züge deutlich hervortreten, auch wenn ihr Gesicht leicht vibrierte. Seine Hand zitterte ein wenig, aber er zwang sie zur Ruhe. Sie war zwei Klassen über ihm ins Gymnasium gegangen und er hatte sich in sie verliebt. Aber auf Abstand. Es war nie etwas zwischen ihm und ihr gewesen. Warum schlug also jetzt sein Herz so wild? Sie war Journalistin geworden, genau wie sie es gewollt hatte. Die schöne große Schwester seines besten Freunds. Er erinnerte sich plötzlich an das Haus, in dem sie damals gewohnt hatten und in dem Moment kamen ihm Zweifel an sich selbst und an seiner Mission. Er wusste nicht mehr, warum er hier auf der Lauer lag, statt ganz normal zu leben. Die Unsicherheit überkam ihn wie ein Schauder und wurde fast sofort zu einer Angst, die rein physisch sein Herz umklammerte, sodass er Angst hatte zu sterben.

Er legte das Fernglas hin und setzte sich halb auf. Ihm wurde schwarz vor Augen und er schwitzte. Er atmete tief ein und aus. Er schloss die Augen und sah gelbe Stadtbusse und Radfahrer und eine Neonreklame auf dem Rathausplatz. Er blieb einen Augenblick lang mit zusammengekniffenen Augen sitzen. Ein Bild nach dem anderen zappte in seinem Gehirn herum: Der Vater mit einem Tuborg vor der roten Schrebergartenlaube. Die Mutter in der Küche. Sein Fahrrad, das er auf den Ständer vor der Schule stellte. Tivoli, wo er mit einer lange schon vergessenen Freundin Hand in Hand ging. Der Strøget an einem Samstag Vormittag. Das alte Stadion, voll mit Zuschauern bei einem Länderkampf. Bellevue Strand, wo er nach Mädchen Ausschau hielt. Ein blauer Milchkarton, Müsli und Lakritz. Dann änderten die Bilder ihren Charakter. Er öffnete schnell die Augen, aber die Stadt war verschwunden. Stattdessen sah er Haufen von Leichen ohne Hände und mit zerschmetterten Gesichtern. Er sah Menschen mit verschwommenen Zügen, die wie in Zeitlupe langsam auf ihn zugingen, mit ausgestreckten Armen, und die wie gequälte Hundewelpen fiepten. Er schoss auf sie, aber die Kugeln gingen direkt durch sie hindurch. Sie kamen ihm mit ihren ausgestreckten Armen entgegen. Er hörte sie schreien, als die Haut und das Fleisch ihnen von den Gesichtern fielen, sodass sich die Schädel in einem steifen Grinsen entblößten. Aber er selbst war es, der da schrie. Er hielt sich die Ohren zu, doch der schrille Schrei wollte nicht weichen. Der Heckenschütze sprang vom Tisch und stellte sich an die hinten gelegene Wand. Er presste seinen Rücken gegen die vergilbte Tapete, während er langsam immer wieder mit dem Hinterkopf gegen die Wand schlug. Das Schwindelgefühl ebbte ab, Sarajevo tauchte wieder durch die kaputten Fenster auf. Von Neuem hörte er die Symphonie des Kriegs. Sein eigener Schrei hört auf. Nur sein wild pochendes Herz erinnerte ihn noch an den Anfall. Langsam bekam er den Atem wieder unter Kontrolle, aber die Angst hatte ihn immer noch in ihren Klauen. Er wusste nicht, was da mit ihm vorging. Nur dass er dabei war, seinen Verstand zu verlieren. Er war sich klar darüber, dass er nie wieder sein Gewehr anfassen konnte, wenn er sich jetzt nicht auf den Tisch legte und es packte. Die Kameraden in seiner Gruppe kannten keine Gnade für einen Verräter. Er konnte nur töten oder desertieren. Eine andere Wahl hatte er nicht.

Er kletterte auf den Tisch und nahm das Gewehr. Seine Hände zitterten nicht mehr. Durch das Zielfernrohr betrachtete er die kleine Gruppe. Lise stand an der Seite und hielt einen Scheinwerfer. Der männliche Journalist redete in die Kamera. Der Heckenschütze legte an. Langsam ließ er die Luft in seine Lunge einziehen und atmete sie halb wieder aus, aber seine Hände zitterten immer noch ein wenig und der Schweiß lief ihm in die Augen. Er traute sich nicht, auf sie zu schließen. Er hatte Angst, dass die Bilder zurückkehren würden. Das Fadenkreuz im Zielfernrohr stand jetzt genau und fast gar nicht mehr zitternd direkt auf der Stirn des Fernsehjournalisten. Das Gehirn des Heckenschützen schickte den zerfaserten Nervenbahnen das Signal, das den Zeigefinger der rechten Hand dazu brachte, sich sanft und trotzdem energisch zu krümmen. Er sah sich selbst von außen und bemerkte nicht, dass das noch jemand tat. Die Bewegungen des Heckenschützen vom Tisch herunter und wieder hinauf waren von einem kroatischen Schützen im Haus gegenüber bemerkt worden. Er hatte ihn während der letzten dreißig Sekunden im Visier. Er war neu und sein Gewissen hatte ihn noch nicht ängstlich werden lassen, also schoss er.

Das schwere Projektil fuhr dem Heckenschützen durch die Wange und schleuderte ihn vom Tisch. Das Letzte, an das er sich erinnerte, war das Licht über Kopenhagens Dächern an einem Morgen vor langer Zeit.

Der Rächer des Herrn

Ingvar Ambjørnsen

Ich fuhr nach Kopenhagen, um einen gebrauchten Briefkasten zu kaufen. Ich saß in der Bar auf der Fähre, trank Kaffee und fragte mich: bin ich wohl der erste, der das macht? Ist jemals jemand nach Kopenhagen gefahren, um einen gebrauchten Briefkasten zu kaufen? Wohl kaum.

Schon möglich, dass irgendwer nach einem feuchten Besuch in der königlichen Stadt mit einem verbeulten Briefkasten nach Norwegen zurückgekommen ist, aber eigentlich kann ich mir auch das nicht vorstellen. Doch einzig und allein wegen eines gebrauchten Briefkastens zu fahren ... Ich fand es sehr wahrscheinlich, dass ich mich als Erster in der gesamten Weltgeschichte zu einer solchen Expedition anschickte.

Egal. Ich dachte ja nicht nur an diesen verbeulten Briefkasten. Ich dachte zum Beispiel: Ich reise im Dienste der Gerechtigkeit. Gott selber hat mir ein Wort ins Ohr geflüstert. Und dann dachte ich an Lars Anonsens Gesicht. Holte es aus meiner Erinnerung hervor. Die steilen Geheimratsecken. Die gerade Nase. Das fast nicht vorhandene Kinn, das seinen Teil über einen schwachen Charakter erzählte. Und der Blick! Seinen blauen, ein wenig treuherzigen Blick!

Ich sah in der feuchten Fensterscheibe mein Spiegelbild. Ich sah einen fast haarlosen Mann. Einen Mann, dem noch zwei Jahre bis zum Pensionsalter fehlten.

Ich sagte leise zu meinem Spiegelbild: »Prost, Erling Lien. Auf dich und auf die, die du nicht bekommen hast!«

Dann dachte ich an sie.

Ach nein, es war keine Romanze gewesen. Das wäre nicht

möglich gewesen. Sie war fast zwei Jahrzehnte jünger als ich, und außerdem war ich damals verheiratet. Es war eine Verliebtheit auf Distanz. Ich bin ein vorsichtiger Mann oder besser gesagt, das war ich. Es fiel mir nicht schwer, mich mit so wenig zu begnügen. Als sie sich nach einiger Zeit einen Freund zulegte, freute ich mich für sie. Es machte mich glücklich, sie so glücklich zu sehen. Ich weiß nicht. Vielleicht brachte ich ihr auch väterliche Gefühle entgegen. Meinen sexuellen Phantasien zum Trotz, sollte ich vielleicht noch hinzufügen. Ich will mich nicht besser machen als ich bin.

Ich wohnte damals im Norden. In einer Kleinstadt. Jetzt wohne ich in einer Kleinstadt im Süden. Soviel Geographie muss sein. Norwegen ist ein weitgedehntes Land. Zwischen dort und damals und hier und jetzt liegen viele Dutzend Kilometer und fast zehn Jahre.

Sie hieß Lene. Ihr Nachname interessiert hier nicht weiter. Sie war um die dreißig, dunkel und schön. Sie arbeitete in der Post, ich in der Bank. In unserer kleinen Stadt lagen Post und Bank in einem Einkaufszentrum, das war praktisch und einfach für alle. Und da weder Post noch Bank eine eigene Kantine besaßen, gingen die meisten von uns mittags in die Cafeteria des Zentrums.

Wir nickten einander zu.

Und dann wurde das Postamt überfallen. Es war ein äußerst brutaler Überfall. Die Verbrecher schossen mit Schrotgewehren um sich, schrien und drohten, sie ließen wirklich nichts aus. Ich hatte an diesem Tag frei. Aber ich erfuhr ja alle Einzelheiten aus der Zeitung, und noch viel mehr hörte ich am nächsten Tag bei der Arbeit. Wir von der Bank wussten ja, dass nur durch Zufall die Kollegen von der Post das Opfer geworden waren und nicht wir. Ich weiß noch, dass wir Blumen für die sammelten, die während des Überfalls Dienst gehabt hatten. Eine davon war Lene.

Die Zeit heilt alle Wunden, wie es so schön heißt. Das stimmt aber nicht. Denn erst zwei Monate später machte Lene sich auf den Weg in den Untergang. In der ersten Zeit war sie ganz normal zur Arbeit erschienen. Dann verschwand sie. Sie wurde zu einem Nervenbündel, zu einem Schatten ihrer selbst.

Die Verbrecher wurden einen Monat nach dem Überfall festgenommen. Sie wurden zu viereinhalb Jahren verurteilt und büßten drei davon ab.

Lene bekam lebenslänglich.

Ich fuhr mit einem Taxi nach Nørrebro. Ich kaufte im Laden an der Ecke frische Brötchen, Milch, Kaffee und Schinken. Dann überquerte ich die Straße und stieg die vielen Treppen zur Mansardenwohnung meiner Schwester hoch. Es roch muffig. Als ich die Wohnzimmerfenster weit aufriss, sah ich auf der weißangestrichenen Fensterbank eine feine Staubschicht. Ich frühstückte und machte danach so gut es ging sauber. Es war Mitte Oktober, aber die Luft, die durch die offenen Fenster strömte, war mild. Margrete und Finn hätten noch eine Weile hier bleiben können, aber sie waren wie üblich am 20. September an die Costa Brava aufgebrochen. Ich hatte das nie verstanden. Mir gefallen Herbst und Winter im Norden.

Ich hatte keine Ahnung, wo man in Kopenhagen gebrauchte Briefkästen kaufen kann. Vielleicht war das überhaupt nicht möglich. Ich überlegte mir, dass ich im schlimmsten Fall einen neuen erstehen und mit künstlicher Patina versehen könnte.

Das war dann aber doch nicht nötig. Schon im ersten Gebrauchtwarenladen, gleich beim Halmtorv, wurden nicht weniger als sechs Stück angeboten. Ich kaufte keinen. Ich vertiefte mich in alte Postkarten. Der Alte hinter dem Tresen war in seiner eigenen Welt versunken. Er rauchte Zigarren und betrachtete in einer Pornozeitschrift junges Frauenfleisch. Wir waren allein im Laden. Ich ging. Ich glaube nicht, dass er das registriert hat.

Ein Stück weiter in dieser Straße lag eine Kneipe. Ich hatte jetzt Hunger und Durst und ging hin, nachdem ich mir an einem Kiosk Zeitungen gekauft hatte. Es war ein müder Ort für müde Menschen, still und ruhig. In einer Ecke führte ein Mann in meinem Alter Selbstgespräche. An einem Fenstertisch saß ein für den Zustand, in dem es sich befand, viel zu junges Paar. Es trank konzentriert und sagte kein Wort. Der Wirt war genauso übellaunig wie Dänen in Romanen das eben sind, aber seine Frikadellen waren köstlich und sein Mineralwasser kalt und erfrischend. Ich fühlte mich dort wohl. Ich las Zeitungen und aß und ab und zu warf ich einen Blick auf das Straßenpflaster, wo gelbe Blätter im Wind tanzten. Auf der anderen Straßenseite saß eine ältere Frau und starrte vor sich hin. Sie trug einen schmutzigen Mantel und hatte sich die Perücke achtlos auf den Kopf gestülpt. In einem Einkaufswagen, wie man sie in Supermärkten stehlen kann, lag das, was ich für ihr gesamtes Hab und Gut hielt. Alles ordentlich in Plastiktüten verpackt.

Ich aß fertig und bezahlte. Dann ging ich hinaus und setzte mich neben sie auf die Bank.

Sie war betrunkener, als ich erwartet hatte, und anfangs hatte sie überhaupt keine Lust, mir einen Gefallen zu tun. Ich gab ihr einen Hunderter und sagte, die Briefkästen kosteten fünfzig Kronen. Sie könne den Rest behalten. Das half nichts. Ich zog noch dreihundert Kronen hervor und zerriss die Scheine. Ich gab ihr drei Hälften und behielt die anderen. Das hatte ich so im Film gesehen. Und vielleicht war sie auch schon einmal im Kino gewesen, denn das verstand sie. Ich versprach, auf ihren Wagen aufzupassen, und sie machte sich murrend auf den Weg in den Laden.

Später ging ich dann nach Hause, der Briefkasten steckte in einer Plastiktüte.

Und dann konnte ich nur noch warten. Es war halb sieben. Ich wusste, dass ich lange warten musste, deshalb versuchte ich es mit einem Nickerchen auf dem Sofa. Das schaffte ich natürlich nicht. Denn viele Bilder flackerten an mir vorbei. Lars Anonsen zwei Jahre zuvor, betrunken und bedrohlich, in der Vestfoldbahn. Die Erinnerung an meinen Schock, als ich erkannte, dass er es wirklich war. Wie andere Kollegen auch hatte ich die Sache damals verfolgt und ein Gesicht vergesse ich nie. Er hatte einen Siebzehnjährigen zu diesem Postraub überredet. Er hatte das Leben eines Siebzehnjährigen ruiniert. Ich hatte mir überlegt, wenn ich je die Möglichkeit sehe, dann ist Anonsen fällig.

So denkt man ja, wenn das Blut in Wallung gerät. Aber die Möglichkeit stellt sich niemals ein. Und als sie dann doch auftauchte, erschien mir das als ein Fingerzeig Gottes. Ich sollte Gott beim Aufräumen helfen.

Er stieg an der nächsten Station aus. Es war alles so leicht. Ich folgte ihm zu einem zweistöckigen Holzhaus unten am Bootsanleger. Auf dem grünen Briefkasten im Treppenhaus stand »Lars Anonsen«. Namen vergesse ich auch nicht.

Ich war offenbar doch eingeschlafen, denn als ich das nächste Mal auf die Uhr schaute, war halb eins vorbei. Und ich hatte noch immer mehr als genug Zeit. Die unruhigen Seelen in Sodom und Gomorrha würden sicher bis mindestens vier durchhalten. Aber dann würde alles still sein. Still wie der Tod. Das wusste ich aus Erfahrung. Ich hatte so oft für sie gebetet, aber das brachte offenbar nichts.

Um Viertel nach drei schaltete ich das Wohnzimmerlicht aus und ging auf die Dachterrasse. Jetzt war es kalt. Ich ging wieder ins Haus und zog den Mantel an, dann begab ich mich hinaus in den Kopenhagener Herbstwind.

Noch schwelte das Feuer, das Satan früher an diesem Abend entfacht hatte. Schwelte in Wohnungsfenstern. Ein Schrei zerriss die Nacht und vor dem Tor stand eine junge Frau und befreite sich mühselig von ihrem Mageninhalt. Es war niederschmetternd. Ich ging zurück ins Wohnzimmer, setzte mich vor den Fernseher und sah fast zwei Stunden lang Müll, Müll, Müll.

Um vier war alles still, wie erwartet. Ich ging die Treppe hinunter und aus dem Haus. Es waren genau vierundvierzig Schritte zu dem abgenutzten Tor, das im Wind hin und herschlug. Das wusste ich ja schon. Genau vierundvierzig Schritte. Ich sah keinen Menschen.

Es ging schnell. Ich hatte mich darauf vorbereitet. Hatte trainiert. Das Mietshaus schien in schwerem Rausch zu schlafen, als ich durch Eingang A ging und die Ahle tief in die Wand stieß. Dann griff ich zum Handbohrer. Ich brachte den Briefkasten in weniger als zwei Minuten an, ich schaute dabei auf die Uhr. Dann hing er da. Ein zerbeulter Briefkasten zwischen anderen Briefkästen, in einer Mietskaserne, wo die Menschen kamen und gingen, in einem einzigen Strom aus Rausch und Erniedrigung ein- und auszogen. Jens Brun stand auf dem Briefkasten. Dann ging ich zurück in die Wohnung meiner Schwester und schrieb mit Margretes Computer einen Brief an Lars Ansonsen. Handschuhe. Es ging langsam, musste aber sein. Ein Angebot, das er wohl kaum ausschlagen konnte. Er wanderte noch immer über den breiten Weg. Das wusste ich. Bekam Sozialhilfe, was für ihn bedeutete, dass er chronisch pleite war. Pleite und vom Durst gequält, in seiner selbstgewählten Wüste.

Ich machte einen Ausdruck und löschte meinen Text.

Am nächsten Tag gab ich den Brief in Nyhavn auf und nahm die Fähre nach Oslo.

Die Tage vergingen. Und die Wochen. Ich ging zur Arbeit und wieder nach Hause. Jeder Donnerstag war eine Belastung, und daran hatte ich vorher nicht gedacht, aber ich sagte mir, dass ich es selber so gewollt hatte. Dass niemand außer mir Weihnachten vorgeschlagen hatte. Manchmal kamen mir Zweifel, ja, ich bereute sogar. Aber der Zweifel ist der Bruder des Glaubens. Das hatte das Leben mich gelehrt.

Gregorsen und ich hatten viel darüber gesprochen. Über Zweifel und Glauben. Die anderen lachten über uns, das wusste ich. Die anderen lachten über unsere wöchentlichen

Morgenandachten im Pausenzimmer der Bank. Und das Beste war, dass sie den Witz über unsere Minigemeinde zu Hause und in der Stadt weitererzählten.

Jeden Donnerstag ging ich eine Stunde früher zur Arbeit. Ich klingelte an der Hintertür, und der Direktor, mein Bruder und Lehrer, ließ mich ein. Dann lasen wir die Schrift und beteten für die, die über uns lachten, für die Kunden der Bank und für unsere eigenen Seelen. Eine Stunde pro Woche. Diese Stunde bedeutete mir schließlich mehr als der wöchentliche Kirchgang. Wenn die anderen um acht Uhr eintrafen, war der Kaffee fertig und Ruhe erfüllte unsere Seelen.

Doch die Nacht zum Donnerstag war in diesem Spätherbst eine Qual. Manchmal schlief ich erst spät in der Nacht ein und träumte dann von der Pistole, die unter dem linken Ohr in die Haut gepresst wurde.

Und bei unserem gemeinsamen Donnerstagsgebet dachte ich: Alles liegt in Gottes Hand. Er kann Anonsen davonkommen lassen oder ihn zurückholen. Unser Herr entscheidet.

Und Gott ließ Anonsen davonkommen. Sandte ihn aus, das Menschenleben besser kennen zu lernen. Gott sah das so wie ich. Dass drei Jahre in einem staatlichen Kloster nicht ausreichen zur Läuterung. Nicht bei einem verhärteten Mann wie Lars Anonsen.

Es war drei Wochen vor Weihnachten. Es war Donnerstag, sieben Uhr. Dichter Schnee fiel. Ich folgte Gregorsens Spuren über den Hinterhof der Bank und weiß noch, dass ich dachte: Also wird es auch diese Woche nicht geschehen. Vielleicht geschieht es nie, und dann finden wir uns eben damit ab.

Ich klingelte und hörte Gregorsen auf dem Weg zur Tür singen: »Ein' feste Burg ist unser Gott.«

Und dann waren sie da. Sie waren zu zweit. Sie trugen Hasskappen, aber Anonsen erkannte ich trotzdem. Ich kannte ihn gewissermaßen auswendig. Ich hatte ihn so oft aus der Entfernung beobachtet. Wusste, wie er seinen Körper lenkte. Sich bewegte.

»Bleibt ganz still stehen und tut, was ich sage«, rief er. »Dann geht alles gut.«

Gregorsen schloss die Tür auf, und wir taumelten zu dritt in die Diele. Ich mit einem abgesägten Schrotgewehr an der Schläfe. Und das war gut so. Es war fast bis zur Lähmung beängstigend, aber ich hatte es ja so gewollt. Anonsen hielt sich an die Mahnung, die ich von Jens Brun hatte verfassen lassen. Nämlich, dass Gregorsen eher freudig in den Tod gegangen wäre, als den Tresor zu öffnen. Aber dass er niemals zulassen würde, dass Erling Lien denselben Weg ging.

Es war wie im Film. Aus solcher Schweinerei werden Filme ja gemacht. Anonsen drohte die ganze Zeit, mich umzubringen, wenn Gregorsen sich nicht beeilte. Gregorsen zögerte, und für einen Moment dachte ich: »Herrgott, hier hast du mich.« Doch dann gab er nach. Schloss den Tresor auf. Der Gehilfe räumte ihn aus, während Gregorsen um mein Leben flehte und ich auf dem Boden hockte, mit dem gezackten Gewehrlauf am Hinterkopf. Es war eine ungeheuer intensive Morgenandacht. Die Stärkste, die ich je erlebt hatte. Wir waren Brüder. Da und dort waren wir alle Brüder, aber das wusste nur ich.

Später beteten Gregorsen und ich im Tresorgewölbe weiter, Mund, Handgelenke und Knöchel umwickelt mit Klebeband. Die beiden Bankräuber hatten eine Stunde Vorsprung, um fast drei Millionen Kronen in Sicherheit zu bringen. Sie würden es schaffen. Sie wussten, dass sie diese Zeit hatten. Das hatte Jens Brun offen gesagt. Und ebenso klar hatte er mitgeteilt, dass er noch über weitere Insidertipps von dieser Güte verfügte. Er brauche sich nur an die Spielregeln zu halten, dann sei der Honigtopf noch lange nicht leer. Ein Drittel für Jens Brun. Nicht mehr. Nicht weniger.

Danach ging alles leichter als erwartet. Gregorsen und ich waren bekannte Gemeindemitglieder. Wir hatten ein Leben lang in der Bank gearbeitet. Uns wurde psychologische Betreuung angeboten, aber wir lehnten dankend ab. Wir hatten unseren Mann auf Golgatha, und zum ersten Mal schien niemand das seltsam oder lächerlich zu finden.

Wir baten in der Lokalzeitung die Bankräuber: »Kehrt um, ehe es zu spät ist!« Mir kam diese Bitte aus tiefstem Herzen. Ihnen blieben noch zwei Wochen bis zum Tag des Gerichts.

Gregorsen und ich nahmen das Angebot, einen Monat Urlaub zu machen, dankend an. Ich hatte gute Freunde bei der Seemannsmission in Hamburg. Die Bankleitung fand es nur natürlich, dass ich neue Eindrücke brauchte, so, wie die Lage nun einmal war.

Ich setzte mich in den Zug.

Nach anderthalb Wochen in der Hansestadt an der Elbe brach ich wieder auf. Ich nahm einen Nachtzug und erreichte Kopenhagen am frühen Morgen. Es war der 21. Dezember. Es schneite. In Kopenhagen war Weihnachten, Tausende von Lampen erleuchteten die winterliche Dunkelheit. Ich ging zu Fuß zur Wohnung meiner Schwester. Den Morgen und den Nachmittag über blieb ich auf dem Sofa liegen. Ich war nicht mehr enttäuscht. Ich hatte eingesehen, dass Menschen wie Lars Anonsen nun einmal so sind, wie sie sind. Dass sie zu besseren Zielen gelenkt werden müssen, als ihre eigene Psyche sie ihnen setzt. So einfach war das.

Um acht ging ich in die Stadt und aß etwas. Danach rief ich von einer Telefonzelle aus Gregorsen an.

»Wie geht's dir denn«, fragte ich.

»Danke, viel besser. Schön, dass du anrufst. Stine und ich haben darüber gesprochen. Wir würden dich zu Weihnachten gern einladen. Ja, denn dann bist du doch sicher wieder hier?«

»Natürlich«, sagte ich. »Das kannst du dir doch denken. Ich bin schon unterwegs. Gibt's was Neues?«

»Nein. Sie haben keine heiße Spur, sagen sie. Das bedeutet sicher, dass sie im Dunkeln tappen.«

»Wie schrecklich«, sagte ich. »Aber sicher geben sie sich alle Mühe.«

Dann legte ich auf und blieb mit Tränen in den Augen im Schneegestöber stehen. Jemand dachte an mich.

In dieser Nacht lief ich in der Wohnung meiner Schwester hin und her und betete. Jetzt legte ich alles in Gottes Hände. Und ich dachte, eigentlich könne nichts schief gehen. Auf jeden Fall werde die Gerechtigkeit siegen. Es gab drei mögliche Auswege aus der Lage, in der ich mich hier befand, aber jeder davon führte zur Gerechtigkeit. Als ich das erst gedacht hatte, senkte sich eine tiefe Ruhe über mich.

Um halb vier morgens überquerte ich die Straße und betrat abermals das baufällige Treppenhaus.

Wie beim ersten Mal: alles totenstill. Nur das ferne Motorendröhnen, das in der Großstadt nie ganz verklingt. Jens Bruns Briefkasten hing noch immer da, wo ich ihn aufgehängt hatte. Ich öffnete ihn und nahm zwei dicke braune Briefumschläge heraus. Dann entfernte ich den Namen Jens Brun und ersetzte ihn durch einen, den ich im Telefonbuch gefunden hatte.

Mein Herz hämmerte wie wild, als ich das stinkende Treppenhaus verließ, aber niemand erwartete mich draußen. Und damit gab es nur ein mögliches Ende für dieses Abenteuer. Es war ganz klar, was Gott mit mir vorhatte.

Ich dankte Ihm und pries Seinen Namen.

Mein Koffer war bereits gepackt. Die beiden Briefumschläge enthielten siebenhundertsechzehntausend Kronen. Ich verbrannte die beiden leeren Umschläge über der Toilette und spülte die Asche hinunter. Steckte das Geld in einen neuen Umschlag und klebte ihn zu. Dann wartete ich, bis es acht Uhr wurde, und ging.

Ein schöner Tag kündigte sich an. Der Osthimmel war schon ein wenig heller, und es war sternklar. Ich frühstückte in einem kleinen Café am Kongens Nytorv und sah, wie der Heilsarmeeoffizier neben dem Weihnachtsbaum am Rand des Platzes zum Wärmen die Arme um sich schlang. Sah den schwarzen Kessel, die Weihnachtsspardose. Die vielen gebrauchten Kleider, die in Weihnachtspapier eingewickelt unter dem Baum lagen. Der Offizier strahlte, und obwohl es noch so früh war, war er bereits eifrig umringt.

Als ich später satt und zufrieden den Umschlag mit dem Geld in die Spardose des Erlösers steckte, diskutierte der Offizier die Weihnachtsbotschaft mit zwei Weihnachtsmännern, die auf dem Weg zur Arbeit waren. Sie sahen mich nicht. Nur Gott sah mich und ich dachte daran, was ich in einer Zeitung gelesen hatte: dass der Täter im tiefsten Herzen oft bereut. Dass es für einzelne eine große Erleichterung bedeutet, wenn sie mit ihrem Opfer sprechen und über das Vorgefallene reden können.

Ich sah ein, dass ich mich mit Lars Anonsen versöhnen musste. Ihm meine Vergebung anbieten. Ihm meine Hand hinhalten, gewissermaßen.

Vom Hauptbahnhof aus rief ich das Tippstelefon der Osloer Hauptwache an und ließ ihn hochgehen. Nur um ganz sicher zu gehen, wo ich mich mitmenschlich betätigen könnte, wenn irgendwann im Frühling Brief- und Besuchsverbot aufgehoben werden würden.

Der Hochzeitstag

Guri Børrehaug Hagen

Die Sonne blinkt in dem glitzernden Stein an meinem Ringfinger. Ich habe heute geheiratet. Nach zwei Monaten Be-
kanntschaft. Martins rechte Hand ruht auf meinem Oberschenkel. Sein Ringfinger ist nackt. Altmodische Goldringe
sind etwas für Spießer. Für mich musste es Weißgold mit Bril-
lanten sein. Nur das Beste war gut genug.

Es ist flirrend heiß. Mein Ehemann hält einen Arm aus dem
Fenster und hat Schweißperlen auf der Stirn, obgleich wir ein
Kabrio fahren. Das braune Haar kräuselt sich und eine Furche
meißelt die Stirn in zwei Teile. Er sieht so gut aus. Gerade
jetzt kaut er angestrengt an der Wurst, die wir soeben gekauft
haben.

»Der im Imbiss gefiel dir wohl«, sagt er plötzlich.

»Du spinnst«, lache ich und knuffe ihn in die Seite.

»Glaubst du, ich habe nicht gesehen, wie du gestarrt hast,
hattest du Lust auf ihn?« Die Stimme ist nicht die von Martin.

»Hä? Lust auf? Ich versteh nicht . . .«

»Das heißt nicht ›hä‹.«

»Nein, entschuldige aber . . .«

Die Worte bleiben weg. Nur ein dünnes Räuspern presst
sich nach oben und trennt die Lippen.

»Vergiss es, Mieze, ich mach bloß Spaß.« Martin dreht sich
um und kneift mich leicht in den Oberschenkel. »Denk dran
du gehörst mir, du Luder«, lacht er.

Mir gefällt, wie er es sagt, ich liebe seine ein bisschen un-
verschämte Art. Martin kann sich so etwas erlauben, denn
Martin hat Stil.

Ich streichle seine Wange. Es ist klar, dass er nur gescherzt hat. Er dreht sich um und lässt sein Gesicht in ein großzügiges Lächeln zerbersten. Dieses Lächeln, das meinen Körper zum Wogen bringt und das Herz unter der Bluse zum Hämmern.

Er bittet mich, die Erfrischungstücher im Handschuhfach zu suchen. Ich öffne eins und gebe es ihm. Er drückt das Tuch auf das Gesicht. Martin ist so ästhetisch. Sein Hemd ist frisch gebügelt und strahlend weiß und die offenen Knöpfe entblößen die starke braune Brust. Behutsam schiebe ich meine Hand hinein und streichle vorsichtig darüber.

Er antwortet, indem er das Pedal heruntertritt, die Geschwindigkeit steigt. Wir pendeln außerhalb und innerhalb der Fahrbahn. Er hat ein Lächeln um den Mund und weiße Knöchel, ich spanne die Beine an und beiße auf die Unterlippe.

Mit einer Hand hält er das Lenkrad, mit der anderen seine Zigarette, die er in tiefen Zügen genießt.

Wir wollen auf die Hütte. Zu der Hütte von Martins Eltern draußen am Meer. Es ist August und warm.

»Ich freue mich so sehr darauf«, sage ich. »Du auch?«

»Ja.«

Das Wort blieb ein wenig einsam. Etwas zwickt im Magen. Ich verscheuche es. Die Unruhe kommt von der Geschwindigkeit. Martin liebt Tempo und Martin liebt Autos.

Stell dir vor, ich habe Martin getroffen. Ich, die nie richtig gewählt hat. Zwei Alkoholiker waren meine Vergangenheit, der letzte schlug außerdem. Ich weiß, dass ich provoziere, und dass Mama immer gesagt hat, ich wäre eigensinnig. Ich plage mich ständig mit Schuldgefühlen herum. Der Erste verließ mich nach drei Jahren und bedauerte, eine andere gefunden zu haben. Das wäre nicht nötig gewesen. Mit dem Zweiten quälte ich mich zehn Jahre lang. Mit Verlieben hatte es begonnen. Am Anfang waren beide charmant. Nach einigen Jahren wankte ich voller Angst, Verachtung, Mitleid und Hoffnung hin und her. Hoffnung, die mich nie verließ. Hoffnung, es sei das letzte Mal, dass sie tranken. Ich glaubte ihnen. Ich musste ihnen glauben. Meine beste Freundin Trude tat das nicht.

Sie bearbeitete mich ein Jahr lang, bevor ich meinen letzten Mann verließ, da war ich eine blasse Kopie meiner selbst. Mit achtunddreißig Jahren war ich resigniert und alt und mit den Männern fertig.

Bis ich nach zwei Jahren Alleinsein Martin traf. Ich schreckte zurück. Quälte mich weiter mit Angst und Furcht. Er gab nicht auf, ich glaube, es stachelte ihn an, und er war ganz anders. Ganz anders als meine anderen Männer. Auf eine lässige Art höflich und selbstsicher. Frei. Total frei von Regeln und Verboten und er sprach mit Worten, die ungewohnt waren. Ich sei eine gutaussehende, sinnliche und schöne Frau. Ich hatte schon vorher gehört, ich sei schön, es aber niemals geglaubt. Martin war intensiv. Er gab nicht auf, am Schluss konnte ich im Spiegel erkennen, dass ich ganz hübsch war. Meine Haut glühte und meine Augen strahlten.

Martin überschüttete mich mit Blumen, mit feurigen Liebeserklärungen und ich spiegelte mich gierig in seiner Liebe. Er bot mir interessante Speiselokale. Er wählte sicher aus der Weinkarte, aber er trank nicht, denn Martin fuhr. Am Ende kapitulierte ich und gab zu, dass ich ihn liebte.

Alles an Martin stimmte. Allein seinen Körper zu sehen, ließ mich vor Begehren zittern. Das Begehren, von dem ich geglaubt hatte, ich hätte es für alle Zeiten weggesperrt, und wenn Leidenschaft zuschlägt, wird alles andere unwichtig.

Hättest du den Widerschein in Martins Gesicht gesehen, wenn wir uns liebten, du hättest genauso gehandelt. Nur zu wissen, dass ich Begehren in ihm auslöste, dass ich es war, die ihn umschloss, machte mich ein wenig verrückt.

Martin hatte ebenfalls eine problematische Vergangenheit. Eine schwierige Ehe mit zwei Kindern, bei denen seine Frau alles unternimmt, damit er sie nicht sieht. Ich werde wütend, wenn ich daran denke. Martin ist weit weg, wenn ich darauf zu sprechen komme. Ich frage nicht mehr. Will ihm Zeit lassen.

Die Luft ist drückend geworden. Schwarzlila Gewitterwolken ballen sich zusammen und kommen näher. Eine Katze kriecht plötzlich über die Straße. Ich schreie! Martin zuckt und steht auf der Bremse. Wir werden nach vorn geworfen und nach hinten geschleudert. Ich schnappe nach Luft und halte meine Brust. Martin ist grauweiß. Die Katze sitzt am Straßenrand und leckt sich die Pfote.

»Das war ja eine schwarze Katze, zum Teufel«, sagt Martin, während graublauer Rauch aus seinen zusammengepressten Lippen hervorquillt, »auch wenn ich Katzen liebe.« Das ist rührend. Mein Mann ist eine wunderbare Mischung aus starker Männlichkeit und gefühlvoller Weiblichkeit. Ist es ein Wunder, dass ich ihn liebe?

Wir biegen bei einer Tankstelle von der Hauptstraße ab. Ich bitte ihn zu halten und laufe, um eine Schachtel Zigaretten und ein bisschen Schokolade zu holen. Die Landschaft öffnet sich. Er biegt plötzlich in einen holprigen Feldweg, dort gibt es einen steilen Abhang auf der linken Seite. Ich blicke über die Kante und mir wird schwindlig.

Das Meer schimmert zwischen Eichen, die Sonnenstrahlen tanzen. Ich spüre eine aufkeimende Erwartung. Ich liebe das Meer.

Die Gewitterwolken kommen näher. Die Luft wird elektrisch. Martin bremst scharf ab. Öffnet die Tür und springt heraus.

»Da ist die Hütte«, sagt er beiläufig und zeigt darauf.

Es ist keine Hütte. Zwischen kleine Felsen gedrängt, wie geschaffen für dieses Terrain, liegt ein weißer Landsitz mit einem wogenden Dach aus niederländischen Dachziegeln. Eine grüne Samtmatte senkt sich hinab zum Meer und unten am Anleger knarrt und zerrt es an der Vertäuung eines Cabincruisers.

Ich bin von Schönheit und Unruhe überwältigt. Fühle mich auf einmal so gewöhnlich. Die Sonne ist eine Feuerkugel, die vornüber ins Meer fällt. Ich fühle, ich muss baden, muss die Unruhe in meiner Brust eindämmen.

»Ich will baden«, sage ich. »Kommst du mit?«

Martin schüttelt den Kopf und blickt auf die Uhr. »Bade du, es gibt ein Gewitter.«

»Das dauert eine halbe Stunde bis es hier ist«, sage ich.

»Du meine Güte.«

»Ich habe meine meisten Sommer auf einer Insel verbracht. Es gibt so viel, was Du noch nicht von mir weißt.«

Ich angle Badeanzug und Handtuch aus der Tasche. Springe mit kleinen Schritten barfuß über den Rasen, werfe einen Blick über die Schulter und hoffe, er werde nachkommen. Eine Windbö bläst. Die Wellen klatschen gegen die Holme und fallen mit schweren Seufzern herab. Einige von ihnen drängen sich in die Bucht und lassen dunkle Flecken in dem weißen feinkörnigen Sand entstehen.

Ich lasse mich hineinfallen. Das Meer ist spätsommerlich lauwarm und sehr salzig. Ich schmecke es, lasse den Körper dem Rhythmus der Wellen folgen. Treibe. Schwimmen konnte ich immer, es ist genauso selbstverständlich wie Atmen. Darin bin ich sicher.

Der Himmel ist dunkel geworden, das Meer grünschwarz. Nur der Sand und die Berge leuchten.

Als ich herauskomme, kracht es. Ich bleibe auf dem Anleger mit dem Kopf im Nacken stehen und lasse den Regen die Unruhe abspülen, die Vergangenheit, alles. Ich bin so glücklich.

Das Gepäck steht auf dem breiten Eichenfußboden. Martin hat im Kamin Feuer gemacht und sitzt in einem weinroten Lehnstuhl und raucht. Blaugraue Rauchwolken wirbeln zur

Decke hinauf. Das flackernde Feuer leuchtet in einem großzü-
gig bemessenen Kamin aus Naturstein. Auf dem Rauchtisch
aus geputztem Messing steht eine geöffnete Rotweinflasche.
Ich nehme das Handtuch, setze mich und trockne meine Haare vor dem Kamin. Sehe draußen das Gewitter und empfinde
das primitive Gefühl, einen Unterschlupf zu haben. Martin
füllt ein Glas mit Wein und reicht es mir. Ich nehme einige
große Schlucke. Lehne mich zurück und lege den Kopf in seinen Schoß. Wir stoßen an und plappern Liebesworte. Vorsichtig zieht er mir den Badeanzug aus, legt mich auf den
Teppich. Wir lieben uns zum ersten Mal als Mann und Frau.
Genauso, wie nur Martin es kann, behutsam und stark, ge-
mischt mit ein wenig Brutalität, die mich irr und verrückt
macht.

Ach Gott, könnte ich doch den Augenblick einfrieren. Es ist
nicht möglich so glücklich zu sein. Dies ist unser Hochzeitstag. Dies ist unsere Zukunft.

Wir haben gegessen und genießen Kaffee und Kognak. Die
frisch gebügelte Tischdecke ist aus französischem Stoff und
der Kerzenleuchter aus glänzendem Messing. Ich knabbere
an einem Minderwertigkeitsgefühl. Hier ist es erschreckend
perfekt. Wie mag eigentlich Martins Familie sein? Ich lege die
Hände über die Brust und versuche die Unruhe auszusper-
ren.

Ein großer Schluck Kognak hilft ein wenig. Es dauert noch
eine Weile, bis ich sie treffen werde. Martins Eltern sind für
ein Jahr in Südamerika und der Bruder ist Lehrer in Finnmark. Ich mag nicht daran denken. Trotzdem bin ich neugierig und möchte mehr von ihnen erfahren.

Ich nehme einen silbernen Bilderrahmen vom Fensterbrett.
Es ist ein Familienbild, in Schwarzweiß bei Sturlason aufgenommen.

»Das musst du sein«, sage ich und zeige auf den kleinsten
Jungen, »und das da Ola.«

»Hm.«

»Wie süß du warst, aber ich erkenne dich kaum wieder. Wo sind deine Locken?«

»Das ist fünfunddreißig Jahre her.« Die Stimme klingt ein wenig reserviert.

Martin hebt die Kognakflasche und fragt, ob ich mehr möchte. Ich schüttele den Kopf, fühle mich schon benommen. Er schenkt sich ein, hebt das Glas und leert es in einem Zug. Ich stecke aus alter Gewohnheit den Korken in die Flasche. Martin nimmt ihn heraus und schenkt nach. Er setzt die Flasche mit einem Knall ab. Ich schwitze. Die Seidenbluse ist verschwitzt und beengend. Ich fühle, dass ich eine Art Befreiung von der Unruhe benötige. Mit flinken Händen räume ich den Tisch ab, verstaue das Essen im Kühlschrank und rufe nach ihm.

Er kommt leicht schwankend durchs Zimmer. Lehnt sich gegen den Türrahmen.

»Ja, Süße«, sagt er, »ist was?«

»Hilfst du mir beim Abwasch«, sage ich und reiche ihm ein Handtuch.

»Pfui Teufel, abwaschen am Hochzeitstag. Nix da. Keine besonders romantische Ehefrau hab ich da erwischt«, wirft er über die Schulter und verschwindet.

Ich laufe hinterher.

»Verzeihung, Martin, entschuldige, ich dachte nicht . . .«

»Du hattest vergessen, dass es unser Hochzeitstag ist. Willst du mir das sagen? Oder sind solche Tage für dich zur Gewohnheit geworden?« Die Worte treffen wie ein Schlag in die Magengrube.

Das ist nicht Martin.

»Nein«, ich schüttele hektisch den Kopf. »Sag das nicht. Ich hab's nicht vergessen.«

Es brennt hinter den Augen. Ich schlucke. Nicht weinen Kleines. Nicht weinen. Alle Männer hassen Tränen. Meine Verflossenen haben sie gehasst. Sie hassten es, mich schwach zu sehen. Das provozierte sie gewaltig. Aber Martin ist anders.

Er kommt zurück und umarmt mich. Ich entspanne die steifen Muskeln. Drehe mich um, lehne den Kopf an seine Brust und schnuppere. Es riecht nach Martin. Es riecht beruhigend.

Er schiebt mich rückwärts durch die Küche und beugt mich nach hinten über den Küchentisch.

»So, mein Mädchen, hier werde ich dich dazu bringen, nicht zu vergessen, dass es unser Hochzeitstag ist.« Ich lache ein misstönendes Lachen. Es ist schnell vorbei. Ich bin benommen.

»Jetzt wollen wir feiern, kleine Frau. Lass uns feiern.« Martin fischt eine Flasche Champagner aus dem Kühlschrank.

Das Wort Feiern verursacht mir immer Unwohlsein. Es ist eine Schwäche von mir. In meinem Leben gab es so viele andere Feiern. Da war immer ein Grund, eine Flasche zu öffnen. Ich weiß, jetzt bin ich ungerecht, weil Martin und ich etwas zu feiern haben. Wir feiern unseren Hochzeitstag.

Ich laufe ins Bad. Fahre mit dem Kamm durch die Haare und trage ein wenig Lippenstift auf. Meine Augen leuchten mir dunkel aus dem Spiegel entgegen. Meine Haut über den Wangenknochen ist gespannt und ich bin blass. Ich verreibe hektisch ein wenig Rouge auf den Wangen und gehe ins Zimmer.

Das Unwetter dauert an. Es blitzt. Martins Gesicht leuchtet vor mir auf.

Er sieht mich mit glühenden Augen an.

»Prost, Liebste«, flüstert er mit Samtstimme. »Prost.«

Ich führe das Glas zum Mund und nippe. Wende ihm das Gesicht zu. Lächle und nicke.

»Ich liebe dich, Martin, habe niemanden vor dir geliebt.« Meine Stimme ist rau.

»Ausgesucht im Geschmack«, sagt Martin und hebt erneut das Glas.

Wir sitzen rauchend in unseren Sesseln. Das Kaminfeuer hat sich in kleine glühende Kohlen verwandelt und der Regen peitscht gegen die Fensterscheibe.

Martin trinkt, Martin raucht. Martin versinkt im Sessel.

Das Schweigen ist nicht von der guten Sorte. Ich habe Angst und plappere von Allem und Nichts.

»Halt's Maul, zum Teufel. Dein Gequatsche macht mich verrückt«, schreit er. »Erinnert mich zu sehr an meine Mutter.« Er äfft etwas nach, was ich gesagt habe. Ich spüre, dass ich Gänsehaut am ganzen Körper bekomme. Es ist nicht Martin, der da sitzt. Das ist er nicht.

Ein Luftzug breitet sich plötzlich unbemerkt über den Boden aus und die Gardinen wehen zur Gartentür heraus. Ich stehe auf und schließe die großen weißen Türen.

»Komm her«, befiehlt er. Ich fühle wie der Boden schwankt. Mein Hals schnürt sich zu. Etwas ist erschreckend verkehrt. Etwas läuft entsetzlich falsch an meinem Hochzeitstag.

»Ja?«

»Wovor hast du so verdammte Angst?«

»Angst?« Meine Stimme zittert.

Er packt mich am Handgelenk, hält mit aller Kraft fest.

»Das tut weh, Martin, bitte lass los.«

»Bitte, lass los«, äfft er mich nach und packt etwas fester zu. »Du hast wohl Angst vor deinem eigenen Ehemann?«

»Nein, Martin«, ich schüttele hektisch den Kopf. »Nein, hörst du.« Ich versuche die Stimme ruhig zu halten. »Es ist fast eins, wollen wir nicht ins Bett gehen«, bitte ich.

»Ich hab nicht verstanden. Ins Bett gehen? Aber nein, kleine Frau, zuerst wollen wir feiern. Unseren Hochzeitstag feiern.« Er stößt mich plötzlich auf den Boden.

Herrgott, was ist das? Ich liege auf einem Perserteppich und fühle das Zwerchfell in mir beben. Ein Blitz zerreißt den Himmel. Es leuchtet im Zimmer auf. Ein anderer als mein frischgebackener Ehemann sitzt im Ohrensessel. Ein Mann mit aufgedunsener Haut, blutunterlaufenen Augen und einigen Tabakresten am Kinn. Mein Gott, es sind meine beiden anderen Ehemänner, die da sitzen. Sie verfolgen mich. Ich werde beinahe verrückt.

Ich stehe auf und wanke hinaus ins Bad. Ich übergebe mich. Spucke meine Verflossenen in die Toilette. Ich wasche mein Gesicht. Meine Haut leuchtet grünweiß. Ich schließe die Toilettentür und sinke auf den Boden. Halte mich selbst fest um das Zittern zu stoppen. Es ist meine Vergangenheit, die Spuk mit mir treibt. Martin sitzt dort drinnen. Mein geliebter Martin wartet auf mich.

Ich gehe ins Zimmer. Gucke. Das ist nicht Martin, das ist mein dritter abgefüllter Ehemann.

»Hallo, meine Süße«, lacht er plötzlich.

»Hallo«, sage ich. »Ist es nicht wunderbar, frisch verheiratet zu sein. Lass uns feiern.« Seine Augen blinzeln ein wenig.

»Ja, lass . . .«, er findet die Worte nicht, »ja, lass uns.« Er hält sein Glas hin, ich schenke es randvoll mit Whisky.

»Braves Mädchen«, sagt er, verdreht die Augen und leert das Glas in einem Zug. Er zündet sich eine neue Zigarette an und gleitet in den Sessel zurück. Verliert Glut und brennt Löcher in das elegante Hemd.

Ich gehe ruhig zum Fenster. Glätte die Gardine und nehme das Familienfoto von der Fensterbank. Drehe es um. Für Mama von Tone, Stein, Petter und Stig – Weihnachten 1957. Niemand in Martins Familie heißt so. Ich stelle es leise zurück. Etwas kommt hoch. Etwas erscheint in großen Buchstaben. Ich habe mich freiwillig zum dritten Mal in die Hölle begeben.

Ich gehe ins Schlafzimmer. Angle eine Schachtel Prince aus seinem Koffer und lege sie hinter irgendwelche Bettwäsche in einen Schrank.

Ich setze mich in den anderen Ohrensessel und nippe an einem Glas Rotwein.

Martin hat noch eine Zigarette in seiner Schachtel. Ich zünde sie an und stecke sie ihm zwischen die Lippen.

»Ich habe keine Zigaretten mehr«, sage ich beiläufig, »hast du eine?«

Er schüttelt die Schachtel.

»Nein, aber im Koffer . . .«

Ich komme zurück.

»Ich versteh's nicht, aber ich kann sie nicht finden.«

»Blödes Weib. Die liegen im Koffer. Mach deine Augen auf«, schnauzt er mich an.

»Ich finde sie nicht. Sie sind nicht da. Du musst sie vergessen haben.«

»Verdammt«, sagt Martin und torkelt ins Schlafzimmer.

Ich beobachte ihn durch die Tür. Er schmeißt ein Kleidungsstück nach dem anderen auf den Fußboden, während er flucht und schimpft.

»Ich brauche Zigaretten«, sagt er. »Bin in einer halben Stunde zurück.«

»Du solltest nicht mit Promille fahren«, sage ich.

»Heute Abend ist keiner unterwegs, nur bis zur Tankstelle, immer offen, nur eine Viertelstunde Fahrt«, nuschelt er und blickt schräg auf die Uhr.

Der Autoschlüssel liegt auf dem Rauchtisch. Ich reiche ihn ihm. »Fahr vorsichtig«, flüstere ich.

»Mein Gott«, schnauft er, »wenn ich was kann, dann Auto fahren.«

Er torkelt aus der Tür.

Ich schließe die Haustür. Hole die Zigaretten aus dem Schrank. Ich stecke eine an, blase blaugraue Rauchwolken an die goldene Redwooddecke, rufe die Polizeiwache von Follo an und teile mit, dass ein betrunkener Autofahrer auf dem Weg zur E 6 ist.

Hinter dem Berg

Kristina Sandberg

Es roch nach Rauch. Carina wartete, bis der Bus die Haltestelle verlassen hatte. Danach überquerte sie die Straße, folgte dem Weg durch den Wald, lief eilig an dem überwucherten Luftschutzraum vorbei und spürte bei jedem Schritt die Blasen unter ihrer Ferse. Sie atmete die verbrannte Luft ein und versuchte, sich von kitzelnden Haaren im Gesicht zu befreien, sie warf den Kopf in den Nacken, ließ ihre Einkaufstüten jedoch nicht los, sondern ging einfach immer weiter.

Vor dem braungebeizten Haus bei der Kreuzung, einer ausgebauten Ferienhütte, fing ein angebundener Terrier an zu bellen und sie sah, wie ein Mann im Overall irgendeine Tätigkeit unterbrach und sich gerade aufrichtete. Er schaute kurz zu ihr herüber, stumm, schweigend, ohne den Mund zu einem Gruß zu verziehen. Sie schaute zu Boden, betrachtete den lehmigen Kiesweg.

Es hatte wochenlang geregnet. Fast der ganze Sommer war verregnet gewesen und deshalb hatten sie die Fenster nicht anstreichen können. Jetzt war die Luft klar, die Sonne wärmte so sehr, dass sie den Schweiß in ihrem Haaransatz und auf ihrer Stirn spürte. Doch im Schatten war es kühl und sie ahnte den Duft des Herbstes, Äpfel, verbranntes Laub. Die Handgriffe der Plastiktüten schnitten in ihre Handflächen und sie blieb vor dem gelben Briefkasten stehen, packte ihre Tüten fester und beschleunigte ihr Tempo. Hinter der wild wachsenden Fliederhecke ahnte sie das grauweiße Wohnhaus und sah den Wagen, der neben dem Geräteschuppen stand. Pär war also schon zu Hause.

»Hallo!«

Sie schloss die Haustür und hörte bald darauf seine dumpfen Schritte auf der Treppe, auf dem Absatz blieb er stehen.

»Wo hast du denn gesteckt?«

Noch ehe sie antworten konnte, stand er dicht vor ihr. Unbeholfen und hart zugleich umschlangen sie seine Arme, sie hielt immer noch die Tüten in der Hand und konnte sich in seiner Umarmung kaum bewegen.

»Ach, ich hab mir so verdammte Sorgen gemacht«, murmelte er.

»Was ist denn passiert?«

Ihre Bauchmuskeln spannten sich an und wurden bretthart. Sie hörte durch seinen Pullover hindurch sein Herz schnell und heftig schlagen.

»Was ist passiert«, fragte sie noch einmal und hörte, wie hart ihre Worte diesmal klangen.

Er stand ganz still da. Dieser Schweißgeruch, stammte er von ihm, von ihr, sie machte sich los, und er fuhr sich so fest mit den Händen übers Gesicht, dass seine Lippen zusammengepresst wurden.

»Was ist los?«, fragte sie.

»Dieser verdammte Scheißhund. Den wir gesehen haben.«

Seine Stimme klang brüchig und sie wollte plötzlich nicht mehr hören, was Pär zu sagen hatte, sie kniff die Augen zusammen, schluckte, tausend Gedanken durchfuhren sie, Autounfall, Herzinfarkt, Tod. Jetzt fühlte ihr Bauch sich an wie Gelee, als wollten sich Mengen von aufgestauter Luft hinausdrängen.

»Meine Güte, du hast immer solche Angst. Ich dachte schon . . .«

Sie drehte sich zur Küche um, machte zwei Schritte, doch er packte ihren Oberarm.

»Jetzt hör doch zu! Der Hund war los, völlig bescheuert, hat mich einfach angesprungen. Vor ein paar Stunden. Ich war draußen unterwegs.«

Sie sah ihn an, rote Flecken hatten sich über seinem Hals verbreitet, sein Mund stand offen, ein Speicheltropfen funkelte auf seiner Unterlippe.

»Ich weiß ja nicht, ob das eine Hündin oder ein Rüde ist, aber dieses Scheißvieh kam einfach angerannt, kläffte, ich schnappte mir einen Ast und warf damit, und dann konnte ich schnell ins Auto springen, er wollte mich beißen, scheißaggressiv, hörst du überhaupt zu?«

Sie nickte.

»Als wir beide ihn gesehen haben, konnten sie ihn doch kaum halten«, sagte er jetzt.

»Hat er dich gebissen?«

»Viel hat da nicht mehr gefehlt.«

Er zeigte auf die Rückseite seines Oberschenkels, tippte den Hosenstoff an und fügte leiser, fast geflüstert hinzu: »Stell dir vor, der hätte dich angegriffen!«

Wieder umarmte er sie, drückte sie an sich, ließ sie dann los und sie sah das düstere Funkeln in seinem Blick.

»Ich glaube verdammt nochmal, dann könnte ich morden. Mir ein Gewehr besorgen und ihn einfach abknallen. Ich war früher ein ganz guter Schütze. Der Drittbeste, als ich beim Barras war.«

Sie drängte sich an ihm vorbei in die Küche und murmelte, er solle sich beruhigen.

Carina stand auf, zog die Holzrollos vor dem Fenster beim Esstisch hoch, die Abendsonne fiel schräg herein, sie setzte sich wieder und blätterte im Poststapel, Telefonrechnung, Werbung, die wie ein persönlicher Brief an die »liebe Carina« formuliert war, sie riss den Umschlag mit Daumen und Zeigefinger auf. Noch mehr Reklame, das Angebot, eine neue Zeitschrift für Wohnkultur zu abonnieren, sie legte die Post auf den Küchentisch und nahm einen Löffel Gemüsesuppe.

»Dir ist es also scheißegal, ob ich totgebissen werde.«

Carina blickte von ihrem Teller auf, schluckte, das war so plötzlich gekommen.

»Oder? Etwa nicht?«, sagte er.

»Warum nervst du immer so«, sie schüttelte langsam den Kopf. Er hatte das Essen kaum angerührt, ließ seinen Löffel sinken, schlug sich die Hände vor den Mund. Weinte er?

»Aber Pär.«

Sie streckte die Arme über den Tisch aus und berührte ihn.

»Lies jetzt deine Post«, sagte er, ohne sie anzusehen.

»Du weißt doch, es war einfach soviel, seit wir hergezogen sind. Seltsame Nachbarn, die Skinheads, wenn du nicht hier wohnen willst, dann sag das lieber gleich. Du kannst ja doch nicht lügen«, sagte sie und zog ihre Hand zurück, schaute aus dem Fenster, hörte seine Stimme, langsam, gedämpft:

»Ich dachte, wir hätten das längst besprochen. Herrgott, wenn du das gewesen wärst!«

Sie fuhr sich mit der Zunge über die Vorderzähne, erst oben, dann unten, und spürte eine brennende Blase.

»Du wolltest es doch auch.«

»Was denn?«

»Herziehen.«

Sie sagt das leise, flüstert fast, und er erhob sich, fragte, ob sie Eis, Schokolade oder Eierlikör wolle.

Das Licht sickerte durch die pflaumenblauen Leinengardinen. Carina rutschte auf ihrem Holzstuhl ein wenig vor, beugte sich zurück und konnte den Bildschirm ihres Computers nicht mehr sehen. Sie saß schräg hinter Agnes und Pia, sie wechselten sich mit Schreiben ab, und Carina hatte bei einem Blick auf die Uhr festgestellt, dass Agnes ihre Zeit an der Tastatur um mehr als eine halbe Stunde überschritten hatte. Die Gruppenarbeit sollte in einigen Tagen beendet sein, sie war eine der letzten Ausbildungsstufen, ehe die Praktika begannen. Jetzt war die Luft in Pias enger Wohnung stickig, sie saßen schon seit Stunden hier und bisweilen rochen ihre

Atemzüge leicht nach Knoblauch. Carina setzte sich wieder anders und versuchte sich auf die Zahlen auf dem Bildschirm zu konzentrieren. Die Zusammenstellung der Resultate für ihren Bericht hatte länger gedauert als erwartet, mehrere Tage, und Pia holte tief Atem und seufzte.

»Wir essen jetzt, ja?«

Agnes nickte und verschwand zusammen mit Pia in der kleinen Küche, während Carina hinter ihnen herrief, sie wolle nur kurz in der Einleitung etwas nachsehen. Die anderen antworteten nicht, sie hörte nur Pia über eine Bemerkung von Agnes lachen. Carina merkte, wie sie sich über Agnes und deren aufgesetzte Freundlichkeit ärgerte. Nach einer raschen Kontrolle drückte sie auf »Speichern« und ging auf die Toilette, die Pias Mann gerade renovierte. Pia hatte schon mehrmals gesagt, wie wichtig es sei, dass Männer praktisch veranlagt und tatkräftig waren, sie hatten sich nicht einigen können, ob Erziehung oder Biologie für diese Eigenschaften verantwortlich seien, und Pia hatte behauptet, die Antwort sei im Tierreich zu finden. Carina fand das idiotisch und fragte sich, ob Pia das wirklich glauben könne.

Sie fuhr sich mit den Fingern über die Stirn. Ihre Stirn fühlte sich ein wenig fettig an oder verschwitzt, das ging ihr vor dem Bildschirm immer so, und vom Lippenstift war auch nicht mehr viel übrig. Sie feuchtete ein Stück Toilettenpapier mit kaltem Wasser an und wischte sich ihre Haut ab, danach setzte sie sich auf das Klo und presste einige Tropfen heraus. Sie musste an Pärs Vorwürfe denken und daran, dass der Hund jedesmal, wenn Pär von dieser Begegnung erzählte, aggressiver zu werden schien. Außerdem war die Gruppenarbeit den ganzen Vormittag hindurch kaum vom Fleck gekommen, sie hatten sich nicht über Zeichensetzung und sprachliche Formulierungen einigen können und jetzt hatte sie keinen Hunger mehr.

Die Spülung funktionierte nicht. Sie entdeckte den roten Plastikeimer unter dem Waschbecken, musterte ihn eine Weile und griff dann danach. Einige Tropfen schwappten über, als sie das Wasser in die Toilette goss.

Pia füllte eine dunkelblaue Porzellanschüssel mit Linsensuppe und reichte sie Carina. »Gestern hat Pär angerufen«, sagte sie.

Danach wandte sie sich Agnes zu, gab ihr eine Suppenschale und sagte, sie sollten essen und sich wie zu Hause fühlen. Carina aß einen Löffel Suppe, rechnete damit, sich die Zunge zu verbrennen, aber die Suppe war höchstens lauwarm. Sie schwieg und wartete darauf, dass Pia mehr sagte, doch die reichte stumm den Brotkorb herum.

»Pär hat angerufen«, erinnerte Carina.

»Er wollte wissen, ob du schon losgegangen wärst und ob du noch in die Stadt wolltest.«

Pia sah sie mit offenem klaren Blick an.

»Er hörte sich nervös an, hat etwas über einen frei laufenden Hund gesagt.«

Carina lachte kurz, drehte sich zu Agnes um, aber die beschmierte gerade eine Brotscheibe mit Butter und Carina hatte den Eindruck, dass ihre Mundwinkel sich zu einem Lächeln verzogen.

»Der Schäferhund der Nachbarn hatte sich losgerissen. Pär wollte mich sicher warnen.«

»Ach«, sagte Pia. »Aber es ist ja gut gegangen. Ja, ich dachte nur . . . er klang doch so . . .«

Pia nahm einen Bissen Brot und schien in Gedanken zu versinken.

»Er klang wie?«, fragte Carina.

»Sehr verstört, irgendwie. Aber ich meine, wenn der Hund gefährlich ist, dann müsst ihr doch etwas unternehmen. Habt ihr schon mit den Besitzern gesprochen?«

Carina schüttelte den Kopf und sagte kurz, sie wollten erst abwarten, ob der Vorfall sich wiederholte.

Pär kam ihr über den Kiesweg entgegen, er hatte sein T-Shirt zur Hälfte in seine schwarze Jeans gestopft, seine Haare waren zerzaust, als ob er geschlafen oder seit dem Aufstehen noch nicht in den Spiegel geschaut habe.

»Wir müssen mit den Nachbarn reden«, sagte er.

Sie blickte ihn fragend an, merkte, wie müde sie war, registrierte den dumpfen, angespannten Kopfschmerz.

»Wieso denn?«

»Der Hund war wieder da. Ich habe ihn vom Arbeitszimmer aus gesehen, er rannte auf unserem Grundstück herum, ziemlich lange sogar.«

»Kann ich vielleicht zuerst ins Haus gehen?«

Carina stieg die Treppe hoch, ging durch die Diele und weiter in die Küche. Sie drehte sich um, aber er zögerte noch, stand weiterhin draußen vor dem Haus. Auf dem hellen Holzboden in der Küche sah sie lehmige Schuhspuren und sie legte ihre Einkaufstüte auf die Anrichte voller Krümel. Milch und Joghurt in den Kühlschrank stellen, Hähnchenfilets im Sonderangebot, Eier, es schien nicht mehr möglich zu sein, das zu tun, was getan werden musste, wieder und wieder und wieder.

»Es gibt doch Spuren.«

Sie zuckte mit den Schultern, verspannte sich, entspannte sich, stieß Luft durch die Nase aus. Er stand in der Türöffnung und fügte hinzu:

»Kies. Von den Schuhen.«

Pärs Hand beschrieb in der Luft einen Bogen und zeigt dann auf den Boden. Sie schluckte.

»Meine Güte, Mann.«

Wortlos verließ er die Küche. Carina hörte seine Schritte auf der Treppe, ging in die Hocke und fuhr mit dem Spüllappen über die Schmutzstellen. Zog dann die Schuhe aus, trug sie in den Vorraum.

Er lag auf dem Bett, auf der Seite, den Rücken zur Tür gekehrt, untätig. Sie legte ihm die Hand auf die Schulter, lose, ohne sie zu umfassen.

»Du . . . was ist eigentlich los?«

»Also, ich habe das Gefühl, dass du mir nicht glaubst«, sagte er und drehte sich auf den Rücken.

Die Haut unter den Augen war gerötet, sie hätte ihn gern in den Arm genommen, brachte es aber nicht über sich, sie lagen dicht beieinander, sie schwiegen. Das Brummen des Ölofens, das Rauschen der Hauptstraße, das Ticken des Weckers. Und dann die Frage, die keine Ruhe gab, warum hatte er bei Pia angerufen, aber etwas in seinem Gesicht machte es unmöglich, sie auszusprechen.

»Aber Kent und Anna hatten vielleicht dasselbe Problem«, sagte er leise.

Sie nahm die Kissen, legte sie ordentlich hin, blies sich eine Haarsträhne aus dem Gesicht.

»Kannst du denn nicht hingehen?«

»Was bist du gemein.«

»Ich dachte, einfach fragen.«

Und in seinem Blick lag etwas Weitoffenes und gleichsam Unbewegliches.

Kent schüttelte den Kopf, zuerst an Pär gewandt, dann an Carina.

»Anna!«, rief er.

Gleich darauf trat Anna in die Türöffnung, sie trug weiche, graumelierte Baumwollhosen und einen weiten Wollkittel.

»Hast du hier einen Schäferhund frei herumlaufen sehen?«

»Nein. Meint ihr den von Borkmans?«

»Die wohnen auf der anderen Seite, glaube ich«, sagte Pär.

Mit hastiger Bewegung zeigte er auf das Gemeindeland. Anna schüttelte ebenfalls stumm den Kopf und Carina ertappte sich dabei, wie sie die Sommersprossen der anderen musterte.

»Du weißt, wir sind im Grunde ja tierlieb«, sagte Kent.

»Ja, Tiere interessieren uns ungeheuer«, fügte Anna hinzu und nickte.

»Mich auch«, sagte Carina eifrig. »Ja, und dich auch«, fügte sie hinzu und schaute Pär an, der ebenfalls kurz nickte.

»Du bist eigentlich noch tierlieber als ich«, sagte Carina dann. »Ich mag vor allem Katzen. Ja, und Hunde natürlich auch.«

Anna und Kent schwiegen.

»Aber dieser Schäferhund ist aggressiv. Oder was, Pär? Es sind noch Spuren zu sehen, auf dem Oberschenkel, ich meine, es war doch nur Glück, dass der Biss nicht durch den Stoff gegangen ist.«

»Ja«, schaltete Pär sich plötzlich ein. »Und heutzutage muss man doch auch an die Tollwutgefahr denken.«

Carina kniff kurz die Augen zusammen, dann lächelte sie Anna zu, doch die verzog noch immer nicht den Mund.

»Aber es war doch ein junger Hund. Die sind sicher auf die falsche Art verspielt«, sagte Carina und überlegte, dass Kent und Anna schon sehr lange schwiegen. Sie brachte einige kurze Phrasen über Regen und Herbst und den zu erwartenden langen Winter.

»Wieso denn Tollwut, das klingt doch . . . bescheuert. Wir sollten wirklich nicht übertreiben«, sagte sie, als sie über den Kiesweg zurückgingen.

»Aber in Schweden hat es einen Fall gegeben. Erst vor kurzer Zeit. Und der Hund ist doch krank. Und *verspielt* war er verdammt noch mal nicht.«

Carina biss sich in die Lippe. Sie hatte das auch nicht so gemeint. Doch ehe sie sich entschuldigen konnte, sagte Pär:

»Das war verdammt blöd. Das mit der Tollwut. Das hätte ich nicht sagen dürfen. Scheiße, jetzt habe ich mich auch bei Kent und Anna unmöglich gemacht.«

»Aber sollten wir nicht lieber gleich mit den Besitzern reden«, sagte sie und versuchte, ihre Stimme sanft klingen zu lassen. »Sind das die, die auf der anderen Seite wohnen?«

Sie zeigte auf den Hügel, der sich auf der Rückseite ihres Grundstückes erhob.

»Ich habe absolut nicht vor, mich anspringen zu lassen, der Hund passt doch auf und dreht sicher durch, wenn jemand auch nur in die Nähe kommt, das kannst du dir ja denken.«

Sie schwiegen eine Weile, schauten zum Hügel hoch, das Haus dahinter war nicht zu sehen. Pär murmelte, er müsse etwas aus dem Schuppen holen. Carina hielt ihn auf, als er an ihr vorüber ging.

»Du kannst ihn doch nicht einfach umbringen. Die würden ihn doch suchen, und wo würdest du ihn lassen?«

Obwohl sie versucht hatte, gelassen zu klingen, kam ihre Stimme ihr schrill vor. Er sah sie an, zog die Augenbrauen hoch und verzog die Lippen zu einer Art Grimasse, dann lachte er und sagte: »Den Scheißhund im See ertränken oder ihn verbrennen.«

»Sollen wir denn nicht anrufen«, sagte sie hilflos. »Ich kann es machen«, fügte sie hinzu und bereute es sofort.

»Glaubst du, ich wollte ihn umbringen?«

Er schüttelte den Kopf und ging weiter zum Geräteschuppen.

Carina zögerte noch, pflückte einige welke Margeriten und schaute seinem stummen Rücken nach, dann ging sie ins Haus. Sie ging zum Sofa, ohne Fernseher oder Radio einzuschalten, legte sich einfach hin und deckte sich zu.

Ein heftiges Rucken. Graue Schatten, ein klebriger Durst im Mund, Nackenschmerzen, und dann sah sie Pär vor sich hocken.

»Ach, hallo.«

Ein wenig Speichel war über ihr Kinn gelaufen, das Kissen war feucht, sie kniff die Augen zusammen, der Schlaf lockte, sie hatte geträumt, wusste nicht mehr, was, und Pär hockte schweigend vor ihr.

»Habe ich lange geschlafen? Wie spät ist es?«

»Ich habe Angst«, flüsterte er.

Sofort war sie wieder da, ihr Herz hämmerte, sie spürte alle Muskeln.

»Komm.«

Sie schmiegte sich an die Rücklehne und er legte sich dicht neben sie, senkte sein Gesicht auf ihre Brust, sie nahm ihn in den Arm, aber ihr fiel kein Wort ein, kein Flüstern.

Die Tasche schlug gegen ihre Hüfte, als sie zur Bushaltestelle lief, sie musste ihr Tempo drosseln, in Schritt fallen, ihre Brust ächzte, es tat fast schon weh. Sie dachte, dass sie an einem anderen Morgen gesehen hätte, wie schön es aussah, wenn der Nebel über dem Feld hing, wie tanzende Schleier. Aber nicht heute, einem weiteren Tag, an dem sie in Pias Wohnung eingesperrt sein würde.

Weiter vorn auf dem Weg, vom Wald her, kam ihr ein Mann mit einem Schäferhund entgegen. Er wich ihrem Blick aus, die bläuliche Zunge des Hundes hing heraus und seine Zähne waren zu sehen, sah er froh aus? Der Hund strebte ihr entgegen. Die Leine spannte sich und Carina trat zur Seite. Das Bellen zerfetzte die Stille. Der Mann kämpfte gegen den Hund an, schwieg aber. Als sie am Ende an den beiden vorübergegangen war, steigerte sie ihr Tempo wieder, sie schaute sich nicht um, aber nach einigen Sekunden verstummte das Gebell abrupt. Carina wusste nicht, ob Pär diesen Hund gemeint hatte.

Nachts war sie von Pärs Seufzen geweckt worden, einem unruhigen Angstseufzen, und sie hatte ihm geraten, eine Schlaftablette zu nehmen, sonst werde er mit seinen Schülern nicht fertig werden, aber auch, weil sie sich so seltsam matt gefühlt hatte, überwältigt gewissermaßen von einer schweren, lähmenden Müdigkeit.

Die Wohnungstür war offen, Agnes und Pia saßen schon vor dem Computer und sie nahm schnell neben ihnen Platz. Doch so sehr sie auch versuchte sich auf Bonitäts- und Dispositionsprobleme zu konzentrieren, immer wieder versank sie in anderen Gedanken.

Agnes holte Dickmilch, Carina setzte sich an den kleinen viereckigen Tisch in der büroähnlichen Küche und fragte, ob sie helfen könne. Pia schüttelte den Kopf, öffnete die Besteckschublade, legte einen Löffel neben Carinas Teller und fuhr ihr mit der Hand über die Schulter.

»Wie geht es dir eigentlich?«

»Ziemlich gut«, antwortete Carina und versuchte, dieser Berührung nicht auszuweichen.

»Nur ziemlich?«

»Es geht gut. Wieso fragst du?«

»Du kommst mir so gestresst vor. Wir haben gestern darüber geredet, nachdem du weg warst, wir müssen doch jetzt fertig werden.«

Carina antwortete nicht sofort. Danach sagte sie kurz, da wären sie ja wohl alle einer Meinung.

»Du siehst so müde aus«, sagte Pia.

»Das liegt sicher am Herbst«, sagte Carina.

»Wenn du willst, machen wir den Rest fertig. Du brauchst das nicht. Kannst dir frei nehmen.«

Pia streute Rosinen über ihre Dickmilch, rührte um und aß einen Löffel voll. Danach schaute sie Carina lächelnd an und fügte hinzu:

»Nimm Ginseng. Das hilft.«

»Das kommt schon in Ordnung«, sagte Carina und merkte plötzlich, wie nah ihr die Tränen waren.

»Aber was ist aus dem Hund geworden«, fragte Agnes. »Wir haben mit Anders darüber gesprochen, und der meinte auch, ihr solltet die Nachbarn anrufen und um ein Gespräch bitten. Und ihnen ganz offen sagen, dass ihr euch vor Hunden fürchtet, dass der Hund euch Angst macht.«

Carina nickte, kniff die Augen zusammen, starrte die blaugemusterte Tischdecke an.

»Ich habe das im Radio gehört«, sagte Agnes nachdenklich. »Dass Hunde eine feste Hand brauchen, sonst werden sie nervös. Sie sind doch Herdentiere, wie Wölfe, und brauchen ein Leittier, das Leittier beschützt die Herde.«

»Wie interessant«, sagte Pia.

»Ja, wenn der Hund seinen Besitzer nicht als Leittier begreift, dann muss er selbst auf alle Gefahren achten und kann nachts nicht ruhig schlafen. Und Schlafmangel macht ja schließlich aggressiv.«

Aber Carina wollte nur sagen, dass diese Hundepsychologie ihr scheißegal sei. Einen kranken Hund dürfe man nicht am Leben lassen.

Vor dem Busfenster zog das Industriegebiet vorbei und Carina klappte ihren Ordner zu, als ihr aufging, dass sie schon einige Seiten lang nicht mehr auf den Text geachtet hatte. Sie rückte näher ans Fenster heran, als ein Mann in mittlerem Alter sich neben ihr auf den Sitz presste und seine Zeitung auseinander faltete. Warum hatte Pia nicht sofort von Pärs Anruf erzählt? Warum hatte Pär den nicht selbst erwähnt? Sie hatte das Gefühl, dass Agnes sie beobachtete, forschend, kritisch. Kam Pia etwas an Pär, an ihnen seltsam oder dumm vor? Ihr Anders war ja nun auch nicht gerade die pure Freude. Arrogant und übellaunig. Ein verdammter Besserwisser. Sollte sie am nächsten Tag sagen, ich begreife nicht, wie du das aushältst, und danach nicht erklären, dass sie den trockenen gebieterischen Tonfall und Anders' viele peinliche Männlichkeitsversuche meinte? Wie die Renovierung der Toilette, die er unbedingt selbst durchziehen wollte, und das nicht aus finanziellen Gründen, während alle anderen im Haus Handwerker kommen ließen. Sollte sie Pia anrufen und fragen, ob die Nachbarn es nicht satt hatten, dass sie deren Dusche benutzten, da das Badezimmer noch immer nicht fertig war?

Der Mann neben ihr berührte sie mit dem Ellbogen, wenn er in seiner Zeitung blätterte, aber das war es nicht, es war etwas anderes, und als der Bus anhielt, konnte sie nur mit Mühe aussteigen und wäre viel lieber bis zur Endhaltestelle sitzen geblieben.

Als sie die Haustür öffnete, kam Pär auf sie zu, er lächelte, berührte ihre Wange und flüsterte, er habe sich nach ihr gesehnt. In der Küche war der Tisch gedeckt und Carina dachte, dass er sich sonst immer beklagte, wenn sie zu spät kam, jetzt aber machte er einfach das Essen heiß, legte Musik auf, sah sie an und wollte wissen, wie ihr Tag verlaufen sei.

»Da gibt es nicht viel zu sagen«, sagte sie und musterte sein Gesicht, es stimmte etwas nicht damit, war das eine aufgesetzte Ruhe, sie war sich nicht sicher.

Beim Essen sagte er ganz leise, dass er nicht mehr über den Hund reden wolle, er wolle sich zusammenreißen, er wisse, wie anstrengend das für sie gewesen sein müsse, wie labil er gewesen sei, aber das liege sicher an der Arbeit, als Langzeitvertretung, daran, dass er keine feste Stellung bekam und sich jetzt eine andere Arbeit suchen musste.

Er blickte sie mit ernster Miene an und sie hatte das Gefühl, dass seine Augen sich verändert hätten, dass sie wieder auf ihre besondere Weise schön seien.

»Von jetzt ab werden wir so tun, als gäbe es den Hund nicht«, flüsterte er und lächelte. »Als habe es ihn nie gegeben.«

Er lachte und drückte ihre Hand, und dabei flüsterte er: »Ich liebe dich.«

Am Freitagnachmittag stand Carina in der langen Schlange im staatlichen Alkoholladen und sie fühlte sich erleichtert, die Gruppenarbeit war beendet und sie wollte etwas Leckeres zu Essen machen, Wein, etwas mit Sahne, Kräutern, Knoblauch, vielleicht frische Pasta. Oder Kartoffelspalten, die aß er so gern.

Rauch quoll aus der Brenntonne vor dem Fahnenmast, das

war ein gutes Zeichen, oder auch nicht, aber sie hoffte, dass Pär sich an die Arbeit auf dem Grundstück gemacht hatte, weil es ihm besser ging. Sie rief »hallo«, bekam aber keine Antwort. Aus der Küche hörte sie, wie die Wasserpumpe eingeschaltet wurde und wie er dann in die Badewanne stieg, sollte sie zu ihm gehen, eine Flasche Wein öffnen und nackt zu ihm in die Badewanne steigen?

Sie zog ein Kochbuch aus dem Regal, blätterte im Stehen darin, ihr Blick überflog die Seiten, ohne wirklich zu lesen, sie würde einfach improvisieren, und sie nahm den Korkenzieher vom Haken und öffnete die Weinflasche, füllte ein Glas, setzte sich an den Tisch, trank. Die Erleichterung über die Vollendung der Gruppenarbeit, über das freie Wochenende, sie könnte einen Ausflug vorschlagen, vielleicht zu der Schäreninsel, wo sie ihren ersten Sommer verbracht hatten. Sie trank noch einen Schluck, spürte das säuerliche Prickeln auf der Zunge, dachte, jetzt würde sie zu ihm nach oben gehen, baden.

Carina schlich die Treppe hoch. Aber er saß bereits im Morgenrock im Arbeitszimmer, Musik strömte aus seinem Ghettoblaster, und sie ging vorsichtig zu ihm und sah seine weichen Haare, seine dunklen widerspenstigen Locken mit ihren vereinzelten grauen Sprenkeln, die er nun schon mehrere Male erwähnt hatte. Er fuhr zusammen und drehte sich eilig zu ihr um.

»Meine Güte, hast du mich erschreckt.«

»Hast du Angst gehabt?«

Er gab keine Antwort, er lachte nur und sie beugte sich vor und küsste seine kratzende Wange, freute sich darüber, dass er auf dem Grundstück gearbeitet hatte, auch die anderen verbrannten jetzt altes Reisig, und es sähe doch seltsam aus, wenn sie ihren Haufen einfach liegen ließen.

Er nickte und setzte sich gerade, um nach draußen zu schauen. Eine Frau mit kurz geschnittenen graublonden Haaren in Jeans und türkiser Jacke ging über den Weg, Carina hatte die Frau schon einmal gesehen, wusste aber nicht, wo sie wohnte. Er sank wieder in sich zusammen.

»Ganz ruhig«, sagte sie. »Dein Nacken ist verspannt. Wie war's in der Schule?«

»Da war ich heute nicht. Die sind doch auf Exkursion.«

»Exkursion?«

»Das habe ich doch erzählt. Aber du hörst mir ja nie mehr zu.«

Sie massierte seine steifen Schultern und dachte, dass er sie viel häufiger massierte, sie war träge geworden, hatte vergessen, dass auch er das gern hatte.

»Ach, die Gruppenarbeit hat mich so gefordert. Aber wie gut, dass du das Reisig verbrannt hast.«

»Das hast du schon gesagt.«

Sie ignorierte seinen angespannten Tonfall, aber das Atmen fiel ihr schwerer, sie schien sich zu verspannen.

»Ja, aber du sitzt zuviel im Haus und ein wenig körperliche Arbeit ab und zu tut dir gut. Dann schläfst du auch besser.«

Er legte die Hand auf ihre, seine Hand war feucht und warm und seine Finger verflochten sich mit ihren.

»Ich liebe dich. Du darfst nicht . . . verschwinden.«

Seine Hand drückte zu, härter als erwartet. Dann lachte er, ein wenig zu laut, wie sie fand. Sie fuhr ihm mit der freien Hand über die Haare, dann befreite sie sich aus seinem Zugriff und ging nach unten.

Sie nahm die Becher aus dem Spülbecken, stellte sie ins richtige Fach im Schrank und blieb danach stehen. Hatte er ihr wirklich gesagt, dass er an diesem Tag frei haben würde? Sicher hätte sie sich daran erinnert, sie war ja schließlich nicht vergesslich, im Gegenteil, ihr Gedächtnis war vielleicht sogar zu gut, so viele Einzelheiten, was sie in ihrer ersten gemeinsamen Zeit gegessen hatten, ihre Enttäuschung, als er das alles längst vergessen hatte, und wie er dann einfach sagte: ja, richtig, so war das. Aber das war nur eine andere Art von Lüge.

Carina schaltete den Herd ein, nahm die Kartoffeln aus dem Kühlschrank und bürstete sie unter dem fließenden Wasser, wovon ihre Finger rot wurden und schmerzten. Sie schnitt die Kartoffeln in kleine Stifte, merkte aber, dass sie keinen Hunger mehr hatte. Sollte sie nach oben gehen und fragen, warum er sie belogen hatte? Sie konnte am Montag ja auch in der Schule anrufen. Aber nicht direkt fragen, sndern es eher in einem Nebensatz erwähnen. Dass sie doch gutes Exkursionswetter gehabt hätten. *Exkursion,* würde Inga-Britt aus dem Sekretariat vielleicht fragen. Nein, sie konnte seine Kolleginnen nicht mit hineinziehen.

Öl, Rosmarin, Knoblauchstiftchen, dann die Kartoffeln. Sie rührte alles mit den Händen um, die noch immer kalt waren. Gereizt fegte sie Zeitungen und Poststapel vom Tisch und stellte Teller hin, sah plötzlich Pärs blanken Blick vor sich, roch den Duft von Knoblauch, Olivenöl, aber der Appetit war ihr vergangen.

Dann saß er ihr gegenüber, frisch rasiert und mit einer kleinen Wunde am Kinn. Draußen dämmerte es, aber die Verandalampe brannte und die Kresse erlosch im Balkonkasten.

»Er war doch nicht hier?«, fragte sie und nahm sich Kartoffeln.

»Wieso sagst du das?«

»Was denn?«

»Wir haben doch abgemacht, dass wir nicht mehr an ihn denken wollen, und dann darfst du nicht über ihn reden. Wir wollten doch so tun, als ob er nicht existiert.«

Seine Stimme klang heftig, sie sah die Adern auf seiner Stirn und seinen verbissenen Mund.

Sie aßen schweigend weiter. Von draußen war ein Moped zu hören, dann noch eins, dann Stimmen, Rufe. Pär schaute aus dem Fenster, aber sie wusste, dass hinter der beleuchteten Veranda der Garten im Dunkeln lag.

»Was ist los?«

Sie hörte, wie gereizt und schroff ihre Stimme klang. Er aß so langsam, stocherte in seinem Essen herum.

»Ein bisschen Kopfschmerzen. Und im Magen. Du weißt doch, wenn man diesen Rauch einatmet, gesund ist das sicher nicht. Ich hab auch ein bisschen Kunststoff und so mit verbrannt.«

»Kunststoff? Aber das ist doch sicher verboten?«

»Und wer will das kontrollieren, was glaubst du? Meinst du, die schicken hier draußen Kontrolleure übers Land?«

Sie tauschten einen Blick und er sagte:

»Verzeihung. Jetzt ist es vorbei.«

Pär leerte sein Glas und sie selbst merkte, wie der Wein ihr schwerfällig durch den Leib floss. Er erhob sich und nahm die Teller vom Tisch, ließ Spülwasser einlaufen. Und laut, um das Klappern des Geschirrs zu übertönen, sagte sie:

»Du, wir können wirklich nichts gegen den Hund unternehmen, das ist nicht erlaubt.«

Es wurde still, als er den Hahn zudrehte und sich zu ihr umwandte.

»Wir unternehmen doch auch nichts. Was hast du denn geglaubt?«

Das Wunder

Gabriella Håkansson

Der Grund, überhaupt eine Arbeit anzunehmen, war der, dass ich ein für alle Mal beschlossen hatte, dem Heer der Arbeitslosen zu entkommen. Lange Zeit hatte ich mich gesehnt, in den Genuß der Rechte eines Durchschnittsbürgers zu gelangen und erkannte, dass sich dieses Ziel mit nichts Geringerem als meiner gleichzeitigen Unterwerfung unter die üblichen Pflichten eines Bürgers realisieren ließe. Folglich nahm ich mir vor, in aller Herrgottsfrühe aufzustehen, Steuern zu bezahlen und meine Einkommenserklärung abzugeben und hegte die leise Hoffnung, im Gegenzug in die höheren Sphären der Gemeinschaft aufgenommen zu werden; einer Gemeinschaft, über deren Form und Struktur ich mir im Grunde nie richtig Gedanken gemacht hatte. Wenn ich ganz aufrichtig bin, so war die Annahme einer Arbeit auch kein Gegenstand, über den ich mir besonders gründlich den Kopf zerbrochen hätte. Es war vielmehr eine letzte verzweifelte Maßnahme, dieses seltsame Leiden abzustreifen, das es mir unmöglich machte, mich in meinem Körper zu Hause zu fühlen und das im Lauf der letzten Zeit immer mehr zur Last wurde. Die Arbeit war – kann man sagen – der letzte verzweifelte Versuch, Mensch zu werden.

Das Gefühl von Gespaltensein, nicht wirklich mit meinem eigenen Gewebe vertraut zu sein, hatte mir im Verlauf des gesamten Herbstes zugesetzt, als ich eine Anstellung suchte und sie in einem großen Arzneimittelkonzern fand. Es war eine gute Arbeit. Das sagten alle. Ich hatte Glück, dass ich die Stelle von einem Schwager übernehmen konnte, der sich entschlossen hatte, Meriten zu sammeln und eine Ausbildung als Makler machte. Der Lohn war zwar hoch, aber die Arbeitszeit ging von elf Uhr abends bis sieben Uhr morgens. Dass es sich um Nachtarbeit handelte, war bei meinem Schwager der Hauptgrund für seine Kündigung. Auch wenn es eine richtige Beschäftigung war, so blieb sie Nachtarbeit, und die Leute haben Probleme, das Andere zu akzeptieren. Mir hingegen war diese Tätigkeit genauso recht wie jede andre, vor allem da meine einzige und wenig anstrengende Arbeit darin bestand, das medizinische Verpacken von spulenförmigen Tabletten in glänzend neue Pappschachteln zu überwachen. Eine einförmige und stupide Betätigung, die ganz und gar nicht im Verhältnis zu dem hohen Lohn stand.

Die Stunden vor dem Kontrollfeld vergingen wie im Flug, wenn man einen Roman zur Hand hatte, und besaß man kein Talent zum Lesen, konnte man sich die Zeit in der Cafeteria mit Kartenspielen oder einem ungezwungenen Gespräch vertreiben. Wir waren viele, die Nachtschicht machten und denen es an Beschäftigung fehlte: die Wachen, der Maschinist, die neun, die am Band saßen und die beiden Laborantinnen. Mit Letzteren fühlte ich mich am wohlsten. Jede Nacht um drei Uhr ging ich ins Labor und trank eine Tasse Kaffee mit einer von den beiden. Nette und einfache Menschen. Wir unterhielten uns über die Familie der einen oder über den Urlaub der anderen, über den neugeborenen Sohn der einen oder das Glück im Spiel der anderen. Ich spürte gleich, dass sie mich mochten – und dennoch, so viel wir uns auch unterhielten, so nahe wir uns auch kommen mochten, unser Kontakt hinterließ doch den bitteren Beigeschmack von Leere.

Die einzige Aufgabe der Laborantinnen war, dafür zu sorgen, dass die Versuchstiere in guter Verfassung waren, wobei auch das keine besonders anspruchsvolle Arbeit war, weil ein Großteil der Tiere nachts schlief. In den Käfigen mit ihren klinisch sauberen Stahlgittern hielt man Tanzmäuse, Hamster und braune Ratten, in mit Klebeband und Filzstift markierten Aquarien waren unterschiedliche Arten von Süßwasserschnecken untergebracht, und in großen, röhrenförmigen Glasbehältern, klar und durchsichtig wie feinstes Kristall, lebten, versunken in tiefen, lethargischen Halbschlaf, die Embryonen zur Zucht der laboreigenen Bandwürmer. Eben jene, denen ich den größten Teil meiner freien Zeit widmete.

Sie waren so mikroskopisch klein, die schlafenden Embryonen, dass man sie in dem sprudelnden, kristallklaren Wasser kaum ausmachen konnte. Schaute man länger und genauer in die Strudel, die sich durch die Luftzufuhr bildeten, konnte man hin und wieder etwas erahnen, was winzig kleinen Staubkörnern in einem unendlichen, durchsichtigen Universum glich. Entdeckte man ein solches Körnchen, konnte man sicher sein, dass es eins von ihnen war. Winzig kleine, fadendünne Wurmbälle eingekapselt in eine harte Haut aus Kalk, umgeben von einer mit Millionen unsichtbaren Flimmerhärchen besetzten Hülle. In Erwartung, einem Wirtstier implantiert zu werden, schwebten sie in ihrem dämmergleichen Zustand umher, gleichgültig gegenüber allem und allen um sie her. Lange betrachtete ich die kleinen Leben und dachte, dass allein die dünne Glaswand, um die sich meine Hände schlossen, uns von einander trennte. Eine der Laborantinnen hatte mir ausführlich berichet vom Lebenslauf der Darmwürmer, von ihrer schmerzhaften Wanderung durch Gedärme und Bauchhöhle des Menschen, von dem mit Saugnäpfen und Haken ausgestatteten Kopf, von dem segmentierten, elfenbeinfarbenen Körper und schließlich vom Eindringen in die inneren Organe, die die Endstation ihres wundersamen Lebensweges bilden. Vom ersten Augenblick an fand ich das Thema unglaublich interessant, ja, geradezu faszinierend, und begann unwillkürlich zu fantasieren, wie es sich anfühlen mochte, ein lebendiges Wesen in sich zu haben.

»Freiwillig«, erklärte einmal eine der Laborantinnen mit bebender Stimme, »haben viele Wissenschaftler ihren eigenen Körper für die widerlichsten und lebensgefährlichsten Versuche zur Verfügung gestellt.«

Ich glaube, von dem Augenblick an steckte ich in unbeobachteten Momenten meine Hand ins Wasser. Zog ich sie wieder heraus, konnte es vorkommen, dass ein oder zwei von den Körnchen an der Oberseite meiner Hand hafteten. Ich stellte mir vor, dass ihre Träume eine andere Wendung nahmen, wenn durch meine Hand die Wassertemperatur um ein Hundertstel Grad stieg, dass sie sich im Schlaf langsam eine halbe Runde drehten und das süße, unerklärliche Gespür von einem anderen, blutgefüllterem Dasein empfingen. Schnell streckte ich meine Hand wieder hinein, damit keines der Embryonen zu Boden fiel und verloren ging. Doch der bloße Gedanke, dass jetzt allein die Haut uns von einander trennte, versetzte mich in einen Zustand von unerträglicher Erregung. Bei diesen seltenen Gelegenheiten erlebte ich mich als wieder vereint mit meinem Körper. Das Fleisch, all das andere Schauderhafte, das meine physische Gestalt ausmachte, reagierte in diesen Momenten synchron mit mir. Keine Verzögerung, keine Fremdheit. Es war so ganz anders als das Gefühl, das mich morgens am Tisch überkam, wenn ich mich vor dem nie versiegenden Hunger meines Körpers, seinen abscheulichen Ausscheidungen, den Exkrementen und dem monatlichen Blutstrom ekelte . . . ja, ihr versteht, was ich meine. Auch ganz anders als das Gefühl in den Augenblicken, wenn der widerwärtige Korpus mir plötzlich unendlich unzuverlässig und zerbrechlich vorkam. Starr vor Abscheu konnte ich darüber nachdenken, was im Grunde die Garantie lieferte, dass die zähe, alles zusammenhaltende Hülle, die wir Haut nennen, unversehrt blieb. In meiner Fantasie sprang die Haut auf und offenbarte die entsetzliche Innenseite, die Eingeweide quollen heraus und bildeten einen Haufen zäher, warmer Materie; hilflos war ich gezwungen, den endgültigen Zusammenbruch des Organismus mitanzusehen, ohne auch nur einen Finger rühren zu können. Oh, wie ich diesen Körper verachtete, dieses scheinbar Feste, das nichts zu tun hatte mit meinem wahren Ich. Dieser Zustand von Ekel und Unverständnis gegenüber meinem Körper verschlechterte sich Schritt für Schritt im Lauf meiner Zeit beim Arzneimittelkonzern. Allein vor dem Wasserbehälter im Labor konnte ich finden, was mich zumindest vorübergehend mit meinen zwei Hälften versöhnte. Als ich mich nach dreimonatiger Anstellung zur Kündigung entschied, geschah es nicht, weil mir die Arbeit so monoton vorgekommen oder der Kontakt zu meinen Kollegen eine Enttäuschung gewesen wäre, sondern weil ich nunmehr fest davon überzeugt war, dass der seltsame Zustand von Gnade und Einheit, den der Glasbehälter hervorrief, sich in einen Dauerzustand überführen ließe.

Mit äußerster Sorgfalt hatte ich alles vorbereitet. Die Einverleibung der Embryonen vollzog sich am Freitagabend des 20. März. Niemandem war der Schwund in den Behältern aufgefallen, und selbst wenn, dann wäre ich die Letzte gewesen, die man verdächtigt hätte. Was ich erlebte, als ich das Glas Wasser mit der gestohlenen Flüssigkeit zum Mund führte, ist mit keinem anderen Begriff als mit Heiligkeit zu umschreiben. Ich zitterte am ganzen Leib, schluckte und schluckte bis nichts mehr von der Flüssigkeit übrig war und brach dann in heftiges Schluchzen aus. Das Glück war unbeschreiblich; dass ich endlich Gemeinschaft mit einem anderen Organismus empfinden durfte, dass ich das Leben mit jemand anderem teilen durfte, dass ich von Nutzen war, dass ich eine Funktion erfüllen durfte. Ich glaube, nie habe ich einen solchen Frieden verspürt wie an dem Abend. Die ganze Nacht war meine Erregung so groß, dass an Schlafen nicht zu denken war. Erst in den Stunden der Morgendämmerung kam mein überspanntes Wesen soweit zur Besinnung, dass es in Schlaf zu sinken vermochte.

In den folgenden Tagen fühlte ich mich wie neugeboren. Ich kaufte sahnegefüllte Backwaren, unternahm lange Spaziergänge in der Frühlingssonne, füllte den Vorrat mit den raffiniertesten Delikatessen auf. Nur damit die Kleinen als Ausgangsposition eine stabile Grundlage bekamen. Ich war mir nicht ganz sicher, wie lange es dauerte, bis sie aus ihrem Dämmerzustand zum Leben erwachen und an ihrer Vermehrung arbeiten würden. Vielleicht ein paar Tage, vielleicht eine Woche. Das Überraschungsmoment war für mich ein Teil der Spannung, aber als ich nach drei Wochen immer noch nicht die geringste Veränderung feststellen konnte, fiel ich von neuem in den alten Trott von Abscheu und unsagbarem Ekel gegenüber meinem Körper. Erst im Mai strahlte plötzlich ein schwacher, aber unverkennbarer Schmerz vom Bauch aus. Zuerst wagte ich nicht, meinen überspannten Nerven Glauben zu schenken – ich hatte schließlich schon so lange gewartet – doch als der schwache Schmerz in Unwohlsein überging, begriff ich, dass es endlich eingetreten war. Das Wunder. Ich streckte mich auf dem Sofa aus und legte zärtlich meine Hand auf den Bauch und konnte ungefähr alle fünfzehn Minuten spüren, wie sich die Gedärme in einem heftigen Krampf ballten. Ohne Zweifel waren die Kleinen so weit herangewachsen, um nun ihre lange Wanderung zur Vollendung und Fortpflanzung anzutreten. Das Lächeln in meinem Gesicht war unergründlich wie das einer Sphinx, aber genauso glaubwürdig wie das der heiligen Madonna. Es war tatsächlich geschehen. Von Stund an zweifelte ich nicht mehr an meiner Menschlichkeit. Der Karneval, der sich in meinem Inneren vollzog, entsprach auf allen Ebenen dem vollendeten Glück, das in den folgenden Wochen zu erleben mir die Gnade zuteil wurde.

Ihr fragt euch womöglich, ob mich nie Zweifel befielen, ich nie von bösen Gedanken heimgesucht wurde. Doch. Es kam vor, dass ich in dem initialen Stadium mit dem Gedanken spielte, einen Arzt um ein Mittel zu bitten, das allem ein Ende machte. Der Vermehrung und den Qualen. Soweit hätte ich noch nicht einmal gehen müssen, hätte keinen Arzt aufsuchen müssen. Ich hätte einfach nur in der Apotheke ein rezeptfreies Präparat gegen Bandwurmbefall bei Kindern kaufen müssen, und der Fall wäre erledigt gewesen. Vermutlich hätten die grünen Tabletten, die man Kätzchen von acht Wochen gibt, Abhilfe geschaffen. Sie vertragen so wenig, die kleinen Leben, im Grunde gar nichts. Die Operation wäre nach ein paar Tagen überstanden gewesen. Die Ordnung wiederhergestellt, aber damit wäre auch der Widerwille zurückgekehrt. Der bloße Gedanke an die Einsamkeit, die Entfremdung, die mich vor der Einverleibung Tag und Nacht geplagt hatten, ließen mich vor Schreck erstarren. Alles andere war besser als das. Sogar die Schmerzen im Bauch, die schließlich eine unweigerliche Folge der Vermehrung waren und die mit jedem verstreichenden Tag zunahmen, waren besser. Wahrscheinlich war es sogar dieser mit Ekel vermengte Schmerz, der letztendlich eine Brücke zwischen mir und meinem Körper schlug.

Als ich in die neunte Woche der Einverleibung eintrat, hatten sich die Schmerzen ins nahezu Unerträgliche gesteigert. Essen konnte ich nicht mehr bei mir behalten, sondern erbrach täglich einen zähflüssigen, beigefarbenen Brei, der entsetzlich stank. Mit dem Stuhlgang war es noch schlimmer bestellt, aber dem Gestank zum Trotz und der unwürdigen Weise, auf die ich gezwungen war, den Bedürfnissen meines Körpers nachzukommen, ging es mir gut. Ich konnte mir die Hände vors Gesicht halten und denken: meine Hände. Eine hohle Hand über meinem gewölbten Unterleib machen und denken: mein Geschlecht. Mit den Nägeln die Haut auf meiner Brust einritzen und denken: mein Körper – mein Körper, der mich umschließt, mein Körper, der mich repräsentiert, mein Körper, der mich schützt. Nie hatte ich Angst, dass die Haut aufspringen, mich die Muskeln im Stich lassen könnten, nicht einmal als die Würmer am ärgsten in den Gedärmen wüteten und der Bauch vor Konvulsionen kochte, hatte ich Angst. Wenn ich einmal fantasiert hatte, den ekelhaften Fleischberg zu zerschneiden, den ich das ganze Leben herumzuschleppen gezwungen war, verhielt sich die Situation jetzt umgekehrt. Die seltenen Male, wenn ich mich hinunter zum Kiosk begab, hatte ich immer ein Messer bei mir. Und war bereit, es einzusetzen. Wenn jemand, ganz gleich wer, meinen Körper auch nur gestreift hätte, wäre ich zum Töten bereit gewesen. Kein Mensch, kein Tier, dufte das Reservoir besudeln, bevor die Entwicklung abgeschlossen war, niemand durfte das Fleisch bedrohen, das wie durch ein Wunder in ein sonderbares Festmahl, in eine gedeckte Tafel, in Überfluß an Leben und Reichtum verwandelt worden war. Mein Körper war ein Altar aus Fleisch. Zum ersten Mal im Lauf meines dreißigjährigen Lebens konnte ich ihn ansehen und sagen: Das bin ich.

Aber auch dieser Zustand von Begeisterung musste ein Ende finden. Die ersten Fieberattacken kamen am Morgen des 15. Juni. Ich hatte schlecht geschlafen, war aufgewacht und hatte vor Schmerz jede Stunde gebrüllt und so übermäßig geschwitzt, dass die Mundhöhle ausgetrocknet war. Ein bösartiger Pilz musste sich im Rachen festgesetzt haben, denn mein Atem war so eitergetränkt, dass das gesamte Zimmer von dem widerlichen Gestank erfüllt war. Die Zunge war geschwollen und mit einer dicken, weißen Schicht überzogen. Das Schlucken tat weh. Mein erster Gedanke war, dass der Schüttelfrost vom schlechten Schlaf herrührte. Doch als das Fieber langsam auf vierzig Grad anstieg, und das Wechselfieber mich so sehr schüttelte, dass sowohl Milz als auch Leber anschwollen, begriff ich, dass es an der Zeit war. So schnell hatte ich es nicht erwartet. Über diesen Moment habe ich nicht nachdenken wollen. Nun wusste ich es. Sie drangen in die Bauchhöhle ein. Dass es Schmerzen gibt, die beim besten Willen nicht auszuhalten waren, damit ging ich konform. Hatte ich mich aus rein praktischen Erwägungen auf diesen Augenblick schon binnen der ersten Wochen vorbereitet, alle Medikamente eingekauft gehabt, konnte ich dennoch ein Gefühl der Trauer nicht unterdrücken. Als es dämmerte und der

Jasmin intensiver als sonst duftete, verspürte ich etwas, was Todessehnsucht glich. Ein einziger, alles umfassender Seufzer entrang sich meiner Brust und nahm mir den Atem. Alles war so schön, die Welt ruhte eingeschlossen in mir, die Schmerzen verschwanden, all die unzähligen Komponenten des Universums fügten sich wie durch ein Wunder zu einem vollkommen verständlichen Muster. Ich sah und ich begriff. Wollte mich auf die Knie werfen und um einige Tage Aufschub beten, um bloß einige Tage, aber das kam schließlich nicht in Betracht, das begriff ich, der Kreislauf näherte sich unerbittlich seiner Vollendung, und lediglich das große Finale stand noch aus.

Auf dem Tisch neben mir standen eine Flasche Holunderschnaps, Morphinpulver, Kochsalzlösung, Traubenzucker und Vitamine. Ich hatte keine Ahnung, ob all das von Nutzen sein würde, wusste aber nur allzu gut, dass es höchste Zeit war, von einem Leben bei vollem Bewusstsein Abschied zu nehmen. Dafür würden die Schmerzen zu gewaltig werden. Flaschen mit abgekochtem Wasser vor dem Sofa, auch die Eimer für Erbrochenes und Stuhlgang. Ein paar zusätzliche Decken und einen Schokoladenkuchen für den Fall, dass mich unerwartet Hunger überkam, lagen ebenfalls bereit. Mitten in dem Durcheinander durchfuhr mich kindliche Erregung, ein Kribbeln in der Magengrube, wie vor der ersten Flugreise.

Das Eindringen in die Bauchhöhle vollzieht sich durch die Wände im Dünndarm. Jedes Individuum erreicht bei seiner Geschlechtsreife eine Länge von zwei Dezimetern und eine Breite von 1,7 Millimetern. Mit Hinblick auf die große Anzahl, die im Begriff stand, durchzubrechen, war es nicht wahrscheinlich, dass ich mehrere Mahlzeiten zu mir nehmen konnte. Die Schokolade hatte mehr symbolischen Wert, aber als das Morphin anfing zu wirken, bekam ich tatsächlich Appetit auf etwas Süßes. Vorübergehend angeregt, so plötzlich von den Schmerzen befreit, lag ich mit einem schmelzenden Schokoladenstück im Mund und glitt in das Niemandsland der Träume ein und aus. Der Schüttelfrost tat nicht mehr weh, sondern machte sich hauptsächlich als leichtes Kitzeln im Zwerchfell bemerkbar. Diese letzten Stunden war ich abermals ganz von Glück erfüllt. Der Schmerz, der in den letzten Wochen eins mit meinem Wesen geworden war, war wie weggeblasen. Nun erlebte ich stattdessen ein Gefühl der Leichtigkeit, als schwebte ich ein paar Zentimeter über dem Sofa, und obwohl das Herz unregelmäßig schlug und die Sehkraft immer mehr nachließ, schien es, als würde ich mit Leben erfüllt. Mein Blutkreislauf wurde in das klare Wasser in den Behältern im Labor verwandelt, das Herz in die Luftpumpe, die alles in Bewegung hielt, oh, ausgestreckt daliegen zu dürfen und zu fühlen, wie die Glieder mit Leben gefüllt wurden, zu fühlen, wie die Organe zuckten und pochten, die Eingeweide sich wanden und zitterten. Alles lebt, mein Körper lebt, ich lebe. Aber natürlich verhielt es sich im höchsten Maße umgekehrt. Ich lag im Sterben.

Die Zeit, die mein Körper bis zur völligen Kapitulation brauchte, war länger als erwartet. Obwohl die vitalen Organe eins nach dem anderen aufgaben, pumpte das Herz unermüdlich, das Blut wurde weiterhin in Umlauf gebracht. Am Ende hörte und sah ich nichts mehr, das Atmen fiel mir immer schwerer. Manchmal war ich umnachtet und kam zu dem Schluss, dass das am Sauerstoffmangel liegen musste und rechnete damit, nicht bei Bewusstsein zu sein, wenn das Große, das Letzte sich vollzog. Es war, kann man sagen, ein wenig bedauerlich, nach allem, was ich durchgemacht hatte. Meine letzten Gedanken kreisten selbstverständlich um die kleinen Leben. Das war eine Tatsache, der ich mich nicht mehr verschließen konnte, der ich mir vom ersten Augenblick an bewusst war, zu der Stellung zu beziehen ich aber nie die Kraft besessen hatte: Wohin würden die Kleinen gehen, wenn mein Körper nicht mehr seinen Zweck erfüllen konnte? Die Großen waren in diesem Stadium Fleisch von meinem Fleisch, Blut von meinem Blut, sie waren so gut wie ununterscheidbar von meinem Gewebe. Nicht zuletzt, weil sie ebenfalls im Sterben lagen. Sie waren es auch nicht, um die ich mir Sorgen machte. Sondern um die neuen Kleinen. Die neuen, kleinen Leben, die versunken in tiefen, lethargischen Dämmer davon träumten, mit den Exkrementen zu neuen Wassern geführt zu werden, um darin herumzuwirbeln, zu neuen Händen, um daran haften zu bleiben. Die meisten waren noch in mir und würden dort bleiben. Das war das Problem, über das ich in den letzten Minuten meines Lebens grübelte. Hätte ich das auf andere Weise bewerkstelligen sollen? fragte ich mich, nicht frei von Gewissensbissen. Gab es etwas, was ich hätte tun können, um den Prozess zu erleichtern? Nein! Die Verantwortung lastete nicht mehr auf mir. Die Kleinen mussten allein zurechtkommen. Die Natur musste über ihr Schicksal entscheiden, und womöglich war es der Gedanke an die weißen Plastikhandschuhe des Obduzenten, wie sie mit routiniertem Handgriff ausgezogen wurden und wie etwas Kleines, etwas mikroskopisch Kleines am Handrücken haften blieb, ins Waschbecken gespült wurde, weiter abwärts ins Rohrsystem und . . . ja, vielleicht war es jener allerletzte Gedanke, der diese unwillkürliche, spasmische Nervenzuckung in der Muskulatur der rechten Gesichtshälfte verursachte, diese Zuckung, die nicht nur einen Schlussstrich unter mein Leben zog, sondern mir sogar ein Aussehen verlieh, als verließe ich es mit dem Anflug eines Lächelns auf den Lippen.

Die Ausreißer

Marita Gleisner

Schon bei meiner Ankunft hing Feuchtigkeit in der Luft. Der Himmel über dem Meer strahlte in den Farben Kobaltblau bis Indigo. In der Nacht wird es Regen geben, dachte ich damals noch, als ich am Transistorradio herumkurbelte, um die Abendnachrichten einzustellen, und gleich war auf dem Dach das Prasseln zu hören. Der Ahorn vor dem Küchenfenster peitschte mit nassen Händen gegen die Fensterscheibe und erinnerte mich daran, dass ich die Zweige längst hatte kappen wollen. Morgen hole ich die Säge, beschloss ich, aber wenn es regnet, bleibe ich lieber im Haus und schreibe. Da fiel mir ein, dass ich nicht daran gedacht hatte, meine Schreibhefte einzustecken, vergaß es jedoch sofort wieder; denn die Männerstimme im Radio räusperte sich und schwang sich zu einer bedeutungsschwangeren Stimmlage auf: »*Der junge Mann, der aus dem Gefängnis geflohen ist, befindet sich weiterhin auf freiem Fuß . . .*«

An der Art, wie der Redakteur die Nachricht verlas, erkannte ich, dass es sich nicht mehr um eine Neuigkeit handelte, sondern dass sie im Laufe des Tages ausgewalzt und mehrere Male wiederholt worden war. Der junge Mann war bewaffnet, wegen Mordes verurteilt worden und galt als sehr gefährlich.

»*. . . möglicherweise befindet er sich in Begleitung seiner Freundin, mit der er versucht, ins Ausland zu entkommen . . .*«

Alle hatten es vorher schon gehört, nur ich nicht, weil ich mit dem Bus am Morgen gekommen war. Ich bin im Dorf ausgestiegen, wie immer, hatte aber kein Taxi genommen, sondern war gemächlich zu Fuß durch den Wald gegangen. Der Weg hatte an mich gedacht und seinen raschelnden, gelben Herbstteppich ausgerollt, der unter den Sohlen angenehm weich federte.

Im Haus war es kälter als vermutet und sofort stellte ich die Taschen auf der Terrasse ab, machte im Kamin Feuer und ging wieder hinaus, bis die Luft sich erwärmt hatte. Alle heruntergewehten Äste stapelte ich zu einem Haufen und harkte das Laub ums Sommerhaus zusammen. Ich hätte die Hopfenranken abschneiden müssen, weil sie die Fliegen anzogen, zögerte jedoch, weil so schöne Hopfenzapfen daran hingen. Stattdessen saß ich lange bei einer Tasse Kaffee aus der Thermosflasche auf dem Berg und schaute über das Wasser. Das Schilf schimmerte goldbraun und auf der anderen Seite der Bucht leuchteten die roten Beeren der Ebereschen. Hier war ich allein. Die anderen Sommergäste gingen kaum noch vor die Tür.

Wasservögel glitten hin und wieder über den See und ich betrachtete sie lange in Gedanken darüber versunken, wie abhängig die Menschen vom regelmäßigen Fernsehgucken, von einem warmen Bad und einem gefüllten Kühlschrank, aber auch wie gebunden sie an ihre Erwerbstätigkeit sind. Ich bin frei und kann meine Arbeit überall mitnehmen. Dann dachte ich an die Schreibhefte, die auf meinem Nachttisch in der Stadt lagen. Früher vergaß ich nie etwas, und nun hatte ich mir Sorgen gemacht, eine Zeit lang, über mein schlechtes Gedächtnis und meine Zerstreutheit. Als ich mich bei einer Freundin darüber beklagte, sagte sie lachend, auch sie werde vergesslich.

»Du leidest nicht an Demenz«, erklärte sie. »Du überanstrengst dich und wirst müde, wenn du die ganze Zeit dein Manuskript im Kopf hast.«

Aber ich wagte nicht auf ihre Worte zu vertrauen. Ich hatte den Verdacht, sie sage das nur, um mich zu trösten, weil sie wusste, dass ich vor dieser schrecklichen Krankheit Angst hatte, die mein Gehirn zerstören würde wie das meiner Patentante. Ich hatte das Radio nur eingeschaltet, um die Wettervorhersage zu hören, und schaltete es wieder aus, als die Stimme zur Personenbeschreibung des jungen Mannes kam. An dem Abend ertrug ich keine unangenehmen Nachrichten, sondern legte Feuerholz im Kamin nach und setzte mich in den Schaukelstuhl. Ich legte den Kopf auf das Kissen und schloss die Augen. Die Luft war warm und schwül. Im Haus hing ein etwas muffiger Geruch. Die Scheiben waren beschlagen, obwohl ich Fenster und Tür den ganzen Nachmittag angelehnt gelassen hatte. Draußen war es dunkel. Seit einer Weile zog ein Sturm herauf. Der Regen trommelte heftig gegen das Kammerfenster, und die Ahornhand vor der Küche schlug kräftiger als zuvor. Herrlich, hier allein am Feuer zu sitzen. Ich genoss den Sturm. Hier konnte mich nichts aus der Ruhe reißen. Das Aufsehen über mein kürzlich erschienenes Buch war gewaltig gewesen. Alle glaubten doch tatsächlich, die Frau im Buch, die von ihrem Mann misshandelt worden war, sei ich. Auch Roland, mein Ex-Mann, hatte wutschnaubend angerufen.

»Verdammtes Weib«, schrie er. »Musstest du das alles ausposaunen? Was glaubst du, wer du eigentlich bist? Ich habe große Lust vorbeizukommen, um dir den Hals umzudrehen.«

Ich ließ zu, dass er mir Angst einjagte; ich bekam es mit der Angst zu tun, obwohl fünfeinhalb Jahre vergangen waren, seit er mich zuletzt bedroht hatte. Ich versuchte ihm zu erklären, dass ich immer in Ich-Form schriebe und dass Gewalt gegen Frauen ein ernstzunehmendes Problem in unserem Land sei. Alle zwei Wochen wird eine Frau von ihrem eigenen Mann erschlagen.

»Ein Klaps schadet nichts und du bettelst doch förmlich um Prügel«, schrie er mir ins Ohr, verlor aber gleich wieder den Faden. Seine Stärke liegt nicht im Diskutieren. Dann fluchte er zum Abschied ein letztes Mal und legte auf.

Ich hatte einen Fuß auf die Kufe des Schaukelstuhls gestellt und stieß mich mit dem anderen ab. Roland hatte von meinem Häuschen keine Ahnung, ich war hier also in Sicherheit. Nur Anneli wusste von dem Kauf. Nach seinem Telefonterror war ich immer besonders nervös und hatte einen leichten Schlaf, aber hier war ich sicher wie in Abrahams Schoß.

Mit viel Spektakel und Aufregung hatte ich gerechnet und als bei Erscheinen des Buches die Medien Kontakt zu mir aufnahmen, war ich zuerst sehr glücklich und guter Dinge gewesen. Die Message hatte ihr Ziel nicht verfehlt. Bald veröffentlichte jede Zeitung Artikel über Gewalt gegen Frauen. Alle fragten nach mir. Das Fernsehen erkundigte sich, ob ich an einer Serie mitarbeiten wollte, und sogar aus Schweden kamen Anfragen. Aber nach einigen Wochen verlor ich die Lust, das Herz schlug heftiger, ich war gehetzt und der Blutdruck stieg. Ich hatte weder Zeit noch Kondition für all die Lesungen, für die ich meine Zusage gegeben hatte. Wie sollte ich das alles schaffen? Ich beschloss, eine ganze Woche Urlaub zu machen, den Anrufbeantworter auszustöpseln und das Handy zu Hause zu lassen.

Sie müssen an die Tür geklopft haben, während ich im Schaukelstuhl eingedöst war und ich hatte die beiden nassen Gestalten erst bemerkt, als sie schon in der Diele standen. Unisex war das erste, was mir bei ihrem Anblick durch den Kopf fuhr, denn sie waren wie die Fleisch und Blut gewordene Bedeutung dieses Begriffes. Beide in Jeans und schwarzen, raschelnden Mänteln, das Gepäck auf dem Rücken, schwarzes, halblanges Haar, große Ringe unter den dunklen Augen in den weißen schmalen Gesichtern und Tatoos an den Handgelenken. Es war schwer, ja nahezu unmöglich, zu entscheiden, ob es nun Mädchen oder Jungen waren.

Nachdem sie sich die Mäntel ausgezogen hatten, konnte ich feststellen, dass es sich um je ein Exemplar von jeder Sorte handelte.

Der Junge trocknete sich sein langes Kraushaar mit dem Ärmel und sagte, dass sie auf dem Weg nach Turku seien, zur Fähre nach Stockholm. Sie waren schon fast den ganzen Tag unterwegs, ohne dass auch nur ein Auto sie mitgenommen hätte. In den frühen Morgenstunden waren sie in Kotka aufgebrochen, hatten den ganzen Nachmittag an der Bundesstraße gestanden, ohne dass ein Wagen angehalten hätte. Im Dorf waren sie stehen geblieben, bis der Regen angefangen hatte. Ziemlich schnell fiel mir die Suchmeldung aus den Radionachrichten ein, und ich erzählte ihnen von dem Flüchtigen und seiner Freundin. Fragend schauten die beiden mich an, und ich erklärte: »Die Leute haben Angst, euch mitzunehmen, aber morgen haben alle die Sache schon wieder vergessen. Morgen nehmen die euch bestimmt mit zum Fährhafen.«

Sie sahen verloren und hilflos aus, schließlich waren sie fast noch Kinder, deshalb schlug ich vor, sie könnten in meinem Haus übernachten. Ich fragte mich, ob sie wohl Hunger hätten, erkannte aber gleich, dass die Frage überflüssig war, natürlich hatten sie Hunger. Deshalb holte ich die Schweinefilets heraus, die ich aus der Stadt mitgebracht hatte.

»Ihr esst doch Fleisch, oder?«, fragte ich und stellte Kochgeschirr und Zutaten bereit. Heutzutage muss man seine Essensgäste danach fragen. Besonders unter jungen Menschen essen nicht wenige kein Fleisch. Und ich wunderte mich manchmal, wie sie alle Nährstoffe bekommen, aber die beiden in meiner Küche aßen Fleisch. Der Junge sagte, dass ich ihn Micke nennen könne und machte sich gleich daran, das Messer zu schleifen, denn er behauptete, er könne Fleisch problemlos schneiden. Darüber kicherte das Mädchen, Tessi, als habe er einen Witz gerissen, ließ ihn aber gewähren. Und Micke schnitt in der Tat gleichmäßig dünne Scheiben, die er leicht mit der Hand klopfte, genau wie empfohlen, brachte das Fett in der Pfanne zum Brutzeln, gab es in den Topf, hackte Zwiebeln und streute sie hinein. Während das Fleisch köchelte, bereiteten wir eine große Portion Pasta zu. Tessi fragte nach Mehl und Backpulver und rührte daraus einen Teig, den sie in Segmente abteilte und mit der Gabel einstach. Indisches Brot nannte sie es. Das Brot ging auf, wurde dunkel und gar, als sie es in einer trockenen und heißen Pfanne briet.

Sofort dachte ich, dass ich dieses indische Brot auch für mich backen konnte, wenn ich allein war.

Beim Essen taute Micke noch mehr auf und erzählte, sie hätten die Schule abgebrochen und seien auf dem Weg nach Südschweden, um sich dort Arbeit zu suchen.

»Ob das wohl so klug war?«, fragte ich und Micke entgegnete, seine Mutter habe die gleiche Frage gestellt.

»Deshalb sind wir abgehauen. Meine Mutter hat damit gedroht, mich rauszuwerfen.«

»Ob das wohl so klug war«, wiederholte ich. »Die Entscheidung liegt trotzdem bei dir.«

Beide nickten und wir verloren über die Sache kein Wort mehr. Tessi interessierte sich für meine alten Zeitschriften, obwohl Finnisch ihre Muttersprache war und sie ziemlich dürftig Schwedisch sprach. Sie lag halb auf dem Sofa, während sie darin blätterte und las. Sie war sehr blass, und ich fragte mich, ob sie wohl krank sein mochte, sagte aber keinen Ton.

»Den Abwasch lassen wir stehen«, entschied ich. »Wir trinken Tee und machen das Bett auf dem Sofa.«

Ich holte Decken heraus und erklärte, ich ginge nun in die Kammer, um mich schlafen zu legen, denn ich sei müde. Sie dürften gern aufbleiben, falls sie Lust dazu hätten, aber einen Fernseher hätte ich nicht. Sie schüttelten die Köpfe und meinten, dass sie am nächsten Morgen in aller Frühe aufbrechen wollten. Dann wünschte ich ihnen eine gute Nacht und gab ihnen meine Visitenkarte mit den Worten: »Schreibt mir mal eine Postkarte, damit ich weiß, wie's euch geht!«

Beide nickten.

In der Nacht träumte ich, dass all meine Schreibhefte mit

wichtigen Notizen verschwunden waren. Immer wieder wachte ich mit dieser Angst in der Brust auf und grübelte darüber nach, wo ich sie hingelegt hatte. Dazwischen war mir, als riefe Roland an und fauche in den Hörer: »Altes Weibsstück. Hast du vergessen, dass du mit mir verheiratet bist und gehorchen musst?« Erst gegen Morgen schlief ich tatsächlich ein, und als ich sehr viel später wieder aufwachte, waren meine jungen Gäste schon fort und das Ausziehsofa gemacht. Ich ärgerte mich, dass ich mich nicht hatte verabschieden können. Aber auf dem Tisch lag ein Zettel, auf dem sie sich für das Essen bedankten und mitteilten, sie hätten das restliche Brot mitgenommen – natürlich – und wünschten mir einen schönen Spätherbst.

Der Ahorn vorm Fenster rührte sich nicht und während der Morgenkaffee durch den Filter lief, wanderte die Sonne hinter den Kiefern. Als sie über dem Wald stand und zur Treppe reichte, war auch ich fertig und schnappte mir meine Tasche. Ich spazierte den gelben Pfad zum Laden, um Schreibhefte und Bleistifte zu kaufen. Für das indische Brot kaufte ich auch Marmelade und Käse, doch als ich an der Kasse bezahlen wollte, war das Portemonnaie spurlos verschwunden. Ich konnte es einfach nicht finden. Es war nicht in der Handtasche, auch nicht in einer meiner Manteltaschen. Ich dachte kurz nach und mir fiel ein, dass ich es zuletzt im Bus in der Hand gehabt hatte, als ich die Fahrkarte bezahlen wollte. Die Kreditkarten hatte ich in der Stadtwohnung gelassen. Daran erinnerte ich mich.

»Wir schreiben es an«, sagte der Kaufmann. »Sie finden es bestimmt noch.«

Aber das Portemonnaie blieb unauffindbar, und die ganze Woche auf dem Land tat ich mein Bestes, um nicht an die schreckliche Krankheit zu denken, die mein Gehirn auszuhöhlen drohte, sodass ich bald alles vergessen würde.

»Sie können später bezahlen«, sagte der Kaufmann, als ich

abermals ohne Geld aufkreuzte, aber ich, die ich wusste, was die Krankheit Demenz bedeutete, bat um ein Überweisungsformular. Der Kaufmann rundete die Summe nach oben auf, damit ich noch Geld für die Heimfahrt hatte. Eine Weile überlegte ich, wo ich das Formular am besten aufbewahren sollte, damit ich es nicht vergaß, hatte aber keine zündende Idee.

Wieder zurück in der Stadt ließ ich Wasser in die Badewanne ein, doch sobald ich unter den Schaum gesunken war, klingelte das Telefon. Roland war am anderen Ende und schrie: »Verfluchtes Weib.« Seine Frau wollte ihn verlassen und er ließ durchblicken, dass ich und mein Buch dazu beigetragen und Mitschuld hätten. Das war eine unangenehme Situation.

»Schlägst du sie auch?«, fragte ich, aber da wurde es Roland zu viel. Er, der er kein Talent für Diskussionen hatte, legte auf. Mir war alles andere als wohl in meiner Haut, und ich ließ das Badewasser ablaufen. Das war wahrlich ein Glück, denn sofort rief Anneli an und war in Plauderstimmung. Sie hatte Stoff für eine ganze Stunde. Sie hatte sich Sorgen um mich gemacht, weil ich mich allein auf dem Land herumgetrieben hatte. Nun waren endlich die Ausreißer festgenommen, sagte sie.

Am nächsten Tag vernahm ich es mit eigenen Ohren in den Morgennachrichten. Der junge Mann und seine Freundin waren in einem Vorort von Stockholm gefasst worden.

Ich sortierte die Post in drei Haufen. Die Zeitungen auf einem, die Briefe auf einem zweiten und die Rechnungen auf einem dritten, den ich am darauffolgenden Tag zur Bank brachte. Mir fiel doch tatsächlich auch das Überweisungsformular des Kaufmannes ein und ich hatte den Verdacht, dass meine Krankheit vorübergehend eine Pause eingelegt hatte. Die Zeitungen mussten warten, bis ich meine Rede für meine Lesereise geschrieben hatte; sie auswendig zu lernen und passende Leseabschnitte im Buch auszusuchen, nahm mich vollauf in Anspruch. Die Taschen von meinem Urlaub im

Sommerhaus mussten im Flur stehen bleiben. Ich packte meine Kleidung für die Reise in einen Koffer.

Der erste richtige Schneesturm des Jahres setzte ein, als ich in der Bibliothek der Universität von Jyväskylä war. Binnen weniger Minuten verwandelte sich die Herbst- in eine Winterlandschaft und das mir, die ich nichts weiter als Halbschuhe mitgenommen hatte, also musste ich ins nächste Geschäft gehen und ein Paar Winterstiefel kaufen. Die Lichterkönigin Lucia mit Kerzenkrone schaute ich mir im hoteleigenen Fernseher an und obwohl sie nicht die geringste Ähnlichkeit mit Tessi hatte, sehnte ich mich dennoch nach ihr und Micke.

Ich schwang Staubtuch und Schrubber und wienerte die Wohnung auf Hochglanz. Anneli hatte sich bei mir über die Weihnachtsfeiertage angesagt und ich wollte Eindruck schinden. Die Reisetasche und den Koffer wollte ich im Keller verschwinden lassen. Bei der Gelegenheit kontrollierte ich die Seitenfächer der Reisetasche, und da lag es – das Portemonnaie. In der Sekunde, als ich es in der Hand hielt, sah ich mich im Bus bezahlen, unterwegs aufs Land. Statt es wieder in die Handtasche zurückzustecken, tat ich es ins Fach der Reisetasche. Ich lächelte in mich hinein. Eine Zeit lang hatte ich mir keine Sorgen gemacht. Jeder Mensch ist zerstreut, wenn er viel um die Ohren hat. Am nächsten Tag landete auch eine Karte mit einer Schwedenbriefmarke in meinem Postkasten. In Växjö abgestempelt. Micke schrieb, beide hätten Arbeit gefunden und Tessi sei schwanger. Und ob ich Patentante werden wollte? Seine Mutter fehlte ihnen. Im Frühjahr würden sie zurück nach Finnland kommen.

Der Schmetterling

Kim Småge

Nach einer Idee von E. N. Rønning

Der Sommerabend flirrt vor Hitze. Meine Sohlen kleben am Asphalt, die Hausfassaden sind seltsam verschwommen, schwerer Hitzedunst liegt auf Häusern, Giebeln, Fenstern; Nyhavn riecht. Kopenhagen erlebt eine Hitzewelle. Es riecht nach Schweiß, Parfüm, Brackwasser und Hundepisse. Und aus Bars und Kneipen, Restaurants und Imbissstuben strömen Essensgeruch und Gewürzdüfte. Mir gefällt der Geruch. Solche Viertel haben so zu riechen.

Ich tauche in eine Seitenstraße ein. Karstens Worte hallen noch in meinen Ohren wider: Kauf dir was Schönes, Nina, ein Geschenk von mir, eine Erinnerung an Kopenhagen, an unsere erste gemeinsame Reise, ein Schmuckstück vielleicht? Ich las in seinen Augen, dass hier kein Widerspruch nötig war, nichts von »gekauft und bezahlt« stand darin, sie enthielten nur den Wunsch, mir etwas zur Erinnerung zu geben. Ich sehe mich in der engen Straße um, muss lachen – Karsten kauft wohl nicht oft in solchen Vierteln Schmuck für seine Frauen. Vor einem Kellereingang stehen ein paar Mannsbilder. Einige haben sich den Kopf glattrasiert, andere weisen fantastische Haar- und Bartpracht auf. Gemeinsam sind ihnen allen ihre Tätowierungen, Arme und Oberkörper sind bedeckt von blauen Schlangenlinien. Schlangen schlingen sich um den Bizeps, stramme Ketten umschließen behaarte Unterarme, brüllende Samurais heben auf Brustkästen und Rücken ihre Schwerter. Verängstigte Frauen flehen um Gnade und Harley Davidsons protzen auf dem verbliebenen Platz. Der Anblick dieser überdekorierten Knaben reizt mich zum Lachen. Arme Würstchen, denke ich, wenn die Heinis da aus ihrer Pubertätsrebellion aufwachen und sich den Protest nicht mehr abwaschen können, was dann?

Ich habe Durst. Weiter hinten in der Gasse sehe ich Stühle und Menschen und Tische und Biergläser. Genau das, was ich jetzt brauche, ein kaltes, beschlagenes Glas Bier. Mit Schaumkrone.

Als ich an ihnen vorbeiwill, weichen die tätowierten Knaben zur Seite, und ich sehe, wofür sie als lebendige Reklame auftreten: Im Keller liegt ein Tätowierladen, die Tür steht offen, scharfes Licht strömt heraus. Und ein seltsamer, leicht chemischer Geruch. Dann werden meine Augen von einem Punkt dort unten angezogen. Ich gehe hinunter. Die Tätowierknaben geben den Weg zur offenen Tür frei, lächeln mich an, als ich vorbeigehe. Ich lächle zurück.

Der Mann, der mir gegenübersitzt, hat seinen Schlips gelockert. »Was für eine Hitze«, sagte er, fährt sich mit der Hand durch die Haare und scheint sich verzweifelt nach einer Klimaanlage zu sehnen. »Prost«, antworte ich, »lass dein Bier nicht warm werden, dann löscht das nicht mehr den Durst.«

»Und was für ein Gedränge«, sagt er, als ein fetter Däne sich mit triefenden Biergläsern einen Weg zwischen uns und dem Nachbartisch bahnt. »Die Kopenhagener haben eben auch Durst«, erkläre ich, »und Nyhavn bringt ihnen eine Illusion vom Meer. Meeresbrise, kühlt die Stirn.« – »Der Kanal stinkt«, antwortete er einfach.

Ich lache. »Schlechten Tag gehabt oder was? Irgendein Vertrag, der nicht unterschrieben worden ist?«

Er schüttelt den Kopf. »Hier, Karsten«, sage ich und schiebe ein Glas Dansk Bitter zu ihm hinüber. »Jetzt sind wir in Kopenhagen, und da passen wir uns den Sitten der Eingeborenen an. Tuborg und Dansk Bitter. Du schmeißt dann die nächste Runde.« Er sieht mich an. »Bier reicht mir!«, sagte er. »Hast du was gefunden?«, fragte er dann. »Etwas, das du gern gekauft hättest?« Er lässt einen schalen Bierrest in seinem Glas rotieren, meins ist schon längst leer. Ich bestelle noch eine Runde. Mit Dansk Bitter. »Das brauchen wir nicht«, sagt er und nickt zu dem Fingerhutglas voll Schnaps hinüber. Ich verschließe meine Ohren und bezahle. Er lässt mich bezahlen.

»Doch«, sage ich. »Hier wird gefeiert. Ich habe nämlich das schönste Schmuckstück gefunden, das ich aus Kopenhagen mit nach Hause nehmen kann – die schönste Erinnerung, die du mir schenken kannst. Und sie wird dich auch nicht ruinieren.«

Er sieht mich an, greift nach meiner Hand. »Geld spielt keine Rolle«, lächelt er. »Wenn es dir nur gefällt.«

»Komm«, sage ich, ziehe ihn vom Stuhl hoch und gehe zurück in die Richtung, aus der ich gekommen bin. Vorbei an Bars und Kneipen, Restaurants und Imbissstuben, wo es nach Essen und Gewürzen riecht, vorbei am Geruch von Schweiß und Parfüm, Brackwasser und Hundepisse, tauche in eine schmale Seitenstraße ein. Er kommt brav mit. Vor dem Tätowierladen steht die lebendige Reklame für das Handwerk, das dort unten ausgeübt wird, sie grüßen mich, lächeln. Ich lächle zurück.

»Was zum Teufel«, sagt er, will mich weiterziehen. Aber die Jungs haben schon den Kellereingang freigegeben. Ich zerre an seinem Arm und sage: »Komm.«

Im Keller ist es kühl. Kühl und sauber. Unglaublich sauber. Zwei Ventilatoren unter der Decke brummen. Hinter Glas und Rahmen hängt die Erlaubnis, dieses Geschäft zu betreiben, zusammen mit der Information der städtischen Gesundheitsbehörde, dass der Ladenbesitzer die Nadeln nur einmal benutzt und alles sterilisiert, was sich nur sterilisieren lässt. Ansonsten sind die Wände dekoriert mit Hunderten, vielleicht sogar Tausenden von unterschiedlichen Motiven. Schreiende Pubertätsrebellion, nackte Damen, Herzen und Kreuze, Ringe und Anker. Stiefmütterchen und Bärenklauranken. Und mitten dazwischen ein Feld voller Blumen und Bienen, Schmetterlingen und kleinen, kleinen Fantasieverzierungen.

»Da!«, sage ich, »da, Karsten, da siehst du meinen Schmuck.« Ein zierlicher, graziöser Schmetterling, leicht wie Spinngewebe, dünne blaue Linien, luftig, schön. Ich kann sehen, wie er abhebt, von der Wand herunterfliegt und auf meiner Schulter landet, auf der linken, kann ihn deutlich dort sitzen sehen, wie in ewigem Schweben zum blauen Himmel.

Ich drehe mich zu Karsten um. Er sieht meinen Schmetterling nicht, sein Blick wandert ein wenig unsicher über die Wände, über den Tätowierer, über die anderen Menschen im Laden. Ein seltsam unsicherer Blick. Fast schon suchend. Ich spüre Zärtlichkeit für ihn, für mein Mannsbild, meinen Jungen, der noch nie in einer Seitenstraße gewesen ist, der in sicheren Hotels wohnt und mit dem Taxi hin- und herfährt, statt in den verschiedenen Stadtteilen herumzuwandern.

Ich drücke seine Hand.

»Den möchte ich«, sage ich zum Tätowierer.

»Ein schöner Schmuck für eine schöne Frau«, lächelt er zurück. »Ich hab sofort gewusst, dass Sie den nehmen würden.«

Da höre ich hinter mir ein Fauchen. »Zum Teufel, nein!« wird geflucht. »Du wirst dich verdammt noch mal nicht für ewig und alle Zeit mit etwas so Vulgärem wie einer Tätowierung brandmarken. Das erlaube ich nicht.«

Ich fahre herum. Was sagt die Stimme da? Vulgär? Brandmarken? *Nicht erlauben?* »Karsten«, sage ich. »Was faselst du da? Ich bin nicht der Typ, der sich mit Gold und solchem Kram behängt, meinen Schmuck verlege oder verliere ich regelmäßig. Und dieser Schmuck ist der schönste, den ich je gesehen habe. Ein etwas ungewöhnlicher Schmuck für eine etwas ungewöhnliche Frau, hast du mich nicht so genannt? Eine ungewöhnliche Frau?«

»Das erlaube ich nicht«, faucht er bloß. Mit strammer, weißer Haut um die Nase steht er hier und erzählt mir, dass er das nicht erlaubt.

»Okay«, fauche ich zurück. »Dann bezahl ich eben selber. Ich will diesen Schmetterling.« Ich gehe zum Tätowierstuhl. Aber nun spüre ich eine Hand auf der Schulter, eine Stimme sagt: »Momentchen, kleine Frau, ich hab noch drei Kunden vor Ihnen. Könnten Sie wohl später zurückkommen, sagen wir um . . .« Er nennt eine Uhrzeit. Die Luft strömt aus mir heraus, ich war so fest entschlossen gewesen, meinen Schmetterling mit mir hinaus in die Nyhavnnacht zu nehmen. Der, der mich sonst mit Herzklopfen und Sehnsucht erfüllt, sieht unglaublich zufrieden aus.

»Hörst du«, sagt er. »Er hat im Moment keine Zeit, dich zu einer gezeichneten Frau zu machen. Also komm.«

Seine Worte, seine Miene machen mich wütend. *Gezeichnete Frau!* Warum redet er solchen Quatsch? Er soll nicht so sein. So, so kleinkariert gutbürgerlich mit festgefahrenen Ansichten darüber, was sich gehört.

Wir haben unseren ersten Streit. In einem Straßencafé in Nyhavn haben wir unseren ersten Streit. Die Hitze steht vor uns wie eine Mauer, die Menschen bilden die Kulissen, Stimmengewirr und Gläserklirren dämpfen die scharfen Kanten unserer Stimmen. Klingen werden gekreuzt. Zwei Welten sind aus dem Gleichgewicht geraten.

Er bringt Bier und Dansk Bier, eine Runde nach der anderen, bezahlt und bestellt neu. Ich kippe alles weg, spüre, dass der Alkohol alles weniger schlimm macht, irgendeinen Schmerz in meinem Brustkasten ertränke ich in Dansk Bitter. Ich höre ihn reden und reden, höre mich selber sagen, dass es um mehr geht als nur um einen Schmetterling, und dass ich deshalb diesen Schmetterling haben will. Er lacht, fährt mir durch die Haare und nennt mich ein verwöhntes Gör. Kneift mich in die Wange.

Ich gebe das Zuhören auf, was er sonst noch sagt, wird unwichtig. Total uninteressant. Soll *er* doch mit seinen Vorurteilen nach Hause fahren, *ich* fahre mit einem fliegenden Schmetterling auf meiner Schulter nach Hause. Er bringt neue Flaschen, schenkt ein, prostet mir zu. Sagt: »Trink.« Ich trinke. Irgendwie freut mich der Gedanke, dass der Portier in seinem gediegenen Hotel sehen wird, wie er sich mit einer besoffenen »kleinen Frau« abmüht. Denke, dass ich jetzt kindisch bin. Beschließe, genau so kindisch zu sein, wie ich will. Denn die Enttäuschung ist das Schlimmste, die Enttäuschung darüber, dass . . . nein, scheiß drauf, Frau. Trink.

Die Menschen um mich herum verschwimmen langsam zu einer Masse, einer wogenden, schwitzenden, biertrinkenden Masse. Die Hitze, denke ich, die Hitze und der Dunst. Sie lassen Boote und Brücken, Häuser und Menschen ineinander verschwimmen, sich drehen und winden. Aufwärts, aufwärts. Wir schweigen. Jetzt schweigt er. Gießt mein Glas immer wieder aufs neue voll. Ist ein Mann von Welt. Ein verschwimmender Mann von Welt auf der anderen Seite des Tisches. Dann sagt er plötzlich: »Okay. Nina, du sollst deinen Schmuck haben.« Schweigen. Lange. Ich versuche, etwas herauszubringen, versuche, das Schweigen zu brechen und »tausend Dank« zu sagen, »jetzt hast du es mir geschenkt, jetzt brauche ich nicht mehr als das, was aus deinem Mund kommt, das ist genug für mich.« Aber das schaffe ich nicht, meine Worte werden nur Geräusche, seltsame Halsgeräusche.

»Du sollst deinen Schmetterling haben«, sagt er.

Schmetterling? Ich blicke mich um, versuche, klar zu sehen, was sagt er da von Schmetterlingen? Hier gibt es doch keine Schmetterlinge! Nur Fliegen. Fliegen, die brummen wie verrückt, die mir den Blick versperren, die über dem Kanalwasser schweben und Explosionen aus kleinen scharfen, stechenden Lichtblitzen verursachen. Das tut den Augen weh, jagt Funkenregen durch den Kopf, ich schlage die Hände vors Gesicht, will das weiße, stechende Licht aussperren.

Es lässt sich nicht aussperren.

»Komm«, sagt er, zieht mich hoch, hält mich mit festem Griff. Er geht, nicht ich. Mein Körper ist einfach nur dabei, auch meine Beine. Hängen da. In seinem festen Griff. Ich sehe nur die Fliegen, die Feuerfliegen, nehme nur den Geruch von Schweiß, Parfüm und Brackwasser auf. Und von Hundepisse. Dann spüre ich einen anderen Geruch. Ein anderes Licht. Er sagt etwas zu mir. Ich nicke, kann aber kein Wort verstehen. Die Wörter kommen von weit, weit her. Auch der chemische Geruch. Irgendwer setzt mich in einen Sessel. Meine Haut spürt eine kühle Flüssigkeit. Und dann verschwinden Licht und Geruch und ich in einem schwarzen Loch . . .

Ich hatte keine Ahnung, dass ein Erwachen so hämmernd, dröhnend, zähneknirschend entsetzlich sein kann. Alles tut weh. Meine Knochen gehen in Auflösung über, mein Schädel ist geschrumpft und die Grütze, die sich in ihm befindet, schwappt zähflüssig hin und her. Ich wage nicht, den Kopf zu bewegen, reiße die Augen auf und glotze an die Decke. Die Hotelzimmerdecke, denke ich, das muss die Hotelzimmerdecke sein. Ich muss zwischen Laken und Bettdecke liegen und die Decke von Zimmer 422 im Intercontinental Hotel, Kopenhagen, anstarren. Und neben mir muss Karsten liegen. Ich wage nicht nachzusehen, mein Kopf muss seine Ruhe haben.

Ich stöhne, lasse meine Hände an meinem Körper hinuntergleiten, will die Decke abstreifen, es ist heiß. Meine Finger treffen auf bloße Haut, ich liege auf der Decke. Hinter den florleichten Gardinen surrt eine Fliege – träges, faules Surren. Und plötzlich fällt mir der Schmetterling ein, mein Schmuck, der Streit. Fällt ein, warum ich mich so sternhagelvoll gesoffen habe, wie ich es nie für möglich gehalten hätte. Dansk Bitter und Bier und Wein. Und ein Mann, der dabei geholfen hat, der sich wirklich alle Mühe gegeben hat, mich Tätowierungen und auch alles andere vergessen zu lassen. Mitten in meinem Kater spüre ich, wie ich schon wieder sauer werde. Und dann spüre ich etwas anderes, etwas, das auf meiner Schulter sitzt, auf meiner linken Schulter, etwas ist dort angeklebt, etwas, das nicht dahin gehört. Meine Finger tasten, suchen, finden. Es ist ein Pflaster, über einer kleinen Mullbinde. Die schwappende, zähe Grütze in meinem Kopf braucht ungeheuer wenig Zeit, um zu begreifen, was das ist. Hinter dieser Mullbinde wohnt mein Schmetterling, unter diesem Pflaster befindet sich das schönste Geschenk, das Karsten mir überhaupt nur geben kann.

Langsam setze ich mich auf, will seine Haut spüren, streicheln, will versuchen, mit meinem ausgedörrten Hals ein »Danke« zu formulieren. Auf dem Nachttisch steht eine halbleere Flasche Dansk Bitter, mir wird fast schlecht bei dem Anblick. Bei der Bewegung dreht sich alles um mich. Ich klammere mich am Bett an, merke, dass ich auf die Toilette muss. Quäle mich langsam hoch, unglaublich langsam. Starre den Boden an, mache einige wackelnde Schritte vorwärts. Und sehe den Spiegel. Sehe mein Spiegelbild. Sehe das Spiegelbild einer Frau, eines Körpers, eines nackten Körpers. *Meines Körpers*. Eines von einer grotesken Tätowierung bedeckten Körpers, dicke Linien in wahnwitzigem Muster, über Brust, Bauch, Armen. Ich schlage die Hände vors Gesicht, vor die Augen, will diesen grausamen Anblick aussperren. Und sehe einen Schmetterling die Flügel ausbreiten, sehe einen entsetzlichen Schmetterling mit den Flügeln schlagen. Etwas presst die Luft aus mir heraus, etwas scheint wirklich die Luft aus mir herauszupressen, ich kann nicht atmen, kriege keine Luft. Das Geheul, das im Zwerchfell wächst, kann nicht hinaus, es drückt, drückt, bringt mich zum Platzen, macht mich wahnsinnig. Und wütend. Meine brennende Wut packt eine halbleere Flasche Dansk Bitter, hebt sie hoch und schleudert sie mit aller Kraft auf den Körper, der da auf dem Bett liegt. Etwas löst sich, das Geheul löst sich. »Wie konntest du!«, heule ich. »Wie zum Teufel konntest du!«

Er antwortet nicht. Ich schüttele und schlage ihn, hämmere mit den Fäusten los. Er antwortet noch immer nicht. Ist stumm. Still. Nur ein Blutfaden sickert über seine Schläfe, schneller und schneller.

Blut fließt über meine Hände, über meine Arme, fließt über Brust und Bauch. Ich richte mich schwankend auf, will dieses klebrige, warme Blut nicht an mir haben, es muss weg. Weg! Auf Knien rutsche ich zur Dusche. Mein Körper ist außer Kontrolle geraten. Er bebt. Zittert. Ich zittere und zittere und spüre, wie das Wasser mich überspült, es ist kalt, meine Zähne klappern. Ich will die Augen erst öffnen, wenn alles Blut weg ist, weggespült und im Ablauf verschwunden. Alles Blut ist verschwunden. Aber das Wasser, das gurgelnd im Abfluss verschwindet, ist blau. Tintenblau. Und nie habe ich meinen Körper weißer gesehen.

Ein zweites Leben

Åke Edwardson

Im Landesinneren war es noch heißer, als hätte die Hitze hier ihre Quelle. Er konnte aber immer noch die Nähe des Meeres spüren, als er aus dem Wagen stieg, ein salziger Duft in dem Wind, der aus Westen kam. Es war später Nachmittag und die Sonne versank hinter dem Wald, der hinter dem Ort begann, in dem er aufgewachsen war, mit diesem Wind aus dem Westen, dem Salzduft und der Sehnsucht nach dem Meer. Die vielleicht noch weiter reichte.

Er war seit zwanzig Jahren nicht mehr hier gewesen. Alles war unverändert, aber in anderen Proportionen, kleiner. Er hatte seinen Wagen am Bahnhof abgestellt und ging von dort zu Fuß los. Der Vorortzug fuhr hinter seinem Rücken. Die Ortsmitte hatte sich nicht verändert, aber das Haus, in dem er aufgewachsen war, hatte man umgebaut. Oder hatten sie es sogar abgerissen und ein anderes an seiner Stelle gebaut. Es gab niemanden mehr hier, den er kannte. Seine Eltern waren schon lange tot.

Neue Menschen lebten dort drinnen, andere Stimmen in den neuen Zimmern.

So ist es mit dem Leben, dachte er, und solche Gedanken kamen ihm hin und wieder. Alles wird abgerissen und dann muss man versuchen, es wieder aufzubauen und das ist nicht einfach. Das kann schief und krumm werden, wenn man sich nicht anstrengt. Und manchmal genügt auch das nicht.

Es gab eine Erklärug dafür, warum er während all der Jahre nie zurückgekommen war. Es gab einen Grund dafür, warum er jetzt zurückkam. Nein. Sozusagen teilweise einen

Anlass. Oder war es doch der Grund. Plötzlich konnte er nicht mehr klar denken. Die Erinnerungen umgaben ihn genau wie die Hitze, die sich schwer und klebrig anfühlte.

Er wusste, dass die zähe, schwere Ruhe, die wie eine Daunendecke über dem Ort lag, allein auf Grund seiner Ankunft in Fetzen zerrissen werden konnte. Hier gab es ein schreckliches Geheimnis und er war Teil davon. Hier gab es ein Geheimnis, das immer noch nicht gelöst war. Er was das letzte Puzzleteilchen.

Die wenigen Gesichter im Café waren fremd. Sonderbarerweise schienen mehr Leute zu gehen als zu kommen. Die meisten sind anscheinend auf dem Weg von hier fort, dachte er. Das ist immer das Gleiche in allen kleineren Orten, die im Schatten größerer Städte liegen. Er trank seinen Kaffee und wartete. Alles hatte etwas Zufälliges an sich. Der Schatten der großen Stadt fiel auf das Land im Inneren und die, denen es möglich war, zogen Richtung Westen aus dem Schatten, um zum Schluss in das strahlende Licht über dem Meer zu kommen. Er schmunzelte und schaute in seine Tasse. Er hörte eine Stimme und schaute auf.

»Ich traue meinen Augen nicht.«

Er gab keine Antwort.

»Als ich deine Stimme am Telefon gehört habe, dachte ich, es wäre ein Scherz.« Sie stand immer noch an seinem Tisch. »Ein schlechter Scherz.«

»Willst du dich nicht setzen?«

»Nein.«

»Nun komm schon, Britt.«

»Ich sollte eigentlich gar nicht hier sein«, sagte sie und schaute auf den leeren Stuhl vor sich. Sie setzte sich.

»Willst du einen Kaffee?«

»Ich will eine Erklärung.«

»Deshalb bin ich hier. Aber ich weiß nicht viel mehr als du.«

Er hatte ihr gesagt, dass er sie treffen wolle, dass es äußerst wichtig sei. Etwas Neues sei eingetroffen, nach so langer Zeit. Alles war lange Zeit her, aber nichts hatte ihn zur Ruhe kommen lassen. Ich muss zur Ruhe kommen, hatte er oftmals gedacht. Das muss ein Ende haben.

Er hatte sie angerufen, mehr als einmal. Es war, als hätte er bei ihr Trost gesucht. Das war ein paarmal im Jahr vorgekommen. Und in letzter Zeit mehrmals. Du musst aufhören, hatte sie gesagt. Du musst aufhören, Peter. Du *musst*. Wir müssen vergessen. Du musst einen Schlussstrich ziehen, hatte sie gesagt.

»Wir sollten hier nicht sitzen«, sagte sie und schaute sich um.

»Siehst du jemanden, den du kennst?«

»Es gibt immer jemanden, der mich kennt.«

»Bist du so bekannt?«

»Du hast offenbar vergessen, wie es ist, an so einem Ort zu wohnen?«

»Ja.«

»Dafür solltest du dankbar sein.«

Er erwiderte nichts.

»Aber vielleicht ist das trotzdem der beste Treffpunkt hier.« Sie schaute sich wieder um. »Der anonymste.«

»Ja«, sagte er.

»Und?« Sie schaute ihn an. »Warum bist du hergekommen?« Es gab keine Wärme in ihrem Blick. »Du hast doch versprochen, nie wieder herzukommen.« Sie machte eine Handbewegung und er sah den Ring an ihrem Finger. Ihr Mann. Er wusste nicht, wie lange die beiden schon zusammen waren.

»Hast du etwas zu deinem . . . Mann gesagt von uns . . . dass du mich hier triffst?«

»Denkst du, ich bin bescheuert?«

Er schüttelte den Kopf.

»Warum bist du hier?«, wiederholte sie.

»Ich habe einen Brief gekriegt.«

Sie wartete. Es waren nur noch wenige Gäste im Café. Der Nachmittag war in den Abend übergegangen im Sommerlicht, das durch das Fenster zu sehen war. Die Straße draußen war menschenleer. Das Licht war blau in der Mittsommerhitze. Er sah sie an. Sie schien in ihrer weißen Bluse zu frieren. Ihr Gesicht war unverändert, es schien, als wäre überhaupt keine Zeit vergangen, wenn er sie ansah. Dabei war fast ein Vierteljahrhundert vergangen, aber er hätte sie sofort wiedererkannt. Er hatte im vergangenen Jahr jeden Tag an sie gedacht. Das waren viele Tage gewesen. Er wusste, dass sie ihn kaum wiedererkannte. Das Haar. Der Bart. Die Kleidung, die anders als üblich war. Wenn sie ihn auf der Straße gesehen hätte, hätte sie bemerkt, dass er einen anderen Gang hatte. Niemand hatte ihn wiedererkannt. Niemand.

»Und?«, fragte sie.

»Das war kein richtiger Brief«, sagte er, schob seine Hand in die Innentasche seiner Jacke und holte einen Umschlag heraus, den er ihr reichte. Sie nahm ihn entgegen, schaute nach unten auf das Papier und dann wieder auf ihn.

»Du kannst ihn herausholen«, sagte er.

Sie waren jetzt die einzigen Gäste im Café.

Sie zog einen Zeitungsausschnitt heraus.

»Das ist eine Kontaktanzeige«, sagte er.

»Das sehe ich.«

Sie sah ihn wieder an.

»Hast du gelesen?«

Sie schaute ihn an, gab aber keine Antwort.

»Hast du gelesen?«, wiederholte er.

Sie nickte, ohne zu antworten.

Er gab leise wieder, was sie gelesen hatte: »FÜR PETER UND BRITT ZUM GEDENKTAG. LIEBE GRÜSSE VOM WEIHER.«

Jetzt sah sie aus, als wäre sie aus Eis. Ihre Haut war fast so weiß wie ihre Bluse.

»Wo . . . wo stand das? Und wann?«, fragte sie, ohne ihn

anzusehen. Sie hatte den kleinen Ausschnitt wieder in den Umschlag geschoben.

»Das steht auf der Rückseite«, sagte er.

Sie zog den Zeitungsausschnitt noch einmal heraus und las das Datum, das handschriftlich auf der Rückseite vermerkt war. Darunter stand »GP«.

»Ich . . . ich verstehe nicht«, sagte sie und schaute ihn wieder an.

»Ich verstehe nicht, Peter. Hast du das Datum geschrieben?«

»Nein.«

»Nein?«

»Ich habe den Ausschnitt in einem Umschlag gekriegt, der in Göteborg abgestempelt war und da sah er schon so aus wie jetzt.« Er schaute sich um und sah sie dann wieder an. »Jemand will sicher gehen, das ich das gelesen habe.«

»Jemand?«

Er gab keine Antwort. Er wusste, woran sie dachte. Sie dachte an die gleiche Sache wie er. Das gleiche Gesicht.

»Mein Gott«, sagte sie.

»Ich habe das natürlich erst einmal nachgeprüft«, sagte er mit so ruhiger Stimme, dass er selbst verwundert war. »War in der Bibliothek. Die Anzeige war an dem Tag drin, in der Göteborgs-Posten.«

Sie schien nicht zuzuhören.

»Erinnerst du dich an das Datum?«, fragte er und beugte sich näher zu ihr hinüber. Sie schien ihn gar nicht zu hören, schien direkt durch ihn hindurchzusehen. »Das Datum? ›Der Gedenktag‹?«

Etwas schnappte in ihrem Blick zu und sie kam zurück von dort, wo sie gewesen war und schaute ihn wieder an. Er wusste, wo sie gewesen war.

»Das kann etwas ganz anderes gewesen sein«, sagte sie. »Der reine Zufall. Mein Gott, wir sind doch nicht die einzigen Peter und Britt auf der ganzen Welt, oder?«

»Ich habe versucht, mir das auch einzureden«, sagte er.

»Dann mach es weiter«, sagte sie, »und ich mache es auch.«

»Da ist noch was anderes«, fuhr er fort.

»Sag es nicht«, erwiderte sie. »Wenn du es sagst, gehe ich sofort weg.«

»Der Weiher«, sagte er. Er musste es einfach sagen.

Sie stand auf und ging.

Sie weiß, wo ich bin, dachte er. Sie wird dorthin kommen.

Die Sonne war untergegangen, aber das Licht war noch da. Es war zwischen die Nadelbäume gefallen und hatte einen dumpferen Ton angenommen, aber es war noch da, als er den Waldweg entlangfuhr, der trocken und fest war, da es seit mehreren Wochen nicht geregnet hatte. Er hatte die Scheibe heruntergekurbelt und sog die Gerüche ein, die tausendfach aufzutreten schienen, seit die Sonne untergegangen war. Er stellte den Wagen unter den Baum, der zu siamesischen Zwillingen herangewachsen war, nachdem er ihn in jungen Jahren gespalten hatte. Als er selbst noch klein gewesen war, hatte er in dem Spalt gesessen, den Wald betrachtet und sich gewundert, wie dunkel der doch war.

Den Pfad gab es noch. Er schlängelte sich immer noch in gleicher Weise dahin: links, rechts, wieder rechts, links, ein Stückchen geradeaus, links. Die Hütte stand noch da und sah aus wie früher. Er wusste nicht, ob sie immer noch ihrer Familie gehörte.

Das Fenster war schwarz. Er ging vorbei, ohne die Türklinke zu kontrollieren. Er wollte nie wieder dort hineingehen. Er hatte nie wieder hierher kommen wollen, auf diesem Pfad und er hatte *niemals* weitergehen wollen zum Wasser hinunter, das zwischen den Bäumen blinkte.

Der Weiher.

Er hörte jetzt einen Seetaucher von dort. Er ging bis ans Ufer. Ein Nebel lag auf dem Wasser. Der Weiher war größer als er ihn in Erinnerung hatte, vielleicht war er in den letzten zwanzig Jahren auch zu einem See ausgewachsen. Doch wahrscheinlich war das nicht. Aber er wollte sich an diesem Punkt nicht seinen Erinnerungen nähern. Sie hatten ihn hierher geführt, aber er wollte sie nicht zulassen.

Er registrierte die Gerüche am Wasser, sie waren ganz anders als die in der Stadt. Dort waren die Gerüche trocken, kräftig und klar wie das Meereswasser. Hier waren sie dunkel und voller Moder und trüb wie das schwarze Wasser, in das er hineinschaute, nur ein paar Meter vor seinen Füßen.

Die Erinnerungen kamen.

Sie waren in der Hütte gewesen. Britt und er waren dort drinnen gewesen und sie waren nackt gewesen und es war das zweite Mal. Sie hatte kein Recht dazu gehabt und er auch nicht. Niemand kam hierher. Sie konnten voneinander nicht lassen. Sie hatte gesagt, dass sie wusste, dass sie ihm gehörte und dass er ihr gehörte, aber sie hätte es immer noch nicht ihrem Verlobten sagen können. Aber jetzt habe sie begriffen. Sie wollte das erzählen, was niemand wusste. Ich traue mich, hatte sie gesagt. Ihr Verlobter war gewalttätig. Einer dieser hoch gewachsenen, gewalttätigen, großmäuligen Männer, die die schönsten Frauen wie ein Magnet an sich zogen, aber diesmal würde er sich von *ihm*, von Peter geschlagen geben müssen, und innerlich jubelte er, während gleichzeitig Angst in ihm aufstieg davor, was passieren könnte, wenn das Geheimnis offenbar wurde. Er hatte sie wieder liebkost.

Er stand am Weiher und erinnerte sich an diese Berührung. Er drehte sich zur Hütte um, die in der Sommernacht leuchtete. Bald würde es dunkel sein, für eine kurze Weile, barmherzige Dunkelheit.

Er hatte sie liebkost. Sie hatten draußen ein Geräusch gehört. Ein Busch, der auf dem Pfad knackte. Damals war es Mittsommer gewesen, genau wie jetzt. Noch ein Geräusch, trocken und spröde. Sie hatten Schritte gehört, zweifellos Schritte, Schritte auf dem Pfad und Schritte hoch zum Haus und *Tritte* gegen die Tür und eine Stimme, die schrie, *seine*

Stimme, das hier war nunmehr alles andere als ein Geheimnis und er hatte gespürt, wie sie in seinen Armen zitterte und er hatte die Tritte gegen die Tür gehört und durch die Dunkelheit gesehen, wie das Holz zersplitterte und er war aufgestanden, ohne Kleider, die Kleidung hatte irgendwo unter dem Bett gelegen, das Holz in der Tür war zerbrochen und der Mann da draußen hatte wie ein Wahnsinniger geschrien und Britt hatte angefangen zu weinen, *er wird uns umbringen,* hatte sie geschluchzt und er hatte gespürt, wie das Blut in seinem Körper rauschte, als würde es verzweifelt irgendwo im Körper nach einem Ort suchen, wo es Schutz vor den Schlägen finden könnte, die kommen würden, wenn der da draußen sich durch die Tür geschlagen und getreten hatte.

Dann war alles ganz schnell gegangen.

Er hatte eine Bewegung hinter sich gespürt und etwas in seiner Hand gefühlt. Das war hart und kalt gewesen. »Das habe ich gefunden«, hatte sie gesagt. Er wusste nicht, was es war, aber es war schwer und scharf und als der Wahnsinnige sich durch die Reste der Tür gezwängt hatte, hatte er schon bereit gestanden und das schwere Teil gehoben und direkt nach vorn geschleudert und die Vibrationen in seiner Hand gefühlt, als es traf, irgendwo in Gesichtshöhe, die Waffe, die er mit aller Kraft geschwungen hatte, hatte sich in dem anderen verkeilt und war aus Peters Hand gerissen worden, als der Körper zu Boden fiel.

Es war kein Leben mehr in dem Körper gewesen, als er zu Boden fiel.

Das Folgende war wie in einem Traum vor sich gegangen, dem man von außen zusieht. Sie war die Stärkere gewesen. Sie wusste gleich, was sie tun mussten. Er hatte zwar mehr tragen können als sie, aber sie hatte ihm gesagt, was er tun musste.

Der Teich war da. Der Teich hatte alles in sich verborgen.

Er hatte nicht gedacht, dass er in der Lage wäre, so schwere Steine zu heben und sie über *das* zu legen.

Als sie fertig waren, wusste er, dass der Weiher sein Geheimnis bewahren würde.

Am nächsten Tag war er abgereist. Ihre gemeinsame Zukunft war zerstört, auch wenn niemand wusste, was geschehen war. Das war ihnen unmittelbar danach klar. Sein Leben hatte an diesem Tag aufgehört.

Da war es zu Ende, dachte er, als er jetzt hier stand und aufs Wasser und versinkende Pflanzen starrte und meinte, die Stimmen der Seevögel wieder zu hören.

Jetzt will ich mein Leben zurückhaben. Ich will frei sein.

Den Gedanken hatte er in den letzten Jahren in sich getragen. Es hatte begonnen wie ein Splitter, gegen den er sich gewehrt hatte, aber er konnte ihn nicht abschütteln.

Als er erfuhr, dass Britt sich gegen das Alleinsein entschieden hatte und nun mit einem Mann zusammenlebte, war er von einer Art Schrecken erfasst worden. Sie würde nicht für alle Zeit schweigen können.

Und wenn das Geheimnis einem anderen weitergegeben worden war, gab es kein Halten mehr. Das Puzzle würde fertiggestellt werden.

Er wollte ein neues Leben anfangen und so langsam war ihm klar geworden, dass es dafür nur eine Möglichkeit gab.

Sie musste ihr Leben dafür opfern, damit er endlich wieder leben konnte. Sie stand seinem Leben im Weg und wenn sie fort war, war auch das Geheimnis fort.

Er hatte versucht, die schrecklichen Gedanken beiseite zu schieben, aber das war ihm nicht gelungen. Er hatte überlegt, dass er es ja schon einmal gemacht hatte . . . damals. Sie bedeutete ihm nichts mehr, oder zumindest nicht mehr als sein eigenes Leben. Das versuchte er sich einzureden.

Es war ihre Schuld gewesen. Sie hatte ihm . . . die Waffe gegeben, die jetzt auf dem Grunde des Weihers lag, der leicht im Mondschein zu glänzen begann, während er am Ufer stand. Der Brief hatte ihm die Möglichkeit gegeben, auf die er gewartet hatte. Sonst hätte er nie hierher kommen können, hätte nie einen Grund gehabt. Sie hätte ihn nie empfangen.

Er hatte lange darüber nachgedacht, wie er die Worte formulieren sollten. Nicht zu viel, nicht zu wenig. Glaubwürdig. Es musste glaubwürdig sein. Dann hatte er die Anzeige aufgegeben, sie ausgeschnitten und sich selbst geschickt. Er hatte vor Kurzem die Unruhe in ihrem Blick gesehen, im Café. Er hatte es geschafft.

Der Weiher glänzte. Er meinte einen Zug in der Ferne zu hören. Der Seetaucher schrie wieder, aber es klang wie von einer anderen Wasserstelle. Es roch jetzt sanfter, besser. Er konnte sich ein wenig entspannen.

Er fühlte das Messer, das er in einem Halfter unter der Achselhöhle trug.

Er überlegte, wann sie wohl kommen würde. Er wusste, dass sie kommen würde. Soweit kannte er sie.

Jetzt fühlte er sich ruhig. Er wusste, dass er das hier tun musste, heute Nacht und dass er es schaffen würde, ohne dass der Verdacht auf ihn fiel. Er *wusste* es einfach.

Niemand hatte ihn in dem trägen Ort erkannt. Morgen würde er seinen Bart abrasieren, das Haar schneiden, seine normalen Kleider wieder anziehen und ganz normal gehen.

Plötzlich lächelte er. Er fühlte das Messer unter dem Arm.

Er hörte ein sprödes Knacken vom Weg. Noch ein Knacken. Jemand ging dort. Vielleicht hörte er sogar eine Stimme, die seinen Namen ganz leise aussprach. Er ging auf das Geräusch zu. Ging zur Hütte. Sie stand auf der Veranda, wie beim letzten Mal, in dem ersten Leben.

»Du bist gekommen«, sagte er.

»Hast du etwas anderes erwartet?«

»Nein.«

»Also, was passiert nun?«, fragte sie.

»Ich weiß nicht«, sagte er und kam näher. Sie bewegte sich nicht.

»Und du hast keine Ahnung, wer diese Anzeige aufgegeben haben könnte?«, fragte sie. Er meinte ihre Zähne in ihrem Gesicht aufblitzen zu sehen.

»Natürlich nicht«, sagte er. Jetzt, dachte er. *Jetzt.* Ich mache fünf Schritte und dann ist es vorbei. Ich habe es schon einmal gemacht. Fünf Schritte, eins, zwei . . .

»Jedenfalls war es gut so«, sagte sie.

Er blieb beim zweiten Schritt stehen.

»W . . . wieso?«

»Es musste ein Ende haben«, sagte sie und ihm war, als ginge sie auch einen Schritt vor. »Ich glaube, ich habe inzwischen so normal gelebt, wie man es nur erwarten kann, aber dann hast du von dir hören lassen. Ich habe dir immer wieder versucht zu erklären, dass das nicht geht, aber du wolltest nicht zuhören, Peter. Oder nicht verstehen.«

»W . . . wieso«, wiederholte er. Er hatte immer noch nicht den entscheidenden dritten, vierten und fünften Schritt gemacht.

»Du selbst hast uns dazu getrieben«, sagte sie. »Ich habe dich gebeten. Ich habe versucht, es dir begreiflich zu machen. Aber du konntest es nicht begreifen. Oder du wolltest nicht.«

Jetzt. Er machte noch einen Schritt. Er konnte sie nun fast berühren.

»Bisher bedeutete das Leben nichts für mich, aber jetzt habe ich . . . wieder Lust am Leben gekriegt«, sagte sie. »Doch ich glaube, auch das verstehst du nicht. Aber ich kann dir nicht länger . . . vertrauen, Peter. Das Geheimis ist nicht mehr sicher. Verstehst du, was ich sage?«

Besser als du glaubst, dachte er. Er schob seine Hand in die Jacke und umfasste den Griff des Messers. »Lebe wohl, Bri . . .«

Die Schritte eines Mannes, der hinter dem Hüttengiebel hervortrat.

»Du bist hergekommen, Peter.« Sie sah ihn an und schräg zur Seite zu dem Mann, der näherkam, wie ein großer Panther. Er war schwarz wie ein Panther in dem Schatten. »Du bist derjenige, der gekommen ist. Du hast angerufen. Du hast in der Vergangenheit gebohrt, immer wieder. Hast alles wieder aufgewühlt.«

Er schaute sie und den Mann an, immer abwechselnd.

»Hast du selbst die Anzeige aufgegeben, Peter?«, fuhr sie fort.

»W . . . wieso?«

»Ich will das wissen. Hast du die Anzeige aufgegeben?«

Er dachte nach. Er brauchte das Messer nicht zu zeigen. Er konnte von hier fortgehen, ohne dass sie es wusste. Wenn er zugab, dass er die Anzeige aufgegeben hatte, würde sie begreifen, dass er sie unbedingt treffen wollte, und vielleicht wieder mit ihr leben wollte, dass sie ihm deshalb glauben konnte. Sie würde das glauben, was ja wirklich die Wahrheit war, aber er würde ihr nicht die ganze Wahrheit sagen.

Er würde eine zweite Chance haben, bald. Und dann würde sie ihren Panther mit dorthin nehmen, wohin sie gehen sollte. Du kannst nichts dorthin mitnehmen, aber ihr könnt gemeinsam dorthin gehen, dachte er. Der Panther war jetzt eingeweiht. Peter war klar, dass sie ihm alles erzählt hatte.

»Ja«, sagte er.

»Du selbst hast die Anzeige aufgegeben?«

»Ja. Ich wollte unbedingt die Möglichkeit haben, dich zu treffen.«

Er konnte die Erleichterung in ihrem Gesicht sehen. Es gab keine dritte Partei. Er sah, dass sie das dachte. Keinen Zeugen aus der Vergangenheit. Er sah, wie sie dem Panther zunickte, als der näher kam.

Jetzt war es vorbei. Jetzt konnte er gehen. Er zog seine Hand aus der Innentasche und machte einen Schritt zur Seite.

»Leb wohl, Peter«, sagte sie und er sah eine schnelle Bewegung von der Seite. Etwas traf ihn im Gesicht. Alles wurde rot in seinem Kopf und er spürte, wie er hochgehoben und dann heruntergelassen wurde, er spürte, wie er in etwas versank, das schwarz und nass war – und dann spürte er gar nichts mehr.

Domino

Anne B. Ragde

Das Öl rann von Mr. Harbingers breitem Kinn. Er schmatzte laut und kaute die knoblauchgratinierten Schnecken, bis ihr Saft seine Mundhöhle ausfüllte. Er riss Stücke vom Weißbrot und tunkte sie ins Öl, bevor er die Brotbissen zum Mund führte, und griff das Weißweinglas mit der freien Hand, leerte es. Mr. Harbinger aß nicht, er *fraß*. Wie ein Tier. Wie ein riesiges schwammig-feistes Flusspferd, das nur Augen für eines hat: sich so mit Essen voll zu stopfen, dass nichts anderes Bedeutung hat. Er sudelte Öl und Wein auf das rot karierte Tischtuch, aber bemerkte es gar nicht. Das war es, wofür er bezahlte, und jetzt winkte er nach dem Kellner und zeigte auf sein Pesto-Töpfchen.

»Nicht genug Öl«, polterte er. »Schnecken brauchen mehr Öl als das. Gib mir jetzt Rotwein und vergiss nicht, dass Pesto ölig sein muss. Und Salz. Ich will Salz. Was ist das für ein Koch da draußen in der Küche? Ein neuer Idiot, der den alten abgelöst hat? Geh raus und gib ihm einen Tritt in den Hintern von mir. Und denk dran, dass ich Extra-Knoblauch ins Pesto will. Roh und frisch gepresst. In Öl. Öl! Und sag den Idioten da drüben, sie sollen sich mäßigen. Ich will beim Essen meine Ruhe haben.«

Der Kellner knirschte mit den Zähnen, nickte aber höflich. Mr. Harbinger war Stammgast in dem italienischen Restaurant in der 33. Straße. Es war ein beliebter Treffpunkt. Billiges und traditionelles Essen. Das Lokal war halb voll, einschließlich der kleinen Veranda mit acht Tischen in der oberen Etage.

Mr. Harbingers Übergewicht spottete jeder Beschreibung, er hatte viel zu hohen Blutdurck und viel zu großen Appetit sowohl auf Alkohol und Zigaretten als auch auf fettes Essen. Und er war sehr reizbar. Er klagte jedes Mal lautstark über das Essen, und der Koch Karl Kramer hasste ihn aus ganzem Herzen, als er durch die Schwingtür spähte und sehen konnte, wie das Fett auf Mr. Harbingers Kinn glänzte.

Da ging die Tür auf, und eine Horde Japaner stürmte herein. Sie gestikulierten aufgeregt und stürzten sich auf einen Stapel Speisekarten, während sie auf eigene Initiative begannen, kleine Tische zu einem langen zusammen zu stellen.

»Schnauze, Schlitzaugen!«, brüllte Mr. Harbinger. Er fühlte seinen Puls gefährlich steigen, und er hatte noch immer nicht das Pesto probiert. Der Geräuschpegel im Lokal, das von vornherein nicht so konstruiert war, übertriebene Akustik zu dämpfen, stand jetzt kurz davor zu explodieren. Alle starrten auf die Japaner. Mr. Harbinger konnte rote Flecken vor seinen Augen pulsieren sehen. Blitzschnell zog er eine Pistole aus seiner Innentasche, hielt sie knapp über der Tischkante und drückte zweimal ab, den Lauf senkrecht nach oben zeigend, bevor er sie genauso schnell zurück in die Tasche steckte und ein Stück Weißbrot abriss.

Es wurde still. Endlich wurde es still. Alle starrten einander verwirrt an, erschrocken, verblüfft. Der Kellner eilte mit dem Pesto herbei und sagte:

»Mir war, als hätte ich Schüsse gehört?«

»War wohl nur ein Auto mit Fehlzündung draußen auf der Straße«, sagte Mr. Harbinger laut.

»Aber man kann ja nie wissen. Man muss ein bisschen auf sich aufpassen . . . einer wie der andere«, fügte er hinzu.

Der Kellner nickte mit tiefsinniger Miene und stellte das Pesto-Töpfchen langsam auf den Tisch. Mr. Harbinger war nicht so *ganz* von der gesetzestreuen Sorte und wusste wohl, wovon er sprach.

Ein Mann kam die Treppe von der oberen Etage herunter-gestürzt, von der kleinen Veranda, auf der man ganz intim unter einem Dach sitzen und essen und trinken konnte.

»Krankenwagen! Rufen Sie einen Krankenwagen!«, heulte er, drehte sich um und sprang wieder nach oben. Mr. Harbinger fluchte leise. Er hatte nicht an die Veranda gedacht.

Der Mann, der nach dem Krankenwagen gerufen hatte, Al Shapiro, fluchte auch. Sein Bruder war getroffen worden, offenbar von einem Schuss von der Straße. Was er nicht wusste, war, dass Mr. Harbingers Pistolenschuss durch das Dach gegangen war, von einer Bronzestatue der Jungfrau Maria abgelenkt wurde und Sonny Shapiro getroffen hatte.

Al Shapiro warf sich vor seinem Bruder auf die Knie.

»Alles wird gut«, flüsterte er. »Eine Fleischwunde, sonst nichts. Aber du blutest stark. Der Krankenwagen kommt gleich.«

»Benny«, stöhnte sein Bruder, »das war Benny. Hast du es gesehen . . . das Auto, aus dem er . . . geschossen hat?«

»Nein«, antwortete Al, »aber warte nur. Wir kriegen ihn schon. Ich fasse es nicht, dass er das so schnell herausgefunden hat . . . dass wir es waren, die ihn um das Geld gebracht haben. Ich fasse es einfach nicht, wir hatten doch Strohmänner und alles Mögliche. Benny muss cleverer sein als wir dachten.«

»Rächen. Wir müssen uns rächen«, gurgelte Sonny Shapiro.

»Ich regel das heute Nachmittag.«

Benny Baretta saß zu dem Zeitpunkt, als Al Shapiro den Moment gekommen sah, ihm ein Loch in die Windschutz-scheibe zu schießen, mit einer ganz anderen Frau als der, mit der er vorm Altar gestanden hatte, in seinem Auto. Al war ihm gefolgt und eine Weile hinter ihm geblieben, bevor er die Spur wechselte, seitlich aufholte und die Frontscheibe von Benny Barettas altem Mercedes zerschmetterte. Die Frau an dessen Seite, Rhoda Cummings, heulte auf und warf sich in den Sitz. Keiner der beiden war getroffen worden, aber Benny scherte nach rechts aus und erwischte eine niedrige Bordsteinkante. Das Auto überschlug sich und landete auf dem Dach. Immer noch waren Benny und Rhoda nur leicht verletzt, aber sie waren in ihren Sitzen eingeklemmt, außer Stande irgendetwas zu unternehmen, bis die Polizei Minuten später vor Ort war und sie befreite. Benny Baretta verstand überhaupt nichts mehr. Wer hasste ihn genug, um so etwas zu tun?

Rhoda Cummings stand unter Schock. Als der Polizist sie fragte, ob sie Hilfe brauchte, bat sie ihn, ihren Ehemann anzurufen. Ohne darüber nachzudenken, dass sie gerade einen Autounfall mit ihrem Liebhaber gehabt hatte.

Ihr Ehemann holte sie im Krankenhaus ab. Und Mr. Cummings war ein aufgewecktes Kerlchen, durchaus in der Lage Eins und Eins zusammenzuzählen und Sex herauszubekommen. Nachdem er seine hysterische Frau nach Hause verfrachtet hatte, fuhr er darum ohne Umschweife zu Benny Barettas Haus, leerte einen mitgebrachten Benzinkanister vor der Küchentür, legte Feuer und machte sich davon.

Benny Barettas Frau Rebecca war allein zu Hause. Sie hatte gerade einen Anruf ihres Mannes erhalten, dass er einen kleinen Unfall mit dem Auto gehabt habe, aber in ein paar Stunden nach Hause käme. Sie roch den Brand, bevor die Flammen so weit vorgedrungen waren, dass sie auf das Haus übergegriffen hätten. Sie nahm einen Feuerlöscher, der an der Wand hing, und alarmierte die Feuerwehr. Sie fluchte wütend, während sie die Flammen mit dem weißen Schaum besprühte und damit auch die Kräuter, die sie so liebevoll hegte und pflegte. Der ganze Küchengarten war zerstört und sie hatte nicht den geringsten Zweifel, wer dafür verantwortlich war, nämlich der Mann im Nachbarhaus, Bill Smith, ein alter Geizhals und Dreckskerl, der seinen Hund frei rumlaufen und sich auf anderer Leute Rasen erleichtern ließ. Rebecca hasste alle beide, Herrn und Hund, und hatte sich wiederholte Male bei Smith beschwert und mit ihm gezankt, allerdings ohne Erfolg. Zuletzt hatte sie den Hund ins Haus geholt und ihn ins Tierheim gebracht, sodass Smith eine horrende Gebühr bezahlen musste, um ihn wieder rauszuholen. Womit sie nicht gerechnet hatte, war, dass Smith erfahren würde, wer den Mistköter abgegeben hatte. Das war eine Woche her, und Rebecca Baretta war sich sicher, dass der Brand ein Vergeltungsschlag war.

Aber jetzt war es genug. Am darauf folgenden Tag fütterte sie das vierbeinige kleine Ungeheuer mit vergiftetem Fleisch und ließ es zu Smith zurückspringen, um zu sterben, etwas, was es auch tat, zusammengekrümmt, unter grässlichen Krämpfen und mit Schaum vor der Schnauze. Aber Bill Smith war niemand, der so ohne Weiteres seine offenkundigen Feinde voneinander unterscheiden konnte. Dazu hatte er viel zu viele. Natürlich schaute er bei Mrs. Baretta vorbei, dieser dämlichen Blondine, die nicht mal ein kleines Hundehäufchen ertragen konnte, aber sie beteuerte ihre Unschuld auf das Heftigste, und so änderte er seine Ansicht und begriff, dass der Hundemörder natürlich der sein musste, mit dem er *zuletzt* gestritten hatte, nämlich Karl Kramer, der Koch in dem Restaurant, das ihm gehörte. Bill Smith konnte Karl Kramer nicht ausstehen, aber er wusste, dass er tüchtig war. Wie auch immer, er verbrauchte Frischwaren in hemmungslosem Überfluss und dergleichen irritierte Bill Smith. Er wollte Geld verdienen, verdammt noch mal, nicht Dollar für Dollar zum Fenster rausschmeißen für Essen, das man noch verwenden konnte. Und welcher Restaurantgast kann schon schmecken, dass das Fleisch schon ein bisschen älter ist, wenn es mit viel Chili und Knoblauch gebraten wird?

Kramer war verschwenderisch, und Bill Smith hatte deswegen eine gediegene Auseinandersetzung mit ihm gehabt, nur Stunden vorher. Der Hund war wie immer bei ihm gewesen, auch wenn er ein wenig schlapp und seltsam gewirkt hatte. Das liegt an der Hitze, hatte Bill Smith gedacht und ihn zärtlich gestreichelt, während Karl Kramer sich sogar *darüber* aufgeregt hatte, dass der Hund mit in der Küche war!

»Bazillen!«, hatte der Koch gezischt. »Ich will keine Köterbazillen in meiner Küche haben.«

»Die Küche gehört *mir*«, hatte Bill Smith geantwortet, »und du hast dich dem Frischwarenbudget zu fügen, das ich bestimme!«

Nach diversen hitzigen Wortgefechten hatte Bill Smith Karl Kramer in einem sehr erregten Zustand verlassen.

Und selbstverständlich hatte Karl Kramer Rattengift oder etwas anderes Tödliches in seinen lieben Hund gestopft. Bill Smith trauerte tief über den Verlust und sah ein, dass so etwas nicht einfach hingenommen werden konnte. Am nächsten Tag ging er zum Restaurant und feuerte Karl Kramer fristlos. Ohne Abfindung. Ohne Zeugnis.

»Raus!«, brüllte Bill Smith. »Komm mir nie wieder unter die Augen, erbärmlicher Hundekiller!«

»Aber ich habe nicht . . .«

»Raus! Scher dich hier raus!«

Nur der Form halber hatte Bill Smith noch ein letztes Argument serviert. Es war eine glatte Lüge, aber es wirkte. Er sagte nämlich:

»Außerdem bist du ein schlechter Koch, Karl Kramer! Kunden haben sich über das Essen beschwert. Massen von Kunden haben sich über das Essen beschwert, und sowas können wir nicht gebrauchen! Darum scherst du dich jetzt hier raus und du kriegst kein Zeugnis von mir!«

Kochend vor Wut und Bitterkeit schleppte sich Karl Kramer die Straßen entlang.

»Herrgott«, stöhnte er und ging durch eine offene Kneipentür. »Einen doppelten Whisky on the rocks.«

Er stürzte ihn hinunter, bekam einen neuen Doppelten und eine selige Ruhe breitete sich entlang seiner Nervenstränge aus. Der Barkeeper versuchte, ein Gespräch in Gang zu bekommen, aber Karl Kramer war mit seinen Gedanken anderswo. Schlagartig war er fertig mit Denken. Er bezahlte und ging. Geradewegs nach Hause, hinein in die kümmerliche, kleine Einzimmerwohnung und direkt zum Kleiderschrank. Er fischte eine gewaltige Magnum samt Munition hervor. Er setzte sich an den Küchentisch, nahm die Waffe auseinander, reinigte sie gründlich und setzte sie wieder zusammen. Die verschiedenen Teile trafen sich mit einem präzisen metallischen Klicken. Er füllte die Trommel und ließ sie wieder einrasten. Stand auf.

Mr. Harbinger bekam nie wieder Gelegenheit, sich über das Essen zu beschweren, als er Zigarre rauchend die 33. Straße runter spazierte und darüber sinnierte, ob es heute vielleicht Spagetti Carbonara sein sollten. Mit extra viel Parmesan. Und Bier. Heute würde er ein eiskaltes Bier trinken und vielleicht einen Schnaps. Das passte zwar nicht zu Spagetti Carbonara, aber er hatte den Geschmack von Bier schon im Hals, als er sich an die Brust fasste und wie gelähmt auf das Blut starrte, das zwischen seinen Fingern hervorquoll. Verblüfft hob er den Blick. Entdeckte Menschen, Verkehr, Hochhäuser. Aber niemanden, den er kannte. Wer hatte . . .

Er ging in die Knie mit einem Körper voll Blei. Eine Schusswunde durch einen Revolver Kaliber 44 aus nächster Nähe ist keine Verletzung, zu der sich ein Arzt sonderlich optimistisch äußern würde. Mr. Harbinger starb im Laufe von Sekunden, mit dem Geschmack von Bier im Mund. Und niemand verstand jemals warum.

Karl Kramer kam ungesehen in die nächste Bar und bestellte aufs Neue einen doppelten Whisky, während er vor sich hin murmelte: »So geht es. So geht es denen, die sich mit Karl Kramer anlegen . . .«

Ganz in Weiß

Ditte Birkemose

»Verdammt!« Erschrocken sprang ich zurück. Ein vorüberjagendes Auto überschüttete den Bürgersteig mit einem Sturzbach. »Scheißdrecksschwein«, murmelte ich und stapfte wütend weiter.

Das war so ein Morgen, an dem ich lieber im Bett geblieben wäre. Es war Anfang November. Es goss wie aus Kannen, der Wind riss unbarmherzig an den letzten Blättern, die noch auf den Bäumen aushielten. Vor uns lag eine dunkle, nasse und kalte Zeit. Ich seufzte und dachte, das einzig Schöne am Winter seien die Karten, die wir uns gegenseitig zu Weihnachten schicken. Bilder von verschneiten Landschaften, von frostklaren Nächten und beleuchteten Kirchen. Die Wirklichkeit bestand aus Schneematsch, Regen und Nebel. Und aus Steuern. Am Vortag hatte ich die letzte Rate meiner Steuerschuld überwiesen und kam mir so nackt vor wie ein gerupftes Huhn. Ich schauderte zusammen und überquerte die Straße aus purem Trotz zwei Meter neben dem Zebrastreifen.

Der Kioskbesitzer balancierte auf einer Trittleiter und wollte ein Foto an die Wand hängen. »Das ist meine Tochter«, keuchte er stolz und zog seine Hose hoch.

»Deine Tochter?« Meine Augenbrauen jagten nach oben.

Verwundert betrachtete ich das Bild des kleinen schwarzen Mädchens.

»Ich habe sie sozusagen adoptiert«, er nickte. »Ich schicke jeden Monat Geld. Meine Mutter hat immer gesagt«, der Mann in mittleren Jahren hatte Tränen in den Augen und seine Stimme klang belegt, »wir sollten den Mädchen helfen, hat meine Mutter gesagt, denen geht es am schlechtesten.«

»Gute Idee«, ich lächelte freundlich. »Wenn nur alle so dächten . . .«

»Ja, nicht wahr«, der Kioskbesitzer knallte eine Packung Zigarillos auf den Tresen und fuhr sich mit der Hand über seinen kahlen Schädel, »dann wären wir auch die vielen Fremden hier bei uns los . . .«

Die Bäume wachsen nicht in den Himmel, dachte ich und machte schnell mein Portemonnaie auf.

»Und was macht das Geschäft . . . Frau Bogart«, er grinste schleimig. Seit er in Erfahrung gebracht hatte, dass ich die weiter unten in der Straße gelegene Detektei betrieb, fand er es schrecklich witzig, mich Frau Bogart zu nennen.

»Ja, danke«, antwortete ich freundlich. »Es geht.«

»Übrigens«, er beugte sich über dem Tresen vor und musterte mich provokativ. »Wer behauptet eigentlich, dass Frauen besser mit Kindern umgehen können?«

Ich schnaubte und wischte mir meine regennassen Wangen mit dem Handrücken ab. Also sollte ich auch heute nicht ungeschoren davonkommen. Ich hatte offenbar etwas an mir, das ihn dazu veranlasste, seine mehr oder weniger wohlfeilen Ansichten an mir zu testen. »Wie meinst du das«, frage ich müde.

»Ja«, quäkte er, »sieh dir das doch mal an«, er tippte mit seinem fetten Zeigefinger auf eine Zeitung. »Hast du nicht von dem Vater gehört, der seine Tochter entführt hat?« Ich musste zugeben, dass ich keine Ahnung hatte.

»Was hätte der arme Mann denn tun sollen?« Der Kioskbesitzer schnitt eine Grimasse und breitete die Arme aus. »Seine Alte hat doch einen anderen geheiratet.«

»Äh«, ich schluckte und räusperte mich. »Ja, da wird natürlich die elterliche Liebe wach . . .«

»Genau«, er wippte auf den Füßen hin und her. »Zwei Väter sind nicht gut«, sagte er dann vernünftig.

»Du bist wirklich philosophisch veranlagt«, murmelte ich und griff nach meiner Tasche.

»Ja, aber was meinst du?«, er ließ nicht locker, »ist das nicht verkehrt ... also, dass immer die Frauen die Kinder kriegen?«

»Das liegt gewissermaßen in der Natur der Sache«, scherzte ich.

»Hör doch auf«, er winkte ab. »Du weißt ganz genau, was ich meine. Ist nicht etwas falsch an unserem System und überhaupt? Müssten Väter nicht dieselben Rechte haben wie ...«

»Dazu kann ich mich erst äußern, wenn Frauen dasselbe verdienen wie Männer.« Ich öffnete die Tür. Im Hinausgehen bedachte ich ihn mit einem besonders strahlenden Lächeln.

Er verdrehte die Augen und schüttelte den Kopf.

Während ich zwischen den Pfützen auf dem Bürgersteig Slalom lief, dachte ich an einen Artikel, den ich kürzlich gelesen hatte. Darin stand, dass in einigen Gegenden der USA bei einer Scheidung die Väter die Kinder zugesprochen bekommen. Weil sie mehr verdienen. Und weil die Gesellschaft den schlecht verdienenden Müttern dann keine Sozialhilfe zu zahlen braucht. In meinem eigenen kleinen Kampf um gleichen Lohn verlangte ich pro Stunde dreieinhalb Kronen mehr als die Männer in der Branche. Das ergab einen krummen Betrag und ein gutes Gefühl. Vielleicht hatte ich auf diese Weise Mandanten eingebüßt, aber wenn drei Kronen so entscheidend waren, dann brauchten sie keine Privatdetektivin.

In meinem Büro war es saukalt. Ich drehte den Heizkörper auf, ging in die Kochnische und setzte Kaffeewasser auf. Unten auf dem Hof fingen zwei Katzen an zu jammern. Sie saßen ganz reglos einander gegenüber und sangen im Chor. Der Regen schien sie nicht zu stören. In der Wohnung über mir summte ein Staubsauger. Das fand ich inspirierend. Ich griff zum Besen und fing einige durchgedrehte Wollmäuse ein.

Zum Gott weiß wievielten Mal fand ich auf meinem Anrufbeantworter eine unangenehme Nachricht. Ein Mann behauptete mit verzerrter Stimme, von seiner Frau betrogen zu werden. Dann folgte eine saftige und detaillierte Beschreibung ihrer Seitensprünge. Ich ließ mich im Sessel zurücksinken, steckte mir ein Zigarillo an und beobachtete den Rauch. Ich hatte mich inzwischen an alles Mögliche gewöhnt und wunderte mich nicht mehr über das menschliche Verhalten. Als ich gerade zur Thermoskanne greifen wollte, hörte ich an der Tür ein Geräusch. Ich runzelte die Stirn, horchte. Dann war das Geräusch wieder da, nun jedoch gefolgt von einem behutsamen Klopfen. Ich warf einen Blick auf die Uhr und stand auf.

Vor der Tür stand eine junge Frau mit einem geschlossenen gelben Schirm in der Hand.

»Die Klingel funktioniert nicht«, sagte sie in einem Ton, als sei das ihre Schuld.

»Hm«, ich machte einen Versuch und musste feststellen, dass sie Recht hatte. »Sicher die Batterie . . .« Ich zuckte mit den Schultern. Seit einiger Zeit wurde ich von solchen Problemen heimgesucht. Von durchbrennenden Sicherungen, von tropfenden Wasserhähnen, von einem Kühlschrank, der seinen Geist aufgegeben hatte. »Aber«, ich schüttelte den Kopf und trat einen Schritt zurück, »kommen Sie doch herein.«

»Ich wollte eigentlich mit Kit Sorèl sprechen«, sie musterte mich forschend und fügte unsicher hinzu: »Aber das sind ja vielleicht Sie?«

Ich nickte und fragte mich, was sie wohl erwartet hatte. Eine Miss Marple? Ich bat sie, sich in den Sessel vor dem Schreibtisch zu setzen und bot ihr eine Tasse Kaffee an.

»Ja, bitte«, sie lächelte schwach und knöpfte ihren Mantel auf. Ich konnte ihr Parfüm riechen. Diskreter Blütenduft.

Der Wind ließ einen Fensterhaken gegen die Scheibe schlagen.

»Was für schreckliches Wetter«, sagte ich und setzte mich ebenfalls. Noch hatte sie sich nicht vorgestellt.

»Darf ich rauchen«, fragte sie vorsichtig.

»Natürlich.«

»Also«, sie öffnete ihre Tasche und nahm die Zigaretten heraus. »Man weiß ja nie . . .«

»Nein«, ich schnaubte. »Da haben Sie wirklich Recht.« Ich schob ihr den Aschenbecher hin. »Was kann ich für Sie tun?«

»Ja, also . . . es geht um mich und eine Freundin . . . Nanna«, sie holte tief Luft und blies sich die Haare aus der Stirn.

»Und Ihr Name war . . .?«

»Rikke . . . Rikke Simonsen.«

Ich zog mein Notizbuch hervor und musterte sie abwartend. Sie hatte eine braune Pagenfrisur, graue Augen und ein absolut ungeschminktes Gesicht. Eine pflichtbewusste, leicht verlegene junge Frau. Zweifellos sympathisch. Der Typ, der mit größtem Wohlbehagen in einen Apfel beißt und uns dazu verlockt, es ihr nachzutun. Ich kann Äpfel nicht leiden. Ihre interessante Abweichung war, dass sie rauchte.

»Wir . . . Nanna und ich . . . gehen aufs Handelsgymnasium«, erklärte sie. »Wir haben eine Freundin . . . Habibe heißt sie . . . sie ist verschwunden, wir haben Angst, dass ihr etwas passiert ist . . .«

»Habibe«, fragte ich.

»Sie kommt aus der Türkei.«

»Ach«, ich schaute in ihre klaren grauen Augen. »Und wieso glauben Sie, sie sei verschwunden?«

»Vor zwei Wochen haben wir verabredet, dass sie mich zu Hause besucht, aber sie ist nicht gekommen.«

»Kann sie vielleicht krank sein?«

»Das glaube ich nicht.« Sie streifte Asche von ihrer Zigarette. »Nanna . . . also, meine Freundin, hat mehrmals bei ihr angerufen. Ihre Mutter behauptet, nicht zu wissen, wo sie ist.«

Ich runzelte die Stirn. »Aber Sie glauben ihr nicht?«

»Ich weiß nicht.« Rikke biss sich nachdenklich in die Lippe. »Habibe war ziemlich unglücklich . . . ihr Vater wollte sie mit irgendeinem Verwandten in der Türkei verheiraten. Sie kannte den Mann nicht einmal . . . aber in drei Monaten sollte sie hinfahren.«

»In die Türkei?«

»Ja.«

»Zum Heiraten?«

Rikke nickte. »Das ist doch einfach übel, oder? Sie war total außer sich und wollte nicht. Und wir haben natürlich zu ihr gehalten. Ich habe bei der Ausländerbehörde angerufen«, sie seufzte und machte eine resignierte Handbewegung, »aber die können nichts machen, falls Habibe nicht selber darum bittet, ihrem angehenden Ehemann keine Aufenthaltsgenehmigung zu erteilen«, sie verstummte.

»Und was hat Habibe dazu gesagt?«

»Sie hatte Angst. Ihr Vater und ihr großer Bruder würden in Wut geraten, wenn sie die Familie entehrte . . .« Rikke griff nach ihrer Tasse, trank einen Schluck Kaffee. Sie schaute besorgt vor sich hin. »Deshalb haben Nanna und ich angeboten, sie zu verstecken . . .«

Wir schwiegen beide.

Ich überlegte, was hier zu tun sei. Wenn diese Habibe verschwunden war, dann war das ein Fall für die Polizei. Und wenn ihre Eltern sie versteckten, um sie zu einer Ehe zu zwingen, dann handelte es sich um eine verzwickte Angelegenheit. Durfte ich mich denn wirklich in eine andere Kultur einmischen? Meine innere Stimme sagte abwechselnd ja und nein. Meine Einmischung könnte ernsthafte Konsequenzen haben und für Habibe zu unüberschaubaren Problemen führen.

Rikke riss mich aus meinen Grübeleien. »Am Ende beschloss Habibe, sich doch an die Ausländerbehörde zu wenden«, sagte sie. »Und gerade deshalb haben wir uns für diesen Abend verabredet. Sie sollte bei mir übernachten . . .«

»Aber dann ist sie nicht aufgetaucht?«

»Nein.«

Draußen auf der Straße hupte ein Lastwagen. Dieses Geräusch jagte wie Nervosität durch meinen Körper.

»Hm«, ich warf einen Blick aus dem Fenster. »Ich arbeite nicht gratis«, sagte ich dann.

Rikke errötete. »Nein, natürlich nicht«, erwiderte sie verlegen. »Wir haben Geld, Nanna und ich haben für einen Skiurlaub gespart und . . .« Sie räusperte sich, öffnete ihre Tasche und nannte ungefähr die Hälfte des Honorars, das ich sonst für einen solchen Auftrag in Rechnung stellte. »Sie brauchen doch sicher einen Vorschuss?« Sie öffnete ihr Portemonnaie.

Ich schwankte noch immer. »Zum einen steht noch gar nicht fest, ob ich den Fall übernehmen werde«, sagte ich in neutralem Tonfall. »Aber wenn doch, dann können Sie mir den genannten Betrag aushändigen. Es wird sicher genug sein . . .« Ich hätte mir die Zunge abbeißen können. Was in aller Welt redete ich da? Nicht genug damit, dass ich fast schon zugesgt hatte, nun halbierte ich auch noch mein Honorar!

Rikke war verwirrt. Sie blickte mich kurz an und sank dann ein wenig in sich zusammen. »Ich hoffe, dass Sie uns helfen«, sagte sie leise. »Irgendwie kommt es mir so vor, als sei es unsere Schuld . . .«

Ich war unzufrieden mit mir. Und kämpfte. Einerseits tat mir die junge Frau, die mir da gegenüber saß, Leid, aber . . .

»Ich brauche Habibes Adresse«, sagte ich seufzend.

Rikkes Gesicht leuchtete auf und sie lächelte. »Heißt das, dass Sie . . .«

»Ja«, erwiderte ich müde.

Der Regen machte gerade eine Pause. Als Kontrast zu dem dunklen Himmel hatte die Nachmittagssonne einen breiten rotgoldenen Streifen an den Horizont gemalt. Ich hielt bei der Norwegischen Kirche und spazierte durch den Amagerfælledvej. Die Bauarbeiten für die neue U-Bahnlinie waren in vollem Gang. Hinter einem Zaun ragten Bagger und hohe Kräne in die Luft. Das heftige Hämmern im Untergrund übertönte den Verkehrslärm der Straße.

Es war ein älteres, ein wenig heruntergekommenes Mietshaus. Auf dem Bürgersteig wimmelte es von dänischen und ausländischen Kindern. Ich blieb vor der Tür stehen und betrachtete die Namensschilder. Hier musste es sein. Zögernd drückte ich auf den Klingelknopf. Es knackte und eine Frauenstimme war zu hören.

»Bin ich hier richtig bei Familie Alpar?«, fragte ich.

Die Stimme rief etwas Unverständliches. Im Hintergrund war orientalische Musik zu hören. Dann brummte der Türöffner.

Eine rundliche Frau kaute irgendetwas, leckte sich die Lippen und musterte mich neugierig. Aus der Wohnung strömte würziger Essensduft.

Ich stellte mich vor und reichte ihr meine Karte.

Sie musterte sie kurz und mir ging auf, dass sie nicht lesen konnte. Sie hielt die Karte falsch herum.

»Es geht um Habibe«, erklärte ich langsam. »Ihre Freundin hat sich an mich gewandt . . .

Die Frau musterte mich erschrocken. Sie öffnete den Mund und klappte ihn wieder zu.

»Wissen Sie, wo ich sie finden kann?« Ich hatte nicht den Eindruck, dass sie mich verstand, und fügte hinzu: »Ich möchte mit Habibe sprechen . . .«

Als Antwort blickte sie mich lange an. Dann packte sie meinen Arm und zog mich in die Wohnung. Ein Mädchen mit einer blauen Haarschleife tauchte aus der Küche auf. Sie wischte sich die Hände an einem Lappen ab und lächelte scheu. Sie war vielleicht zehn.

Im Wohnzimmer saß ein Mann im Unterhemd vor dem Fernseher. Er hatte ein breites, wettergegerbtes Gesicht. Auf dem Fernseher lag eine Spitzendecke, darauf stand eine Vase mit roten Plastikrosen.

Die Frau brach in einen raschen Wortstrom aus, von dem ich nichts verstand. Als sie endlich verstummte, stand der Mann vom Sofa auf. Sein Blick unter den buschigen Augenbrauen richtete sich auf mich.

»Wir wissen nicht, wo Habibe ist«, sagte er kurz. »Wir wollen es auch nicht wissen.«

Ich stellte noch zwei weitere Fragen, er antwortete kurz und schroff. Er schien meine Anwesenheit als Anklage gegen ihn und seine Anschauungen aufzufassen. Als Bedrohung der Normen, die er für die richtigen hielt. Er hatte traditionsgetreu für seine Tochter eine Ehe arrangiert. Das war die Pflicht jeden Vaters. Aber in meinen Augen las er etwas anderes. Mein bloßes Auftauchen stellte seine Autorität und die Art, wie er für seine Familie sorgte, in Frage. Ich sollte mich hier nicht einmischen. Von seinem Standpunkt aus gesehen war er im Recht. In meinen – und vielleicht auch in den Augen seiner Tochter – mochten meine Zweifel berechtigt sein.

»Wann haben Sie Habibe zuletzt gesehen?«, fragte ich vorsichtig.

Er ging hoch. »Habibe ist nicht mehr unsere Tochter«, rief er wütend. »Und das geht Sie nichts an. Raus mit Ihnen! Was haben Sie hier zu suchen?«

Ich schaute ihn kurz an. Dann machte ich kehrt und verließ das Zimmer. Die Frau folgte mir. Als sie die Tür öffnete, tauchte die Zehnjährige neben uns auf.

»Habibe ist am Sonntag zur Arbeit gegangen. Seither war sie nicht mehr hier.«

Die Mutter schaute sie an und zischte einen leisen Tadel.

»Zur Arbeit . . . wo denn?«, fragte ich.

»Restaurant . . . Ankara . . . da arbeiten sie alle . . .«

Jetzt packte ihre Mutter sie am Arm. Sie stieß mich fast aus der Wohnung und knallte dann mit der Tür. Auf dem Weg nach unten beschloss ich, im Ankara vorbeizuschauen. Ich kannte das Lokal und wusste, wo es lag. Gleichzeitig war ich davon überzeugt, dass die Familie die Wahrheit gesagt hatte. Sie wussten wirklich nicht, wo Habibe steckte.

»Ich wollte nichts essen . . . nur ein Glas Wein, wäre das möglich?«

Das Restaurant war nur spärlich besucht. Es wurde von zahllosen Messinglampen mit buntem Glas beleuchtet.

»Natürlich«, die junge Türkin nahm die Speisekarte weg und strich die Tischdecke gerade. »Möchten Sie Rotwein oder Weißwein?«, fragte sie mit höflichem Lächeln. Sie war Anfang zwanzig. Ihre Haare waren straff zurückgekämmt und in ihrem Nacken zu einem Knoten gebunden. Sie hatte bleiche, matte Haut und unter dem linken Ohr am Hals ein Muttermal.

»Rotwein bitte«, ich öffnete meine Tasche und nahm meine Zigarillos heraus. Sie nickte und wollte gehen.

»Sagen Sie . . . Sie kennen doch sicher Habibe?« Ich gab mir Feuer und betrachtete sie durch einen Rauchschleier.

»Habibe«, sie erstarrte mitten in einer Bewegung. Die Frage hatte sie offenbar überrumpelt.

»Ja, wenn ich das richtig verstanden habe, dann arbeitet sie manchmal hier?«

Sie schaute mich an. »Habibe arbeitet nicht mehr hier, sie hat aufgehört«, antwortete sie mit ausdrucksloser Miene.

»Ach«, ich schwieg und dachte nach. »Wann haben Sie sie zuletzt gesehen?«, fragte ich dann.

Sie wollte schon antworten, als eine hoch gewachsene, elegante Frau von Mitte dreißig auftauchte. »Gibt es Probleme?«

»Durchaus nicht«, sagte ich rasch. »Ich habe nur nach Habibe gefragt. Sie hat doch hier gearbeitet und ich würde gern mit ihr reden . . .«

»Das würde ich wirklich auch gern«, die Frau streckte die Hand aus und machte sich an Salz- und Pfefferdosen auf dem Tisch zu schaffen.

Ich starrte fasziniert ihre überaus langen, rotlackierten Nägel an. »Das ist doch eine schreckliche Geschichte«, fügte sie seufzend hinzu.

Ich streifte Asche von meinem Zigarillo. »Wie meinen Sie das?«

»Ich bin Lise Toft«, sie bedachte mich mit einem Lächeln, das ihre Augen nicht erreichte. »Mir gehört dieses Restaurant. Und Sie?«

»Kit Sorèl«, sagte ich.

Auf Lise Tofts kurzes Nicken hin zog die Türkin sich lautlos zurück. Ich wiederholte meine Frage.

»Ach, also, wenn ich das richtig verstanden habe, dann wollte Habibes Familie sie zur Heirat mit irgendeinem entfernten Verwandten zwingen. Ist das nicht wieder typisch?« Sie schüttelte den Kopf. »Die arme Kleine war natürlich außer sich vor Kummer.«

»Wann haben Sie zuletzt mit ihr gesprochen?«

Lise Toft zögerte nicht eine Sekunde. »Am vergangenen Sonntag«, antwortete sie. »Habibe hat hier zweimal die Woche geputzt, aber am Mittwoch ist sie nicht gekommen . . .«

»Wissen Sie vielleicht, wo sie sein kann?«

»Keine Ahnung. Ich habe mit ihrem Vater gesprochen, und . . .«

»Mit ihrem Vater?«

»Ja, er arbeitet in einem unserer anderen Restaurants. Er ist davon überzeugt, dass sie durchgebrannt ist.« Lise Toft zuckte mit den Schultern. »Und das kann man ja eigentlich verstehen, auch wenn . . .« Sie verstummte und schaute zur Tür hinüber. Eine japanische Reisegruppe betrat das Restaurant. Sie sprachen wild durcheinander, bewunderten die handgeknüpften Wandteppiche und sahen sich nach einem passenden Tisch um.

»Verzeihen Sie«, Lise Toft konzentrierte ihre Aufmerksamkeit auf die neuen Gäste und ging lächelnd auf sie zu. In diesem Moment war die Türkin wieder da.

»Sie sollten mit Mehmet sprechen«, sagte sie leise und stellte ein Glas Rotwein vor mich hin.

»Mehmet?« Ich setzte mich gerade. »Wer ist das?«

»Habibes Freund«, sie zündete die Teelichter in der Glasschale an.

Ich hob die Augenbrauen. »Wo kann ich den finden?«

Einige Sekunden verstrichen. Sie schaute nervös zu Lise Toft hinüber, die sich noch immer um die Japaner kümmerte. »Versuchen Sie's im Café Felix.«

»Auf Vesterbro?«

»Ja«, ihre Stimme senkte sich zu einem Flüstern. »Da arbeitet er manchmal . . .«, nach einem weiteren Blick zu Lise Toft hinüber machte sie auf dem Absatz kehrt und war verschwunden.

Ich ließ mir Zeit für den Rotwein und beschloss, den Besuch im Felix auf den kommenden Tag zu verschieben. Ich schaute auf die Uhr. Eine andere Mandantin, eine Frau, deren Mann sie doch nicht hinterging, würde in einer Stunde in meinem Büro auftauchen.

Als ich endlich nach Hause kam, plagte mich ein wütender Hunger. Mein Frühstück hatte aus einem Becher Joghurt und einer Möhre bestanden und war inzwischen schon reichlich lange her. Ich holte eine Poreetorte aus dem Gefrierfach und schaltete den Backofen ein.

Es war ein Brief von Benjamin gekommen. Meinem Sohn und meiner Zukunftshoffnung. Ein halbes Jahr zuvor hatte er sein Studium abgebrochen und sich in Paris einen Job als Barmann gesucht. Und das nicht mit meinem Segen.

Nach dem Spülen färbte ich mir mit Henna die Haare. Während der folgenden zwei Stunden versuchte ich aufzuräumen, den Kopf in eine Plastiktüte gewickelt. Meine Gedanken kreisten um Habibe. Ob Mehmet mich zu ihr führen könnte? In mir breitete sich eine seltsame Unruhe aus und erzählte mir, dass hier etwas nicht stimmte.

Es war dunkel. Das Schaufensterlicht spiegelte sich in den nassen, menschenleeren Straßen wider. Fröstelnd blieb ich vor dem Café Felix stehen. Ich hörte Gelächter. Die Tür öffnete sich und zwei junge Mädels mit sehr kurzen hellroten Tüllröcken, sichtbaren Strumpfbändern, löchrigen schwarzen Nylonstrümpfen und einem Stück nackter Haut kamen zum Vorschein. An den Füßen trugen sie beide etwas, das vor allem Ähnlichkeit mit Soldatenstiefeln hatte. Sie grüßten freundlich und gingen Arm in Arm davon.

Die Luft war verräuchert, das Café dicht besetzt mit jungen Menschen. Ein kahlgeschorener Mann musterte mich überlegen. Er war über und über beringt. In der Nase, in den Augenbrauen, in den Lippen. Als er mich ansprach, sah ich, dass er auch etwas in der Zunge stecken hatte.

»Na, Mutti«, sagte er lässig, »von zu Hause durchgebrannt?«

Ich achtete nicht auf ihn, sondern ging duch das enge Lokal, zwängte mich zwischen den vielen Stahltischen hindurch und erkämpfte mir einen Platz am Tresen.

»Also echt, nicht so brutal!« Eine dunkelhaarige Frau, die sich eine Eidechse auf die Schulter tätowiert hatte, blickte mich vorwurfsvoll an.

Ich lächelte zur Entschuldigung. Nach dem Bruchteil einer Sekunde lächelte sie auch. »Wirklich was los heute Abend . . .«

»Da sagst du was Wahres«, erwiderte ich. Eigentlich hatte sie ein goldiges Gesicht. Ich beugte mich über den Tresen und musterte enttäuscht den Barmann, einen blonden Mann mit schwarzer Brille und schlaksiger Gestalt. Eine innere Stimme sagte mir, dass der doch nicht Mehmet sein könne. Aber vielleicht weiß er, wo Mehmet steckt, dachte ich und gab ihm ein Zeichen. Die Cappuccinomaschine lärmte. Der Barmann rief etwas nach hinten. Ein junger Mann mit dunklen Locken, braunen Augen und einem bezaubernden Grübchen im Kinn kam aus dem Hinterzimmer.

»Ja?« Er blickte mich fragend an.

Ich registrierte einen großen blauen Flecken über seinem Wangenknochen. »Mehmet?«

Er warf den Kopf in den Nacken. »Warum?«

»Ich suche Habibe. Wissen Sie, wo ich sie finden kann?«

Er kniff überrascht die Augen zusammen. Ich konnte sehen, dass er zwischen Misstrauen und Besorgnis schwankte. »Wer sind Sie?«, fragte er schließlich.

Ich stellte mich vor, erklärte mein Anliegen und erzählte von Habibes Freundin, die mich aufgesucht hatte. Ein Schatten huschte über sein Gesicht. »Sie haben sie sicher in die Türkei geschickt.« Seine Stimme klang bitter.

»Wer hätte das tun sollen?«

»Ihre Familie natürlich«, er schnaubte verärgert. »Ihr Vater und ihr älterer Bruder sind einfach verrückt«, unwillkürlich fasste er sich an die Wange.

»Haben Sie sich geprügelt?«

Er schnitt eine Grimasse. »Das war ihr Bruder, er . . .« Mehmet wurde von einem jungen Mann unterbrochen, der schon seit längerer Zeit mit seinem Portmonnaie wedelte.

Ich stützte den Ellbogen auf den Tresen und wartete, während er bei dem ungeduldigen Gast kassierte. »Ich habe mit Habibes Familie gesprochen«, sagte ich, als Mehmet zurückkehrte. »Sie behaupten, nicht zu wissen, wo sie ist.« Ich zögerte. »Und ich glaube, sie sagen die Wahrheit.«

Er machte ein besorgtes Gesicht. »Vielleicht sollten Sie mit Lise sprechen«, sagte er langsam.

»Mit Lise Toft?«

»Ja«, er schluckte, fuhr sich mit den Fingern durch die Haare.

»Habibe wollte zu ihr gehen . . .«

»Wann denn?«

»Am vergangenen Sonntag . . .«

Jetzt wurde Mehmet von zwei Frauen und einem Mann gerufen. »Wenn ich hier noch länger warten muss, schlag ich garantiert Wurzeln«, schimpfte die eine Frau.

Mehmet schaute verstohlen auf die Uhr. »Ich habe in einer Stunde Feierabend, können Sie auf mich warten?«

Ich erklärte ihm, wo mein Auto stand, und wir verabredeten uns für dort.

»Schlaf gut«, blökte der Kahlgeschorene, als ich das Café verließ. Ich zwinkerte ihm zu. »Du auch, du kleiner Schnuffel.«

Das Wasser brauste aus den Dachrinnen und gluckerte in den Gossen. Der Mond war hinter den Wolken hervorgekommen und warf seinen silbrigen Schimmer über die Dächer der Stadt.

Auf dem Weg zum Auto dachte ich an Lise Toft. Vielleicht wusste sie ja mehr, als sie zugeben wollte. Ob sie Habibe vielleicht versteckte? Kaum. Ich klappte den Mantelkragen hoch und bohrte die Hände in die Taschen. Lise Toft kam mir nicht vor wie eine barmherzige Samariterin. Auf mich wirkte sie kalt und berechnend.

Jemand klopfte ans Fenster, die Autotür wurde geöffnet, Mehmet setzte sich neben mich. Ich wartete. Er schwieg. Dann eröffnete ich das Gespräch.

»Warum wollte Habibe mit Lise Toft sprechen?«, fragte ich.

Er fuhr sich mit der Hand über die Augen. »Weil Lise ihr helfen sollte. Fast alle in Habibes Familie arbeiten für Henrik . . .«

»Henrik?«

Er nickte. »Lises Freund«, erklärte er, »und deshalb . . .« Er rutschte nervös hin und her. »Habibes Vater achtet Lise und Henrik sehr . . .«

»Ach«, ich starrte in die Nacht hinaus. Der Regen peitschte gegen die Fensterscheibe. »Welches Verhältnis hat Habibe denn zu Lise?«

Er zuckte mit den Schultern. »Lise kann mit ihren Angestellten ganz schön hart umspringen.«

Ich hob die Augenbrauen. »Und trotzdem wollte Habibe sie um ihre Hilfe bitten?«

Er wandte sich ab.

»Das klingt seltsam«, beharrte ich. Keine Reaktion.

»Also«, ich trommelte mit den Fingern auf das Lenkrad. »Wenn Sie nicht . . .«

»Sie hat etwas gegen Lise in der Hand«, fiel er mir mit heiserer Stimme ins Wort.

»In der Hand?«

Er ließ den Kopf in den Nacken sinken, schloss die Augen.

»Bitte, erzählen Sie mir alles«, sagte ich leise.

»In den Restaurants arbeiten illegale Einwanderer. Habibe wollte die Polizei informieren, wenn Lise nicht . . .«

Ich hielt die Luft an und starrte ihm ins Gesicht. »Ach was«, flüsterte ich nachdenklich und griff nach meinen Zigarillos. Der Fall war viel komplizierter, als ich zuerst gedacht hatte.

»Vielleicht sollten wir mit Ilyas reden«, schlug Mehmet vor und zog eine Packung Zigaretten aus seiner Hosentasche.

»Wer ist das?« Ich griff nach dem Feuerzeug und hielt es ihm hin.

»Er sollte zusammen mit Habibe putzen. An dem Sonntag.«

»Wissen Sie, wo er wohnt?«

Er zog einmal an seiner Zigarette und nannte die Adresse.

Ich ließ sofort den Wagen an.

Auf dem Türschild stand »Lise Toft«.

Die Tür wurde von einem jungen Mann mit nackten Füßen und einem verschmutzten, offenen Hemd aufgemacht. Mehmet sagte etwas auf Türkisch. Nach kurzem Überlegen durften wir eintreten.

In der Luft hing der Geruch von Bratenfett, Rauch und Angesengtem. Eine nackte Birne unter der Decke beleuchete das Zimmer. Ich schaute mich schockiert um. Überall auf dem

Boden lagen Matratzen und Plastiktüten. In einer Ecke saß ein älterer Mann und hustete dumpf, während er mich aus fieberglänzenden Augen musterte. Ein Junge hatte den Kopf auf seinen Schoß gelegt und schlief. In dieser Wohnung schienen sich mindestens zehn Menschen von unterschiedlicher Nationalität aufzuhalten.

Mitten im Zimmer saßen vier Männer und sprachen leise miteinander. Als wir hereinkamen, verstummten sie sofort.

Mehmet wandte sich an den einen, einen hohlwangigen Mann von Ende dreißig, der mit einem Kopfschütteln antwortete. Unsere Anwesenheit erregte Unruhe. Vor Angst leuchtende Augen richteten sich auf mich.

»Sie wollen nicht mit uns reden«, sagte Mehmet leise. »Aber offenbar ist Ilyas bei der Arbeit.«

»Wo?«

»Im Ankara. Aber sicher weiß ich das nicht.«

»Wir machen einen Versuch«, ich drehte mich um und ging auf den Flur. Mehmet folgte mir.

»Sag mal . . . sind das Illegale?«, fragte ich über meine Schulter gewandt.

»Ja«, antwortete er kurz.

Die Stühle standen auf den Tischen, es war halbdunkel im Restaurant. Ich schaute durch die Fenster.

Mehmet hämmerte gegen die Glastür. Nach einiger Zeit tauchte eine Gestalt auf.

»Wir haben Glück«, sagte Mehmet. »Das ist Ilyas.«

Die Tür wurde einen Spalt breit geöffnet. Mehmet sagte etwas, das ich nicht verstehen konnte, und trat dichter an den Spalt heran. Ein leises Gespräch folgte. Ich zog mich zurück und wartete. Endlich wurde die Tür ganz geöffnet.

»Na los«, Mehmet nickte mir zu.

Ilyas war ein schmächtiger junger Mann mit tiefliegenden Augen und einem fast femininen, hübschen Gesicht.

»Haben Sie gefragt, ob«, setzte ich an, doch Mehmet winkte

ab. Er wechselte noch einige Bemerkungen mit Ilyas, dann wandte er sich mir zu. »Ilyas sagt, dass er gerade geputzt hat, als sie sich gestritten haben.«

»Wer denn?«

»Lise und Habibe.«

»Ach«, ich kniff die Augen zusammen.

Ilyas blickte Mehmet an. Dann sagte er etwas und breitete die Arme aus.

»Plötzlich war es ganz still«, übersetzte Mehmet. »Viel später ging dann die Tür und er hörte, wie Lise draußen auf der Straße losfuhr.«

»Was war mit Habibe?«, fragte ich. »Hat er mit ihr . . .«

Aufgeregt fiel Ilyas mir ins Wort.

Mehmet hörte zu und runzelte die Stirn. »Er sagt, er hat sie gerufen, weil das Restaurant doch geputzt werden musste. Ihr Mantel hing in der Garderobe, aber sie war nicht da.«

»Wo ist der Mantel jetzt?«, fragte ich langsam.

»Am nächsten Abend war er offenbar verschwunden.«

Ich dachte, bei dem Wetter der vergangenen beiden Wochen wäre es doch seltsam, wenn Habibe das Restaurant ohne Mantel verlassen haben sollte. Und warum hätte sie das auch tun sollen? Doch wenn nicht . . . Ich biss mir in die Unterlippe. Wo konnte sie nur sein?

»Frag ihn, wo die Schlüssel zu den verschiedenen Räumen sind«, sagte ich.

Mehmet blickte mich verständnislos an.

»Vielleicht war es nicht ganz ungefährlich, Lise Toft zu drohen«, sagte ich kurz. Er öffnete den Mund und klappte ihn wieder zu.

Die Schlüssel hingen in einem Schrank in der Küche. Unter Ilyas' Protesten durchsuchten wir Besenkammer, Garderobe, alle Schränke auf dem Flur und den Lagerraum mit den drei Tiefkühltruhen. Alle drei waren mit Hängeschlössern versehen.

»Wir brauchen Werkzeug«, sagte ich ungeduldig.

»Das liegt in . . . in einem Kasten auf dem Flur«, Mehmets Stimme brach. »Soll . . . soll ich . . .«

»Ja.«

Ilyas brach in lautes Protestgeschrei aus, als wir die Hängeschlösser aufbrachen. Die erste Tiefkühltruhe enthielt Fleisch. Federvieh, Lamm und einen Schafskopf, der uns anstarrte.

Sie lag in der zweiten.

»O Gott«, flüsterte ich.

Habibe lag in Embryostellung da. Ihre Hände waren offen und schienen nach etwas zu greifen. Der Reif hatte sich wie ein Schleier über ihre langen schwarzen Haare gelegt und Tausende von Eisblumen malten ein Muster in das Blut auf ihrem Hals. Ihre aufgerissenen Augen starrten ins Nichts. Das Letzte, was sie gesehen hatten, war ihre Mörderin gewesen . . .

Mehmets Schrei zerriss die Stille. Er wich zurück und schlug die Hände vors Gesicht. Er zitterte am ganzen Leib. »Habibe«, schluchzte er. »Habibe . . .«

Ich legte den Arm um ihn. Er lehnte den Kopf an meine Schulter und weinte. Ilyas, der wie versteinert dagestanden hatte, bückte sich plötzlich vornüber und erbrach sich.

Zusammen schwankten wir in die Küche. Mit bebenden Händen öffnete ich meine Tasche, nahm das Telefon heraus und wählte die Nummer der Polizei.

Der dreibeinige Hund

Jan Mehlum

Das Segelboot tauchte unerwartet und lautlos aus der Nacht auf. Es war halb zwei und der Augusthimmel hätte nicht dunkler sein können. Es war bewölkt, der Südwestwind nahm zu.

Ich hatte dort, am Strand auf dem Westufer von Ormøya, gerade eine Henry Clay ausgedrückt und den letzten Rest Bache Gabrielsen geleert. Das alte Holzboot warf sich jetzt auf den Wellen hin und her.

Meine Bernhardinerhündin Hulda war aufgewacht und starrte unruhig über das Wasser auf das Boot, das nur einen Steinwurf vom Land entfernt vorüberfuhr. Keine anderen Schiffe waren zu sehen. Der Fjord lag wie ausgestorben da. Wir hatten schlechte Sicht, aber der Mond war hinter den Wolken nur versteckt und ließ ab und zu ein kleines Funkeln über den Fjord jagen. Das Segelboot schwenkte nach Norden ab.

Hulda wimmerte jetzt.

Etwas stimmte nicht an diesem Segeltörn. An Bord war niemand zu sehen, weder am Ruder noch an Deck.

Es war ein altes Holzboot von etwa acht Meter. Es segelte ohne Licht. Die Taue waren gespannt, das Focksegel festgeklemmt und der Kurs wurde sicher gehalten.

Sicher lag der Kapitän schlafend unter Deck, vielleicht war er blau. Es war Samstagnacht und er wäre nicht der Einzige hier im Schärengürtel, der diesen Zustand erreicht hätte.

Das Boot lebte gefährlich. Eine Kursänderung von zwei Grad und es wäre im Norden von Ormøya auf die Felsen aufgefahren. Ich hoffte, der Kapitän werde aufwachen. Bei diesem Kurs und diesem Tempo würde er sonst in unangenehmen Direktkontakt zum Land kommen.

Das, was ich da sah, gefiel mir nicht, und ich spielte schon mit dem Gedanken, in mein Boot zu springen, um den Kapitän zu wecken, aber ich würde das Segelboot, das in dem starken Wind mindestens sechs Knoten schaffte, wohl kaum einholen können. Es verschwand bereits in der Dunkelheit. Jetzt konnte ich die weißen Segel nur noch ab und zu sehen.

Plötzlich war es kalt geworden. Kurz entschlossen packte ich meine Sachen, lockte eine skeptische Hulda an Bord und fuhr los. Hulda wimmerte noch immer. Als ich den Anker hochgeholt und den Sleipnermotor angeworfen hatte, war das Segelboot schon längst nicht mehr zu sehen. Eigentlich hätte ich nach Westen steuern sollen, durch den Husøysund, über Træla und dann nach Tønsberg. Aber ich peilte nordost an, im Kielwasser des Seglers, der sich noch immer irgendwo vor mir in der Dunkelheit befinden musste.

Der Wind hatte reichlich zugenommen und mein Boot schlingerte unbehaglich, als wir auf den Wellen durch den Fjord fuhren. Ich passierte die Seezeichen im Westen von Torgersøya und näherte mich Vallø. Ich hatte den Verdacht, der Segler könne den Yachthafen von Surka ansteuern, obwohl er vorhin einen ein wenig zu weit östlichen Kurs gefahren hatte.

Ich hörte das Flappen der Segel, ehe ich das Boot wiedersah. Es dümpelte jetzt im seichten Wasser im Osten des Yachthafens vor sich hin. Das Schothorn schwang im Rhythmus der Bootsbewegungen heftig hin und her. Irgendwer hatte Glück mit diesem Kurs gehabt und war enfach nur auf Sand aufgelaufen. Nur hier konnte ein führerloses Boot stranden, ohne beschädigt zu werden.

Wenn ich ein Schlepptau anbringen und die Segel einholen könnte, könnte ich das Boot vielleicht wegziehen, ehe es sich im Schlamm festbohrte. Noch immer war an Bord kein Mensch zu entdecken.

Ich schaute mich nach Hilfe um. Auf dem Fjord war kein Boot zu sehen und mein Mobiltelefon hatte ich zu Hause gelassen. Ich warf meinen Anker so weit wie möglich aus und zog mein Boot langsam an den Segler heran, bis ich an Bord springen konnte.

Die Kajüte war leer. Ein am Ruder festmontierter Autopilot erklärte den stabilen Kurs. Der Autohelm hielt das Ruder noch immer in Position.

Mit einiger Mühe konnte ich die Segel einholen. Ich ließ den Motor an und indem ich ihn in den Rückwärtsgang schaltete und die zehn Pferde meines Bootes zum Ziehen einspannte, gelang es mir dann tatsächlich, den Segler wieder flottzumachen.

Die ganze Operation hatte nicht mehr als eine halbe Stunde in Anspruch genommen. Ich war erschöpft, als ich vorsichtig mit dem Segler im Schlepp in den Yachthafen tuckerte. Ich fand mich reif für eine Ehrenmitgliedschaft in der Rettungsgesellschaft. Aber der Gedanke an die Mannschaft machte mir Sorgen. Alles wies daraufhin, dass in dieser Nacht draußen auf dem Fjord ein Unglück passiert war, und deshalb verständigte ich als nächstes die Polizei.

Bald darauf war der ganze Rettungsapparat aktiviert. Boote, Hubschrauber, Suchmannschaften. An Bord gefundene Papiere nannten als Besitzer einen gewissen Edvard Meyer, wohnhaft in Narverød, nicht weit von der Sandbank entfernt, an der der Segler gestrandet war.

Seine Frau wurde informiert. Sie konnte berichten, ihr Mann sei zusammen mit einem Bekannten auf Segeltörn und werde erst am folgenden Tag zurückerwartet.

Die Polizei konnte auch diesen Bekannten ausfindig machen und der erzählte, sei seien anderthalb Stunden, ehe ich das Spukschiff bei Ormøya gesichtet hatte, in Torød auf Nøtterøy an Land gegangen. Meyer habe unbedingt allein nach Hause segeln wollen, eine Strecke, die sich normalerweise in weniger als einer Stunde bewältigen ließ. Eine Schwimmweste trug er normalerweise nicht, wie sein Bekannter wusste.

Ich erstritt mir zusammen mit Hulda einen Platz im Streifenboot der Polizei und beteiligte mich an der Suche an den Stränden der aktuellen Strecke. Der alte Segler konnte theoretisch den ganzen Weg von Mågerøflaket im Nordosten von Tjøme per Autopilot gesegelt sein, falls der Kapitän sich auf der Außenseite von Årø gehalten hatte.

Wir konnten keine Spur des nächtlichen Dramas finden und es war später Sonntagvormittag, als ich mir endlich einige Stunden wohlverdienten Schlaf gönnen konnte. Edvard Meyer war inzwischen in der Statistik der Ertrinkungstode gelandet.

In der Anwaltskanzlei Fredriksen, Frydenberg und Føyn war ich zur Abwechslung einmal der Held des Tages, als ich am Montagmorgen zur Arbeit erschien. Das Tønsbergs Blad erwähnte in einer dramatischen Reportage auch meinen heroischen Einsatz bei der Bergung.

Der Bootsbesitzer war noch immer nicht gefunden worden. Die Rede war von starken, nach Süden gerichteten Strömungen, die den Armen aufs offene Meer getrieben haben konnten.

Nachmittags grübelte ich dann über Papierstapeln, die mir an diesem Tag noch unergründlicher erschienen als sonst. Ich konnte nicht begreifen, warum Meyer mitten in der Nacht das enge Fahrwasser per Autopilot durchsegelt hatte. Ich wunderte mich auch darüber, dass er alle Laternen gelöscht hatte.

Und zu keinem Zeitpunkt während Edvard Meyers letztem Segeltörn hatte das nächstgelegene Inselchen mehr als zweihundert Meter entfernt sein können. Laut Polizeibericht war der Mann ein sehr guter Schwimmer gewesen, und die Wassertemperatur hatte 16 Grad betragen. Warum also hatte er es nicht an Land geschafft?

Als ich noch nach plausiblen Antworten auf diese Fragen suchte, klingelte das Telefon. Der Anrufer war Kriminalkommissar Wilhelm Mørk.

»Sieh an, Føyn. Sogar beim Angeln musst du dir Scherereien an den Hals holen.«

»Habt ihr den Bootsbesitzer gefunden?«

»Nix. Wir sind ziemlich sicher, dass er nicht an Land getrieben worden ist. Entweder taucht er innerhalb von zwei Tagen auf, oder es dauert noch lange. Falls wir überhaupt eine Leiche finden.«

»Bist du zuständig für diesen Fall?«

»Das ist kein Fall. Es ist ein Unfall, und ich werde meine Ermittlungen bald abschließen.«

Ich wechselte das Thema. »Mit wem war er eigentlich unterwegs?«

»Mit Egil Vegard, 38, wohnhaft in einer Wohnung auf Hårkollen, Gymnasiallehrer auf Nøtterøy, geschieden, zwei Kinder im schulpflichtigen Alter, Kollege von Meyers Frau, früherer Sportler. Hat für die Nationalmannschaft geschwommen.« Offenbar las er aus seinen Unterlagen vor. »Reicht das?«

»Konnte er irgendetwas Interessantes über den Segeltörn erzählen«, fragte ich ungeduldig. »Was war zum Beispiel mit dem Autopiloten und den gelöschten Laternen?«

»Vegard behauptet, von Booten keine Ahnung zu haben. Er besitzt selber nur eine kleine Gummijolle. Er glaubt, dass die Laternen brannten, ist sich aber nicht sicher. Den Autopiloten hatte er gar nicht bemerkt. Der Typ kommt aus Røros«, erklärte Mork. »Sie wollten an Bord übernachten, haben sich das im Laufe des Abends aber anders überlegt. Sie haben das Gummiboot als Schleppjolle benutzt. Als sie Mågerø passierten, ist er damit an Land gegangen, während Meyer weitergesegelt ist. Er behauptet, dass Meyer das unbedingt wollte.«

»Ach«, sagte ich. »Weißt du, ob sie etwas getrunken hatten?«

»Laut Vegard nur zwei Schnäpschen.«

»Was weißt du über den Kapitän?« Ich hatte mitbekommen, dass Edvard Meyer bei der Zollfahndung gearbeitet und vor kurzer Zeit seinen vierzigsten Geburtstag gefeiert hatte.

»Ein stiller, ruhiger, Mann, total anonym. Bis vor drei Monaten hat es in seinem Leben keinerlei dramatische Ereignisse gegeben.«

»Wie meinst du das?«

»Erinnerst du dich an den Hobbyfischer, dem ein Koffer voll Heroin ins Netz gegangen ist?«

Ich stieß einen leisen Pfiff aus. »War das Meyer?«

»Er wollte unbedingt anonym bleiben, deshalb haben wir seine Identität nicht bekannt gegeben. Wenn doch alle Bürger dermaßen gesetzestreu wären!«

Ich kannte die Geschichte. Angeblich war, vermutlich nach einer internen Auseinandersetzung im äußeren Oslofjord, sehr viel Stoff auf Abwege geraten. Bei Bolœrne waren die Leichen von zwei nichtidentifizierten Männern mit Schusswunden an Land gespült worden.

»Edvard Meyer hatte in diesem Leben offenbar nur drei Interessen«, sagte Mørk jetzt. »Das eine war sein Boot, an dem er fast pausenlos herumgebastelt hat.«

Das konnte ich verstehen. »Und die beiden anderen?«

»Er soll seine Frau angebetet haben«, sagte Mørk mit zynischem Unterton und fügte dann hinzu: »Aber das wird dir gefallen. Meyer hatte einen alten Köter, der ihm wie ein Schatten gefolgt ist. Der Hund ist vor zwei Wochen gestorben.«

Meyer wurde mir immer sympathischer. »Vielleicht hat er deshalb das Boot aus dem Griff verloren«, sagte ich. »Hatten sie Kinder?«

»Nein, das nicht. Die Frau ist um einiges jünger, so Anfang 30. Sportlehrerin. Auch sie eine Meisterschwimmerin.«

Ich hatte das Unglück schon fast vergessen, als an einem späten Freitagabend das Telefon klingelte. Ich saß zu Hause am Schachbrett und war in eine von Kasparows genialen Königinnenrochaden vertieft.

»Føyn? Kannst du auf die Wache kommen? Ich habe etwas für dich.« Wilhelm Mørk machte nie viele Worte.

Keine zehn Minuten später saß ich in seinem Besuchersessel. Sein enger Schlauch von Büro kam mir erdrückend vor. Ich nahm mir ein Zigarillo, um den Geruch von Mørks französischen Zigaretten zu überlagern.

Er legte die Kopie eines Briefes vor mich auf den Schreibtisch. Der Brief war aus aus Zeitungen ausgeschnittenen Wörtern und Buchstaben zusammengesetzt.

An die Betroffenen

Die Frau von Edvard Meyer, dem Mann, der kürzlich auf so tragische Weise auf See geblieben ist, nimmt den Verlust nicht schwer. Ihr Liebhaber, Herr Egil Vegard, sieht das ähnlich. Sie freuen sich offenbar darauf, gemeinsam Edvard Meyers Besitztümer übernehmen zu können. Kann das ein Zufall sein?

Ein besorgter Nachbar

»Der Brief wurde am Tag nach dem Unglück in Horten aufgegeben. Keine Fingerabdrücke.« Mørk musterte mich nachdenklich. »Was meinst du?«

»Stimmt das?«, fragte ich langsam und zeigte auf den eigentümlichen Brief.

»In diesem Job hören wir von allen möglichen Irren«, sagte Mørk nachdenklich. Er ließ sich Zeit, als er die nächste Zigarette ansteckte. »Aber ich habe trotzdem einige diskrete Untersuchungen angestellt. Und dabei hat sich bald herausgestellt, dass zwischen diesen beiden seit Längerem eine heiße Kiste läuft.«

»Das ist zum Glück kein Verbrechen«, sagte ich. »Aber das ist vielleicht nicht alles?«

Er nickte. »Das Ehepaar Meyer wohnte in einer großen alten Villa mit eigenem Strand. Edvard Meyer hat das Grundstück vor zehn Jahren von seinem Onkel, dem Walfänger, geerbt. Das Haus allein ist Millionen wert und das Grundstück ist ein Vermögen an sich.«

»Und Edvard Meyer lebte in Gütertrennung?«, tippte ich.

»Stimmt. Frau Meyer gehört nichts.«

»Und was jetzt«, fragte ich. »Willst du die Turteltauben durch die Mangel drehen?«

Er schüttelte den Kopf. »Noch nicht. Die Technik ist noch mit dem Segelboot beschäftigt. Nach dem Unfall haben wir zunächst nichts Anormales gefunden.« Er erhob sich. Die Audienz war beendet. »Aber das alles muss unter uns bleiben.«

»Ist doch klar«, sagte ich. »Und du hältst mich auf dem Laufenden, ja? Ich bin doch fast in den Fall verwickelt.«

Nicht lange danach tauchte die Geschichte des Fliegenden Holländers, wie die Medien den Fall getauft hatten, abermals in den Schlagzeilen auf. Im Boot hatten sie nämlich frische Blutflecken gefunden, die Meyers Blutgruppe aufwiesen. Da ihm bei einer ärztlichen Untersuchung erst kurz zuvor Blut abgenommen worden war, ließ sich feststellen, dass es sich wirklick um sein Blut handelte. Außerdem waren die beiden soliden Anker des Bootes samt den Ketten verschwunden.

Die Suche nach der Leiche wurde wieder aufgenommen und der aktuelle Bereich des äußeren Oslofjords wurde durchgekämmt.

Die Witwe und ihr Liebhaber hielten sich hartnäckig an ihre ursprüngliche Aussage. Sie wussten nichts. Als die Polizei sie unter Druck setzte, mussten sie ihre Beziehung zugeben. Den Medien zufolge war es in Meyers Ehe schon länger heftig zugegangen. Und der Klatsch in der Nachbarschaft ließ annehmen, dass Edvard Meyer so ungefähr als Einziger keine Ahnung von dem Seitensprung seiner Gattin gehabt hatte.

Zwei Tage nach dem Unglück hatte Egil Vcgard sein Gummiboot mit dessen 15 hk Motor aus dem Yachthafen von Torød gestohlen gemeldet. Die Meldung war als normaler

Diebstahl registriert worden, erschien jetzt aber in neuem Licht.

Eine Woche darauf hatte ich wieder Wilhelm Mørk an der Strippe. »Føyn? Hast du einen Moment Zeit, dann schau ich vorbei.« Er wartete meine Antwort nicht ab.

»Nett hast du's hier.« Mørk sah sich vom Besuchersessel aus in meinem Büro um. »Wie ist es nur möglich, dass jeder Trottel von Anwalt sich im Luxus suhlt, während anständige Polizisten mit einem Lauselohn abgespeist werden?«

»Frag mich nicht«, sagte ich abwehrend. »Du brauchst nicht alles zu wissen. Erzähl mir lieber, was es Neues gibt.«

»Die Kripo übernimmt den Fall«, sagte er lakonisch. »Wir haben das Gummiboot gefunden. In fünfzig Meter Tiefe, mit durchbohrten Pontons, eingewickelt in die Ankerketten des Seglers, und möglicherweise mit Blutflecken auf dem Holzboden.«

»Also Mord?«

Er nickte. »Sieht so aus, ja.«

»Aber keine Leiche?«

Er schüttelte den Kopf. »Ich glaube nicht, dass wir eine finden werden. Die Kripo glaubt, dass Vegard die Leiche im Gummiboot weggebracht und dann in tiefem Wasser versenkt hat. Ein Zeuge hat ein Boot, bei dem es sich um den Segler gehandelt haben kann, ungefähr eine Stunde, ehe du ihn gesehen hast, bei Nordre Årø vor Anker beobachtet.« Er runzelte die Stirn. »Das Komische ist, dass ein anderer Zeuge, einer von den alten Seebären, die im Yachthafen herumhängen, den Segler gleichzeitig am Anleger von Torød gesehen haben will. Nur ist der Alte seit zehn Jahren nicht mehr nüchtern gewesen.«

»Die Kripo vermutet also, dass Vegard den Ehemann umbringt, Anker wirft, die Leiche in die Kette des anderen Ankers wickelt und den Armen mit Hilfe des Gummibootes mitten auf dem Fjord ins Wasser wirft.«

Mørk nickte. »Klingt doch plausibel, nicht wahr?«

»Danach lässt er die Luft aus dem Gummiboot, wickelt es in die Kette des anderen Ankers und lässt alles auf Grund gehen. Dann setzt er Segel, schaltet den Autopiloten ein und schwimmt an Land.« Ich ließ mich im Sessel zurücksinken. »Ein kalter Fisch, was? Und heißt es nicht, der Typ sei eine richtige Landratte?«

»Behauptet er, ja. Aber das braucht ja nicht zu stimmen.«

»Nicht schlecht. Hast du noch mehr?«

»Edvard Meyer hat bei seiner Hochzeit eine Lebensversicherung über zwei Millionen abgeschlossen. Zu Gunsten seiner Frau.«

»Meinen Glückwunsch«, sagte ich ironisch. »Das muss für euch doch ein Kinderspiel sein. Wo ist das Problem?«

»Bei der Leiche, zum Beispiel. Und wir können Frau Meyer nichts nachweisen, so lange Vegard die Klappe hält. Er streitet alles ab. Und sie auch.« Er schüttelte den Kopf. »Die Vorstellung, dass die Frau vermutlich das ganze Vermögen einsacken wird, ärgert mich.«

»Und was wollt ihr dagegen unternehmen?«

Er zuckte mit den Schultern. »Was glaubst du denn? Wir haben ihre Pässe eingezogen, sie werden durch die Mangel gedreht, ihr Bekanntenkreis wird auf den Kopf gestellt, wir versuchen, weitere Zeugen aufzutun. Wir geben uns wirklich alle Mühe.«

Zwei Tage darauf erhob die Staatsanwaltschaft Klage gegen Egil Vegard. Er wurde in Untersuchungshaft genommen, Frau Meyer jedoch kam ungeschoren davon. Mørk hatte Recht gehabt, es lag nicht genug gegen sie vor. Pure Mutmaßungen würden vor Gericht keinen Bestand haben.

Die Leiche des Gatten war noch immer nicht aufgetaucht, als der Fall Ende November zur Verhandlung kam. Die Summe der Indizien, zusammen mit dem unbestreitbaren Motiv und den technischen Funden, brachte Vegard in eine unmögliche

Situation. Außerdem schien der Mann einwandfrei etwas zu verbergen. Denselben Eindruck hinterließ Frau Meyers Auftreten im Zeugenstand. Während der Verhandlung kam heraus, dass der Angeklagte und der Kapitän nie zuvor gemeinsam auf Segeltörn gegangen waren und dass sie vor der fatalen Nacht überhaupt kaum je Kontakt gehabt hatten. Ihr einziges gemeinsames Interesse hatte Frau Meyer gegolten.

Egil Vegard erklärte immer wieder, Meyer habe auf der Bootsfahrt bestanden und er selber habe befürchtet, den Ehemann möglicherweise in Verdacht und Eifersucht noch zu bestätigen, wenn er absagte. Seine Geschichte klang nicht glaubwürdig.

Zur Verzweiflung seines Verteidigers stellte sich noch heraus, dass die Blutflecken im Gummiboot von Edvard Meyer stammten. Vegards Chancen sanken nochmals, als die Anklage einen Zeugen präsentieren konnte, einen Kollegen, der erzählte, Egil Vegard habe mehrmals angedeutet, es wäre das Beste für alle Beteiligten, wenn Edvard Meyer einfach verschwände. Vegard selber tat das als Suffgefasel ab.

Die Jury sah das zweifellos anders. Nicht genug, dass er des vorsätzlichen Mordes für schuldig befunden wurde, er wurde zu allem Überfluss auch noch zur Höchststrafe verurteilt. Natürlich ging Vegard in Berufung, aber ohne neue und wesentliche Beweise würde er keine Chance haben.

Ich beobachtete den Prozess und hatte schließlich das Gefühl, er sei vor allem deshalb verurteilt worden, weil er nicht bereit gewesen war, eine Verschwörung zuzugeben. Ein Geständnis und der Bericht einer handfesten Auseinandersetzung mit dem betrogenen Ehemann hätte vielleicht zu einer Verurteilung wegen fahrlässiger Tötung führen können. Aber Egil Vegard hatte rein gar nichts gestanden. Weshalb er als ganz außergewöhnlich mieser Charakter erschien.

Die Witwe entging einer Anklage, aber in den Augen ihrer Umgebung war sie die eigentlich Schuldige. Kalt und zynisch hatte sie ihren Ehemann ausgebeutet und dann den Liebhaber benutzt, um sich von diesem Problem zu befreien und den Gewinn einzukassieren. Ein schlimmeres Verhalten war eigentlich kaum denkbar.

Die Staatsanwaltschaft hatte die Hoffnung noch nicht aufgegeben, dass der Liebhaber resignieren und die Verschwörung eingestehen würde, von der die Anklagebehörden weiterhin voll und ganz überzeugt waren. Die Witwe Meyer war in dieser Zeit wirklich nicht zu beneiden.

Der Zufall wollte es so, dass Wilhelm Mørk und ich unseren jährlichen Weihnachtsumtrunk im Handverkeren am Tag nach der Urteilsverkündung abhielten, durch die der Meisterschwimmer für die nächsten vierzehn Jahre, falls ihm die üblichen sieben wegen guter Führung abgezogen werden können, auf Staatskosten verwahrt werden sollte.

»Was sagst du, Foyn, hat dein Einsatz sich gelohnt?«

Ich ließ mich provozieren. »Nimm doch mal deine Fantasie zu Hilfe, Mørk«, sagte ich. »Angenommen, Egil Vegard hat die Wahrheit gesagt. Wie würdest du dich an seiner Stelle fühlen?«

»Wenn das stimmt, dann müssen noch eine Menge Rätsel geklärt werden. Das Blut, das zerstörte Gummiboot, die Anker, das Verschwinden des Kapitäns.«

»Und diese Lösungen kann ich nicht liefern«, sagte ich langsam. »Aber du hast doch sicher auch darüber nachgedacht. Wer hätte, zumindest theoretisch, irgendein Interesse daran, die beiden Liebenden durch diese kleine Hölle wandern zu lassen?«

Er blieb mir die Antwort schuldig.

Nach und nach lösten wir unsere Zweifel in Alkohol auf, was einen überaus schlechten Auftakt für die intellektuellen Herausforderungen des folgenden Tages bedeutete. Ich musste nämlich beim Weihnachtsturnier des Schachklubs gegen den Großmeister persönlich antreten, einen alten Tierarzt, der energisch die Meinung vertrat, nur Hunde und Schach machten das Leben lebenswert.

Im Schachklub wurden keine überflüssigen Kommentare ausgetauscht. Der Großmeister fegte mich rasch von der Bahn. Danach genossen wir schweigend einen Kognak und eine Zigarre. Ich merkte, dass etwas ihm zu schaffen machte.

»Jetzt rede schon«, sagte ich neugierig. »Ich sehe doch, dass du etwas auf dem Herzen hast.« Ich wusste, dass der alte Ehrenmann mich nicht mit Belanglosigkeiten quälen würde. Er war ein kluger Mann mit großer Lebenserfahrung.

»Ja, weißt du, Føyn, ich habe ein Loyalitätsproblem, und ich würde gern deine Ansicht hören, ehe ich etwas unternehme.« Er musterte mich durch den Zigarrenrauch. »Du erinnerst dich doch an Edvard Meyer, den Mann, der vom Liebhaber seiner Frau umgebracht worden ist?«

Ich war sofort hellwach.

»Er war ein richtiger Hundeliebhaber«, sagte der alte Tierarzt langsam. »Du weißt vielleicht, dass er einen Hund hatte, der kurz vor dem Verschwinden des Mannes gestorben ist?«

Das wusste ich.

»Es war nicht irgendein Hund, weißt du. Eine Promenadenmischung, vor allem Bordercollie. Es war ein sehr ungewöhnlicher Hund, ganz besonders intelligent. Und er hatte noch andere Besonderheiten, er hatte nämlich nur drei Beine.«

»Was?«, fragte ich überrascht.

»Ich habe ihn vor fünf Jahren selber operiert. Er war überfahren worden, und sein eines Vorderbein war nicht mehr zu retten. Sein Besitzer flehte mich an, sein Leben zu erhalten. Und das ist mir ja auch gelungen. Der Hund kam auf drei Beinen hervorragend zurecht.«

Ich verstand nur Bahnhof, aber ich ließ ihn in seinem eigenen Tempo weitererzählen.

»Meyer brachte den Hund regelmäßig zur Kontrolle zu mir. Ich muss zugeben, dass ich anfangs meine Zweifel hatte, was die Amputation anging, und deshalb wollte ich über die

Entwicklung des Hundes auf dem Laufenden gehalten werden.«

Er bestellte noch zwei Gläser von Bache Gabrielsens hervorragendem Branntwein. »Zwei Wochen vor seinem Tod brachte Meyer den Hund zu mir. Er verhielt sich ausgesprochen seltsam. Er hatte beschlossen, den Hund einschläfern zu lassen. Das Tier war zwar schon älter, aber an sich fehlte ihm nichts.«

»Hat er seinen Entschluss begründet?«

»Nein. Aber Meyer war nicht er selber, das habe ich immerhin bemerkt. Er murmelte etwas über seine Frau.« Der Großmeister schnaubte verächtlich. Er hatte das weibliche Geschlecht schon längst als unzuverlässig und unvorhersagbar abgeschrieben.

»Natürlich wusste ich, dass seine Frau den Hund verabscheute. Sie fand ihn widerlich. Aber das war längst bekannt. Und die Abneigung beruhte auf Gegenseitigkeit.« Er schmunzelte. »Naja, ich tat ihm natürlich seinen Willen. Und das war meine letzte Begegnung mit Edvard Meyer.«

Die Augen unter den buschigen Augenbrauen musterten mich. »Aber das ist nicht alles. Er hat mich ausdrücklich darum gebeten, niemals zu verraten, dass der Hund ohne konkrete Ursache eingeschläfert worden ist. Offiziell war er krank gewesen.«

Ich nickte. »Du hast sicher überlegt, ob du diese Geschichte beim Prozess erzählen solltest«, sagte ich nachdenklich. »Das ist verständlich. Aber ich glaube nicht, dass es für das Urteil eine große Rolle gespielt hätte.«

»Meinst du, ich sollte die Polizei jetzt noch informieren?«

Ich war skeptisch. »Noch nicht. Nicht, solange du nicht mehr weißt. Polizei und Staatsanwaltschaft beschäftigen sich nur bei sehr schwerwiegenden Anlässen mit Fällen, die sie für geklärt halten.«

Der Großmeister sah erleichtert aus. Ich dagegen hatte Grund zum Nachdenken. Edvard Meyers drei Interessen in diesem Leben hatten angeblich dem Hund, dem Boot und der Frau gegolten. Die Frau interessierte mich im Moment nicht, über den Hund wusste ich genug. Blieb das Boot.

Am nächsten Tag rief ich Mørk an. »Ich brauche ein paar Informationen«, sagte ich vorsichtig. »Frag mich nicht, warum.«

Das nahm er hin.

»Erstens, was ist aus Meyers Segelboot geworden? Und wenn du das festgestellt hast, dann besorg mir doch bitte seinen Lebenslauf.«

Mørk grunzte unzufrieden, doch sein Neugierde war geweckt. »Na gut, ich werde sehen, was ich tun kann.«

Zwei Tage darauf lag ein dicker Umschlag in meinem Briefkasten. Edvard Meyer hatte ein ziemlich ordentliches und scheinbar langweiliges Leben geführt. Einzelkind, Vater früh bei einem Unfall ums Leben gekommen. Er selber hatte fast bis zum Alter von dreißig Jahren bei seiner Mutter gelebt. Nach ihrem Tod war Edvard dann in das vom Onkel geerbte Haus gezogen.

Mittelmäßiges Abitur, kein Versuch, sich eine höhere Ausbildung zuzulegen. Einige Jahre vor seinem Wechsel zur Zollfahndung hatte er als Büroassistent bei der Polizei gearbeitet und war für Pässe, Ausländerangelegenheiten und Fundbüro zuständig gewesen.

Beim Zoll war er vor zwei Jahren nach einem langen, kompromisslos geführten Konflikt mit seinem Chef auf einen unwichtigen Posten abgeschoben worden. Offenbar war er keiner gewesen, der sich leicht geschlagen gab. Vorher hatte er eine Art Karriere gemacht, hatte an Weiterbildungsmaßnahmen teilgenommen und eine Reihe von Kursen über Prävention besucht, unter anderem im Rahmen eines in Amsterdam basierten EU-Projekts.

Ich blätterte weiter in den Papieren. Mørk hatte mir eine reichliche Auswahl an Zeugnissen und Attesten besorgt, die mir ein Bild dieses Mannes verschafften. Aber in einem Punkt hatte Mørk sich geirrt: Meyer hatte mehr als nur drei Interessen gehabt. Als junger Mann hatte er ein Jahr lang Drama studiert. Dieses Interesse hatte er dann aber offenbar nicht weiter verfolgt. Edvard Meyer hatte außerdem noch über andere künstlerische Fähigkeiten verfügt. Er hatte mehrere Malerkurse besucht und war von seinen Lehrern gelobt worden. Ein potentielles Talent mit großen Entwicklungsmöglichkeiten.

Der Mann wirkte jetzt nicht mehr wie ein anonymer und unbedeutender Funktionär. Das Foto, das Mørk beigelegt hatte, festigte diesen Eindruck noch. Ein unschuldiges, fast naives Gesicht mit klassischen Zügen und schönen braunen Augen.

Das Bild musste einige Jahre alt sein. Sicher hatte er diesem Aussehen seine Frau zu verdanken, die blond, schlank und hübsch war. Vor Gericht hatte ich sie ja gesehen. Aber ich habe nun mal Vorurteile gegen auf Sport fixierte Menschen.

Das Boot war vor zwei Monaten verkauft worden. Die Frau hatte kein Interesse an alten Holzbooten. Mørk hatte den Namen des neuen Besitzers notiert. Er war leicht ausfindig zu machen. Er war Mitte fünfzig, ein Frührentner, der in einer engen kleinen Wohnung beim Yachthafen hauste, wo das Boot jetzt sicher an Land auflag. Ohne zu zögern war er bereit, sich noch am selben Abend mit mir zu treffen. Ich hatte den Eindruck, dass er nicht viele Verabredungen hatte, nicht einmal jetzt, so kurz vor Weihnachten.

Er hatte mich auf einen Kaffee eingeladen, obwohl ich kein Wort der Erklärung über mein Interesse an Meyers Boot gesagt hatte. Ich wusste selbst nicht, wonach ich suchte.

»Ja, sehnse, Føyn«, er hüllte uns in eine übelriechende Pfeifenrauchwolke ein. »Meyers Boot hab ich gut gekannt. Wurde 55 bei Berg-Olsen gebaut, sowas findet man heute nicht mehr leicht. Seine Frau hats fast verschenkt. Und da konnt ich doch nicht nein sagen. Übrigens«, er blickte mich eifrig an, »ich hab allerlei alten Kram von Meyer, lag noch im Boot rum.

Die Alte hatte kein Interesse. Armer Teufel.« Er seufzte traurig, stand auf und zog einen Pappkarton aus einem Kleiderschrank. »Vielleicht wollnse den mal durchsehn, eh ich ihn wegwerf?«, fragte er hoffnungsvoll.

Das meiste war Schrott, wie er sich in alten Booten eben ansammelt. Aber die Skizzenblöcke interessierten mich. Ausdrucksvolle und eigentümliche Strichzeichnungen, vor allem Porträts. Edvard Meyer war wirklich begabt gewesen.

Ich leerte den Karton. Ganz unten fand ich einen Prospekt, der aus diesem Jahr stammte. Castella Hausvermietung. Wohnungen und Häuser in Competas. Angeblich ein Paradies für Künstler, die in einem echten spanischen Dorf, abseits der Touristenströme, Ruhe und Stille suchten. Irgendwer hatte den Text unterstrichen und zwei Telefonnummern danebengeschrieben.

Der Bootsbesitzer war erleichtert, als ich die Verantwortung für den ganzen Karton übernahm.

In meiner Wohnung saß ich dann noch bis abends spät über Edvard Meyers nachgelassenen Arbeiten. Er hatte einen ganz besonderen Strich. Seine Skizzen waren mit charakteristischen Initialen signiert. EM. Vielleicht hatte sich in ihm ein kleiner Munch versteckt.

Es war eine Woche vor Weihnachten. Ich hatte nur vage Pläne für die Feiertage, den Albtraum aller geschiedenen Männer. Meine vierzehnjährige Tochter wollte zusammen mit ihrer Mutter das luxuriöse Ferienhaus meines Nachfolgers im Hafjell besuchen. Ich war nicht eingeladen.

Competas. Das klang exotisch. Spanische Weihnachten wirkten plötzlich verlockend. Als ich die Telefonnummern aus der Broschüre anrief, meldete sich niemand, aber um diese Zeit waren schließlich alle Büros geschlossen.

Ich sah im Atlas nach, machte mich im Internet auf die Suche und buchte den Flug, ehe ich kalte Füße bekommen und die Vernunft siegen lassen konnte.

Am frühen Abend des 22. Dezembers kämpfte ich mich mit einem klapprigen Fiat Panda im dichten Verkehr auf der glitschigen, verregneten Autobahn vorwärts. Ich fuhr in nordöstlicher Richtung, wo die mittelalterliche Stadt Nerja lag. Dort muste ich einige Dutzend Kilometer Landstraße zurücklegen, um endlich das Bergdorf Competas zu erreichen. Der Autoverleih am Flughafen von Malaga konnte nicht so recht begreifen, was mich um diese Jahreszeit in diesen abgelegenen Winkel trieb.

Mir ging es auch nicht anders.

Meine Laune hob sich, als ich den ersten Blick auf Competas warf. Der Blick von der steilen, kurvenreichen Straße ins Tal war einfach beeindruckend. Ein kreideweißes Städtchen klammerte sich an die Felswand. Es regnete nicht mehr, es war so warm wie an einem norwegischen Frühlingstag und alles sah grün und üppig aus.

Ich bugsierte den Panda durch enge Gassen, vorbei an schwarzgekleideten alten Frauen, spielenden Kindern und Hunden, die mit souveräner Todesverachtung meine Reifen ankläfften, dann fand ich auf dem Platz vor der Kirche einen Parkplatz.

In der Bar gegenüber erlitt ich die erste Enttäuschung. Das Maklerbüro, auf das ich gesetzt hatte, war geschlossen. Der Besitzer war für unbestimmte Zeit verreist. Dem Barbesitzer tat ich offenbar Leid, denn nachdem er sich mit einer Schar von gackernden Weibsen im Hinterzimmer beraten hatte, bot er mir zu einem Spottpreis ein Zimmer an. Unser Gespräch vollzog sich in einer Mischung meines mangelhaften Spanisch und seines noch mangelhafteren Englisch und Deutsch.

Als ich mich eingerichtet, meinen Koffer ausgepackt und mein Verdauungssystem mit lokalem Brandwein desinfiziert hatte, hatte das Dorf sich in Dunkelheit gehüllt. Ich wohnte im ersten Stock, gleich über der Bar, weshalb ich den Sportsendungen dieses Abends folgen konnte. Der Fernseher hatte offenbar nur eine Lautstärke. Der Lärm wurde fast unerträglich, als die Typen am Tresen sich wegen irgendeines Fußball-trainers fetzten.

Seltsamerweise schien niemand auf mich zu achten, als ich am folgenden Tag durch das Dorf schlenderte. Competas war größer, als ich mir das vorgestellt hatte. Meinen Informationen nach sollten hier zweitausend Menschen wohnen, die vor allem außerdem des Ortskerns an den Steilhängen Reben anbauten. In der Reisesaison kamen noch Gäste dazu, vor allem Spanier. Ein paar Deutsche und der ein oder andere Engländer hatten sich dauerhaft in der Gegend niedergelassen.

Aber von einem Norweger schien niemand etwas zu wissen.

Als abends der Fernseher in der Bar wieder die Konversation an sich riss, musste ich dem freundlichen Wirt entgehen, der sich inzwischen Sorgen wegen meines fehlenden Sportinteresses machte.

Am Ortsrand konnte ich dann endlich eine fernsehlose Kneipe auftun. Ich erweckte zweifellos eine gewisse Aufmerksamkeit, als ich mich mit Kognak und Zigarre in einer Ecke niederließ. Ich fragte mich, wie um alles in der Welt ich nur auf diese schwachsinnige Idee gekommen sein konnte. Einen Verdacht zu haben, war das eine. Den auf diese Weise zu verfolgen, war etwas ganz anderes. Ich wurde langsam sentimental. Es war immerhin der Tag vor dem Heiligen Abend.

Ich blieb noch lange in der Bar sitzen, und dem ersten Kognak folgten viele. Hier wurde beim Gläserfüllen nicht genau abgemessen, und nachdem ich der festen Kundschaft eine Runde ausgegeben hatte, fehlte es nicht an neuen Freunden. Ich sah das Dasein etwas lichter.

Als ich ein letztes Mal die Toilette aufsuchte, ehe ich zum Fernseher zurückkehrte, wollte der Barbesitzer Feierabend machen und drehte das Flutlicht an. Das Lokal wurde davon nicht schöner. Aber meine Aufmerksamkeit war von etwas anderem gefesselt. Ich hatte es im Halbdunkel nicht bemerkt. Auf dem Ehrenplatz über dem Pissoir hing ein Porträt des Chefs. Es war mit Kohlestift und mit einem ganz besonderen Strich gezeichnet. Die Signatur EM in der rechten Ecke war nicht zu übersehen.

Vor lauter Aufregung war ich fast wieder nüchtern. »Was ist das denn da?« Ich packte den Barbesitzer am Arm und zeigte auf das Porträt.

Er musterte mich stolz. »Das ist gut, was?«

»Sicher«, sagte ich ungeduldig. »Aber wer hat es gezeichnet?«

»Si, si. Señor Milfeldt. Der große dänische Maler.«

Ebbe Milfeldt? Von dem hatte ich noch nie gehört. »Wohnt der hier in Competas?«

»No, no. Er hat Miguels Hof gemietet. Oben in den Bergen.« Er zeigte in der Dunkelheit nach oben. »Er ist ein großer Künstler.«

Nach und nach konnte ich ihm weitere Einzelheiten entlocken. Der große Maler war Ende August in Competas aufgetaucht, hatte die ledige Hazienda des zu seinem Sohn nach Deutschland übersiedelten Miguel entdeckt und sich mit seinen Malerutensilien dort oben zwischen den Bergziegen niedergelassen. Er kam nur ab und zu ins Dorf, um einzukaufen und eine Runde durch die Bars zu drehen. Auf einem dieser Ausflüge hatte er einen Kasten lokalen Wein gegen dieses Porträt getauscht.

Ich war geistesgegenwärtig genug um mir vor dem Abschied noch den Weg zu Miguels Hacienda beschreiben zu lassen. Zum ersten Mal seit langer Zeit freute ich mich auf den Heiligen Abend, der mit Kopfschmerztabletten begann und mit einem langen Frühstück vor dem weihnachtlichen Fernsehprogramm weiterging. Der Wirt machte sich Sorgen um diesen seltsamen Norweger, der offenbar den Heiligen Abend allein auf seinem Zimmer verbringen wollte, weshalb er mich zum Familienfest in der Bar einlud.

Der Panda kroch langsam einen steilen Weg hoch, der am Ende so löchrig war, dass ich die letzten beiden Kilometer lieber zu Fuß zurücklegte. Es war schon Nachmittag, und es war Heiligabend.

Miguels Haus war das Einzige in dem schönen Tal. Es war leicht zu begreifen, dass ein künstlerisch begabter Mann hier wohnen wollte. Die Aussicht war umwerfend. Das fünf Kilometer entfernt gelegene Dorf sah aus wie eine Liliputstadt, umgeben von grünen, üppigen Hügelkämmen mit kleinen weißen Höfen, die im Hintergrund über die Landschaft verstreut waren.

Vor dem Haus stand ein alter Landrover. Zwei riesige Hunde von undefinierbarer Herkunft kamen wohlwollend mit dem Schwanz wedelnd auf mich zu, als ich vorsichtig über den Hofplatz ging. Ihr Besitzer würde mich sicher nicht mit solcher Begeisterung empfangen.

Ich schaute durch ein offenes Fenster in einen weißen Raum voller Staffeleien, Malutensilien und Leinwänden. Die hohe Gestalt, die sich mitten im Zimmer über einen Arbeitstisch beugte, hatte kaum Ähnlichkeit mit dem Gesuchten, und ich fuhr zusammen. Er hatte seine langen Haare zu einem Pferdeschwanz gebunden und sich einen üppigen, graugesprenkelten Bart zugelegt. Er trug einen langen Kittel und sah wirklich künstlerisch aus. Als er sich plötzlich zu mir umdrehte, erkannte ich jedoch sein Gesicht.

Er schaute mich überrascht an.

»Edvard Meyer, I presume?«

Er sank ein wenig in sich zusammen. »Kommen Sie herein«, sagte er resigniert. »Ich habe ja gewusst, dass ihr kommen würdet. Ich hatte nur auf ein wenig mehr Zeit gehofft.«

»Ich bin nicht das, was Sie ›ihr‹ nennen«, erwiderte ich ruhig. »Føyn ist mein Name. Anwalt Svend Føyn. Ich habe Ihr Boot geborgen.«

Wir setzten uns an einen großen Küchentisch. Die Hunde

rieben sich an meinen Beinen, während Meyer zwei große
Gläser mit lokalem Branntwein füllte. Seltsamerweise hatte
ich nicht die geringste Angst, vergiftet zu werden.

»Ich habe über Sie gelesen«, sagte er verlegen, »ich habe
unten an der Küste einige alte norwegische Zeitungen auf-
treiben können. Und ich höre ab und zu auch den norwegischen Rundfunk. Sie haben da wirklich gute Arbeit geleistet.
Prost.«

Wir leerten unsere Gläser.

»Wie haben Sie mich gefunden?«

»Sie haben zwei Fehler gemacht«, sagte ich ruhig. »Zum einen haben Sie den Hund einschläfern lassen.« Ich betrachtete
ihn im Licht der tiefstehenden Nachmittagssonne. »Aber das
hätte ich auch gemacht.« Er wand sich.

»Zum anderen das mit dem Autopiloten«, sagte ich dann.
»Sie haben nicht irgendeinen zufälligen Kurs eingestellt,
oder? Sondern den einzigen Kurs, der den Kahn nicht auf die
Felsen auflaufen lassen würde.«

Er nickte.

»Außerdem wären Sie um diese Tageszeit in diesem Fahrwasser niemals auf Autopiloten gesegelt. Und ohne Laternen? Sie wollten sicher gehen, dass niemand das Boot entdecken würde, nachdem Sie an Land geschwommen waren. Bei
Husøy, nehme ich an?«

Ich sah, dass ich den Nagel auf den Kopf getroffen hatte.

»Nachdem Ihr Rivale mit dem Gummiboot nach Torød gefahren war, haben Sie gewartet, bis die Luft rein war. Dann
haben Sie seine Gummijolle gestohlen, nicht wahr? Den ver-
missten Anker hatten Sie sicher schon vorher weggeschafft,
den, von dem das Gericht glaubt, Ihr Leichnam sei daran befestigt gewesen.«

»Sie wissen wirklich viel«, sagte er leise und schenkte nach.

»Die Blutspuren«, redete ich unerbittlich weiter. »Sie haben
sich selber Wunden beigebracht, nicht wahr?«

Er hob die linke Hand und lächelte selbstironisch. Sein Zeigefinger wies eine große Narbe auf. »Ich habe ein wenig zu hart zugelangt.«

»Sie hatten ein gestohlenes Fahrrad zusammen mit Kleidern und anderen Dingen bereitstehen«, sagte ich unangefochten. »Im Laufe der Nacht sind Sie nach Horten gefahren, haben den anonymen Brief aufgegeben und die nächste Fähre genommen. Die Reise nach Spanien war dann kein Problem, was?«

»Ja, in groben Zügen.« Er senkte den Blick.

»Ihr Pass«, fragte ich. »Wie war das? Sie hatten vielleicht von Ihrem alten Job her noch welche auf Lager? Oder haben Sie sich während Ihrer Arbeit bei der Polizei einen hergestellt, einen mit den richtigen Initialen?«

»Das war das geringste Problem. Als EU-Bürger brauche ich nur selten einen Pass. Und hier oben«, er breitete die Arme aus, »fragt niemand danach.« Er musterte mich ernst. »Ich will wirklich nur malen. Das kann doch niemanden stören?«

»Sagen Sie das nicht«, erwiderte ich gereizt. »Nehmen wir zum Beispiel die Finanzierung. In dem Koffer, den Sie gefunden haben, war noch mehr Stoff, nicht wahr? Und bei Ihren Kontakten in Amsterdam war es sicher nicht so schwer, ein paar Kilo braunen Zucker abzusetzen, oder? Sind Sie nie auf die Idee gekommen, dass Sie Ihr Hobby durch das Elend anderer finanzieren?« Ich zeigte auf seine Malerutensilien. Ich ärgerte mich über seine Verantwortungslosigkeit.

»Sie irren sich! So war das nicht!« Verzweifelt schüttelte er den Kopf.

»Dann erzählen Sie«, sagte ich kalt. »Wie war es also? Sie haben vielleicht ihr Postsparbuch geleert?«

»Es waren zwei Koffer. Der andere enthielt Geldscheine. Über zwei Millionen. Und die habe ich behalten.«

Ich ließ diese Information sinken. »Ach was«, sagte ich überrascht. Drogengeld, natürlich. Aber dennoch etwas anderes als Stoff. »Und wie haben Sie dieses viele Geld hergeschafft?«

»Im Koffer. Den wollte niemand sehen. Und bei meinem Verbrauch kann ich hier unten Jahre damit überleben. Und danach«, er zuckte mit den Schultern, »ist es mir ehrlich gesagt schnurz. Wenn ich nur malen kann.«

»Sie haben etwas vergessen«, sagte ich und schaute auf die Uhr. Die Zeit für den Gottesdienst näherte sich. Und das ist im Gefängnis der schlimmste Moment des ganzen Jahres. »Gerade jetzt wartet Ihr ehemaliger Rivale auf sein Weihnachtsessen. Heute werden die Häftlinge in Ullersmo besonders gut behandelt. Vor allem die mit den Höchststrafen.« Ich blickte ihn auffordernd an. »Finden Sie nicht, dass lebenslänglich ein wenig zu hart ist für eine Runde Ehebruch?«

Denn wenn das der Preis sein sollte, dann hatten viele von uns schlechte Karten. »Eigentlich müssten Sie jetzt dort sitzen«, sagte ich streng. »Und damit können Sie doch nicht leben.«

Um uns herum war alles still. Die Sonne ging über den Bergen unter. Das Licht erinnerte an Åsgårdstrand.

»Sie wissen nicht alles« sagte Edvard Meyer nach einer langen Pause. »So unschuldig waren sie auch wieder nicht.« Ohne Bitterkeit fügte er hinzu: »Ich kann sie jetzt besser verstehen. Damals war ich nur verzweifelt. Ich hätte alles getan, um mich zu rächen.«

»Erzählen Sie mir lieber die ganze Geschichte«, bat ich verwirrt.

Er holte eine neue Flasche Brandy. »Ich hatte sie zufällig ertappt. Ich hatte doch keine Ahnung.« Er schüttelte den Kopf und lächelte selbstironisch. »Dass man so blind sein kann.« Er nahm einen kräftigen Schluck. »Und dabei hörte ich, wie sie über mich redeten.«

»Das war doch nicht so unnatürlich«, warf ich dazwischen. »Sie wollte sich sicher scheiden lassen?«

Meyer schüttelte ruhig den Kopf. »Sie wollten alles. Grundstück, Versicherung, alles. Sie wollten mich beiseite schaffen.«

Jetzt begriff ich langsam. Edvard Meyer war das Opfer, das zum Henker geworden war.

»Sie wussten, dass ich immer ohne Schwimmweste segelte. Sie wollte dafür sorgen, dass ich Vegard bei einem Ausflug mitnahm. Bei einer passenden Gelegenheit sollte er mich niederschlagen, mich ins Wasser werfen und alles als Unglück ausgeben. Er hatte ja kaum Ahnung von Booten und hätte mich nicht aus dem Wasser fischen können. So etwas kommt vor, wissen Sie.« Er lächelte traurig und fügte hinzu: »Ich bin ihnen mit einer Einladung zuvorgekommen. Einem Angebot, das er nicht abschlagen konnte. Und inzwischen hatte ich alles vorbereitet.«

Wir nahmen uns jeder eine Zigarre und rauchten schweigend. Im luftigen Zimmer war es kühl geworden.

»Ich habe ihm keine Chance gelassen. Und bei unserer Rückkehr habe ich nicht verhehlt, dass ich wusste, warum er mitgekommen war.« Meyer schmunzelte. »Er wollte sofort an Land. Er schien alles zu bereuen.«

»Dazu hat er nun Gelegenheit genug gehabt«, sagte ich trocken. »Meinen Sie nicht, dass er jetzt genug gelitten hat?«

Meyer nickte. »Sie haben Recht. Das hat er nicht verdient. Er war wohl ebenso dumm wie ich.«

Mein Freund, der Tierarzt, hätte das nicht deutlicher ausdrücken können.

Meyer streichelte die Hunde. Sie schauten ihren Besitzer hingebungsvoll an. »Fahren wir?« Er machte ein resigniertes Gesicht.

»Fahren?«, fragte ich langsam. »Wollen Sie verreisen?«

Er starrte mich verwirrt an. »Es ist Heiligabend«, sagte ich ruhig. »Und ich habe im Dorf eine Verabredung. In zwei Tagen fahre ich nach Hause und werde vergessen, dass ich jemals in Competas gewesen bin.«

Ich zog eine norwegische Zeitung aus der Tasche. Sie war datiert vom 22. Dezember. »Schicken Sie der Staatsanwaltschaft und Vegards Verteidiger einen erklärenden Weihnachtsgruß. Sie können ja erwähnen, wo der vermisste Anker zu finden ist.« Ich hielt ihm die Zeitung hin. »Hier haben Sie Briefpapier. Und geben Sie die Post in einem neutralen Ort auf.«

Ich sprang auf, ehe ich mir die Sache anders überlegen konnte. »Es wäre auch nicht dumm, wenn Sie ein paar Fingerabdrücke zufügten. Und bitte, vergessen Sie nicht, meine abzuwischen.«

Ich schaute mich nicht um, als ich zum Auto zurückging. Ich wusste, was Wilhelm Mørk sagen würde. »Wir sind alle nicht das, wonach wir aussehen.«

Und damit hätte er wie immer Recht gehabt.

Ich fand ihn

Signe Narvesen

Ich fand ihn in der Straßenbahn. Zwei Reihen vor mir saß er, mit dichtem, gelocktem Haar im Nacken, das Gesicht spiegelt sich im Fenster. Er starrt hinaus, ich starre auf sein Profil. Wir sahen uns an, als er einstieg, das kann er doch nicht vergessen haben? Braune Augen hat er, er hat doch wohl gesehen, dass meine blau sind?

Ich habe reichlich Zeit, er weiß ja nicht, wo ich aussteigen muss. Wenn er aufsteht, kann ich ja ganz zufällig das Gleiche tun und die Straßenbahn mit ihm verlassen, nur ein paar Meter hinter ihm.

Es dämmert draußen vor den Straßenbahnfenstern. Ich sehe sein Gesicht noch besser in der Scheibe, die Nase ist schön, irgendwo habe ich gelesen, dass die Nase wichtig ist, der Charakter eines Menschen kann an der Form und Größe der Nase abgelesen werden.

Ich möchte ihn mit mir nach Hause nehmen und die Tür abschließen.

Wie weit will er? Wir sind jetzt im Zentrum, fahren am Bahnhof vorbei, biegen um die Kurve und sind gleich am Fluss. Ab dort geht es bergauf, die Straßenbahn braucht fünfundvierzig Minuten, um sich nach oben zu kämpfen, bevor es fünf Minuten vor der Endstation wieder eben wird. Ich war schon mal hier, selbst im Dunkeln weiß ich, wie es hier aussieht. Ich starre auf sein Gesicht im Fenster, ich will es ohne Licht wiedererkennen können. Er hat schön geschwungene Lippen, sicher sind sie weich und die Haut drum herum, glatt und nicht behaart. Woran denkt er? Erinnert er sich an meine Augen? Er müsste sich eigentlich an meinen Blick erinnern.

Ich sehe unten die Stadt mit ihren Lichtern liegen, wenn alle ausgeschaltet werden, wird es dunkel – wie dunkel kann es für Menschen sein, dass sie trotzdem noch zurechtkommen? Ich habe ein Feuerzeug in der Handtasche, das ist neu und bis oben hin mit Gas gefüllt.

Er hat sich bewegt, vor wenigen Sekunden, und ich habe mich bereit gemacht, habe meine Handschuhe angezogen und den obersten Mantelknopf zugeknöpft, aber nichts ist passiert. Ich schaue auf die Locken in seinem Nacken. Er darf sie nicht abschneiden, meine Finger wollen sein Haar packen und darin Halt finden, möglicherweise seinen Kopf nach hinten biegen. Er sitzt so aufrecht da, sieht fast aus wie ein Zinnsoldat. Ich werde ihn schon weich kriegen.

Die drei Teenager steigen aus, wir sind jetzt fast oben auf der Bergspitze. Vier Personen sind noch im Wagen. Er und ich und zwei andere Männer.

Ich behalte die Handschuhe an, vielleicht steigt er ja vor der Endstation aus, die Straßenbahn hält noch zweimal vorher, und ich muss jederzeit bereit sein. Ich darf ihn nicht aus dem Blick verlieren.

Wie viele Frauen hatte er schon? Was macht er mit ihnen im Bett? Ich würde gern seine Hände sehen.

Der Fahrer ruft die Endstation aus, gleich müssen wir raus. Ich kann ihm einen kleinen Streich spielen, indem ich aufstehe und mich schon an die Tür stelle, während er noch sitzt, so tue, als hätte ich die ganze Zeit gewusst, dass ich hier aussteigen muss. Dann kann ich meine Tasche auf den Fußweg fallen lassen und ihm dadurch ein paar Schritte Vorsprung geben, während ich mich hinhocke, um alles wieder aufzusammeln.

Ich drücke auf den Knopf, das ist eigentlich nicht notwendig – findet er das lächerlich? Wer glaubt schon, dass die Straßenbahn an der Endstation vorbei fährt?

Ich spüre ihn in meinem Rücken, ich stehe und er sitzt, die Türen gehen auf und ich gehe langsam die Stufen hinunter. Die beiden anderen Männer steigen durch die vordere Tür aus und eilen einem Terrassenhaus zu.

Wohnen sie beide dort? Traue ich mich, mich umzudrehen? Es ist albern, die Tasche fallen zu lassen, ich gehe stattdessen langsam den beiden Männern nach und höre Schritte hinter mir, oder sind sie vor mir? Jedenfalls höre ich Schritte, die nicht meine sind, ich muss kleine Schritte machen, kurz und langsam. In der Manteltasche liegt ein alter Fahrschein, aber nur ich weiß, dass er alt ist, und ich lasse ihn aus der Tasche flattern, hocke mich dann hin und drehe mich halb, um ihn wieder aufzuheben. Er ist nicht hinter mir. Niemand geht hinter mir, die Straßenbahn steht still und er guckt aus dem Fenster. Er sitzt immer noch da, auf dem Platz ein paar Reihen vor mir, ganz allein in der Straßenbahn und ich hocke draußen.

»Scheiße.«

Kann er mich sehen, wie ich fast auf den Knien liege, den Kopf schräg nach oben gereckt wie ein Vogel? Er bewegt sich nicht. Ich stehe langsam auf, schaue dabei zu Boden, dann bewege ich mich zum Kopf der Straßenbahn und bleibe dort stehen, dicht an der blauen Farbe. Jetzt kann er mich nicht sehen, aber was soll ich tun? Er kommt nicht raus und ich kann ja wohl schlecht reingehen, oder? Er wird mich wiedererkennen und unruhig werden oder auf dumme Ideen kommen.

Durch das Fenster des kleinen Häuschens, in dem die Fahrer ihre Pause verbringen, schauen mich zwei Gesichter an, ich kann hier nicht stehen bleiben.

Es ist nicht weit bis zur nächsten Haltestelle, ich schaffe es dorthin zu gehen oder zu laufen, dort in die Straßenbahn zu steigen und so zu tun, als hätte ich genau das die ganze Zeit gewollt. Oder ich kann in eine Seitenstraße gehen und dort verschwinden und alle werden denken, dass ich dorthin gehen wollte.

Ich glaube nicht, dass er mich gesehen hat, denn ich bin ganz dicht an der Straßenbahn entlang gegangen, auf der Seite, auf der er nicht sitzt. Jetzt habe ich die Straßenbahn im Rücken, aber ich drehe mich mehrmals um. Er sitzt immer noch dort. Ich kann meinen Schal abnehmen, ihn in die Tasche stopfen und die Baskenmütze aufsetzen, die zerknautscht in meiner Manteltasche liegt, vielleicht glaubt er dann, ich wäre ein fremder Fahrgast.

»Hey, du, dumme Kuh! Kuh, Kuh!«

Jemand zieht an meinem Schal. Er hat rote Haare und eine spitze Nase, schaut grinsend zu mir hoch, wie alt ist er, acht?

»Lass los!«

Da kommen noch zwei und ich gerate in Panik, aber ich werde doch wohl vor drei kleinen Jungs keine Angst haben? Sie rufen sicher allen Frauen dumme Kuh nach, das muss ich ja nicht persönlich nehmen, darüber sollte ich einfach lachen!

»Du alte Kuh!«

»Willste 'nen Schwanz haben?«

Ich ziehe am Schal, aber jetzt haben die anderen beiden ihn auch gepackt. Ihre Gesichter mag ich nicht. Plötzlich höre ich das Geräusch der Straßenbahn und bis zur nächsten Haltestelle ist es noch ein Stück.

»Scheißbengel! Ich will meinen Schal wieder haben!«

Sie lachen, ich würde sie am liebsten anspucken. Die Straßenbahn kommt näher, ich stehe und ziehe an meinem Schal, wenn uns jemand sieht, könnte er meinen, wir spielten.

»Lasst los!«

Der Rothaarige geht grinsend ganz nah an mich heran, er steht so dicht vor mir, dass ich seinen Atem im Gesicht spüren kann. Ich lasse den Schal los und laufe.

»Verrecken sollt ihr!«

Woher habe ich nur dieses Vokabular?

Ich erreiche die Haltestelle, ziehe die Baskenmütze aus der Tasche und mir über den Kopf, bis tief in die Stirn. Die Straßenbahn hält und ich drücke auf den Knopf an der hintersten Tür, ich steige so weit hinten wie möglich ein, gehe die Stufen hoch, trete in das grelle Licht und er sitzt immer noch dort! Ich sinke auf die hinterste Bank. Was ist schon ein Schal?

Was ist das für ein Mann, der die Straßenbahn bis zur Endstation nimmt, ohne dort auszusteigen? Ein Idiot? Er kann traurig sein. Ein empfindsamer Mann. Nachdenklich. Er sitzt in der Straßenbahn und denkt über etwas Wichtiges nach. Wir sind wieder unten in der Stadt, fahren am Bahnhof vorbei und bald bin ich zu Hause – wo wohnt er? Ich muss herausfinden, wo er wohnt, ich kann auch lange in der Straßenbahn sitzen, nicht nur er, das braucht er gar nicht zu denken. Seine Idee ist nicht so einzigartig.

Meine Fenster sind dunkel, natürlich, es ist ja niemand zu Hause, ich sitze hier und ruckle an dem Mietshaus vorbei, in dem ich wohne, ohne auszusteigen.

Der Saum der Baskenmütze ist eng, es juckt an der Stirn, aber er hat sich einmal nach hinten umgeschaut und ich traue mich nicht, sie abzunehmen. Ich bin zusammengezuckt, als er sich umdrehte und mich direkt ansah. Ich traf seinen Blick im Fenster, der war sehr sensibel, oder?

Er trägt einen roten Schal um den Hals, stramm geknotet.

Ihm scheinen Endstationen zu gefallen, jetzt nähern wir uns der anderen, will er hier auch nicht aussteigen? Ist er verrückt? Gaga?

Er steht auf, ich bleibe sitzen. Sein ganzer Rücken ist mir zugewandt, ich mag Rücken gern. Er wird mich nicht reinlegen, nicht noch einmal. Ich bleibe immer noch sitzen, während er an der Tür steht, die geöffnet wird, er dreht sich nicht mehr um, bevor er die Stufen hinuntergeht. Als die Türen sich schließen wollen, zwänge ich mich noch hinaus.

Er geht schnell, hier sind die Straßen erleuchtet und ich kann mehrere Meter hinter ihm laufen, ohne ihn aus den Augen zu verlieren. Es ist kalt am Hals, deshalb schlage ich den Kragen hoch und halte ihn vorn mit einer Hand zusammen. Ich gehe gern in schnellem Tempo.

Jetzt sehe ich seine Beine, seine Schenkel, vielleicht sind sie unter dem Hosenstoff behaart. Seine Jacke verbirgt Oberschenkel und Hüften, aber er geht schön, kraftvoll. Das Haus ist rosa, helles Rosa vier Stockwerke hoch und er bleibt davor stehen. Ich bleibe auch stehen und stelle mich hinter einen Laternenpfahl, wie kann ich nur glauben, dass ich mich hinter einem Laternenpfahl verstecken kann? Er schließt auf und verschwindet hinter der breiten Tür.

Licht wird im zweiten Stock eingeschaltet, erst eins, dann noch eins, und dann sind drei Fenster erleuchtet. Da wohnt er, ich bleibe neben dem Laternenpfahl stehen, während er in seine Wohnung geht.

Wie soll ich dorthin kommen?

Es ist kalt. Ich friere. Es ist dunkel und ich vermisse meinen Schal – Scheißbengel! Niemand ist gekommen, um ins Haus zu gehen, nur wenige Menschen gehen an mir vorbei. Wenn er aus dem Fenster guckt, wird er niemanden sehen, denn ich stehe direkt unter seinen Fenstern.

Weit entfernt höre ich ein Lachen, jemand lacht, eine Frau. Ein Mann und eine Frau kommen in mein Blickfeld und sie gehen schnell auf mich zu, auf den Eingang, den ich bewache. Ich öffne meine Tasche und tue so, als würde ich nach etwas suchen.

Sie bleiben vor der Tür stehen, meiner Tür, seiner Tür, und drücken auf einen der Klingelknöpfe. Ich sehe sie nicht an, wühle weiter in meiner Tasche, mache aber einen Schritt näher zum Eingang, ganz zufällig, ohne sie anzusehen, ich denke, das sieht ganz vertrauenswürdig aus.

Jemand antwortet in der Gegensprechanlage und beide lachen und gehen hinein, stoßen die Tür weit auf. Ich stelle mich neben den Rahmen, höre, wie ihre Stimmen und Schritte leiser werden, und stelle einen Fuß in die Tür, dass sie nicht zufallen kann, das sieht das Paar nicht. Sie werden sich nicht einmal daran erinnern, dass sie mich gesehen haben, und schon gar nicht mein Aussehen beschreiben können.

Ich schleiche mich hinein und lasse die Tür hinter mir ins Schloss fallen, ich bin drinnen.

Der Innenhof ist schön, zwei Bänke und ein Steintisch stehen unter einem Baum, aber hier ist es dunkel. Die Lampe über dem einen Eingang ist kaputt, nur die Glühbirne ohne Lampe über der anderen Tür leuchtet, ich weiß nicht, welcher Eingang zu ihm führt. Ich gehe zur nächstgelegenen Tür, sie ist verschlossen, die Leute wollen in Sicherheit leben. Die Küchenfenster gehen zum Hof hin und die kleinen Lichtschächte müssen zu den Badezimmern gehören. Er weiß nicht, dass ich hier stehe und zu seinen Gardinen hochsehe. Was mache ich jetzt?

Da kommt jemand. Die Tür wird geöffnet und Füße, vier oder mehr, trampeln über den Holzboden in der engen Passage und nähern sich mir. Wo kann ich mich verstecken? Hinter dem Baum?

Warum muss ich mich hinter dem dicken Stamm verstecken? Ich könnte doch hier stehen bleiben, in meiner Tasche wühlen und sagen, ich hätte meinen Schlüssel vergessen, stattdessen hocke ich zwischen Rinde und dem Zaun zum Nachbargrundstück. Es ist kalt, die Kälte steigt vom Boden hoch und legt sich auf die Innenseiten meiner Schenkel, warum musste ich ausgerechnet heute einen Rock anziehen?

Sie gehen nicht hinein. Es sind zwei junge Männer, jung, nehme ich an, und sie scheinen wütend zu sein, bleiben an dem Steintisch stehen und reden miteinander, das gefällt mir nicht. Die Stimmen werden schrill, ich habe noch nie so laute, wütende Stimmen gehört.

Ich will nicht hören, was sie sagen.

»Wenn du ...«

Nein, ich kann mir die Hände auf die Ohren pressen, jetzt hätte ich meinen Schal gut gebrauchen können, ihn mir fest um den Kopf wickeln können.

»Und was willst du dann machen?«

Ich sitze jetzt auf der Erde und lehne mich gegen den Stamm, sie können mich nicht sehen.

»Kaputt machen ...«

Nein, nein! Ich ziehe meine Handschuhe aus und stecke mir die Zeigefinger in die Ohren, wenn ich sie die ganze Zeit bewege, kann ich kein Wort von dem anderen unterscheiden. Am besten wäre es, wenn ich dabei noch summen würde, aber ich kann hier nicht summen.

Ich höre die Stimmen, aber nicht die Worte, vielleicht sind sie gleich wieder Freunde, alles war nur ein Missverständnis und sie wollen wieder in die Wärme und ich kann aufstehen und bei irgendjemandem klingeln.

Was für ein Geräusch ist das? Ein dumpfes, lautes Geräusch. War das die Tür, die zufiel?

Langsam nehme ich die Finger aus den Ohren, niemand redet mehr.

Ich stehe auf, lehne dabei meinen Körper an den Baum, ich bin so steif, so kalt, aber ich sehe niemanden. Und niemand kann mich sehen, oder? Ich schaue nach oben, finde aber keine Gesichter in den Fenstern und gehe ein paar Schritte vom Baum weg. Da stolpere ich und falle.

Die Nase und eine Wange tun mir weh, so kann ich ihm doch nicht entgegentreten. Ich stehe auf, mein Gesicht brennt, ich glaube, ich blute. Ich will mich auf eine der Bänke setzen und kurz ausruhen, mir ist ein wenig schwindlig.

Ich stolpere wieder, kann mich aber am Tisch festhalten und sehe zwei Stiefel. Zwei Beine mit Stiefeln, ich bin über einen Stiefel gestolpert, nein über einen Fuß, ein Bein, ich bin über einen Menschen gestolpert, der auf dem Boden liegt! Er liegt ruhig da, zu ruhig, was ist das Dunkle da um seinen Kopf? Blut?

Soll ich seinen Puls fühlen? Oder meine Wange an seine Nase legen um zu fühlen, ob er noch atmet – aber was ist, wenn er nicht mehr atmet?

Ich muss etwas tun, es ist nicht weit bis zu den Türen und den Klingeln, aber ich stehe immer noch hier, streiche mit der Hand über etwas, das mir über die Lippen läuft, das ist Blut.

Ich kann ihn retten, meine Reaktion kann ihm das Leben retten und ich stehe nur da und reibe mir mit der blutigen Hand über den Mantel.

Ich bin hereingekommen und ich kann wieder hinauskommen, niemand hat mich gesehen – glaube ich zumindest. Traue ich mich noch, zu den Fenstern hochzugucken? Und wenn gerade jetzt jemand zu mir hinuntersieht, er kann da oben in der Wärme stehen und in diesem Moment auf mich hinuntergucken, aber es ist hier zu wenig Licht, oder doch nicht? Wenn ich mich nicht bewege, kann niemand sehen, dass hier in der Dunkelheit ein Mensch neben zwei Beinen steht.

Soll ich rufen? Ich habe nichts Böses gemacht, nur in der Straßenbahn gesessen und bin durch eine Tür gegangen, ich kann um Hilfe rufen.

Warum bewegt er sich nicht? Murmelt etwas oder so, gibt ein Lebenszeichen von sich.

Mir ist schwindlig.

Ich höre Schritte von drinnen, jemand geht schnell die Treppe hinunter auf den Ausgang zu, über dem die Glühbirne leuchtet, es hört sich an wie ein Mann, ich bin mir ganz sicher, dass es ein Mann ist.

Das kann er sein.

Ich bin gleich zu Hause, ich laufe immer noch, ich bin durch die Tür auf die Straße gelaufen, aber ich kann mich nicht daran erinnern, wie ich sie geöffnet habe, ich wusste gar nicht, dass ich so gut laufen kann, dass ich so eine Ausdauer habe. Ich habe nicht gesehen, wer die Treppe hinuntergekommen ist. Als die Schritte immer lauter wurden und jemand die Tür öffnete, bin ich gelaufen. Aber wahrscheinlich war er es. Ich denke an ihn. Und an die Stiefel. Und an meinen Schal. Es ist kalt, aber gleich bin ich zu Hause. Ich sehe schon mein Küchenfenster.

Die grünen Strümpfe

Margaret Johansen

Wenn eine ungewöhnliche Sache passiert, dann hat diese Sache eine merkwürdige Auswirkung auf die Umgebung. Gewohnte, vertraute Geräusche verschwinden, neue kommen hinzu. Manche Dinge rücken näher, andere entfernen sich. Wenn man viele Jahre lang allein immer an demselben Ort gewohnt hat, nun ... dann spürt man all dies mehr, als dass man es hört und sieht. Genau so war es an diesem Abend.

Neue Geräusche waren an die Stelle der alten getreten. Die Glühbirnen waren heller als zuvor. Oder waren sie schwächer? Und: Hatten sie im Treppenhaus nicht eine Glasverschalung getragen? Ich weiß es nicht. Ich weiß nur, dass irgendetwas darauf hindeutete: Es ist etwas passiert. So, als wäre das Stampfen der Kolben im Maschinenraum verstummt, eine irgendwie ruhelose Stille. Ich nahm den Übergangsmantel vom Haken und ging hinaus auf den Treppenabsatz, wo ich einen Moment stehen blieb und horchte, bevor ich langsam die Treppenstufen hinunterging.

Als ich mich der ersten Etage näherte, hörte ich ein leises Stimmengewirr und sah, dass die Wohnungstür von Sand offen stand. Also war es hier, wo etwas nicht stimmte.

Familie Sand wohnte ungefähr ebenso lange im Haus wie ich. Wir grüßten uns, aber wir kannten uns nicht näher. Frau Sand machte einen sympathischen Eindruck, fand ich. Sie mochte Mitte Dreißig sein, sah aber jünger aus, trotz ihrer angespannten Gesichtszüge. Sie trug ihr dickes, goldblondes Haar im Pagenschnitt und hatte ein mädchenhaftes Gesicht. Sie war sehr oft allein. Ihr Mann schien ebenfalls nett zu sein, er hatte einen jungenhaften Charme, der – ich weiß auch nicht – ein bisschen erschreckend war. Es schien, als würden die Jahre spurlos an ihm vorbeigehen. Die Wohnungstür stand also offen und ich reckte den Hals, um zu sehen, was dort drinnen vor sich ging und was die Nachbarn veranlasst hatte, sich leise murmelnd vor der Tür zum Wohnzimmer zu versammeln. Ein Mann, der sein Gewicht von einem Bein auf das andere verlagerte, gab plötzlich und schockierend den Blick auf Herrn Sand frei. Er lag ausgestreckt auf dem Fußboden und seine braunen, kindlichen Augen starrten verwundert in die Ewigkeit. Denn der Mann war tot. Daran bestand kein Zweifel. Eine der Nachbarinnen schauderte wohlig und flüsterte mir zu:

»So ein netter, freundlicher Mann, Sie ...«

Der Tote trug einen Smoking. Modern, mit plissierter Hemdbrust und allem. Aber irgendetwas stimmte nicht. Sein Haar war sorgfältig pomadisiert, die Jacke saß – soweit ich sehen konnte – wie maßgeschneidert an dem kräftigen Leib. Schmale Hosenbeine, elegante Schuhe. Aber diese Strümpfe! Die Strümpfe waren dick und selbstgestrickt und meergrün! Die kleine Frau Sand stand da und sah mit ruhigem Blick auf den Mann hinunter. Vielleicht sogar ein wenig heiter... Sie wirkte vollkommen entspannt und hatte die Hände auf dem Rücken verschränkt wie ein kleines Mädchen. Ihr Kleid hatte moderne, schreiende Farben und war kurz. Das eine Knie ragte angewinkelt hervor. Neben ihr stand eine ältere Dame. Eine dieser älteren Frauen, die so aussehen, als wären sie nie in den Wechseljahren gewesen, die sich einfach mit dem Strom treiben ließen, nachdem sie geheiratet hatten – oft in sehr jungen Jahren. Sie weinte hilflos wie ein Kind, hörte jedoch sofort auf, als ihre Tochter (denn das neben ihr musste wohl ihre Tochter sein) ihr etwas ins Ohr flüsterte. Der Blick der Älteren bekam etwas Berechnendes und Flackerndes. Keine der Beiden konnte verbergen, dass sie die Situation bis zu einem gewissen Grad genossen. Frauen, wissen Sie ...

Wenn sie weinen können, Mittelpunkt sein, mitten drin in einer Sensation, die sich gewaschen hat, vielleicht mit Aussicht auf eine Erbschaft ... Was mehr können sie sich wünschen? (Entschuldigung, aber ich bin Junggeselle.)

Ich muss ehrlich gestehen, dass meine Sympathie auf Seiten von Frau Sand war. Sie war – trotz allem – diejenige, die am aufrichtigsten wirkte. Das ist das am wenigsten Erschreckende. Das ist etwas Handfestes.

Ein Mann bahnte sich den Weg durch die Menge im Flur. Der Arzt. Er hatte es eilig und ging kühl und professionell ans Werk. Notierte etwas auf seinem Block, stellte präzise Fragen. Hatte bereits die Polizei verständigt. Die Männer des Gesetzes kamen recht schnell und untersagten uns, den Ort zu verlassen, bevor wir unsere Aussagen gemacht hatten. Ein unnötiges Verbot. Die Aufklärung dieser Tragödie hätte sich sowieso niemand entgehen lassen. Und während die Polizisten routiniert ans Werk gingen, schlug der Kommissar nun *seinen* Block auf, sah uns an, seufzte schwer und sagte:

»Also, wie ist das hier passiert?«

Frau Sand veränderte ihre Haltung:

»Ich habe ihn umgebracht«, sagte sie schlicht. Ihre Arme glitten herunter und sie sah mit klaren Augen zu dem Polizisten hoch. Der sperrte den Mund auf.

»Ihn *umgebracht* ... warum, um Himmels willen?«

»Weil er die grünen Strümpfe angezogen hatte«, antwortete sie unverblümt.

Einige der Nachbarn tuschelten, dass sie den Verstand verloren haben musste, immerhin war sie ja mehrere Male in der Nervenklinik gewesen ... Die alte Mutter schluchzte laut und dramatisch und die Schwester legte eine entzückende Mutter-und-Tochter-Vorstellung hin, die sicher den beabsichtigten Eindruck auf die Menge machte. Aber ich hatte den leisen Verdacht, dass die Tragödie schon vor langer Zeit Einzug in diese Wohnung gehalten hatte.

Man brachte Frau Sand in ein Nebenzimmer und bat uns, in unsere Wohnungen zurückzukehren und das Haus nicht zu verlassen, bis man uns befragt hatte. Aber nachdem ich an diesem Abend zu Bett gegangen war, lag ich noch lange wach und grübelte über die schreiend grünen Strümpfe nach. Ich wusste, dass ich irgendwann die Wahrheit darüber herausfinden würde.

Die kleine Frau Sand wurde zu zehn Jahren Haft verurteilt, und ich beschloss, sie im Gefängnis zu besuchen. Sie lächelte erfreut, als sie mich sah, und bat mich mit einer graziösen Handbewegung Platz zu nehmen, so als würden wir uns auf einem Empfangssalon voller fröhlicher Gäste befinden. Ein bittender Blick zur Aufseherin sorgte dafür, dass wir allein gelassen wurden.

Ich kam gleich zur Sache.

»Es ist sowohl Neugier als auch Sympathie, was mich hierher führt . . .«

»Ich weiß«, sagte sie, »aber es ist trotzdem schön, Besuch zu bekommen. Ich habe Sie an jenem Tag gesehen. Ich habe alles sehr klar registriert.«

Sie lächelte leicht und zog den Rock artig über die Knie.

»Ich habe ihn umgebracht. Er hat es selbst gewollt. Viele Menschen fordern das Schicksal Jahr um Jahr heraus, und wenn es sie einholt, sehen sie überrascht aus. Können Sie so etwas verstehen? Haben Sie gesehen, wie erstaunt er aussah?«

Ich nickte.

»Die grünen Strümpfe . . .«, sagte ich.

»Darauf komme ich noch, aber zuerst . . . Wissen Sie, er war wie ein Kind im Trotzalter. Sie haben sicher schon mal einen Dreijährigen gesehen, wie er nach einer Blumenvase greift, die er nicht anfassen soll. Er bekommt einen Klaps auf die Hand, aber ein paar Sekunden später ist der Zeigefinger wieder da und spielt mit dem Feuer. Wieder und wieder fordert er es heraus, obwohl er *weiß*, dass es mit Schlägen enden wird. Und wenn die Strafe dann kommt, heult er wütend und gekränkt. So war mein Mann. Die meisten Leute denken, dass er ein großartiger Mann ist . . . war, wollte ich sagen . . . Nett und freundlich. Verstehen Sie, warum ich ihn umgebracht habe?«

Sie sah mich mit ernstem Blick an und begann plötzlich an den Fingernägeln zu kauen wie ein kleines Mädchen.

Ich musste zugeben, dass ich immer noch nicht begriff, warum, aber ich sagte, dass es mich brennend interessierte.

»Wir alle tragen Masken in unserem Leben. Die Psychologen nennen es Persona. In den verschiedenen Situationen des Lebens spielen wir Rollen. Mein Mann wirkte nach außen hin nett und freundlich, und dabei . . . Und ich, finden Sie, dass *ich* wie eine Mörderin aussehe?«

Sie wartete die Antwort nicht ab, sondern spuckte ein Nagelstückchen aus und sagte vergnügt:

»Aber ich *bin* es . . .«

Von der Decke leuchtete eine nackte Glühbirne, so wie die Glühbirnen im Treppenhaus an jenem Abend. Sie verbreitete ein kaltes, ungemütliches Licht.

Sie lachte plötzlich laut und gellend auf und fuhr fort:

»Viele Menschen werden eins mit ihrer Persona und müssen auf andere zurückgreifen, wenn sie sich abreagieren wollen. Sie benutzen andere Menschen als Sicherheitsventil. Auch liebe, gute Menschen werfen Schatten, wissen Sie . . . Oft lassen sie andere Menschen ihren Schatten tragen, zusätzlich zu deren eigenem. Das ist eine schwere Belastung für den, der eine solche Bürde tragen muss. Ich habe seinen Schatten mehr als zehn Jahre getragen.«

Sie schwieg und starrte vor sich hin. Hektische Flecken flammten an Hals und Wangen auf, und sie knüllte ein Taschentuch in den Händen.

»Sie wissen sicher, dass ich mehrmals wegen nervlicher Probleme im Sanatorium war. Nicht *ich*, sondern *er* hätte dort sein müssen. Aber ihm gehörten alle Sympathien, weil er eine

nervöse, hysterische Frau hatte, die sich nicht ›zusammen-
nehmen‹ konnte, wie normale Menschen es nennen. Diese
Sympathien sind jetzt bestimmt nicht weniger geworden.
Also sehen Sie doch wohl ein, dass ich ihm einen Gefallen getan habe . . .?« Ihre Stimme war so eiskalt und voller Hass,
dass mein Blick mich verraten haben musste, denn plötzlich
lächelte sie warm und legte ihre Hand auf meine.

»Sie bedauern ihn, nicht wahr? Sie fragen sich, warum ich
ihn nicht verlassen habe?«

Sie wartete nicht auf eine Antwort.

»Es ist nicht leicht, alleine mit drei Kindern ins Leben hinaus zu gehen. Sie sind jetzt bei meiner Schwester, dort haben
sie es besser als jemals zuvor. Es ist nicht leicht, sich zu einer
Trennung und Scheidung zu entschließen, wenn man mehrmals in der Nervenklinik war und vielleicht – aus diesem
Grund – riskiert, die Kinder zu verlieren.«

»Die grünen Strümpfe«, sagte ich.

»Gleich . . . gleich . . . Sie haben seine Mutter und seine
Schwester gesehen?«

Ich nickte.

»Sie war es, die Mutter, die sie gestrickt hatte. Wissen Sie,
hier fühle ich mich freier, als ich es viele Jahre lang getan
habe.«

Sie starrte durch das vergitterte Fenster hinaus.

»Endlich bin ich allein mit meinem eigenen Schatten. Sagen
Sie, haben Sie jemals einen Kleiderbügel zu Weihnachten bekommen?«

Ich zögerte.

»Ja, vielleicht so einen niedlichen, mit Garn umstickt oder
mit Stoff bezogen, den ein Kind gemacht hat. Aber einen großen, klobigen aus Holz, auf dem ›Grand Hotel‹ gedruckt
steht? Ich schon. Von meinem Mann. Und zum Geburtstag . . . einen Aschenbecher mit der Inschrift ›Bergmanns
Holzfabrik‹. Seine Mutter ist Witwe und sehr dominant. Seine Schwester kommt ganz nach der Mutter, und Sie können

sich denken, welche Macht diese Frauen über den schwachen Jungen hatten, der sich nichts mehr wünschte als Frieden. Und der sein ganzes Leben lang nur Ärger bekam.«

Sie lachte verächtlich.

»Er klammerte sich an Kindheitserinnerungen und hielt mir die beiden Frauen als Beispiel vor. Aber nie direkt. Er sprach immer in der dritten Person über mich und immer, wenn Leute anwesend waren.

›Sissel (das bin ich) versteht nicht viel von Finanzen, sie, Mutter und Ebba . . .‹

Das war ein rotes Tuch für mich, und er wusste das. Er schwenkte lauter rote Tücher, bis ich platzte. Das war *seine* Befreiung.

Und er wusste, dass ich nie platzte, bevor wir allein waren, und dann war er ruhig, liebenswürdig . . . Seltsam, dass ich ihn nicht schon früher umgebracht habe.«

Ich sah, dass sich auf dem Baumwollkleid, das sie trug, zwei große nasse Flecken unter den Achseln gebildet hatten. Dabei war es gar nicht warm im Raum.

»Ja, ich weiß, dass ich temperamentvoll bin. Aber was soll daran falsch sein, solange man einen würdigen Gegner hat? Ich dagegen, ich bekam ein glattes Stück Seife in die Hand, einen Schaumgummischwamm, einen . . .«

Ich erinnerte mich plötzlich an Gesprächsfetzen, die ich bei den Nachbarn aufgeschnappt hatte. »Der arme Mann, hysterisches Weibsbild . . .«

Es musste wirklich schrecklich für ihn gewesen sein.

Vermutlich konnte sie meine Gedanken lesen, denn sie lächelte schief und sagte mit leiser Stimme:

»Sie haben sich der herrschenden Meinung angeschlossen, wie ich sehe. Liebe, nette Ehefrauen pfeffern keine Vasen gegen die Wände, wenn sie wütend sind.«

»Ich kann nicht leugnen, dass Sie sich anhören wie eine Furie . . .«

Jetzt beugte sie sich vor, eifrig und erhitzt.

»Ja, aber verstehen Sie denn nicht . . . Sie müssen das verstehen. Ich habe für uns beide reagiert. Er *wollte* es so. Er war voller Aggressionen gegen seine Mutter und seine Schwester, gegen mich, gegen seinen Arbeitgeber, und er hatte herausgefunden, wie er sich abreagieren konnte, ohne seinen Ruf als lieber, freundlicher, herzensguter Ehemann und Vater zu verlieren. Er brauchte nur *mich* zur Weißglut zu bringen. Charmant und als könnte er kein Wässerchen trüben, lieferte er mich auf das Schamloseste aus, auf eine Art und Weise, dass die Gäste und sogar unsere Kinder über ihn lachten. ›Sissel, die Pillenschluckerin‹ nannte er mich, während er gleichzeitig ein einnehmendes Bild von sich selbst darbot, die Ausgewogenheit in Person, jemand, der ›einen Drink nimmt, wenn ihm danach ist‹. Sie wissen ja, es ist *comme il faut*, die Nerven mit Alkohol zu beruhigen, das ist cool, das ist in Ordnung, ganz anders als wenn man zum Arzt geht und sich Tabletten verschreiben lässt. ›Sissel kann ohne Pillen nicht schlafen, *ich* dagegen, ich schlafe wie ein Stein, aber ich habe ja auch ein gutes Gewissen, das ist ein sanftes Ruhekissen‹ . . .«

Sie holte tief Luft.

»Und dann waren da ja auch noch der Lampenschirm und der lila Pullover . . .«

»Der was . . .?«

»Der lila Pullover. Auch so ein Produkt aus der Hand der Mutter. Sie hatte das Ding für ihn gestrickt, als er ein kleiner Junge war, vor dreißig Jahren. Der Pullover war viel zu klein, er war verfilzt und hatte eine beängstigende Farbe. Wenn mein Mann jemand gewesen wäre, der alte Kleidungsstücke abgöttisch liebt, nun, dann hätte ich mich damit abfinden können. Aber er zog ihn nur deswegen an, weil er wusste, dass ich mich maßlos darüber ärgerte. Ich bin selbst sehr geschickt im Handarbeiten, ich habe viele Pullover für ihn gestrickt. Er jedoch zog den lila Pullover vor. Wenn wir Gäste erwarteten und ich ihn gebeten hatte, zu einer bestimmten Uhrzeit fertig zu sein, dann zog er extra den

Pullover an und sorgte dafür, dass er den ersten Gästen mit seiner Standardbemerkung die Tür öffnen konnte: ›Ach... ihr seid schon da, tja, ich bin leider noch nicht umgezogen. Sissel wird mit mir schimpfen, aber ich nehme es damit nicht so genau, wisst ihr...‹ Damit war der brave, gutmütige Ehemann gebührend herausgekehrt und seine Ehefrau an den Pranger gestellt. Ja, ja, ich weiß, ich bin da sehr konservativ.«

»Und der Lampenschirm...?«

»Jeden Morgen, wenn er sich rasierte, benutzte er dazu die Steckdose einer Lampe, die ich sehr liebte, wie er wusste. Sie hatte einen kostbaren Seidenschirm, den ich in der Schule gemacht hatte. Er nahm den Schirm ab und sorgte dafür, dass er dabei Fettflecke am Rand hinterließ. Sie finden vielleicht, dass man sich über eine solche Kleinigkeit nicht aufregen sollte, ebenso wie über die Angewohnheit, eine Zahnpastatube auf eine bestimmte Art auszudrücken. Aber wenn man *weiß*, dass ein erwachsener Mann aus purer Teufelei jeden Morgen wieder diesen Lampenschirm anfasst, um einen zu ärgern und zu provozieren... Warum ich den Schirm nicht abnahm? Dann hätte er sich etwas anderes einfallen lassen. Die grünen Strümpfe, ach ja...

Wir sollten an diesem Abend zu einem Fest in der Familie. Meiner Familie. Es war ein fünfzigjähriges Jubiläum, deshalb war als Garderobe Smoking erwünscht. Ich liebe große Familienfeiern, Traditionen, Festlichkeiten, Reden... *Er* hatte Angst davor.

Er musste sich einen Smoking leihen, allein das war schon eine Niederlage. Da fand er die Strümpfe in der Kommode und sah eine Möglichkeit, sich abzureagieren. Er zog sie an und stolzierte durchs Wohnzimmer, die Hände in den Hosentaschen, wobei er die Hosenbeine gerade so weit heraufzog, dass mir die Farbe in die Augen stechen musste.

Das Taxi wartete draußen, ich war fertig angezogen und geschminkt. Ich hatte mir Mühe gegeben mit meinem Aussehen, zog lange, cremefarbene Lederhandschuhe an und griff nach meinem perlenbestickten Abendtäschchen.

›Zieh diese Strümpfe aus‹, sagte ich so ruhig wie möglich. ›Aber beeil dich, das Taxi wartet.‹ Doch er stolzierte nur weiter herum und sagte: ›Diese *schönen* Strümpfe? Die hat Mama für mich gestrickt, eine wunderbare Handarbeit. Zu schade, dass ich keine Frau habe, die einen Sinn für das Solide hat . . .‹

Dann setzte er sich in einen Sessel. Auftrumpfend. Legte die Beine auf den Tisch. Und ich . . . Ich ging ins Schlafzimmer, zog mein Abendkleid aus und ein Alltagskleid an, holte ein Brecheisen aus dem Werkzeugkasten in seinem Kleiderschrank, ging ins Wohnzimmer und brachte ihn um. Das war alles. Ich bin sicher, dass er im Augenblick des Todes einen Orgasmus hatte. Er konnte mit dem Leben nicht zurechtkommen, verstehen Sie . . .«

Sie begann plötzlich zu weinen. Nach einer Weile sah sie mich mit verwirrtem Blick an und sagte:

»Sie würden doch keine selbstgestrickten grünen Strümpfe zum Smoking tragen, oder?«

»Nein«, antwortete ich mechanisch, »ich glaube nicht . . .«

Schneeweiß

Leena Lander

Sie wickelte mir die Decke um die Beine.

Ich weiß noch, wie ihre Haare mir die Wangen kitzelten, als sie mir gute Nacht sagte. Es war ein Abend im Frühling. Die Sonne schien durch die Vorhänge, obwohl es schon spät war, auch das weiß ich noch.

Danach hab ich Mutter nicht wieder gesehen.

In jener Nacht wurde sie umgebracht.

Die Leute sagen, Mutter sei auf einem Schiff abgehauen, weil das ihre Natur war. Das ist nicht wahr. Aaron wird mir die Wahrheit verraten, einmal im Sommer. Jetzt ist das unser gemeinsames Geheimnis, und wir dürfen es niemandem erzählen.

An dem Tag haben wir zusammen allerlei Spannendes gemacht. Wie zum Beispiel eine Sandburg. Drum herum ist ein Wallgraben, in den wir Wasser aus dem Meer leiten.

Mein großer Bruder ist in Ordnung, weil er sich immer tolle Spiele ausdenkt. Aber auch solche, die ich nicht mag. Manchmal muss ich auf dem Rücken liegen, und Aaron häuft Sand auf mir auf. Nur der Kopf bleibt frei. Ich darf mich nicht rühren, bis er es erlaubt.

Manchmal befiehlt er mir, als Vogelscheuche auf dem Felsen zu stehen, wo die Heringe getrocknet werden. Die ganze Zeit muss ich mit den Armen fuchteln. Auch, wenn er weg ist. Aaron rudert zu der anderen Insel hinüber und bringt den Schafen Wasser, aber er dreht sich immer wieder um und guckt, ob ich tue, was er gesagt hat. Wenn ich alles richtig mache und auch bei seiner Rückkehr nicht darüber jammere, dass mir die Arme weh tun, dann lobt er mich und sagt, dass ich eine bessere Vogelscheuche sei als Selma und Simo zusammengenommen.

Aaron bringt mir Sachen bei, die man wissen muss, wenn man sich auf dem Wasser bewegt. Wie, dass die Wellen in tiefem Wasser sanfter sind als im Flachen, und dass man die Untiefen an den Schaumkronen erkennt. Und dass eine Kreuzsee entsteht, wenn aus zwei verschiedenen Richtungen kommende Wellen aufeinandertreffen. Und dass es auf offener See sieben Tage und Nächte stürmen muss, ehe die Wellen so hoch werden wie Mauern. Und dass man an dem im Windschatten gelegenen Ufer am sichersten ist. Dass man aber nicht zu nahe ans Ufer fahren darf, damit die Steine nicht die Ruder kaputt machen. Und dass man, wenn man mit Seitenwind rudert, den Wind einkalkulieren muss und nicht versuchen darf, im rechten Winkel auf das Ziel zuzurudern . . .

Manchmal bitte ich ihn, von Mutter zu erzählen, an die ich mich nicht mehr erinnere. Auch Aaron erinnert sich nicht sehr gut, außer dass Mutter schön war und duftete. Und ich frage ihn, warum manche Männer anderen die Mütter wegnehmen und sie den Kindern nicht wieder zurückgeben.

»Glaubst du, dass Mutter doch noch irgendwann kommt und sich wieder um uns kümmert?«, frage ich.

Dann sagt Aaron meistens, er habe zu wenig Erfahrung mit leichtfertigen Frauen, um das eine oder das andere zu vermuten.

»Vielleicht kommt sie«, vermute ich und bin mir keineswegs sicher, dass ich die Tante gegen eine unbekannte Mutter eintauschen möchte. Aber diesmal flüstert Aaron, alles Gerede, meine Mutter sei mit einem Mann durchgebrannt, sei gelogen.

»Mutter wird niemals zurückkommen«, sagt Aaron.

»Hm. Warum nicht?«, frage ich.

»Sie kann nicht kommen, weil sie tot ist«, sagt er.

»Woher weißt du das?«

»Ich weiß es eben.«

Er hat das Boot über der Untiefe gestoppt. Das ist eine Stelle, wo man durch das Wasser den Grund sieht. Aaron prüft ihn mit dem Ruder, auf diese Weise findet man die besten Stellen zum Fischen. Aber diesmal geschieht etwas anderes.

Aaron zieht sich das Hemd aus. Seine Rippen schimmern durch die Haut. Die Sonne scheint heiß in diesem Augenblick, sehr heiß.

Aaron setzt mich auf den Platz des Ruderers.

Legt den Finger auf die Lippen. Schsch. Dann, ohne Vorwarnung, springt er ins Wasser.

Ich gucke über den Rand, aber mein Bruder ist nirgends zu sehen.

Ich hab Angst. Bestimmt nimmt das Meer ihn jetzt mit. Und ich bleib hier allein zurück. Ein Wind kommt auf, und ich hab nicht die Kraft, ans Ufer zu rudern.

Doch einen Augenblick später ist Aarons Kopf wieder an der Oberfläche. Das Boot schaukelt bedrohlich, als er wieder hereinklettert. An seinen Armen ist Seegras und Tang hängen geblieben.

Er sagt, Mutter sei da unten. Als Skelett.

Und ich frage, ob er Mutters Skelett berührt habe, aber Aaron sagt, nein, es sei zu tief unten gewesen.

Ich will noch wissen, ob er Mutters Gesicht gesehen habe, und er sagt, er habe es nicht gesehen, Mutter sei da schon so lange, dass die Fische ihr Gesicht aufgefressen haben. Dass aber Mutter ein Loch im Kopf habe, das von einem Schuss herrührt.

Schweigend sitzen wir uns gegenüber. Von Aarons Haaren tropft Wasser auf meine nackten Beine. Schwer hebt und senkt sich seine Brust. Man sieht, dass er lange die Luft angehalten hat.

Ich frage ihn, woher er gewusst habe, dass Mutter dort unten ist.

Und er sagt, dass die Leute allerlei redeten. Dass sie manchmal von Stimmen redeten, die in jener Nacht von dieser Stelle her zu hören waren. Und dass man immer noch zu einer bestimmten Zeit genau an dieser Stelle ein seltsames Licht sehen könne. Dass solch ein Licht von einer unglücklichen Seele ausgehe, über der ein finsteres Geheimnis liegt.

Ich will weg von hier. Aber Aaron sitzt wie angewurzelt an seinem Platz.

»Warum ist Mutter dort?«, frage ich.

»Ich glaube«, sagt er, »ich glaube, Mutter hat sich mit einem fremden Seemann geprügelt, weil sie einem Schicksal entgehen wollte, das schlimmer ist als der Tod.«

Und ich frage ihn, was das sei.

Und er antwortet, Mutter habe ihre Tugend bewahren wollen, als der Mann versuchte, sie mitzulocken.

Und dann sagt er noch, es gebe Männer, die das täten, wenn die Frau sehr schön ist und verlockend duftet.

Und ich frage, was die Tugend sei, auf die die Frau so sorgfältig achtet.

Und er sagt,, die Tugend sei der kostbarste Schatz einer Frau,

Und ich frage, ob Mutter sich nicht eine neue Tugend hätte besorgen können.

Und er antwortet, wahrscheinlich nicht.

Mir ist nach Weinen.

»Warum sagen wir den Leuten nicht, sie sollen Mutter da rausholen?«

»Das können wir nicht.«

»Warum können wir das nicht?«

»Weil, wenn Mutters Leiche erst mal gefunden wird, kann es Vater schlecht ergehen.«

»Warum kann es Vater schlecht ergehen?«

»Die Leute sagen, Vater hat der Mutter etwas getan, weil er immer so eifersüchtig war.«

»Ach so, Vater wollte nicht, dass Mutter weggeht?«

»Ja, und dann sagen sie, dass es in Wirklichkeit Vater war, der geschossen hat, und nicht ein verrückter Seemann. Vater ist zwar ein Arschloch, aber er hätte Mutter nie was Böses getan.«

»Nein«, stimme ich zu.

Jetzt halte ich es nicht mehr aus und will sofort weg, aber Aaron findet, wir könnten uns etwas wünschen, weil über Ertrunkenen immer die Kraft eines Geistes liege. Ich will mir nichts wünschen. Aaron sagt, ich solle über den Bootsrand gucken, bis ich Mutter sehe. Ich fange an zu weinen. Er legt die Arme um mich und sagt, er werde mich beschützen, sodass mir nichts Böses geschieht.

Er riecht nach Tang und Salzwasser.

Er befiehlt mir, auf die dunkle Stelle zu schauen, wo der Meeresgrund aufhört, erkennbar zu sein, aber ich halte die Augen fest geschlossen.

Er sagt, wir würden so lange dort bleiben, bis dort etwas zu sehen ist.

Ich spüre Aarons Atem im Nacken. Ich hab nicht vor, die Augen zu öffnen, und wenn ich den ganzen Tag dort sitzen müsste.

Ich weiß nicht, wie lange wir dort sind.

»Siehst du was?«

Irgendwo kommt Wind auf, eine Wolke schiebt sich vor die Sonne. Das Plätschern des Meeres und das leise Sausen des Windes verstummen gänzlich. In der Welt herrscht vollkommene Stille. Mich schaudert. Dann ertönt ein anderes Geräusch, neu und seltsam. Wie das klagende Knarren eines Besanmastes irgendwo tief unter uns. Ich öffne die Augen. Jetzt sehe ich es. Das Wesen, das mich aus der Tiefe anstarrt, das Kinn nach oben gereckt. Es taucht nur für einen Moment vor meinen Augen auf, als silbern schimmerndes Aufblitzen wie ein die Richtung wechselnder Fisch-schwarm, aber ich fahre entsetzt zurück und schreie aus vollem Halse.

Aaron lässt mich los und greift nach den Rudern.

Er sagt, ich solle aufhören zu schreien, er habe nur Quatsch gemacht. Aber ich weiß, das sagt er nur, damit ich den Mund halte. Auch er hat eine Gänsehaut, das weiß ich noch.

Auch nach so vielen Jahren noch höre ich Vaters Stimme, wenn er von einer missglückten Fahrt in die Stadt zurück-kehrt. Wir wissen schon: Er hat wieder alles durch die Gurgel gejagt.

Noch während er von der Fähre stiefelt, krakeelt er aufge-bracht und anklagend, ohne sich um die Mitreisenden zu kümmern, die ihm befremdete Blicke zuwerfen: »Auch noch Mitbringsel! Ich werd euch die Mitbringsel schon zeigen, der Mann kommt nach Hause und soll als Erstes fremde Bälger füttern . . .?«

Die Tante fordert ihn auf, sich etwas weniger lautstark zu gebärden, aber in dieser Situation hört ein Mann nicht auf Frauen.

»Mit nassem Hemd und wundem Arsch spuck ich hier Blutklumpen vor lauter Schinderei, und diese Parasiten fres-sen auch noch die Wände im Haus weg«, tobt Vater.

»So, so«, sagt die Tante und schluckt an ihrer Enttäu-schung. »Dein Hemd ist schon lange von nichts anderem mehr nass geworden als vom Kleckern mit Schnaps, ich und die Kinder haben deine Arbeit gemacht, dass du dich gar nicht schämst!«

»So, so kannst du zu dir selbst sagen, Frau! Ich hab das Geld nicht versoffen, verdammt noch mal, mir ist die Briefta-sche geklaut worden. Geht das nicht in deinen Schädel rein, oder muss man dir das mit der Keule einhämmern . . . Ich werd schon noch klären, wer der Dieb war.«

»Wenn du nur erst mal dich selbst klären würdest«, sagt die Tante.

»Ich lass mich von Hurenschwestern nicht rumkommandieren! Solche Mischpoke hat man nun am Hacken! Die lebt wie der Herrgott in Frankreich, der Harjula wird uns schon nähren und kleiden!«

Die Tante fordert uns auf vorzugehen, aber Vater packt mich am Arm: »Es wird höchste Zeit, dass die kleine Tatarin etwas mehr erfährt von dem Blut, das in ihren Adern brennt. Und der Junge auch.«

»Das hast du doch schon hundert Mal raustrompetet«, sagt die Tante. »Lass sie in Ruhe! Das Mädel hilft mit, wo sie kann, dabei ist sie noch ein richtiges Kind. Und Aaron besteht nur aus Haut und Knochen, aber im Boot füllt er deinen Platz aus wie ein erwachsener Mann! Und du Schwein gehst hin und versäufst alles . . .«

Das Gesicht der Tante beginnt unheilverkündend zu beben. Vater sieht sie unter den Brauen hervor an.

»Der Südost weht nicht lange ohne Regen, und Frauen wettern nicht ohne Geheul! Es ist doch immer dasselbe mit den Weibsbildern, wenn man auch nur versucht, den Nachwuchs zu erziehen . . .«

»Wenn du doch den Mund halten wolltest . . .«

Vater erträgt die Tränen der Tante nur schlecht. Das gibt mir die Gelegenheit, mich loszureißen und vorzurennen.

Zu Hause setzt die Tante Vater an den Tisch: »Sei jetzt still. Trink deinen Schnaps. Damit wir den auch loswerden.«

Vater fährt fort zu predigen. Der Inhalt der Predigt ist immer derselbe: Nichts an dieser elenden Scheißinsel ist so, wie es im Leben eines Mannes sein sollte. Das Gefummel mit den stinkenden Netzen ist alles andere als eine Arbeit für einen Mann, verdammt, die rechtschaffene Arbeit des Bergmanns war da ganz was anderes. Aber hier am Ende der Welt kann ein kerniger Mann unter fischenden Faulpelzen mit klammen

Händen verfaulen, und trotzdem wartet er offenbar vergeblich auf ein Wort des Dankes . . .

Die Tante sagt, Vater habe zwei Gründe zu saufen, der eine ist der Bürgerkrieg und der andere die Mutter. Dass die Roten den Krieg verloren, war für Vater schon schlimm genug. Dass aber seine Frau mit einem fremden Mann durchbrannte, war mehr, als der Stolz eines Mannes verkraftet.

Wenn Vater nicht da ist oder sturzbetrunken, erzählt die Tante gern, wie Aaron und ich einen Vater bekamen, der mit uns nicht im mindesten verwandt ist.

Mutter fand Vater in einer Hafenkneipe in Turku, wo sie als Kellnerin arbeitete. Mutter hatte immer eine Schwäche für ausländische Schiffe und verließ seinerzeit mit einem schönen Steuermann ihre Heimatinsel. In Turku musste sie mit einem kleinen, aber rasch wachsenden Reiseandenken im Bauch von Bord. Das war unser Aaron.

Ich wurde zwei Jahre später geboren.

Als die Tante mich nach Hause holen kam, so wie sie auch Aaron geholt hatte, brach sie in Tränen aus: »Konntest du denn keinen besseren Mann finden als einen Zigeuner? Und wer kommt als Nächster?«

Aber Mutter schwor, sie habe ihr Lehrgeld bezahlt. Diesmal würde sie keinem Vorübergehenden erliegen, sondern sich einen Mann suchen, der mit ihr auf die Insel zurückkehren und für uns alle sorgen würde.

»Das hat sie auch getan«, erklärt die Tante, als ich ihr helfe, Garn aufzuwickeln. »Sie brachte euch diesen Samuel Harjula als Vater. Obwohl die Sache auch ihre Haken und Ösen hatte, um es gerade heraus zu sagen. Er war ja ein außergewöhnlich gut aussehender und fähiger Mann, aber immer im Dusel. Die Grausamkeit des Krieges hat ihn so mitgenommen. Dass sein Bruder umkam und alle seine Freunde fielen. Ab und zu wurde er auf die Straße geworfen, und da suhlte er sich in seinem Erbrochenen. Ihr könnt euch vorstellen, dass das kein erhebender Anblick war, aber irgendetwas ging eurer Mutter doch unter die Haut. Im Grunde war sie immer ein gutherziges Mädel, da kann man sagen, was man will. Und in unserem Samuel hier, wenn überhaupt in jemandem, sah sie einen Mann, dem eine Familie fehlte.«

Aber die früheren Dummheiten wollte Mutter nun doch nicht wiederholen.

»Doch wie sollte sie bei einem Mann vorankommen, dem selbst im Vollrausch kein Wort von warmen Gefühlen über die Lippen kommt?«, sinniert die Tante, während sie den Ärmel des Pullovers, den sie gerade in Arbeit hat, dem kleinen Simo anhält.

»Da die Sache überhaupt keine Fortschritte machte, musste eure Mutter schließlich Samuel Harjula ihren Beschluss mitteilen: Er sei zwar ein Säufer und Habenichts, aber da sie nun mal einen Mann nehmen müsse, könne es ein roter Bergarbeiter mit Kriegsneurose wohl ebenso gut sein wie irgendein anderer. Aber nicht ohne Trauschein. Der arme Mann war perplex: Was, mit letzter Kraft auch noch heiraten sollte er zu allem übrigen Kummer! Wieso dann nicht gleich sich aufhängen!

Natürlich lief eure Mutter heulend ins Hinterzimmer, das war ja eine Demütigung, wiewohl durchaus zu erwarten. Herr Harjula blieb sitzen und stierte in seinen Bierseidel, er versuchte, Widerstand zu leisten wie ein Mann. Der Mensch hat doch wohl, Teufel noch mal, das Recht, über seine Angelegenheiten selbst zu entscheiden! trumpfte er auf vor dem Barmixer und allen, die es hören wollten. Aber nachdem er noch mehr Schnaps in sich hineingeschüttet hatte, entdeckte er nach Art der Männer an der Ehe auch interessante Seiten. So torkelte er also eurer Mutter nach ins Hinterzimmer.

Er röhrte, so blöd bin ich nun doch nicht, dass ich unbesehen die Katze im Sack kaufe, und versuchte gleichzeitig mannhaft, sich die Kleider aufzureißen. Hast du gehört.

Und eure Mutter antwortete, das sei doch bis auf ihre Heimatinsel zu hören gewesen!

Und Herr Schluckspecht verlangte, es sei das Beste, wenn das Fräulein jetzt zeige, was sie zu bieten hat, und zwar ein bisschen plötzlich.

An dieser Stelle aber war das Maß eurer Mutter voll. Die Arme hatte wahrhaftig genug von den Männern, die nur auf das eine scharf sind und von der Bildfläche verschwinden, sobald das Brot im Ofen ist. So erklärte sie ihm, dass sie sich keineswegs zu Tode schinden werde, nur um sich das leere Gewäsch eines verrückten Saufbolds anzuhören. Sie habe zu Hause zwei Kinder zu ernähren, und da krame der Vaterkandidat seine Stoßstange hervor wie ein geistig Minderbemittelter. Dass eine Frau sich doch anscheinend so gründlich in der Qualität eines Mannes irren könne!

Eine halbe Stunde lang war das lautstarke Wortgefecht bis in die Kneipe zu hören, aber zuletzt kam es dann doch so, dass sie heirateten.

Die Tante dreht sich eine Zigarette und wischt sich den Augenwinkel: »Die Trauungszeremonie stand euer Vater ohne Schnaps durch. Oder, falls dies zu viel gesagt ist, er hielt sich jedenfalls auf den Beinen.«

Das wissen wir schon lange, denn wenn Vater einen sitzen hat, erinnert er wieder und wieder daran: »Man denke, von allen möglichen Frauen hab ich diese Hure geheiratet, und noch dazu mit klarem Kopf!«

»Du hast geheiratet, was du geheiratet hast, aber diesen Refrain kannst du dir sparen«, bemerkt die Tante spitz. Aaron sagt, Tantes Ärger rühre daher, dass Vater die Erinnerung an einen so schönen Tag in den Schmutz zieht. Dass die Trauung für jede Frau etwas Heiliges sei, auch wenn sie sonst nicht gläubig ist. Und ein besonders sensibles Thema für alte Jungfern, weil es ihr größter Traum sei.

»Und im Frühjahr kamen sie dann endlich auf die Insel«, erzählt die Tante, schwärmerisch lächelnd. »Eure Mutter war wieder in anderen Umständen. Aber schön war sie trotzdem, so wie immer. Und gütiger Gott, als sie euch sah, gestriegelt und gebügelt . . .! Sie war so glücklich, dass sie sich gar nicht zu lassen wusste. Nun wart ihr eine richtige Familie geworden . . .«

Die Tante klaubt sich ein paar Tabakskrümel von der Lippe: »Die Miene eures künftigen Vaters war nicht ebenso heiter, das muss man freilich zugeben. Aber er ist mit euch ja immer gut ausgekommen, bis . . .«

An dieser Stelle spricht die Tante nie weiter, sondern fängt an, Wasser zu kochen oder den Tisch abzuwischen. Und niemand von uns verlangt, dass sie fortfährt. Wir wissen ja, dass sie den Tag meint, an dem Mutter verschwand.

Vater ist nicht immer betrunken. Aber doch ziemlich oft. Wenn er zum Abendessen nicht nach Hause kommt, schickt die Tante uns, damit wir ihn aus dem Bootsschuppen holen, wo er vorgeblich das Boot pflegt oder die Leinen entwirrt, dabei wissen wir sehr wohl, was er da macht. Manchmal finden wir ihn hinter der Steinmauer, wo seine Saufkumpane Selbstgebrannten verkaufen. Im Sommer ist das fast spannend, an der Steinmauer entlang zu springen und die Nester der Eidechsen zu untersuchen. Oder Schatzsucher zu spielen. Meistens finden wir Schnapsverstecke. Auch wenn Vater sich über unser Erscheinen nicht freut, kommt er doch mit, weil er nicht will, dass die Tante seine Verstecke findet.

Dann wird alles anders.

Eines Abends steht bei uns der Pfarrer vor der Tür.

Es ist schon Spätherbst.

Im Wind kündigt sich der kommende Winter schon schneidend kalt an. Die Schneewolken sammeln sich über dem offenen Meer, um auf unserer Insel zu landen. Bald bedecken sie alles für viele lange Monate. Die kleinen Kinder haben Lichter unter der Nase, die Finger sind wund vom Ausgraben der Kartoffeln aus dem eiskalten Boden.

Die Tante bittet den Besucher herein.

Während der Pfarrer sich hinsetzt, ertönt von seinem hinteren Ende her ein kleines, aber nicht zu leugnendes Zischen. »Die Geister sprechen«, flüstert Aaron. Simo prustet. Die Tante wirft ihm einen erzürnten Blick zu. Simo hält die Hand vor den Mund, aber sein Gesicht läuft besorgniserregend rot an.

Der Pfarrer lächelt. Er hat eine weich klingende, aber erstaunlich tragende Stimme.

»Wo mag denn der Hausherr zu dieser Abendstunde sein?«

»Bei der Arbeit, er entwirrt die Netze«, lügt die Tante.

Simo windet sich neben mir, hinter seiner Hand ertönt ein unheilverkündendes Quieken. Ich versetze ihm einen Rippenstoß.

»Was hat denn der Kleine da Schönes zu grinsen? Schneidet er mir Gesichter?«, fragt der Pfarrer. Selma stößt Simo verlegen an: »Nee, der is immer so.«

»So ungezogen, ja?«

Jetzt wird die Tante ernstlich böse. Simo ist ihr Liebling.

»Er ist doch ein Kind, noch nicht mal fünf, in diesem Alter kann man noch keinen so großen Ernst erwarten . . .«

»Natürlich nicht, natürlich nicht . . .«

Wir alle sitzen angespannt um den Tisch herum, stumm und ohne uns zu rühren. Der Gast zeigt nacheinander mit dem Finger auf uns und fragt nach unseren Namen. Die Antworten sind so leise, dass man sie kaum hört. Nur Simo kräht seinen Namen mit solcher Kraft heraus, dass der Pfarrer in Gelächter ausbricht, und wir hinterdrein.

Der Pfarrer sagt, wenn Simo etwas größer geworden sei, dann könne aus ihm ein ausgezeichneter Chorsänger werden, weil er schon als kleiner Junge eine so kräftige Stimme habe.

Er erzählt auch, dass er mit dem Knabenchor ein wundervolles Chorwerk einstudiere. Auf den Text von Davids Bußpsalm.

»Bußpsalm?«

»Der einundfünfzigste Psalm, das Gebet eines Gestrauchelten. Ein Psalm von König David, nachdem er zu Bathseba eingegangen war.«

»Ja, ja«, sagt die Tante, »er hatte auch Grund zur Buße!«

Der Pfarrer hebt die Brauen.

»Ach, Sie kennen die Geschichte?«

»Die ist doch wohl in der Kirche erzählt worden!«

»Natürlich. Aber es gibt ja in der Welt so viel Unwissenheit.«

Der Pfarrer richtet seinen forschenden Blick auf uns. Wir nicken eifrig, ja, ja, die gibt es, die Unwissenheit nämlich.

»Auf diese Weise nun in Sünde zu fallen«, fährt die Tante aufgeregt fort. »Immerhin ist er ein König und alles. Und dann noch mit so einem Flittchen.«

Der Gast scheint etwas überrascht: »Bathseba wurde immerhin die Frau des Königs und Mutter einer großen Familie.«

Aaron presst unter dem Tisch meine Hand so zusammen, dass es weh tut. Er fürchtet, dass die Tante in einen Sumpf abgleiten könnte, aus dem es kein Zurück gibt.

»Und das Mädel da?«, fragt der Pfarrer und weist mit seinem Zeigefinger in meine Richtung.

»Miina.«

»Ein hübsches Mädchen. Ihres vielleicht . . . ?«

»Nahaain«, beeilt sich die Tante in jenem peinlich gefühlvollen Ton zu versichern, den wir Kirchenlied nennen. Der wird angeschlagen, wenn wir es mit besseren Leuten zu tun haben: »Die Tochter meiner Schwester aus einer früheren Verbindung, aber für uns wie eine eigene. Ich gehe hier dem Hausherrn zur Hand, er kommt ja allein mit den Kindern nicht zurecht. Meine arme Schwester ist . . . von uns gegangen.«

Dazu gehört noch ein frommer Blick schräg nach oben, wonach es keiner weiteren Erklärungen bedarf. Ich werde rot vor Scham, meinetwegen und noch mehr wegen der Tante.

»Unsere Mutter ist eine Hure«, teilt Simo freudig mit, während er sich Brot in den Mund stopft.

»Wie bitte?«, fragt der Pfarrer.

Die Tante zerrt Simo am Arm und expediert ihn ins Schlafzimmer.

»Sie wissen ja, wie Kinder sind. Ich hab versucht ihnen beizubringen, dass sie sich anständig benehmen«, sagt die Tante, »aber das ist gar nicht immer so leicht.«

Ihr Gesicht ist flammend rot.

»Mit Sicherheit nicht«, räumt der Pfarrer ein. »Haben Sie daran gedacht, dass die Kirche bei dieser Erziehungsarbeit helfen könnte? Ich würde Sie alle gern einmal dort sehen.«

Die Tante schweigt. Sie kann ja nicht sagen, dass Vater die Pastoren hasst, weil sie im Krieg auf Seiten der Weißen standen.

»Aufgabe des Gottesdienstes«, sagt der Pfarrer und sieht forschend alle an, die um den Tisch herum sitzen, »kann manchmal auch die Suche nach dem Trost Gottes sein. Und die Selbstprüfung. Kurz: eine Selbstreinigung. Verstehen Sie?«

Eifriges Nicken.

»Siehe, ich bin als Sünder geboren, und meine Mutter hat mich in Sünde empfangen . . . Siehe, dir gefällt Wahrheit, die im Verborgenen liegt . . . Entsündige mich, auf dass ich rein sein werde; wasche mich, dass ich schneeweiß werde . . .«

Tantes Lebhaftigkeit ist dahin. Sie sieht aus, als würde sie jeden Moment in Tränen ausbrechen.

Der Pfarrer wischt sich mit dem Taschentuch die Stirn: »Auch das aus dem Bußpsalm. Kommen Sie sich das mal anhören. Ab und zu tut es jedem gut, sich zu überlegen, wohin es führt, wenn man immer nur die Genüsse sucht . . .«

»In die Hölle?«, vermutet der kleine Simo mit Kulleraugen von der Schlafzimmertür her.

»Sehr wahrscheinlich«, bestätigt der Pfarrer.

Die Tür geht auf, und wie auf Bestellung kommt Vater herein. Er nimmt die Mütze ab und lässt sich vor der Feuerstelle auf einen Stuhl fallen, um sich die Hände zu wärmen. Aus allem wird deutlich, dass er wieder tief ins Glas geblickt hat.

»Guten Abend«, sagt der Pfarrer. Er ist aufgestanden und streckt Vater die Hand hin, aber der tut so, als bemerke er es nicht.

»Hat der Teufel diesen Unglücksraben hier hereingeweht?«, fragt Vater mit rauer Stimme. »Ich will in meinem Haus keinen Mann haben, der die Waffen der weißen Schlächter, dieser Teufel, gesegnet hat.«

Der Pfarrer steht auf.

»Jaa, aber ich habe Ihnen etwas mitzuteilen.«

»Als unsere Leute mit dem Arschloch auf Heureuter gesetzt wurden, da hatte euereins dem nichts hinzuzufügen. Sodass wir uns darauf einigen könnten, dass Sie nicht mich behelligen und ich nicht Sie.«

»Nun halt doch den Mund, Samuel«, fährt die Tante mit dem Kreischen der Verzweiflung in der Stimme Vater an.

»Tatsachen, Schwägerin, Tatsachen.«

Der Pfarrer seufzt und nestelt an seinem Kragen herum: »Das muss ich nun trotzdem erzählen. Dass die Fischer da vor Lammasluoto mit ihrem Netz einen traurigen Fang gemacht haben . . .«

Die Tante hält sich die Hände vor den Mund. Vater starrt ins Feuer, so als wäre nichts gewesen.

»Das wird wohl Ihre Frau sein. Sie muss noch identifiziert werden, aber nach dem Ring zu urteilen ist sie es. Es tut mir sehr Leid. So eine Nachricht überbringt man einem Mann nicht gern, von den Kindern ganz zu schweigen. Und auch für die Schwester muss es ja hart sein . . .«

Vater sitzt stumm vor dem Feuer.

»Könnten Sie morgen in die Leichenhalle kommen . . .?«

»Ja, wir kommen«, versichert die Tante. »Wir kommen.«

Als der Pfarrer schon an der Tür ist, sagt der Vater etwas, ohne den Kopf zu wenden.

»Wie bitte?«, fragt der Pfarrer.

Die Tante geht zum Pfarrer und spricht flüsternd mit ihm.

»Ich möchte nur wissen, was die Leiche . . . was für Kleider meine tote Schwester anhatte, als sie gefunden wurde.«

»Na, davon war jetzt nicht mehr viel übrig . . . jedenfalls eine Plastikschürze.«

»Die Fischputzschürze!«, seufzt die Tante.

Jetzt wendet Vater zum ersten Mal den Kopf.

»Kein Reisekleid, nicht wahr?«

»Nein«, sagt der Pfarrer. »Nichts dergleichen.«

In der folgenden Nacht erwache ich von einem seltsamen Geräusch. Es kommt aus der Küche. Vater hat den Kopf auf den Tisch gelegt.

Er weint.

Neben ihm auf dem Fußboden liegt ein Gewehr.

»Sone Scheiße . . . totale Scheiße. Ich bin nicht mal Manns genug, mich zu erschießen.«

Die Tante streicht ihm über den Kopf, stößt mit dem Fuß das Gewehr beiseite.

»Denk nicht mehr daran«, sagt sie. »Bestimmt wird sich alles zum Guten wenden . . .«

Ich finde es bemerkenswert, wie nahe sich Vater und die Tante sind. Und dass Vater der Tante den Arm um die Taille gelegt hat.

Sie drehen sich um und sehen mich.

Sie lösen die Hände voneinander.

»Weint Vater wegen Mutter?«, frage ich.

Die Tante sagt, das Weinen der Erwachsenen gehe die Kinder nichts an.

Nach Mutters Beerdigung weht ein beständiger Nordwind. Es friert, der Winter kommt. Das Dorf ist von einer Schneedecke eingehüllt, Tag und Nacht stiebt der Schnee durch die Straßen und über die Felsen. Das Tageslicht wird kürzer und kürzer, das Meer entzieht sich der Sicht. Durch das Fenster kann man nicht mehr hinaussehen, alles ist neblig und grau.

Aber etwas ist anders geworden.

Vater bleibt lange Zeit trocken und bosselt mit uns allerlei herum. Er schnitzt für mich und Selma Puppen und für Simo Pferde. Und Aaron bringt er bei, was ein Fischer können muss. Sie machen zusammen lange und gefährliche Wege über das Eis zu den Stellen, wo die Robben leben. Danach platzt Aaron fast vor männlichem Selbstbewusstsein. Und ich bin ein rotznasiges kleines Gör so wie alle anderen, die noch nicht dem weißen Tod der Eisschollen getrotzt und Robben harpuniert haben oder mit wilden Tieren um die Wette gelaufen sind.

Wenn Vater und Aaron nach Tagen, über und über mit Schnee und Eiskristallen bedeckt, heimkehren und nach Schlachtabfällen riechen, begrüßen wir sie mit großer Ehrerbietung. Vater hat stachelige Bartstoppeln, mit denen er mir die Wange kitzelt. Und er sagt, dass aus mir eine ebensolche Schönheit werde, wie es die anderen Frauen der Familie sind, nur eine etwas dunklere Ausgabe. Und er erzählt aufregende Geschichten vom Fang anstatt vom Bürgerkrieg und seinen heldenhaften Freunden, den Sozialisten. Vater fragt die Tante, ob Mutters erster Seemann möglicherweise finnischer Herkunft war. Dann strahlt Aaron vor Freude. Eine bessere Anerkennung könnte er sich nicht wünschen.

Statt von der rechtschaffenen Arbeit des Bergmanns spricht Vater jetzt von der Entstehung und dem Schwächerwerden des Eises und brüstet sich mit seiner einzigartigen Sachkenntnis. Niemand sonst kann die Tragfähigkeit des Eises so berechnen wie er, aber dabei ist Aaron ihm eine große Hilfe. Indem er die Bewegungen des Eises unter dem Gewicht des Jungen beobachtet, erkennt er die nicht tragenden Stellen unter jeder dünnen Eisschicht. Auf nicht gefrorene Stellen tappen ganz andere Männer. Nicht einmal zum Testen von Pferdeeis braucht er den Eispickel, er hat ja diesen erstaunlichen Instinkt. Außerdem ist schon manch ein Kerl zu Tode gekommen, als er sich auf den Eispickel verließ, der, zumal auf dem Frühlingseis, manche Stellen nicht durchstößt, wo ein Mensch sofort einbricht, ganz zu schweigen von einem Pferd.

Und beim Seehundsfang erst, da ist er ein Meister, einfach ein Mann, dem niemand gleich kommt. Vater findet, die Kegelrobben seien prachtvolle Tiere, ihre Stimme ist wie Donnergrollen. Einen so durchdringenden Lärm kann man sich nicht vorstellen, wie ein vieldutzendköpfiges Rudel Kegelrobben ihn macht, wenn sie schreien und zetern wie vom Teufel besessen . . .

Manchmal schenkt Vater auch Aaron einen Bierseidel voll, heimlich, sodass die Tante es nicht merkt. Als aber Aaron an einem Frühlingsabend so viel trinkt, dass er anfängt, durchs Zimmer zu torkeln und sich schließlich mitten auf den Fußboden erbricht, wird die Tante ernstlich wütend. Was sagt wohl der allwissende Gott dazu, dass diese Kleinsten zu Sünde und Verderben verleitet werden? Genügt es denn nicht, dass Samuel selbst Hals über Kopf auf dem Weg ins Höllenfeuer ist?!

»Na, jedenfalls wird man da nicht von der Kälte überrascht«, grinst Vater, ohne noch den Ernst der Lage zu begreifen. »Jemand, der in der Sauna geboren wurde, kann sich doch nichts Besseres wünschen. Ich werde dort ordentlich Aufgüsse machen und die Teufel bitten, mich mit dem Badequast zu bearbeiten«, sagt er und zwinkert uns Kindern zu.

»Dort wirst du ja bald deinen Spaß haben«, sagt die Tante giftig. »Genug dafür hast du auf dem Kerbholz.«

»Wenn man für das Trinken in die Hölle kommt, dann muss man sich da wohl ziemlich herumdrängeln. Aber Gott sei Dank doch in angenehmer Gesellschaft.«

Die Tante zieht Aaron, der am Fußboden eingeschlafen ist, das beschmutzte Hemd aus. Ich helfe bei einem Arm mit.

Hole ein Tuch und wische ihm das Erbrochene von den Händen. Streiche ihm die Haare aus den Augen. Streichle ihm die Wange. Er ist schön.

»Ich rede jetzt nicht vom Trinken, sondern du weißt, wovon.«

Tantes Stimme ist unfreundlich und streng. Mich überläuft es kalt. Auch Vater gefällt dieser Ton nicht. Die gemütliche Plauderstimmung ist wie fortgewischt. Eine Faust donnert auf den Tisch.

»Jetzt hältst du, Frau, dein Mundwerk, oder soll ich es dir stopfen!«

Erst am nächsten Morgen kehrt wieder Eintracht ein.

Aaron erwacht benommen und schwört, er werde nie wieder Schnaps anrühren. Die Tante freut sich. Hat sie doch immer gewusst, dass Aaron ein anständiger Bursche ist und nicht das eigene Leben und das anderer ruinieren wird so wie gewisse Sünder. Nach Ansicht der Tante sollte der Vater am Sonntagmorgen am Gottesdienst teilnehmen und Gott wegen seiner blutroten Sünden um Verzeihung bitten, damit ihm endlich leichter wird. Vater, fügsam in seinem Kater, widerspricht überraschenderweise nicht.

Er rasiert sich die Bartstoppeln und zieht ein weißes Hemd an, das die Tante für ihn gebügelt hat. Auch eine Krawatte holt die Tante hervor, und während sie sie ihm bindet, sprechen sie, die Köpfe zusammengesteckt, leise miteinander. Vaters Gesicht ist so ernst wie bei Mutters Beerdigung.

Ich verfolge ihre Vorbereitungen zum Aufbruch mit zunehmendem Entsetzen.

Warum geht Vater in die Kirche, die er hasst?

Was ist das für eine Sünde, die Vater bekennen soll?

Hat sie mit Mutter zu tun?

Ich bettele, dass Vater und die Tante mich mitnehmen möchten. Ich schwöre, es gebe vieles, wofür ich Gott um Verzeihung bitten müsste. Die Tante findet, ich übertreibe wie gewöhnlich. Sie sagt, zu Hause wäre ich viel nützlicher. Von

Gott hat sie den Eindruck, er sei streng und dulde es nicht, dass man ihn mit unnützen Bitten um Vergebung behelligt.

Ich zwinge Aaron, mit mir an den Strand zu gehen. Wir rennen um die Wette dorthin. Am Ziel schmeiße ich alles ins Wasser, was ich vom Boden los kriege, Steine, Stöcke, gefrorenen Hundedreck.

Und er sagt: »So ein kindisches Getue.«

Ich halte inne mit erhobener Hand und frage: »Einen Menschen umzubringen – ist das Sünde oder ein Verbrechen?«

Und mein Bruder antwortet, sicherlich beides.

Ich fange an, mich mit geschlossenen Augen um mich selbst zu drehen. Irgendwo höre ich das Knarren des Besanmastes und das anwachsende Tosen der Grundströmungen. Meine Arme heben sich wie Segel. Ein Wirbelwind ergreift mich. Die Hand einer Schleierfrau erhebt sich aus dem Wasser und fasst nach mir. Ich drehe mich, und der Strand dreht sich, das Meer schwankt, die Felsen tanzen um mich herum.

»Vater ist ein Mörder«, schreie ich in den Wind. »Unser Vater ist ein Mörderschwein!«

Aaron packt mich und wirft mich in den Sand.

Und sagt: »Was zum Teufel faselst du da?«

Und ich sage, Vater will Gott erzählen, dass er Mutter umgebracht hat, und Gott sagt es dem Pfarrer, wo doch der Pfarrer mit Gott zu reden versteht, und dann kommt Vater ins Gefängnis.

Und Aaron sagt, ich sei wohl verrückt geworden.

Und ich sage, Vater hat Mutter erschossen, weil sie eine Hure war.

Und er sagt, ich sei ein Idiot.

Und ich sage, er habe doch Mutter und das Loch von der Kugel in ihrem Kopf gesehen.

Und er sagt, er habe nur Quatsch gemacht, er habe Lust gehabt, mich zu ärgern, weil ich immer alles glaube.

Und ich sage, ja, ja, das behaupte er jetzt, aber ich wisse ja, dass die Tante den Vater zwinge, seine Sünde zu bekennen, sonst gehe die Tante fort.

Und er fragt, was uns das angehe.

Und ich sage, das gehe uns sehr wohl was an, wenn wir alle ins Waisenhaus kommen, wo wir verprügelt und getreten und in den Arsch gefickt werden und Vater und die Tante nie wiedersehen und nie mehr zusammen am Strand spielen können.

Und er sagt: Wohl kaum.

Und dann sagen wir nichts mehr, aber nach einem Weilchen stellt er mich auf die Beine und hilft mir, den Sand und den Seetang von den Kleidern zu klopfen. Auch in seinen Haaren ist ein Stückchen Borke hängen geblieben. Das bemerke ich erst an der Haustür. Als ich meine Hand ausstrecke, stößt er mich fort.

Als die Tante heimkommt, kocht sie Sonntagskaffee. Das ist schon lange nicht mehr geschehen. Es gibt auch Hefezopf. Als wir alle am Tisch sitzen, räuspert sich Vater und teilt uns mit, dass er und die Tante jetzt verlobt seien. Dass in zwei Wochen die Tante unsere neue Mutter werde. Dass wir wieder eine Familie seien und es sogar sein könne, dass wir eines schönen Tages noch mehr Kinder bekommen.

Und dann sagt er noch, er habe der Tante versprochen, unsere frühere Mutter nie mehr Hure zu nennen. Dass Mutter eine gute Frau gewesen sei und dass sie, hätte er selbst nicht an jenem Abend gesoffen, nicht allein zu der Klippe hätte zu rudern und von dem Fels abzurutschen brauchen – oder was immer da passiert sei.

Simo sagt: »Ahaa.«

Wir anderen sitzen stumm da und wagen nicht, Vater und die Tante anzusehen.

Vater trommelt mit den Fingern auf den Tisch, so als warte er auf etwas.

Schließlich sagt er: »Habt ihr etwas zu sagen? Oder zu fragen?«

Wir schütteln den Kopf.

»Gar nichts?«, fragt Vater.

Die Tante beginnt sich eine Zigarette zu drehen. Auf ihren Wangen glühen rote Flecke.

Simo hebt zögernd die Hand. Vater nickt: »Ja, Junge?«

»Ich möchte nur wissen«, sagt Simo, »ob wir schon von dem Hefezopf nehmen dürfen.«

Erledigung einer Sache

Håkan Nesser

Ich war früh losgefahren. An einem grauen Novembermorgen voller Nebel, der sich nicht heben wollte und Regenböen über die Heide trieb. Im Wirtshaus von Moines aß ich einen wässrigen Krabbensalat zum Lunch und schaffte es auch noch, mir die Soße über die Hose zu kippen. Ich versuchte, den Fleck mit Hilfe einer Serviette wegzureiben, die ich in die Selters tauchte, aber das Ergebnis war nicht besonders zufriedenstellend. Vielleicht hätte ich etwas anderes anziehen sollen und nicht gerade meinen Beerdigungsanzug, aber irgendetwas hatte mir gesagt, dass es, wenn man alles recht betrachtete, eigentlich genau um so etwas gehen würde. Um genau so eine Erledigung. Ich habe immer auf meine innere Stimme gehört und außerdem hat meine Garderobe im Laufe der Zeit einen ziemlich traurigen Zustand erreicht.

Oben in den Bergen klarte das Wetter auf, sonderbarerweise, und als ich gegen vier Uhr auf dem Markt von K. den Wagen abstellte, brach die Sonne durch die Wolkendecke und ließ das Kupferdach des Rathauses erglühen. Ich genehmigte mir im Bahnhofscafé ein Bier und ein Sandwich, kaufte eine Abendzeitung und blieb eine ganze Weile dort sitzen, während ich mir vorzustellen versuchte, wie der Abend sich wohl gestalten würde. Ich erwog unterschiedliche Varianten, eine beunruhigender und schwer verdaulicher als die andere . . . Oder vielleicht ganz im Gegenteil. Vielleicht versuchte ich auch eigentlich meine Gedanken ganz und gar von dem Kommenden fern zu halten. Ließ alles auf mich zukommen, ganz einfach, ohne Voraussetzungen, ohne Befürchtungen oder Erwartungen. So im Nachhinein ist es natürlich schwer zu beurteilen. Ganz unmöglich und kaum von besonderem Interesse.

Eine gute Stunde später hatte ich von der weizenblonden Kellnerin in ihrem charmanten Süddialekt genaue Hinweise erhalten, wie ich meinen Weg fortsetzen sollte, und ich begab mich auf die letzte Etappe: einen engen, kurvenreichen Weg, der direkt die Berge hinaufkletterte. Eine Haarnadelkurve löste die nächste ab; mir begegnete kein einziges Fahrzeug, ich sah keinen Menschen und kein Haus, bis sich endlich mit einem Mal das düstere Gebäude vor mir auftürmte. Dichter Nadelwald und schroffe Klippen umgaben es von allen Seiten, aber die schwarzen Schmiedeeisengitter in der Mauer standen offen und ich konnte bis zum Eingang fahren. Dort stieg ich aus dem Wagen und streckte mich. Eine Krankenschwester mit weißer Haube trat auf die Treppe hinaus. Mit dem Fuß verscheuchte sie eine gestreifte Katze, die auf der untersten Stufe lag, und begrüßte mich.

»Herr Adler?«

»Ja.«

»Bitte, kommen Sie.«

Sie hielt die Tür auf und musterte mich über den Rand einer grau getönten Halbbrille. Wir gingen nach rechts und kamen in ein Büro, einen hohen, engen Raum mit schweren Damastgardinen vor dem Fenster, dessen Wände mit Bücherregalen bedeckt waren. Sie setzte sich hinter einen wuchtigen Schreibtisch und deutete mir an, mich doch auf einen der Stühle ihr gegenüber zu setzen.

»Mein Name ist Schwester Meijskens. Ich bin die Leiterin des Pflegedienst. Sie sind gekommen, um Ihren Vater zu sehen?«

Ich nickte.

»Leider bin ich im Augenblick gerade ziemlich beschäftigt. Es ist auf einer der Abteilungen ein kleines Missgeschick geschehen, um das ich mich kümmern muss ... ich zeige Ihnen am besten gleich den Besucherraum, dort können Sie dann warten, bis es soweit ist.«

»Ich hoffe, es macht Ihnen nicht zu viel Mühe. Sonst würde ich . . .«

»Ganz und gar nicht. Wenn ich recht verstanden habe, haben Sie Ihren Vater bis jetzt noch nie gesprochen . . .?«

»Ja, das stimmt.«

»Darf ich Sie dann darauf hinweisen, dass Herr Adler eine ziemlich gebrechliche Konstitution hat. Er verfällt bei starken Gemütserschütterungen schnell in Depressionen und Zwangsgedanken. Wir haben ihn ja jetzt bereits seit fünfundzwanzig Jahren bei uns, deshalb denke ich, ich weiß, wovon ich rede.«

»Ich verstehe.«

»Man kann sich leicht von seinem ruhigen, gefassten Auftreten täuschen lassen. Ich will es mal so sagen: Sein Inneres stimmt mit seinem Äußeren nicht überein. Nun ja, Sie haben sicher auch schon über die Situation nachgedacht.«

Ich nickte.

»Aber ich kann doch mit Doktor Weiss vorher sprechen, oder?«

»Ja, natürlich.« Sie stand auf. »Wenn Sie so gut wären mir jetzt zu folgen, dann zeige ich Ihnen das Besucherzimmer. Doktor Weiss kommt so schnell er kann.«

Durch eine Hintertür des Büros betraten wir einen leicht abschüssigen Gang, der zu einem großen Zimmer im Souterrain führte. Dort verließ sie mich und ich nahm an einem runden Tisch Platz, auf dem Zeitschriften und Bücher lagen, eine Wasserkaraffe und Gläser standen sowie ein Aschenbecher mit Streichhölzern. Mit einer gewissen Erleichterung griff ich in meine Taschen und zog eine Zigarette heraus.

»Doktor Weiss?«

Wir begrüßten uns und er setzte sich auf die andere Tischseite.

»Bitte entschuldigen Sie, dass Sie warten mussten. Es gab da einen kleinen Zwischenfall in einer der Abteilungen . . .«

»Ich habe davon gehört.«

»Sie sind hier, um Ihren Vater zu sehen . . .«

»Ja . . . ich hoffe, Sie haben meinen Brief gelesen und sind dadurch schon etwas über die Umstände informiert?«

»Ja, natürlich.«

Er lachte und klopfte mit der Hand auf seine Innentasche, als wollte er zeigen, dass er das Ganze parat hatte. Ich betrachtete ihn einige Sekunden lang, einen ziemlich stattlichen Mann in den Sechzigern mit graumeliertem, dichtem Haar und einem gepflegten Bart. Ein distinguiertes Gesicht mit scharf geschnittener Nase und einem Vertrauen einflößenden Blick hinter einer Brille mit Metallbügeln.

»Bitte schön«, sagte er immer noch lächelnd. »Ich nehme an, Sie haben da so einiges auf dem Herzen?«

Ich zündete eine neue Zigarette an und begann. »Ich muss mich entschuldigen, dass ich Ihre Zeit in dieser Form beanspruche, aber es geht darum, dass ich jemanden in dieser Angelegenheit um Rat bitten muss . . .«

»Ich verstehe. Nehmen Sie sich nur die Zeit, die Sie brauchen.«

»Natürlich muss ich selbst entscheiden, was ich machen soll, aber es würde mir sehr helfen, wenn ich meine Gedanken zunächst einem Menschen gegenüber ausdrücken könnte, der ihn ein wenig kennt . . .«

Er nickte. Holte eine Pfeife aus der Jackentasche und stopfte sie.

»Nun ja, die Situation ist vollkommen neu für mich«, fuhr ich fort. »Schließlich weiß ich erst seit zwei Wochen überhaupt von der Existenz meines Vaters oder . . . den Umständen um meine Geburt. Erst zwei Stunden vor ihrem Tod hat meine Mutter mich zu sich gerufen und mir die ganze Geschichte erzählt . . . ja, das habe ich Ihnen ja schon in dem Brief geschrieben . . . sie litt an der Klimkschen Krankheit, war das ganze letzte Jahr ans Bett gefesselt, und als sie spürte, dass es zu Ende ging . . .«

». . . da beschloss sie, ihr Gewissen zu erleichtern?«, führte der Arzt den Satz zu Ende und zündete seine Pfeife an.

»So ungefähr, ja. Verzeihen Sie, aber vielleicht sind Sie ja schon informiert?«, kam mir der Gedanke. »Hat er es Ihnen schon erzählt?«

Er schüttelte den Kopf. »Kein Wort. Hat alles in sich verschlossen, genau wie immer. Wenn Sie so gut wären und jetzt zur Sache kommen könnten, ich bin ganz Ohr.«

Ich nickte und fing noch einmal an. »Also, ich bin wie gesagt in Linden geboren, draußen an der Küste. Das einzige Kind und unehelich. Meine Mutter hat nie wieder geheiratet, hat bis zu ihrem Tod in dem gleichen Haus hinter der Schule in Willby gewohnt . . . in meinem Geburtshaus. Mein Vater und meine Mutter haben zwei Jahre nach meiner Geburt geheiratet. Mein Vater kam aus Linden, er hat dort als Inspektor bei der Eisenbahn gearbeitet . . . was natürlich diverse Reisen mit sich brachte; meist waren das Unternehmungen von zwei, drei Tagen, und dann musste er in anderen Orten übernachten . . . ja, so habe ich es jedenfalls verstanden. Wie dem auch sei, so hatte mein Vater einen drei Jahre jüngeren Bruder, eine etwas charakterlose Person, der am liebsten von der Hand in den Mund lebte, wie man so sagt . . . aber mit einem auffallend eleganten Äußeren und viel Glück bei den Frauen.

Entschuldigen Sie, wenn ich etwas altmodisch klinge, aber ich zitiere eine Person, die ihn kannte; ich habe etwas in der Richtung geforscht, auch wenn es hektische Tage waren . . . Jedenfalls heißt er Bernard, dieser Bruder, und obwohl er schon über zwanzig war, wohnte er immer noch bei seinen Eltern. Der Vater war beim Militär und nicht besonders begeistert von dem Lebenswandel seines jüngeren Sohnes . . .«

»Das, was Sie mir da berichten, haben Sie also erst vor kurzem erfahren?«, unterbrach mich Doktor Weiss.

»Ja. Ich weiß es seit zwölf Tagen. Während meiner ganzen

Kindheit ... während meines ganzen Lebens ... war ich überzeugt davon, dass mein Vater als Marineoffizier bei einem Unglück vor Portugals Küste gestorben ist, einige Monate vor meiner Geburt.«

Doktor Weiss legte seine Pfeife auf den Tisch.

»Aber?«

»Stattdessen hat er sich also hier befunden. Nachdem er sieben Jahre im Staatsgefängnis von Würgau gesessen hat, ist er wegen einer unheilbaren Krankheit hierher verlegt worden ... Melancholie und chronische Depressionen, wenn ich es richtig verstanden habe?«

»Ungefähr, ja.«

Ich zögerte kurz, aber die Augen des Doktors waren unbeweglich.

»Was wirklich kurz vor meiner Geburt passiert ist – mein Vater hat seinen Bruder in einem Anfall von Eifersucht ermordet.«

Doktor Weiss strich sich mit der Hand über seinen kurzen Bart.

Draußen auf dem Hof war ein Auto zu hören, das über den Kies fuhr. Ich goss mir ein wenig Wasser aus der Karaffe ein und bemerkte, dass meine Hand zitterte.

»Ermordet?«

»Ja. Offenbar hat er eine Zeit lang den Verdacht gehabt, dass meine Mutter und Bernard ein Verhältnis miteinander hatten ... was vor allem vor sich gegangen sein soll, wenn er auf Dienstreise war. Das war natürlich ein schrecklicher Verdacht ... und dann ein schreckliches Verbrechen.«

Doktor Weiss sah einen Augenblick lang unsicher aus.

»Wie hat er es gemacht?«

»Er hat ihn erwürgt.«

»Sind Sie sich da ganz sicher?«

»Ja. Gibt es darüber etwas in Ihren Unterlagen?«

Er schüttelte den Kopf.

»Nein. Wir wollen gar nicht immer alles wissen. Aber vielleicht steht es wirklich irgendwo, ich selbst arbeite ja erst seit zehn Jahren hier . . .«

Ich nickte. Räusperte mich und fuhr fort. »Auf jeden Fall hat meine Mutter mir erzählt, dass sie in einer Oktobernacht ein paar Monate vor meiner Geburt aufgewacht ist und gesehen hat, dass das Bett meines Vaters leer war. Sie hörte Lärm aus dem Erdgeschoss und kurz darauf tauchte er im Schlafzimmer wieder auf. ›Jetzt ist er tot‹, sagte er. ›Jetzt habe ich ihn mit meinen eigenen Händen erwürgt.‹ Dann ist er ins Bad gegangen und hat sich sorgsam gewaschen . . . meine Mutter traute sich nicht, irgendetwas zu tun, aber am nächsten Morgen wurde Bernard tatsächlich ermordet in seinem Elternhaus gefunden. Mein Vater wurde wenige Stunden später festgenommen und er hat sofort alles gestanden.«

Ich machte eine Pause. Zündete mir eine Zigarette an und betrachtete den Dressingfleck auf meiner Hose. Doktor Weiss lehnte sich auf seinem Stuhl zurück und schob seine Hände in die Taschen seines weißen Kittels.

»Eine schreckliche Geschichte«, konstatierte er.

Ich nickte.

»Es war bestimmt richtig von Ihrer Mutter, Ihnen die Wahrheit vorzuenthalten . . . so lange wie möglich, meine ich.«

Ich dachte nach.

»Kann sein«, sagte ich. »Aber sie muss doch gewusst haben, dass sie letztendlich gezwungen sein würde, es mir zu erzählen.«

Doktor Weiss schaute zur Decke.

»War sie wirklich gezwungen?«, fragte er.

Ich gab ihm nicht sofort eine Antwort. Betrachtete ihn zunächst etwas verblüfft.

»Meine Mutter hat diese Geschehnisse ihr ganzes Leben lang mit sich herumgetragen, Doktor«, sagte ich. »Ich bin in-

369

zwischen zweiunddreißig Jahre und ich bin mir sicher, dass sie niemals einen anderen Mann gehabt hat . . .«

»Was wohl verständlich ist«, sagte der Doktor und lachte kurz auf.

Ich drückte meine Zigarette aus.

»Wissen Sie, ob sie ihn mal besucht hat?«, fragte er.

»Zweimal. Beide Male während des ersten Gefängnisjahres. Er weigerte sich, sie zu empfangen . . . er war überzeugt davon, dass sie eine Affäre mit seinem Bruder gehabt hat und nicht nur das . . . auch dass ihr Sohn, das heißt ich, eine Frucht dieser Beziehung war.«

»Dass Sie also nicht von ihm sind?«

»Ja. Er weigerte sich nicht nur, sie zu sehen, er schickte auch ihre Briefe zurück . . . ungeöffnet und ungelesen . . . ich glaube, sie hat ein paarmal auch hierhin geschrieben, oder?«

Der Doktor nickte.

»Mit dem gleichen Ergebnis?«

»Ja. Er hat nie geantwortet.«

Irgendwo aus dem großen Haus waren aufgeregte Stimmen und ein rhythmisches Klopfen zu hören. Doktor Weiss nahm seine Brille ab, hauchte sie an und rieb sie mit einem Zipfel seines Kittels.

»Und Ihr . . . moralisches Dilemma?«, fragte er dann.

Ich setzte mich zurecht. Beugte mich vor und stützte meine Ellbogen auf den Tisch.

»Der letzte Wunsch meiner Mutter«, erklärte ich, »war, dass ich meinen Vater aufsuche und ihm erklären solle, dass alle seine Verdächtigungen jeglicher Grundlage entbehren. Ihn davon zu überzeugen, dass niemals irgendwelche unerlaubten Kontakte zwischen ihr und Bernhard vorgekommen seien . . . sie haben sich ein paarmal als Verwandte getroffen, als mein Vater weggefahren war, weil sie sich einsam fühlte und etwas Gesellschaft brauchte. Die Beziehung zu den Schwiegereltern war nicht die beste und Bernhard war fast der einzige Mensch, den sie kannte und an den sie sich wenden konnte. Er war freundlich, nett und er hörte ihr zu ... mehr war nicht.«

Ich unterbrach mich und suchte nach einer neuen Zigarette. Der Aschenbecher auf dem Tisch quoll zu dem Zeitpunkt bereits fast über und ich spürte, wie ich mich nach frischer Luft sehnte. Obwohl es sich ja bis jetzt nur um die Präludien gehandelt hatte; aber vielleicht konnte ich es schaffen, vor der eigentlichen Konfrontation noch einmal hinauszukommen?

Der Doktor sagte nichts. Er rieb weiter an seiner Brille herum.

Ich fuhr fort: »Ich habe ihr also auf dem Totenbett versprochen, dass ich das meinem Vater erklären würde. Ihn dazu bringen würde, zu verstehen, dass seine Ehefrau ihn niemals betrogen hat und dass ich sein Sohn bin. Das war ihr letzter und ausdrücklicher Wunsch. Zwei Stunden später war sie tot.«

Der Doktor schob seine Brille wieder auf die Nase und zwinkerte ein paarmal.

»Das freut mich«, sagte er nach einer Weile. »Mir ist schon klar, dass das alles für Sie sehr aufwühlend sein muss, aber zweifellos haben Sie einen sehr guten Grund, herzukommen ... für eine gute Sache ...«

Er lachte wieder.

». . . Sie sind also hergekommen, um Ihren Vater zu treffen, von dem Sie bisher gar nicht gewusst haben, dass er existiert. Und er bekommt einen Sohn, von dem er nicht geglaubt hat, dass es seiner ist ... ich muss sagen, ich kann gar nicht sehen, wo da das Problem liegt.«

»Das Ganze hat einen Haken«, sagte ich.

»Tatsächlich?«

Er fuhr sich mit der Hand durch das dichte Haar und schaute mich fragend an.

»Meine Mutter war bis zur letzten Minute bei klarem Verstand«, erklärte ich. »Ich weiß nicht, ob Sie das Klimksche Syndrom kennen?«

»So in etwa.«

»Kurz vor ihrem Ende rief sie mich noch einmal zu sich. Schickte die Krankenschwester hinaus und bat mich, ihr zuzuhören.«

Der Doktor hustete leicht.

»Sie nahm meine Hand und drückte sie fest, so fest, dass ich kaum glauben konnte, dass sie wirklich bald sterben sollte, und dann sagte sie: ›Du hältst das ein, was du mir versprochen hast?‹ ›Ja, natürlich‹, antwortete ich ihr. ›Du suchst ihn auf und erklärst ihm, dass du sein Sohn bist und dass ich nie jemanden außer ihm hatte?‹ ›Ja, das habe ich dir doch versprochen‹, sagte ich. ›Weißt du, das wird sein Leben retten. Sowohl sein vergangenes als auch das, was er noch vor sich hat. Das verstehst du doch, mein Sohn, oder?‹ Ich nickte und streichelte ihre Hand. Es entstand eine kleine Pause, während sie ein letztes Mal ihre Kräfte sammelte. Dann sagte sie: ›Aber trotzdem möchte ich, dass du weißt, dass er vollkommen Recht hatte. Bernard war dein Vater.‹ Dann schloss sie die Augen, ließ meine Hand los und zehn Minuten später war sie tot.«

Der Doktor sah plötzlich ganz blass aus. Er schluckte und suchte in seinen Taschen nach Pfeife und Tabak.

»Verstehen Sie jetzt?«

Er nickte. Erneut saßen wir schweigend da. Ich holte ein paarmal tief Luft und betrachtete die blassen Aquarelle an der Wand hinter seinem Rücken. Ein paar ziemlich alltägliche Straßenmotive ohne besonderen Glanz oder auffallende Merkmale. Ein Telefon klingelte in einem nahe gelegenen Zimmer. Der Doktor schob seinen Stuhl zurück und stand auf. Er stellte sich ans Fenster und schaute in die Dunkelheit hinaus. Ich wartete ab.

»Und jetzt möchten Sie wissen, was Sie tun sollen?«, fragte er schließlich.

»Ja. Wenn Sie mir einen Rat geben könnten . . .«

»Ob Sie das Versprechen einhalten sollen, was Sie Ihrer Mutter gegeben haben . . . was Sie ihr auf ihrem Todesbett zugesichert haben. Ober ob Sie die Wahrheit sagen sollen?«

»Ja.«

Er schien ein paar Sekunden lang zu zögern. Dann wandte er sich mir zu und erklärte mit entschlossener Stimme: »Tun Sie genau das, was Ihre Mutter von Ihnen gewünscht hat. Vielleicht rettet es sein Leben, genau wie sie gesagt hat. Auf jeden Fall garantiere ich Ihnen, dass die Wahrheit ihn ruinieren würde . . . vermutlich ist es nur dieser dünne Faden der Hoffnung, der ihn die ganzen Jahre über noch aufrecht gehalten hat. Ich kenne ihn ja ziemlich gut und ich glaube, das kann ich mit ziemlicher Sicherheit behaupten. Er würde es nicht ertragen können . . .«

»Aber . . .«

»Ihre Mutter hat mit der Wahrheit mehr als dreißig Jahre gelebt. Jetzt sind Sie dran. Sie werden erkennen, dass die Wahrheit eine schwere Last ist und keiner kann sich ihrer entledigen!«

Er streckte mir die Hand entgegen und lachte sein abgehacktes Lachen.

»Sie müssen mich jetzt entschuldigen, aber die Pflicht ruft mich, Herr Adler. Vielen Dank für das interessante Gespräch. Vielleicht sehen wir uns ja einmal wieder.«

Nachdem er mich verlassen hatte, ging ich ans Fenster und versuchte hinauszusehen, aber dort stieß ich nur auf die Spiegelungen des Zimmers und meines eigenen Gesichts. Die Dunkelheit dort draußen schien kompakt und unbeweglich zu sein; ich sah an der Uhr, dass das Gespräch mehr als eine Stunde in Anspruch genommen hatte. Ich fühlte mich nach der Unterredung mit Doktor Weiss gleichzeitig erleichtert und ein wenig verwirrt. Vielleicht auch ein wenig enttäuscht darüber, wie einfach und fast oberflächlich er mein Problem aufgenommen hatte . . . aber mir war sofort klar, dass ich natürlich seinem Rat folgen musste. Ich schämte mich fast ein wenig darüber, dass ich es nicht allein geschafft hatte, diesen Entschluss zu treffen . . . aber schließlich waren die letzten Wochen voller Sorgen und Arbeit gewesen.

Ich setzte mich wieder an den Tisch. Blätterte unkonzentriert in einigen Zeitschriften und fühlte, wie eine neue Unruhe vor der Begegnung mit meinem Vater in mir wuchs . . . der doch nicht mein Vater war, sondern der Mörder meines Vaters . . . das hatte ich natürlich die ganze Zeit gewusst, mich mit den absurden Voraussetzungen jetzt mehrere Tage und Nächte beschäftigt, aber trotzdem schien die Diskussion mit Doktor Weiss die Konturen geschärft zu haben. Auf eine gewisse Weise war die gesamte Situation dadurch konkreter geworden, und das war ja wohl auch meine Absicht gewesen . . . ein neutraler, besonnener Richter, der das Problem mit unbelastetem Blick betrachten kann . . .

Es klopfte an der Tür und plötzlich spürte ich meinen Puls in den Schläfen. Schwester Meijskens kam herein.

»Sie sind noch da?«, fragte sie überrascht.

Ich erhob mich halb.

»Ja . . .«

»Warum denn?«

»Ich . . . warte auf meinen Vater . . .«

»Wie bitte?«

»Auf Herrn Adler . . . ich warte darauf, dass ich mit ihm reden kann.«

Sie blieb mitten im Raum stehen und sah mich an. »Aber Sie haben doch gerade mit Herrn Adler gesprochen. Ich habe ihn getroffen, als er von hier kam . . . Es tut mir Leid, dass Doktor Weiss keine Zeit hatte, zu Ihnen zu kommen.«

»Ich . . .«

Aber weiter kam ich nicht. Wieder waren Schreie und Rufe irgendwo aus dem Inneren des Hauses zu hören. Für einen kurzen Moment schien es mir, als würde Schwester Meijskens schwanken. Das Bild ihrer weißen, kräftigen Gestalt zerfloss wie ein Stück Fett in einer zu heißen Bratpfanne und dann begann der Raum zu schwanken. Ich schloss die Augen und hielt mich an der Tischkante fest.

Als ich auf den Hof kam, hatte der Regen eingesetzt. Ein schwerer Dauerregen, der zweifellos bis in die Nacht anhalten würde. Ich stieg ins Auto, schaltete die Scheinwerfer gegen die Dunkelheit ein und fuhr vorsichtig durch das Tor hinaus. Ich warf keinen Blick in den Rückspiegel, schaute mich nicht um. Und ich hatte nicht das Gefühl, als würde irgendjemand meine Abfahrt beobachten.

Zu den Autorinnen und Autoren

Ingvar Ambjørnsen, geb. 1956 in Tønsberg/Norwegen, lebt in Hamburg, schreibt für Jugendliche und Erwachsene, in deutscher Übersetzung erschienen zuletzt der Roman »Lieb mich morgen« und das Kinderbuch »Und das soll Musik sein?«, beide 2000. Die Erzählung »Der Rächer des Herrn« erscheint hier erstmals in deutscher Übersetzung. (Ü: Gabriele Haefs)

Ditte Birkemose, geb. 1953, lebt in Kopenhagen, hat nach mehreren preisgekrönten Jungendbüchern zwei Romane über die Privatdetektivin Kit Sorél veröffentlicht, die auch in deutscher Übersetzung erschienen sind: »Schwarze Melodie«, 1998, und »Engel des Schweigens«, 1999. Ihre Erzählung »Ganz in Weiß« wurde für diese Anthologie geschrieben. (Ü: Gabriele Haefs)

Leif Davidsen, geb. 1951, Fernsehredakteur, langjähriger Auslandskorrespondent mit Schwerpunkt Ostblock, einer der erfolgreichsten dänischen Krimiautoren, von dem auch ein Buch ins Deutsche übersetzt wurde, das zweite kommt dieses Jahr heraus. (Ü: Christel Hildebrandt)

Åke Edwardson: erfolgreicher schwedischer Krimiautor, dessen Kommissar Winter-Romane jetzt überdies verfilmt und alle auch in deutscher Übersetzung erscheinen werden. (Ü: Christel Hildebrandt)

Marita Gleisner, geb. 1945 in Nykarleby, gehört zur schwedischsprachigen Minderheit in Finnland. Arbeitete als Finanzbeamtin, lebt heute als freie Schriftstellerin in Vasa. Ihre Erzählung »Die Ausreißer« erscheint hier erstmals und ist zugleich ihre erste Übersetzung ins Deutsche überhaupt. (Ü: Dagmar Mißfeldt)

Kjartan Grasland, geb. 1956, Lehrer in Reykjavik, versucht, die in Island bisher überaus stiefmütterlich behandelte Gattung »Kriminalroman« dort zu verbreiten. Seine Erzählung »Die Kellerwohnung« ist seine erste Übersetzung ins Deutsche. (Ü: Lutz Wetzig)

Guri Børrehaug Hagen: lebt in Oslo, schreibt Spannungsliteratur für Kinder und Erwachsene, ihre Erzählung »Der Hochzeitstag« erscheint erstmals überhaupt. (Ü: Cornelia Steinhauer)

Gabriella Håkansson: geb. 1968, lebt in Stockholm. In deutscher Übersetzung ist erschienen der Roman »Operation B«, 1998. Ihre Erzählung wurde für diesen Band geschrieben. (Ü: Dagmar Mißfeldt)

Jógvan Isaksen: der gebürtige Färöer lehrt färöische Sprache und Literatur an der Universität in Kopenhagen und veröffentlichte die erste umfassende Einführung in die färöische Literatur. Daneben schrieb er den ersten färöischen Kriminalroman überhaupt, der auch ins Deutsche übersetzt wurde »Mild ist die färöische Sommernacht«. (Ü: Christel Hildebrandt)

Margaret Johansen, geb. 1922, lebt in Oslo, schreibt Romane und Theaterstücke, in deutscher Übersetzung liegen vor die Romane »Damenwalzer« (1986) und »Du kannst doch nicht einfach gehen« (1988) sowie viele Erzählungen in Anthologien. Die Geschichte »Die grünen Strümpfe« erscheint hier erstmals in deutscher Übersetzung. (Ü: Dagmar Lendt)

Odd Klippenvåg, geb. 1951, lebt als Lehrer in Oslo, hat bisher acht Romane und drei Novellenbände veröffentlicht. Die Erzählung »Bei der Grenze« stammt aus »Body & Soul«, 1998, in deutscher Übersetzung ist der Autor bisher nur in Anthologien vertreten. (Ü: Gabriele Haefs)

Pentti Kirstilä, lebt als Schriftsteller in Helsinki. Neben Kriminalromanen und -erzählungen hat Kirstilä andere Prosawerke und Schauspiele verfasst. Charakteristisch für seine Arbeiten ist die Außenseiterperspektive, aus der heraus beobachtet und nicht verurteilt wird. Der Kurzkrimi »Anatomie eines Mörders« wurde der Sammlung *Klassinen happokylpy* (WSOY 1990) entnommen. (Ü: Stefan Moster)

Leena Lander, geb. 1955, eine der meistgelesenen Autorinnen Finnlands, fünf Romane liegen auch in deutscher Übersetzung vor. Ihre Geschichte »Schneeweiß« wurde eigens für diese Anthologie geschrieben. (Ü: Angela Plöger)

Leena Lehtolainen, geb. 1964, schreibt Jugendbücher und Kriminalromane. In deutscher Übersetzung liegt der Krimi »Kupferglanz« vor (1999). (Ü: Gabriele Schrey-Vasara)

Unni Lindell, geb. 1957 in Oslo, war zuerst als Kinderbuchautorin erfolgreich und ist im Moment eine der meistübersetzten norwegischen Autorinnen. Die Erzählung »Selbstgemachter Wein« stammt aus ihrem Erzählband »En grusom kvinnes beretninger«, vielfach preisgekrönt sind ihre Kriminalromane um den chaotischen Kommissar Cato Isaksen, zuletzt erschienen: »Pass auf, was du träumst« (2001) (Ü: Gabriele Haefs)

Jan Mehlum, geb. 1945, Universitätsdozent in Tønsberg, Südnorwegen, wo seine auch in deutscher Übersetzung erfolgreichen Romane um den vom Pech verfolgten Anwalt Svend Føyn spielen, zuletzt erschien: »Sind so kalte Hände«, 2000. Die Erzählung »Der dreibeinige Hund« stammt aus der Sammlung »Mistanken brer seg«. (Ü: Gabriele Haefs)

Signe Narvesen, geb. 1950, hat lange als Journalistin und Sozialarbeiterin gearbeitet. Heute lebt sie in Oslo als freie Schriftstellerin. Die Kriminalgeschichte »Ich fand ihn« ist ihrem zweiten Erzählband entnommen. (Ü: Christel Hildebrandt)

Håkan Nesser, geb. 1950, arbeitete langjährig als Lehrer der Mittelstufe, heute lebt er in Uppsala als freier Schriftsteller. Nesser ist einer der bekanntesten und beliebtesten Kriminalschriftsteller Schwedens, seine Bücher, die in einem fiktiven Land spielen, wurden bereits mehrfach ausgezeichnet. Viele sind schon ins Deutsche übersetzt worden, weitere werden folgen. (Ü: Christel Hildebrandt)

Unni Nielsen, geb. 1942, hat als Funkerin bei der norwegischen Handelsflotte fast die ganze Welt bereist und siedelt ihre Romane für Jugendliche und Erwachsene gern in fernen Ländern an. Ihre Erzählung »Der teuerste Schmetterling der Welt« wird hier erstmals veröffentlicht. Erschienen sind außerdem die Jugendromane »Ich bin nur eine Versandhausbraut« (1998) und »Ein Dach in Brooklyn« (1999). (Ü: Claudia Palser-Kieser)

Åsa Nilsonne, geb. 1957, lebt als Ärztin in Stockholm, in deutscher Übersetzung sind erschienen die Kriminalromane »Dünner als Blut« (1994) und »Im Verborgenen« (1996). Die Erzählung »Übergewicht« stammt aus der Anthologie »Kvinnornas svarta bok«. (Ü: Dagmar Mißfeldt)

Anne B. Ragde, geb. 1957 im westnorwegischen Hardanger, lebt in Trondheim, schreibt für Kinder und Erwachsene und parodiert in ihren Kriminalgeschichten gern den Stil ihrer machohaften Kollegen, die unter der Tatsache leiden, dass sie nicht in New York geboren sind. Die Geschichte »Domino« wird hier erstmals veröffentlicht. (Ü: Friederike Buchinger)

Kristina Sandberg studierte Psychologie in Lund. Hat in Schweden bisher zwei Bücher veröffentlicht, die großes Interesse geweckt haben. (Ü: Gabriele Haefs)

Maj Sjöwall, geb. 1935 in Stockholm, hat Journalistik und Grafik studiert und danach als Verlagslektorin gearbeitet. 1962 hat sie den Journalisten Per Wahlöö kennen gelernt und geheiratet. Mit ihm zusammen hat sie zwischen 1965 und 1975 zehn weltberühmte (in 27 Sprachen übersetzt) und verfilmte Romane um den Kriminalkommissar Martin Beck geschrieben. Ihr Beitrag »Lang, lang ist's her . . .« stammt aus der Anthologie »Schwarze Beute«. (Ü. Eckehard Schultz)

Kim Småge, geb. 1945, sammelte als Lehrerin, Landarbeiterin, Sekretärin und als erste Tauchlehrerin Norwegens Erfahrungen, die in ihre Romane einfließen. Die Erzählung »Der Schmetterling« stammt aus dem Band »Kvinnen med den lange arm« und erschien in deutscher Übersetzung erstmals 1994 in der Anthologie »Mord am Fjord«. Kim Småge schreibt für Jugendliche und Erwachsene, mehrere Krimis liegen in deutscher Übersetzung vor. (Ü: Gabriele Haefs)

Dan Turèll, geb. 1946, Dichter, Schriftsteller, Journalist, Entertainer und Multimediakünstler. Ist ein Phänomen in der dänischen Kulturszene und längst zu einer Kultfigur geworden. 55 Bücher hatte er innerhalb von zehn Jahren geschrieben. 1981 wurde sein erster Kriminalroman veröffentlicht. Bis zu seinem frühen Tod im Jahr 1992 folgten elf weitere Krimis mit dem namenlosen Journalisten und Polizeiinspektor Ehlers. Ins Deutsche sind bisher zwei übersetzt: Mord im Dunkeln; Mord in Rødby. (Ü: Christel Hildebrandt)

Quellenverzeichnis